Bergmann/Erb

Antisemitismus in der Bundesrepublik Deutschland

Werner Bergmann
Rainer Erb

Antisemitismus in der Bundesrepublik Deutschland

Ergebnisse der empirischen Forschung von 1946-1989

Leske + Budrich, Opladen 1991

Die Deutsche Bibliothek — CIP-Einheitsaufnahme

Bergmann, Werner:
Antisemitismus in der Bundesrepublik Deutschland:
Eregbnisse der empirischen Forschung von 1946-1989/Werner
Bergmann; Rainer Erb. — Opladen: Leske und Budrich, 1991

ISBN 3-8100-0865-6

NE: Erb, Rainer:

Satz: Leske + Budrich
Druck und Verarbeitung: Druck Partner Rübelmann GmbH, Hemsbach
Printed in Germany

Vorwort

In den Jahren 1985 und 1986 wurde die Öffentlichkeit durch eine Häufung antisemitischer Vorfälle in der Bundesrepublik und in Österreich aufgeschreckt. Besonders die heftige Auseinandersetzung um die Präsidentschaftswahl in Österreich machte in Polemiken und Leserbriefen sichtbar, daß antijüdische Ressentiments vorhanden und mobilisierbar sind. Da die Größe dieses Potentials unbekannt war, entsprechende Umfragen lagen mehr als ein Jahrzehnt zurück, nahm die Anti-Defamation League (ADL), New York, mit österreichischen und deutschen Forschungseinrichtungen Kontakt auf, um Antworten auf diese Frage zu erhalten.

Die ADL-Direktoren Abraham H. Foxman und Theodore Freedman traten 1986 mit der Bitte an Professor Dr. Herbert A. Strauss, den Leiter des Zentrums für Antisemitismusforschung der Technischen Universität Berlin, heran, die wissenschaftliche Konzeption für eine Repräsentativbefragung zum gegenwärtigen Antisemitismus in der Bundesrepublik Deutschland auszuarbeiten. Ohne die Initiative und die Finanzierung der ADL, für die wir hiermit danken, wäre es dem Zentrum für Antisemitismusforschung nicht möglich gewesen, ein derartig umfangreiches und teures Forschungsprojekt in Angriff zu nehmen. Das Recht, die Daten der Umfrage einer eigenen Auswertung zu unterziehen, verschaffte dem Zentrum die empirische Basis, seine Forschungen zum Antisemitismus erstmals auch auf die Gegenwart auszudehnen.

Das Projekt wurde in Zusammenarbeit mit dem Institut für Demoskopie Allensbach durchgeführt. Am Bodensee lag die Leitung bei Frau Dr. Renate Köcher, die bereits durch eine Umfrage zum gleichen Thema aus dem Jahr 1986 als Expertin ausgewiesen war. Die Autoren denken gern an die gute Zusammenarbeit mit Frau Köcher und ihrem Team zurück. Ihrem Arbeitsbericht für die ADL „Ausmaß und Formen des heutigen Antisemitismus in der Bundesrepublik Deutschland" verdanken wir wertvolle Einsichten. Herrn Professor Dr. Horst Skarabis, Freie Universität Berlin, danken wir für seine methodisch-statistische Beratung in der Planungsphase und für die Vermittlung einer seiner fähigsten Mitarbeiterinnen, Frau Diplom-Soziologin Annemarie Lüchauer. Sie hat uns bei der Auswertung beraten und unterstützt, und ohne ihr Können und ihre Geduld hätten wir diese Arbeit nicht zu einem guten Ende bringen können. Selbstverständlich gehen alle Unzulänglichkeiten, die das Buch noch enthalten mag, allein auf das Konto der Autoren.

Der Deutschen Forschungsgemeinschaft haben wir Dank zu sagen für die Bereitstellung von Personalmitteln in der Auswertungsphase. Da es mit *manpower* allein nicht getan ist, danken wir der Technischen Universität für die Anschaffung eines leistungsstarken Computers, der uns die Analyse der großen Datenmengen ohne allzu langes, ungeduldiges Warten vor dem Bildschirm erlaubt hat.

Da wir die Ergebnisse unserer Umfrage im Kontext aller greifbaren Meinungsbefragungen zu den Themen Antisemitismus, Nationalsozialismus und Israel interpretieren wollten, waren wir auf vielfältiges Material angewiesen. Für die große Zuvorkommenheit bei der Materialrecherche danken wir den Damen und Herren des Zentralarchivs für empirische Sozialforschung, Köln, dem Institut für Sozialforschung, Frankfurt a.M., und dem Archiv des Instituts für Demoskopie Allensbach. „Der Spiegel“ hat uns den Zugang zu aktuellen Daten ermöglicht, indem er uns die Datenbände der in seinem Auftrag vom Emnid-Institut durchgeführten Umfrage zur „Zeitgeschichte“ vom Frühjahr 1989 überlassen hat. Auch ihm sei für seine Unterstützung universitärer Forschung gedankt.

In ihrem fördernden Einfluß nicht zu quantifizieren ist die gute Arbeitsatmosphäre am Zentrum für Antisemitismusforschung. Prof. Strauss beobachtete mit Geduld, wie Berge von Computerausdrucken sich aufhäuften und ließ den Etat des Zentrums nicht ungeschröpft, wenn es galt, den Werkvertrag von Frau Lüchauer ein weiteres Mal zu verlängern. Unseren Kollegen danken wir für ihre Anregungen und für ihre Nachsicht, wenn wir sie monatelang mit Prozentzahlen und unverständlichen Codewörtern behelligt haben.

In noch größerem Maße beanspruchten wir diese Nachsicht von unseren Familien, wenn die Arbeit den Charakter einer „schlechten Unendlichkeit“ anzunehmen drohte. Ihnen gilt unser herzlicher Dank.

Berlin, im August 1990

Inhalt

I. Antisemitismusforschung seit 1945

Die wissenschaftliche Beschäftigung mit dem Antisemitismus ist in der bundesdeutschen Soziologie und Sozialpsychologie sehr diskontinuierlich verlaufen und hat sich meist nur ereignisbezogen intensiviert. Eine Ausnahme machte hier das Frankfurter Institut für Sozialforschung, in dem nach der Rückkehr von Max Horkheimer, Theodor W. Adorno, Friedrich Pollock u.a. die bereits in den USA begonnenen, berühmt gewordenen *Studies in Prejudice* in zahlreichen theoretischen und empirischen Studien bis Ende der 60er Jahre fortgeführt wurden (Pollock 1955; Adorno 1959; Schönbach 1961; Schmidt/Becker 1967; v. Freyhold 1971). Doch greifen wir nicht vor.

Empirische Studien

Die empirische Antisemitismusforschung begann gleich nach dem Krieg, da die sozialwissenschaftliche Beobachtung der Bevölkerungsstimmung in der amerikanischen Besatzungszone durch die Militärverwaltung (OMGUS) auch die Frage nach dem Fortbestand antisemitischer und rassistischer Einstellungen einschloß (vgl. Merritt/Merritt 1970, OMGUS-Reports Nr. 49, 51, 68, 122, 175 im Zeitraum von 1946-1949). Auch in der britischen Zone sind ähnliche Umfragen durchgeführt worden, die bisher jedoch noch nicht ausgewertet worden sind (PORO-Reports). Diese Befragungen wurden nach der Gründung der Bundesrepublik in der Phase ihrer eingeschränkten Souveränität bis 1955 vom Reaction Analysis Staff in der High Commission for Germany (HICOG) in Zusammenarbeit mit dem neugegründeten Deutschen Institut für Volksumfragen (DIVO) weitergeführt. Die Datensätze dieser Surveys sind weitgehend verlorengegangen, es sind jedoch die Auswertungen in Form von 250 Reports erhalten geblieben, die von Richard L. Merritt ausgewertet worden sind (1977). Fragen zum Stand der „Vergangenheitsbewältigung" der Deutschen (Einstellung zum Nationalsozialismus, Kollektivschuldfrage, Judenverfolgung, Wiedergutmachung, Entnazifizierung usw.) bilden einen wichtigen Bestandteil dieser Umfragen. Diese Daten belegen ein massives Fortleben des Antisemitismus nach 1945, der offenbar durch spezifische Nachkriegskonflikte, etwa um den Schwarzmarkt, die *Displaced Persons,* die umstrittene Wiedergutmachung an Israel, neue Nahrung erhielt (vgl. dazu die Hinweise im Gruppenexperiment, Pollock 1955, S. 164).

Dies belegt auch die erste Umfrage in bundesdeutscher Regie. Bereits kurz nach Gründung der Bundesrepublik Deutschland führte das Institut für Demoskopie Allensbach (IfD) im Herbst 1949 eine bundesweite Repräsentativbefragung zum Antisemitismus durch, die als „diagnostischer Beitrag zur Innenpolitik" untertitelt ist und „amtlichen deutschen Stellen einen Überblick über die Volksmeinung zur Frage des Antisemitismus" verschaffen sollte (ebd. in der Anleitung für den Interviewer). Sie bietet für uns das früheste, vollständig erhaltene und auch nach sozio-demographischen Merkmalen aufgeschlüsselte Material zum Thema Antisemitismus nach 1945. Das IfD hat in den folgenden Jahren einige wenige Fragen zum Antisemitismus und Nationalsozialismus in Abständen miterhoben, so daß wir etwa für die Frage „Es wäre besser für uns, keine Juden im Land zu haben" eine Zeitreihe bilden können (vgl. Jahrbücher der öffentlichen Meinung, Bde. I-VIII). Abgesehen von einer Umfrage des EMNID-Instituts, die dieses im Jahre 1954 im Auftrag der Bundeszentrale für Heimatdienst (heute Bundeszentrale für politische Bildung) zum Thema Antisemitismus durchgeführt hat, kam es in den 50er Jahren zu einer weitgehenden Ausblendung dieses Themenkreises in der Demoskopie. Darin spiegelt sich die auch in vielen anderen gesellschaftlichen Bereichen (Justiz, Bildungswesen, Wissenschaft etc.) zu beobachtende „restaurative Windstille" der mittleren 50er Jahre.

Neben der IfD-Studie von 1949 liefert uns vor allem das methodisch ganz anders angelegte „Gruppenexperiment" Erkenntnisse zum Antisemitismus für die frühen 50er Jahre. Diese Studie war die erste Arbeit, die das Institut für Sozialforschung nach seiner Neugründung 1950 in Angriff genommen hat (Pollock 1955, S.V) und stand ganz in der Tradition der *Studies in Prejudice,* d.h. bediente sich in ihrer Anlage eines psychoanalytischen Denkrahmens. Dieses Experiment, in dem jeweils Diskussionsgruppen gebildet wurden, die im Anschluß an vom Versuchsleiter eingegebene „Stimuli" bestimmte Themen diskutieren sollten, verstanden die Autoren als eine Pilot- und Fallstudie zur Erforschung der öffentlichen Meinung, die wesentlich methodologisch orientiert war (S. 3ff.). Auch wenn viele Fragen methodologisch ungeklärt blieben und die Studie keine repräsentativen Ergebnisse bietet, bringt sie dennoch psychologisch tiefergehende Einsichten in den Zusammenhang von Schuldverdrängung, Projektion, Kommunikationslatenz, Haltung zum Nationalsozialismus und Antisemitismus. Die Ergebnisse belegen sehr eindrücklich, daß die Einstellung zu Juden nach 1945 durch den Holocaust geprägt wird: Fragen von Schuld, Schuldprojektion, Aufrechnungsstrategien, Schweigen etc. bestimmen den Umgang mit diesem Komplex, d.h. die Antisemiten sind in eine Verteidigungssituation geraten. Antisemitismus und Nationalsozialismus waren bei den Gesprächsteilnehmern eng verklammert. Die Ergebnisse zeigen aber auch, daß die NS-Erziehung und Propaganda besonders auf die jüngeren Jahrgänge und die Gebildeten gewirkt hatten. Höhere Bildung und Jugend wirken also nicht *per se* vorurteilsmindernd, ausschlaggebend ist vielmehr die herrschende politische Kultur und damit die Zugehörigkeit zu einer bestimmten *politischen Generation* (vgl. dazu grundlegend Fogt 1982). Es wird ein wichtiges Untersuchungsziel sein, die Einstellungspersistenz bzw. den Einstellungswandel in diesen Generationen bis heute zu verfolgen.

Zu einer schlagartigen Belebung der empirischen Antisemitismusforschung führte die antisemitische Schmierwelle im Winter 1959/60. Im Auftrag der Bundeszentrale für politische Bildung erhob EMNID die „Antisemitischen Äußerungen im Urteil der westdeutschen Bevölkerung“ (Januar 1960), und das Institut für Sozialforschung führte zur gleichen Zeit eine Blitzumfrage zu „Reaktionen auf die antisemitische Welle im Winter 1959/60“ durch. Diese beiden Studien sowie einige eingeschaltete Fragen in Allensbach-Umfragen waren keine breiter angelegten Antisemitismus-Studien, sondern zielten allein auf die Einstellung gegenüber den antijüdischen Aktionen, die von der großen Mehrheit der Bevölkerung abgelehnt wurden (IfD Bd. III; EMNID 1960; Schönbach 1961).

Auch die große international-vergleichende Studie „Intergroup Attitudes of Youth and Adults in England, France, and Germany“, die Melvin Tumin 1961/62 durchgeführt hat, stellte wohl noch eine Reaktion auf die weltweite antisemitische Welle dar. In dieser Studie zum Rassismus und Ethnozentrismus spielte der Antisemitismus eine wichtige Rolle. Mit Hilfe eines Antisemitismus-Index ermittelt sie für die drei genannten Länder eine Spannbreite an antijüdisch Eingestellten zwischen 46-61%, die in den Ländern ungefähr gleich groß war. Diese methodisch sehr durchdachte Studie blieb unveröffentlicht. Teilergebnisse sind erst 1980 von Badi Panahi in Verbindung mit seiner eigenen Umfrage zu diesem Themenkreis publiziert worden (1980).

Wieder war es das Frankfurter Institut für Sozialforschung, das auf den Eichmann-Prozeß mit einer in zwei Wellen 1961 zu Beginn und Abschluß des Prozesses durchgeführten Repräsentativumfrage reagierte (Schmidt/Becker 1967). Diese Umfrage enthält eine Reihe von Fragen, die es erlauben, sie in die Antisemitismusforschung einzureihen. Die gleichen Daten, ergänzt durch eine Reihe kleinerer Umfragen, bildeten auch den Grundstock für die 1971 publizierte Arbeit von Michaela von Freyhold „Autoritarismus und politische Apathie", in der es vorrangig um die Analyse der vom Frankfurter Institut bereits 1959/60 entwickelten Autoritarismus-Skala ging, in der aber auch der Antisemitismus eine Rolle spielte. Dabei ist für die Anlage unserer Studie wichtig gewesen, daß v. Freyhold einen klaren Zusammenhang zwischen Antisemitismus und NS-Sympathien gefunden hat. Der Antisemitismus in der Bundesrepublik ist ihrer Meinung nach „eher (ein) Bestandteil einer Rechtfertigung des Nationalsozialismus, denn ein davon abgelöstes Ressentiment", und sie vermutet, „daß nicht so sehr ein irgendwie festgelegtes Stereotyp vom Juden, sondern die stumme Anklage der Opfer als Beeinträchtigung des kollektiven Narzismus die Autoritären in Rage bringt" (1971, S. 97). Mit unserer Studie knüpfen wir deshalb eher an diesem „sekundären Antisemitismus" an und nicht an die Konzeption von Silbermann/Sallen, die völlig unhistorisch bleibt, da die Autoren so tun, als setze sich der moderne Antisemitismus nach 1945 in Deutschland bruchlos fort (vgl. die Kritik bei Fritzsche 1987).

Trotz des Auschwitz-Prozesses und der „Verjährungsdebatten" von 1965 und 1969 im Deutschen Bundestag, die durchaus große öffentliche Resonanz fanden, gab es abgesehen von einigen von Zeit zu Zeit eingeschalteten Fragen des IfD-Allensbach (vgl. Jahrbuch der öffentlichen Meinung, Bde. III-V, 1958-1973) bis in die 70er Jahre hinein keine grössere Umfrage zum Antisemitismus.

Ohne äußeren Anlaß, aber auch ohne einen ersichtlichen wissenschaftsinternen Anstoß wird das Thema dann in den 70er Jahren von der akademischen Soziologie aufgegriffen: von Alphons Silbermann in seinem DFG-Projekt von 1972-1975 (Hauptbefragung durch EMNID 1974, Publikation der Ergebnisse zusammen mit Herbert Sallen 1976, Sallen 1977 und Silbermann 1982) und von Badi Panahi in einer Repräsentativbefragung zum „Rassismus, Antisemitismus und Nationalismus in der Bundesrepublik heute" von 1977/78 (publiziert 1980), in der auch die oben genannten Ergebnisse Tumins von 1961/62 eingearbeitet worden sind. Insbesondere die Silbermann-Studie hat mit dem von ihr ermittelten Anteil von 30% Antisemiten in der öffentlichen und politischen Diskussion Beachtung gefunden. Seine Studie und auch die von Panahi beschränken sich u.E. zu stark auf die Analyse antijüdischer Stereotypen, ohne den veränderten historischen Kontext ausreichend zu berücksichtigen. Man kann den Antisemitismus nur sehr bedingt wie „nationale Vorurteile" gegen andere Völker oder Minderheiten behandeln.

Die Wiederaufnahme des Themas in der Demoskopie folgte Ende der 70er Jahre abermals markanten öffentlichen Ereignissen. Die Fernsehserie „Holocaust“, die in der Bevölkerung zu einer völlig unerwarteten Resonanz und zu einer intensiven Auseinandersetzung mit der Judenverfolgung führte, wurde von Begleituntersuchungen flankiert, in denen nach antisemitischen Tendenzen, nach der Einstellung zur Schuldfrage und zum Nationalsozialismus etc. gefragt wurde (Ernst 1979; Prokop 1981; Ahren et al. 1982; Gast 1982). Hier waren es vor allem die Landeszentralen für politische Bildung, die sich von den Ergebnissen Hilfen für ihre Bildungsarbeit erhofften. Die Ergebnisse zeigen, daß die Rezeption dieser Serie kurzfristig zu einem Meinungswandel geführt hat. Da aber Nachfolgestudien (Panels) in größerem zeitlichen Abstand fehlen bzw. das Material nicht veröffentlicht worden ist, ist leider über die Stabilität der Meinungsänderungen nichts auszumachen. Auch hier fehlt es der Forschung an Kontinuität über ereignisbezogene Untersuchungen hinaus.

Einige Fragen zum Antisemitismus tauchen auch in den Extremismusstudien auf, die Anfang der 80er Jahre seitens der Politik (Innenministerium bzw. Bundeskanzleramt) in Auftrag gegeben worden sind und in denen das rechte und linke Extremismuspotential in der Bundesrepublik erhoben werden sollte. Die SINUS-Studie von 1980 ermittelte für 13 % der Wahlbevölkerung ein geschlossenes rechtsextremes Weltbild, zu dem auch der Antisemitismus gehört. Allerdings war der darüber hinaus „autoritär disponierte“ Teil der Wahlbevölkerung (37 %) „unempfindlich gegenüber Militarismus, Führerkult und Antisemitismus“ (S. 93). In der Einschätzung des Nationalsozialismus und speziell des Antisemitismus und Rassismus arbeitete auch die Allensbach-Studie „Das Extremismus-Potential unter jungen Leuten in der Bundesrepublik Deutschland 1984“ eine ähnliche Differenz zwischen Rechtsextremen und „rechten Demokraten“ heraus (Noelle-Neumann/Ring 1984, S. 77). So antworteten auf das Statement: „Der Einfluß von Freimaurern und Juden auf unser Land ist auch heute groß“ 17, 9 % der aktiven Rechtsextremen und nur 1,4 % der rechten Demokraten mit Ja (ebd. R-Skala, Tab. 5). Diese Ergebnisse weisen darauf hin, daß ein aktiver, harter Antisemitismus, der integraler Bestandteil einer Weltanschauung ist, nur noch selten vorkommt. Dies bedeutet allerdings nicht, daß antisemitische Einstellungen in weniger geschlossener Form nicht noch eine gewisse Verbreitung in der deutschen Bevölkerung haben. Eine Antisemitismus-Studie mußt demnach so konzipiert sein, daß sie auch diesen weniger klar ausgeprägten, eher diffusen Antisemitismus erfassen kann — ansonsten müßte sie als Rechtsextremismusstudie angelegt werden.

Eine Serie kleinerer und größerer „antisemitischer Vorfälle“, insbesondere der Streit um die Aufführung des Theaterstücks „Der Müll, die Stadt und der Tod“ von R.W. Faßbinder, brachte 1986/87 einen neuerlichen Schub von Antisemitismus-Umfragen hervor, in denen der Antisemitismus sehr stark in den Kontext der „Vergangenheitsbewältigung“

gestellt wurde. Im Februar 1986 führte das IfD im Auftrag der Illustrierten „Stern" eine Repräsentativbefragung über „Deutsche und Juden vier Jahrzehnte danach" durch, die in Teilen international-vergleichend angelegt war und Österreich, das aufgrund der Waldheim-Affäre in den Blickpunkt gerückt war, Frankreich und die USA einbezog. Die Ergebnisse dieser Umfrage haben wir bei der Entwicklung unserer theoretischen Überlegungen zum *Antisemitismus nach dem Holocaust* zugrundegelegt (vgl. Bergmann/Erb 1986) und sie haben auch das Design der vorliegenden Studie von 1987 beeinflußt. Im März 1986 hat der Westdeutsche Rundfunk, Köln, beim EMNID-Institut ebenfalls eine repräsentative Umfrage zum „Antisemitismus" in Auftrag gegeben, die allerdings nur fünf Fragen umfaßte. Die Ergebnisse sind insofern interessant, als sie die Verbindung von Antisemitismus und der Tendenz, einen Schlußstrich unter die Vergangenheit zu ziehen, sowie das Phänomen der „pluralistic ignorance" sehr klar zeigen (vgl. Bergmann 1988b).

Seit dem Abschluß der hier ausgewerteten IfD-Umfrage von 1987 sind zwei weitere Umfragen erschienen, in denen Fragen zum Antisemitismus einen wichtigen Teil bildeten. Im Auftrag der Zeitschrift „Wiener" (Mai 1988) interviewte das Wickert-Institut 1910 Personen und erhielt auf seine sehr reißerisch, zum Teil in der NS-Terminologie formulierten Fragen erstaunlich hohe Zustimmungswerte, die bei einigen Fragen erheblich von den Ergebnissen der zeitgleichen Studien abwichen. Da wir auf unsere Nachfrage hin jedoch keine genaueren Unterlagen als die wenigen im „Wiener" veröffentlichten Tabellen (ebd. S. 3-6) erhalten konnten, war es nicht möglich, die Ursachen für diese Differenzen aufzuspüren. Im Zusammenhang mit dem Wahlerfolg der „Republikaner" und dem anwachsenden Ethnozentrismus hat das EMNID-Institut im Auftrag des „Spiegel" im Frühjahr 1989 eine Umfrage zur „Zeitgeschichte" durchgeführt, in der auch nach der Einstellung gegenüber Juden, dem Nationalsozialismus, der Wiedergutmachung usw. gefragt wurde. Diese Befragung ist für uns vor allem wegen der Ergebnisse für die Wähler der „Republikaner" interessant, die in unserer Umfrage als politische Kraft noch nicht existierten. Insgesamt gesehen bestätigen die Daten die Beobachtungen in unserer Umfrage.

Zusammenfassende Auswertungen des vorliegenden empirischen Materials gibt es in ersten Ansätzen seit den 80er Jahren (Weil 1980, 1987, 1990, Bergmann 1990). Sie zeigen übereinstimmend einen beständigen Rückgang des Antisemitismus in der Bundesrepublik seit Anfang der 50er Jahre und eine zunehmende Ablehnung des Nationalsozialismus. Die politische Kultur der Bundesrepublik hat sich derjenigen anderer westlicher Länder weitgehend angeglichen (vgl. dazu Conradt 1980; Baker et al. 1981; Berg-Schlosser/Schissler 1987). Vergleiche der Umfragedaten für westliche Länder zeigen einen allgemeinen

Trend zur Abnahme von Antisemitismus und sie zeigen, daß er heute in Deutschland nicht stärker ausgeprägt ist als etwa in Frankreich, Österreich oder den USA (vgl. Weil 1987, S. 174f.).

Die theoretische Diskussion

Der einflußreichste Diskussionsstrang wurde nach der Rückkehr des Frankfurter Instituts für Sozialforschung die Autoritarismus-Theorie, in der sich Psychoanalyse mit neomarxistischer Gesellschaftstheorie verband. Vorurteile und Aggressionen gegenüber Minderheiten werden als Ausdruck einer Ich-schwachen, autoritätsgebundenen Persönlichkeitsstruktur gesehen, deren Formation in verletzenden Kindheitserfahrungen durch eine autoritäre Erziehung begründet sei. Aus der Ich-Schwäche folgen eine geringe Frustrationstoleranz und ein Gefühl ständiger äußerer Bedrohung. Daraus resultiert das Bedürfnis nach Sicherheit in der Eigengruppe, die Projektion negativer Gefühle auf Fremdgruppen sowie die autoritäre Fixierung auf die starke Autorität und die Ablehnung des Schwachen. Aggressionen aufgrund von repressiver Erziehung richten sich bei Ich-schwachen Personen nicht gegen die zugleich geliebte und gefürchtete Autorität, sondern werden auf andere Objekte, vornehmlich schwache soziale Gruppen verschoben. In dieser Perspektive ist der Antisemitismus – wie auch Vorurteile gegen andere Minderheiten – vom realen Objekt relativ unabhängig und hat funktionalen Charakter für die gesellschaftliche Orientierung, da er ein klares, stark polarisiertes Weltbild liefert. Der Antisemitismus wird als eine Ausprägung von Rassismus und Ethnozentrismus überhaupt gesehen. Für diese Annahme sprachen die nationalsozialistische Politik des Rassenwahns und die in den USA gewonnenen empirischen Resultate, die bei vorurteilsvollen Persönlichkeiten (hohe Werte auf der Faschismus- und Ethnozentrismusskala) neben dem Antisemitismus auch Haß und Vernichtungswünsche gegen Schwarze, Japaner und andere ethnische Minderheiten ans Licht brachten. D.h. Gegenstand dieser Untersuchungen ist nicht die spezifische Ausprägung von Vorurteilen, sondern die dahinterliegende umfassende ideologische und charakterliche Struktur (Syndrom), die für die Ablehnung *aller Minoritäten* verantwortlich ist. Über das Erziehungskonzept ist diese Theorie mit einer kritischen Theorie der bürgerlich-kapitalistischen Gesellschaft verknüpft. Entsprechend wird der Antisemitismus nach 1945 eng mit dem Faschismus und und seiner Bewältigung verbunden. Bis in die Mitte der 60er Jahre ist der Antisemitismus in dieser Theorietradition (und in der durch sie initiierten empirischen Forschung, vgl. S. 11ff.) ein wichtiges Thema geblieben. Auf dem IV. Kongreß der „Deutschen Gesellschaft für Psychotherapie und Tiefenpsychologie" wurden im Mai 1962 — möglicherweise eine Reaktion auf die Schmierwelle von 1959/60 — „die psychologischen und sozialen Voraussetzungen des Antisemitismus" untersucht, indem man die „Psychodynamik des Vorurteils" — so der Untertitel — analysierte. Alexander Mitscherlich nannte den Antisemitismus eine „Vorurteilskrankheit", ein „endemisches pathologisches Geschehen unserer Kultur mit epidemischen Wellen der Ausbreitung und Verschärfung des Krankheitszustandes" (Psyche 1962, S. 241). Wie andere zeitdiagnostisch argumentierende psychoanalytische Autoren sah Wolfgang Hochheimer den Schlüssel für die Vorurteilsminderung in einer tiefgreifenden Trieb- und Gefühlserziehung (ebd. S. 291). Auch das sicherlich einflußreichste Buch über die Vergangenheitsbewältigung, „Die Unfähigkeit zu trauern" von Alexander und Margarete Mitscherlich (1967) ist in dieser psychoanalytischen Perspektive geschrieben, in der die individuelle Psychodynamik auf die Gesellschaft als ganze übertragen wird. Die mangelnde Auseinandersetzung mit der NS-Vergangenheit und der ausgebliebene Aufklärungs- und Reflexionsprozeß werden als Verdrängung und innere Verhärtung beschrieben, die das Resultat einer narzistischen Kränkung, einer enttäuschten Liebe zum „Führer" seien. Dieses Verdrängte gilt es durch eine offene Aufarbeitung — analog zur individuellen Psychoanalyse — aufzulösen. Diese Gesellschaftskritik wird von der Studentenbewegung in ihrer Abrechnung mit der Vätergeneration aufgenommen.[1] In ihrer Kapitalismus- und Faschismuskritik ist der Antisemitismus allerdings kein wichtiges Thema mehr. Erst in den 80er Jahren wird diese Tradition der Kritischen Theorie in der Antisemitismusforschung wiederaufgenommen, und es werden Versuche gemacht, psychoanalytische und marxistische Ansätze miteinander zu verbinden (Postone 1981; Claussen 1987). Allerdings bieten diese Arbeiten wenig Einsichten für den Antisemitismus nach dem Holocaust, da sie im wesentlichen den modernen Antisemitismus bis in die Zeit des Nationalsozialismus analysieren. Gleichzeitig wird seitdem der vorher stets zurückgewiesene Vorwurf, daß der linke Antizionismus eine Form des Antisemitismus sein könnte, in der Linken selbstkritisch diskutiert. Es ist deutlich geworden, daß es in der europäischen Tradition Antizionismus ohne Antisemitismus wohl nicht geben kann (vgl. Wetzel 1983; Brumlik 1986; Broder 1986). Damit gewinnt die theoretische Antisemitismusdiskussion einen neuen Aspekt, der in empirischen Umfragen zu berücksichtigen ist.

In den letzten Jahren hat sich in der selbstkritischen Befragung von Linken und in der Identitätssuche junger deutscher Juden (teilweise in Personalunion) eine Diskussion entwickelt, die gerade die besondere Form des Antisemitismus nach Auschwitz zum Thema hat und in der der Zusammenhang des Antisemitismus mit dem Verhältnis der Deutschen zu ihrer nationalsozialistischen Vergangenheit im Vordergrund steht (Diner 1986; dazu Bergmann 1988c, S. 228ff.). Diese Diskussion bleibt insgesamt eher theoretisch-abstrakt und bemüht sich nicht um empiriegesättigte Forschung. Diese Überlegungen haben wir aufgenommen und in unserer Hypothesenbildung berücksichtigt.

Gleich nach 1945 gab es noch einen anderen, anglo-amerikanischen Ansatz in der Erforschung des Antisemitismus, der jedoch in Deutschland kaum Resonanz fand, nämlich die Rassismus- und Minderheitenforschung. In den OMGUS-Studien der späten 40er Jahre wurde dieser Ansatz zugrundegelegt, da man u.a. wissen wollte, in welchem Ausmaß die schwarzen amerikanischen Soldaten aufgrund ihrer Hautfarbe abgelehnt wurden. Vor allem die durch die UNO geförderten Projekte — Leiris 1951 und Tumin 1963 — behandelten den Antisemitismus im Kontext von Rassismus und interethnischen Beziehungen (intergroup attitudes). Dieser Ansatz der Rassismus- und Vorurteilsforschung fand in der Bundesrepublik in den 50er Jahren in einem größeren Forschungsprojekt (Sodhi/Bergius 1953; Sodhi/Bergius/Holzkamp 1956) über „nationale Vorurteile“ eine Fortsetzung. Hier wurde an die frühen Arbeiten von Daniel Katz/Kenneth W. Braly (1933, 1935) auch methodisch angeknüpft. Zwar wurden in diesen Untersuchungen u.a. die stereotypen Vorstellungen über Juden erhoben, aber eine Weiterung hin zu einer Theorie des Antisemitismus erfolgte nicht. Die Minderheiten- und Vorurteilsforschung hat in der Bundesrepublik danach eigentlich keine Rolle mehr gespielt. In der deutschen Forschung ist der Antisemitismus nach 1945 fast ausschließlich im Kontext des Nationalsozialismus thematisiert worden, während die Vorurteils- und Minderheitenforschung angesichts der kleinen, wenig sichtbaren jüdischen Gruppe in Deutschland und dem Fehlen anderer Minderheiten sich nicht entwickeln konnte. Erst mit der „Gastarbeiter“- und Ausländerforschung, die in den 70er Jahren noch recht zögernd beginnt, eröffnet sich hier eine neue Perspektive.

In dieser objektiven Differenz liegt auch der Grund dafür, daß die recht intensive amerikanische Forschung zum Antisemitismus in Deutschland kaum zu übernehmen ist. In den USA wird die Einstellung gegen die vergleichsweise große jüdische Gruppe im Kontext von Intergruppenbeziehungen analysiert und kann entsprechend mit der Einstellung gegenüber Schwarzen, Puertoricanern, Italoamerikanern etc. verglichen werden (vgl.Selznick/Steinberg 1969, Kap. 9: Anti-Semitism and Anti-Negro-Prejudice). D.h. es geht um antijüdische Einstellungen im Kontext aktueller Gruppenbeziehungen (Juden als Nachbarn, als Präsidentschaftskandidat, Juden im Geschäftsleben usw.) und zum Teil auch aktueller außenpolitischer Fragen (Vorwurf der „doppelten Loyalität“ gegenüber den USA bzw. Israel). Starke Aufmerksamkeit hat in diesem Zusammenhang auch der christliche Antijudaismus erfahren. In einer Spezialstudie konnten Charles Y. Glock/Rodney Stark einen Zusammenhang von religiösem Dogmatismus und Antisemitismus nachweisen (1966). Aufgrund der gänzlich anderen Situation sind für bundesdeutsche Untersuchungen weder die Fragestellungen noch die theoretischen Konzepte (Kontakthypothese, Real-Conflict-Theory) zu übernehmen, wenn auch gewisse parallele Erscheinungen, z.B. der Einfluß von Bildung und Alter auf den Grad der Vorurteilshaftigkeit, in beiden Ländern zu beobachten sind.

Nur Silbermann/Sallen sehen Antisemitismus im Kontext der Intergroup-Relations, die wesentlich durch die Gruppenrivalität und die soziokulturelle Situation bestimmt werden. Sie halten deshalb am Fortbestand des modernen Antisemitismus fest und differenzieren Formen des Antisemitismus aus (wirtschaftlicher, politischer, kultureller, religiöser und rassischer Antisemitismus), die zumindest für Deutschland in ihrer alten Form nicht mehr die dominanten sind. Der Antisemitismus nach Auschwitz scheint sich nicht — wie die typischen Intergruppenkonflikte — in sozialen Krisensituationen zu zeigen bzw. zu verschärfen, sondern in Konflikten, die die Geschichte des Nationalsozialismus und die Vergangenheitsbewältigung betreffen, also letztlich bei Fragen der Selbstdefinition der Deutschen.

Wir haben in unseren theoretischen Überlegungen deshalb auch nicht an die amerikanische Antisemitismusforschung angeknüpft, sondern an Überlegungen (und empirische Umsetzungen), die eine kleine Forschergruppe in Österreich seit den 70er Jahren entwickelt hat (Marin, Bunzl, Weiss). Vor allem Bernd Marin hat in verschiedenen Aufsätzen eine Transformation des Antisemitismus in Österreich herausgearbeitet, die mit Modifikationen auch für die Bundesrepublik gelten dürfte. Der Antisemitismus hat seine Funktion als politische Ideologie weitgehend verloren und existiert nurmehr als persönliches Vorurteil weiter. Er ist nicht nur ein „Antisemitismus ohne Juden", sondern auch ein „Antisemitismus ohne Antisemiten". Das persönliche Ressentiment kann politisch nur indirekt, auf dem Wege über Anspielungen usw. ausgebeutet werden (1979, 1981). Diese Überlegungen, aber auch politische Ereignisse wie „Bitburg", die Faßbinder- und die Waldheim-Affäre haben uns zu der Überzeugung gebracht, daß der Antisemitismus heute in der Bundesrepublik wesentlich mit der Erinnerung an den Nationalsozialismus, mit Schuldgefühlen, Schlußstrich- und Normalitätswünschen etc. verbunden ist. D.h. anstatt eine ewiggleiche Vorurteilsstruktur vorauszusetzen, wollten wir gerade die Transformationen und inhaltlichen Veränderungen sowie die besondere, kommunikationslatente Existenzweise des heutigen Antisemitismus und die Differenz von privatem Vorurteil und öffentlichem Anti-Antisemitismus erfassen. Diese Perspektive schließt die Einbeziehung der Theorien des Ethnozentrismus, Autoritarismus sowie Frustrations-Aggressionsmodelle nicht aus. Sie müssen aber alle in einer gewissen Brechung gesehen werden, da auch die gegenwärtigen Beziehungen zwischen Deutschen und Juden vor dem dunklen Hintergrund des Holocausts stehen und nicht die gewohnte Struktur von konkurrierenden ethnischen Gruppen aufweisen. Ruth Wodak et al. (1990, S. 279ff.) konnten in ihrer sprachwissenschaftlichen Analyse der zentralen Vorurteils-Topics im antisemitischen Diskurs in Österreich feststellen, daß diese sich von denen unterscheiden, die Teun van Dijk in Beziehung zu Gastarbeitern und Molukkern in den Niederlanden gefunden hatte. Die zentralen Begriffe waren „difference, deviance und threat", d.h. die Betonung des abweichenden Verhaltens der Fremdgruppe, von Kriminalität und von sozioökonomischer Bedrohung (vgl. van Dijk 1984, 1987). In dem antisemitischen Diskurs tauchten diese Themen überhaupt nicht auf, dort dominieren die Topics „Bedrohung durch politische und finanzielle Macht", „Arroganz" und „Unehrlichkeit", d.h. also im wesentlichen Themen, die teils durch die historische Überlieferung tradiert, teils durch aktuelle Konflikte über die NS-Vergangenheit aktualisiert und modifiziert werden.

Auswertung und Ergebnisse

II. Die Konzeption der eigenen Umfrage von 1987

Zunächst haben wir die deutsche und internationale Forschung ausgewertet und einen Hypothesenkatalog ausgearbeitet, der die einzelnen Dimensionen des Antisemitismus ebenso berücksichtigte wie aktuelle politische Konfliktthemen im deutsch-jüdischen Verhältnis. Die Auswertung der ausländischen Umfragen zum Antisemitismus machte deutlich, daß die historisch-politischen Voraussetzungen einen Vergleich zwischen dem „deutschen Antisemitismus" und dem Antisemitismus in einzelnen westlichen Ländern (USA, Frankreich, England, Österreich) nur bedingt zulassen. Neben den unterschiedlichen kulturellen Traditionen spielt die Größe der jüdischen Gruppe in den einzelnen Ländern eine wichtige Rolle. Besonders aber ist die „Schuldfrage" in Deutschland mit der Einstellung zu Juden eng verbunden und hat – mit Ausnahme Österreichs – keine Entsprechung in den zum Vergleich herangezogenen Ländern.

Um unsere Kenntnisse über aktuelle Inhalte und Themen des gegenwärtigen Antisemitismus zu kontrollieren, wurden eine Reihe von explorativen Interviews geführt. Besonders geschulte Interviewer des Instituts für Demoskopie Allensbach führten anhand eines Befragungsleitfadens im September/Oktober 1986 mit 20 Personen, darunter auch eine Reihe ausgeprägt antisemitischer, ausführliche Gespräche, bei denen die Auskunftspersonen ihre Meinungen frei formulierten. Diese Gespräche wurden teils mit dem Tonband vollständig aufgezeichnet, teils stichwortartig protokolliert. In diesen Geprächen sollten Ansichten und Meinungen zu den Themen, die die Gesprächspartner aktuell bewegten, in Erfahrung gebracht sowie antisemitische Urteile und Begründungsmuster in authentischen Formulierungen zur Hypothesenbildung gewonnen werden (zu den Ergebnissen im einzelnen s.u.)

Auf der Grundlage der explorativen Interviews und allgemeiner theoretischer Überlegungen (vgl. Bergmann/Erb 1986) wurde ein umfangreicher Fragenkatalog entworfen. Seine Basis bildeten historischtheoretische Konzepte und Dimensionen des Antisemitismus sowie alltägliche Haltungen zu Juden.

Der umfangreiche Fragenkatalog wurde im März 1987 einem Pretest unterzogen. Seine 90 Fragen (mit zahlreichen Unterfragen) wurden von 344 Personen beantwortet. Dieser Pretest war als Kontrastgruppenanalyse[2] angelegt, d.h. es wurden jeweils ca. 100 Interviews mit einem repräsentativen Querschnitt der Bevölkerung (n = 121), mit ausgeprägt antijüdisch eingestellten Personen (n = 95) und mit ausgesprochen projüdisch gesinnten Personen (n = 128) durchgeführt. Die Quotierung war für die neutrale Gruppe nach Geschlecht, Alter, Schulabschluß und Wohnort repräsentativ, bei den tendenziell antijüdisch Eingestellten überwog die Zahl der Männer (65% dieser Gruppe) und die ältere Generation (64% dieser Gruppe war über 50 Jahre alt). Bei den tendenziell projüdisch Eingestellten war der Anteil der höher Gebildeten größer und nur 35% von ihnen waren über 50 Jahre alt.

Die Interviewer hatten den Auftrag, Personen zu befragen, die ihrer Kenntnis und Meinung nach antijüdisch bzw. projüdisch eingestellt sind. Diese Vorgehensweise ist natürlich nicht unproblematisch, da die Auswahl der extremen Personengruppen durch die Interviewer wegen des jeweils angewendeten undefinierten und persönlichen Antisemitismus- bzw. Philosemitismusbegriffs einem nur schwer einzuschätzenden Risiko unterliegt, das auch durch eine Interviewerschulung nicht auszuräumen war. Diese grundlegende Kritik ist bei der Auswertung der Interviews berücksichtigt worden.

Der Kontrastgruppen-Vergleich ermöglichte es uns, die Diskriminationsfähigkeit der Fragen zu prüfen. Da wir neben den bereits in anderen Umfragen erprobten Fragen auch eine große Zahl von weiteren neuen Hypothesen testen wollten, war dieser Vergleich von großer Wichtigkeit. Er hat uns Sackgassen und unergiebige Fragerichtungen frühzeitig erkennen lassen, so daß die entsprechenden Fragen für die Hauptbefragung ausgeschieden werden konnten (vgl. näher zum Pretest unten S. 36ff.).

Der Fragenkatalog des Pretests wurde revidiert und für die Hauptbefragung (Laufzeit: 24.9.-5.10.1987) auf 24 Fragen (mit zusätzlichen Unterfragen) reduziert (vgl. Anhang 1).

Die Frageformulierungen wurden dem besonderen Charakter der Mehrthemenumfrage angepaßt. Aus methodischen (und finanziellen) Gründen wurde der Fragenkatalog in den Rahmen einer Mehrthemenumfrage eingebaut. Wir vermuteten, daß eine Spezialerhebung zum Antisemitismus das Antwortverhalten stärker in Richtung der „sozialen Wünschbarkeit“ beeinflußt hätte. Mit dem Themenwechsel innerhalb des Interviews sollte dieser — letztlich nicht auszuschließende — Effekt minimiert werden.

Der befragte Personenkreis war die Bevölkerung ab 16 Jahre in der Bundesrepublik mit West-Berlin. In zwei Halbgruppen (Halbgruppe A = 1016, Halbgruppe B = 1086) wurden 2102 Personen befragt. Die eine Halbgruppe wurde nach ihrer Einstellung zu „Juden", die andere Halbgruppe nach „deutschen Juden" gefragt (vgl. Frage Nr. 1).

Die Stichprobe wurde nach einer repräsentativen Quotenauswahl, nach Maßgabe der amtlichen Statistiken, gebildet. Die Quote wurde auf Länder und Regierungsbezirke aufgeteilt und innerhalb dieser regionalen Einheiten wiederum auf Groß-, Mittel-, Kleinstädte und Landgemeinden, auf Männer und Frauen, auf Altersgruppen, Beruf und Berufstätigkeit. Die quotierten Merkmale sind für das Geschlecht, das Alter, Berufstätigkeit und Berufskreise, für die regionale Verteilung und für die Größe des Wohnortes repräsentativ. Die Konfessionszugehörigkeit und der Familienstand wurden nicht quotiert. In der Stichprobe waren Protestanten leicht überrepräsentiert (Protestanten 50 %, Katholiken 42 %, andere oder keine Konfession 8 % — zum Vergleich die Zahlen der amtlichen Statistik: 43 %, 43 %, 14 %).

Vom Institut für Demoskopie Allensbach ausgewählte und ausgebildete Mitarbeiter führten die Interviews nach einem einheitlichen Fragebogen durch.

Explorative Interviews

Parallel zur Arbeit am Fragenkatalog des Pretests hat das IfD Allensbach eine Reihe von 20 ein- bis zweistündigen offenen Interviews gestreut über die Bundesrepublik durchgeführt. Diese strukturierten Interviews folgten einem neun Themenfelder mit jeweils 10-15 Ergänzungsfragen umfassenden Leitfaden. Zu den Themen: „Israel — Land und Leute", „Israel und die anderen Länder", „Die Juden in der Welt", „Vorstellungen über Juden", „Der Nationalsozialismus und die Juden", „Unser heutiges Verhältnis zu den Juden", „Kontakt zu Juden", „Antisemitismus" sowie „Zukünftige Entwicklungen" wurden sowohl Wissen wie Meinungen erhoben. Es ging in diesen Interviews vor allem darum zu erfahren, ob zu bestimmten Fragen überhaupt Einstellungen vorliegen und wie kohärent strukturiert diese sind. Gerade weil es sich um einen seit vierzig Jahren tabuisierten Einstellungskomplex handelt, der zudem nicht auf der öffentlichen und politischen Tagesordnung steht, ist es wichtig zu sehen, wie geschlossen oder bruchstückhaft der Antisemitismus noch in den Köpfen der Westdeutschen fortlebt und welche Motive und Themen heute antijüdischen Einstellungen zugrundeliegen. Um zu prüfen, wieweit man bei diesem tabuierten Thema mit offenen Antworten rechnen kann, haben wir die Interviewer jeweils danach gefragt, ob sie den Eindruck hatten, daß der Befragte offen oder eher ausweichend oder zurückhaltend geantwortet hat. In etwas mehr als der Hälfte der Interviews wurde nach dem Eindruck des Interviewers offen geantwortet, in den anderen soll zumeist bei einigen wenigen Fragen ausweichend oder zurückhaltend geantwortet worden sein, dies galt jedoch nie für das gesamte Interview. Wir haben beim Lesen der Interviews insgesamt den Eindruck gewonnen, daß die Befragten durchaus ihre wahre Meinung sagen, daß der öffentliche Meinungsdruck sich nicht in einem völligen Verschweigen oder einem Anschluß an die gewünschte Meinung äußert, sondern eher in Relativierungen und in der Entschärfung allzu krasser negativer Meinungsäußerungen. Die grundsätzliche Einstellung zu den einzelnen Themen läßt sich hinter den zurückhaltenden Antworten jedoch immer erkennen. Die Interviewsituation ist offenbar hinreichend privat und zugleich anonym genug, um seine Meinung auch zu einem „heiklen" Thema auszusprechen. Die Mehrzahl der Befragten befürwortet ein offenes Gespräch mit Juden und will das Thema Nationalsozialismus und Judenverfolgung nicht vermeiden. Man setzt hier auf „Normalität". Nur wenige wollen das Thema aufgrund unguter Gefühle nicht ansprechen, wenn es sich jedoch nicht vermeiden läßt, wollen sie ihr Mitgefühl zum Ausdruck bringen.

Israel

Das Bild Israels wird durch zwei Themen bestimmt: den Nahost-Konflikt und die besonderen Beziehungen zu Deutschland, in denen die Wiedergutmachung der zentrale Punkt ist. Die Parteinahme im Nahost-Konflikt ist gespalten. Einerseits gibt es eine beschreibend neutrale Stellungnahme, in der Israel zwar als Unruheherd genannt wird, in der man jedoch auf ein Urteil über die Verteilung von Recht oder Unrecht auf die Konfliktparteien verzichtet und zum Teil auch die Selbstverteidigung und die Siedlungspolitik Israels akzeptiert. Andererseits findet sich auch eine deutliche Kritik an Israels Politik, in der die Israelis als diejenigen gesehen werden, die den Arabern das Land wegnehmen und Kriege beginnen. Diese Kritik wird zumeist ohne antizionistische Ideologie vorgetragen, obwohl auch diese vorkommt. Daß diese Kritik häufig nicht ideologisch motiviert, sondern eher ereignisbezogen ist, zeigt sich darin, daß diese Kritik und ein positives Israelbild („ich könnte dort leben") durchaus koexistieren können. Für unser Thema ist wichtig, daß die unfriedlich-aggressive Haltung Israels von einigen Befragten als genereller Charakterzug der Juden gesehen wird, die sich nicht mit anderen vertragen, sich immer angegriffen fühlen, obwohl sie selbst die Angreifer sind. Es kommen an diesem Punkt die alten Stereotypen des „auserwählten Volkes“ und der Verfluchung aufgrund des „Christusmordes“ ins Spiel, die die gegenwärtige Politik Israels in eine weite „historische“ Perspektive rücken sollen. Auch sonst gibt es einige kritische Anmerkungen in den Interviews, etwa daß Israel in den Medien so sehr in den Vordergrund geschoben wird und daß keine Kritik an Israel geübt werden dürfe, die mit alten antijüdischen Klischees von der weltweiten Macht der Juden – in bezug auf Israel vor allem festgemacht an der Unterstützung durch die USA – unterfüttert werden. Die Politik Israels wie auch ihre internationale Resonanz werden hier also noch ganz mit den Interpretationsmustern des modernen Antisemitismus gedeutet.

Das deutsch-israelische Verhältnis, das durchweg als ein besonderes gesehen wird, steht ganz unter dem Aspekt der Wiedergutmachung, die überwiegend abgelehnt wird. Zwar sehen einige Befragte gerade wegen der deutschen Wiedergutmachungsleistungen auf der tagespolitischen Ebene gute Verbindungen zu Israel, doch lehnen die meisten weitere Forderungen und Schuldzuweisungen als „unverschämt“ ab und fordern einen Schlußstrich unter die Vergangenheit und normale Beziehungen. Beide Auffassungen können sogar miteinander verbunden sein. Die Inkongruenz der Perspektiven zwischen Israelis und Deutschen wird durchaus gesehen: während die Deutschen die Vergangenheit, wenn nicht vergessen, so doch normalisieren wollen, sehen sie gleichzeitig, daß „die Israelis zu viel an früher denken und alte Schulden begleichen wollen“. Es wird angenommen, daß die Israelis/Juden die Deutschen hassen und das Schuldgefühl der Deutschen immer wieder beleben wollen. Deshalb gibt es auch die Meinung, daß die guten Beziehungen der Bundesrepublik zu Israel „nicht ganz echt“ seien.

Die Kenntnisse über Israel und die Bereitschaft, das Land einmal zu besuchen oder dort zu leben, variieren vor allem mit dem Bildungsgrad und wohl auch mit der unterschiedlichen Erwartung über die gute oder reservierte Aufnahme als Deutscher.

Juden in der Welt

Auf die Frage nach der Verbindung der in der Welt verstreut lebenden Juden untereinander werden vorrangig die gemeinsame Religion und das Verfolgungsschicksal genannt. Nur in einem Fall wird das Judentum nicht als Religion, sondern als Volkstum definiert: „Jude ist Jude, erst Jude, dann Deutscher“. Fast von allen Interviewten wird den Juden ein starkes Zusammengehörigkeitsgefühl und eine Bewahrung der Eigenständigkeit bescheinigt. Neben den neutralen oder positiven Verbindungsformen nennen fast alle jedoch auch enge internationale Wirtschaftsverbindungen, die zum Teil verschwörungstheoretisch gedeutet werden. Die unterstellte wirtschaftliche und politische Machtstellung wirkt sich nach Ansicht der Befragten für Nichtjuden weitgehend negativ aus: „Sie wollen die anderen Völker unterdrücken, weil sie Geld haben". Dieser Einfluß, zum Teil noch als Medieneinfluß spezifiziert, wird zumeist nur global unterstellt (Konzerne, „Juden haben überall ihre Finger drin") und nicht präzisiert. Nur in einem Fall wird den Juden in der Bundesrepublik Wirtschaftsmacht in Spielkasinos und Banken zugeschrieben. Typisch für diese Diffusität ist auch, daß die meisten keine Kenntnis über jüdische Organisationen besitzen, einige sprechen von der Zionistenbewegung bzw. einer „Zionistischen Gesellschaft" als internationaler Kampftruppe.

Die Frage nach dem Verhalten der Juden im Fall eines aktuellen politischen Ereignisses, nämlich in der Waldheim-Affäre, zeigt ein gespaltenes Meinungsbild. Während einige der Befragten hier den großen Medieneinfluß der Juden sehen und die Intervention des Jüdischen Weltkongresses als Einmischung in die inneren Angelegenheiten Österreichs kritisieren, äußern andere Verständnis für die Kritik an Waldheim.

Stereotype Vorstellungen über Juden

Auf die Frage nach äußeren Merkmalen von Juden wird mit der „krummen Nase", dem „dunklen Haar" und dem „Kaftan" das traditionelle Körperbild angesprochen, das allerdings von einigen ohne feste Überzeugung vorgebracht wird, so als scheue man die Typisierung und referiere nur ein allgemein verbreitetes Wissen. Für einige spielt das „jüdische Aussehen" keine Rolle bzw. es existiert kein Wissen darüber. In zwei Fällen, und zwar in denen, wo die Befragten Kontakte zu Juden gehabt hatten, behaupteten diese, einen Juden „riechen" bzw. zu „90% erkennen zu können". Vor allem im zweiten Fall wird deutlich, wie der berufliche Kontakt mit einigen wenigen Juden zur Ausbildung eines allgemeinen Stereotyps geführt hat: Juden tragen ein „Käppi, haben Bärte und krumme Nasen, sind höflich, habe gute Manieren und tragen viel Schmuck". Das Erkennenkönnen ist hier nicht mit einer negativen Bewertung verbunden, sondern bleibt auf der Ebene der Generalisierung punktueller Erfahrungen.

Einem Teil der Befragten ist wenig über Juden bekannt. Auf die Frage nach deren Ansichten und Interessen sowie nach der Kenntnis über innerjüdische Gruppierungen blieben viele eine Antwort schuldig. Die Juden werden als voll integriert, als Menschen wie alle anderen gesehen. Von den gleichen Befragten wird allerdings auf die Frage nach positiven Urteilen über Juden angegeben, sie hätten noch nie etwas Positives über Juden gehört: „Wer die Juden positiv bewertet, kann dies nur aus Mitleid tun...". Dies ist ein Hinweis darauf, daß das Thema „Juden“, abgesehen von öffentlichen Stellungnahmen, fast ausschließlich in einem negativen Kontext zur Sprache zu kommen scheint.

Das Vorstellungsbild über Juden wird auch heute noch von wirtschaftsbezogenen Stereotypen und Vorurteilen dominiert. Zum Teil wird eher neutral die besondere „Eignung“ der Juden für das Geschäftsleben hervorgehoben. Als Berufssparten werden Handel, Banken, Börse, aber auch Medien, Film, Juristerei und in Zusammenhang mit Israel auch die Landwirtschaft genannt. Zum Teil wird in diesen Stereotypisierungen aber auch der alte und neue wirtschaftliche Antisemitismus sichtbar: Führungspositionen in Wirtschaft und Wissenschaft werden als erfolgreiche Unterwanderung gesehen, der Geschäftssinn erspare die körperliche Arbeit, die Geschäftstüchtigkeit wird mit Unbescheidenheit und Übervorteilung verknüpft. Das Wirtschaftsstereotyp bleibt ambivalent: die Juden werden einerseits als diszipliniert und geschäftstüchtig „wie wir“ eingeschätzt, sie werden aber auch einmal als das Gegenbild der Deutschen abgelehnt (Differenz zum „nordischen Menschen“).

Bei einigen Befragten werden Ressentiments aufgrund der „unbewältigten Vergangenheit“ deutlich. Die Wiedergutmachungszahlungen werden abgelehnt, und es wird kritisiert, daß die Juden den Deutschen immer wieder den Nationalsozialismus vorhalten und „uns schuldig sprechen“. In diesem Zusammenhang taucht auch der Vergleich der israelischen Politik gegenüber den Palästinensern mit der nationalsozialistischen Judenverfolgung als Vorwurf auf.

Insgesamt gesehen scheint das Judenbild sich auf einige wenige stereotype Züge reduziert zu haben, die zum Teil als Wissen vorgetragen und nur zum Teil als eigene klare Überzeugung geäußert wurden. Eigene Erfahrungen sind selten, dennoch werden neuere Wissensbestände (Medieneinfluß in den USA, Landwirtschaft in Israel, Berichte über Diamantenhandel usw.) in das alte Bild zu integrieren gesucht.

Der Nationalsozialismus, das Dritte Reich und die Juden

Genaue Kenntnisse zur Judenverfolgung des Dritten Reiches sind selten, es finden sich häufig krause und unklare Vorstellungen, in denen den Juden eine Mitschuld an ihrem Schicksal zugeschrieben wird. In der Schulzeit wurde nach Angaben von Befragten nicht über die Judenverfolgung gesprochen, manche hatten davon nur von den Eltern oder Großeltern gehört.

Etwa die Hälfte der Interviewten äußerte Abscheu oder zumindest eine klare Ablehnung des Holocausts, doch erstaunlicherweise hätten manche von ihnen nichts gegen eine Ausweisung („wie bei Asylanten“) der Juden gehabt. Ein Befragter berief sich auf seinen Vater, der gesagt habe: „das mußte sein“. Das Ausmaß der Verbrechen und der Folgen scheint zum Teil nicht bekannt zu sein. Viele sind der Meinung, die Juden konnten emigrieren und vor allem „die Reichen“ seien nach dem Krieg alle zurückgekehrt. Man hat den Eindruck, als würden die Interviewten bei der Judenverfolgung nur an die Juden in Deutschland denken, während die in den anderen europäischen Ländern offenbar gar nicht als Opfer in den Gesichtskreis gekommen sind.

Neben den unklaren Vorstellungen finden sich aber auch deutlich artikulierte Zweifel an der Existenz von Konzentrations- und Vernichtungslagern („man weiß nicht, wem man glauben soll“) bis hin zur Unterstellung der Meinungsmanipulation durch Juden und Amerikaner. Die Wahrheit werde „gesetzlich verordnet“.

Bei der Frage nach den Gründen für die Verfolgung der Juden wird von der Mehrheit der Interviewten eine Mitschuld der Juden angenommen. Neben Macht und wirtschaftlicher Vorrangstellung werden zu geringe Anpassungsbereitschaft der Juden, Überfremdung und die revisionistischen Thesen von der jüdischen Kriegserklärung und Pressehetze gegen Deutschland angeführt. Sogar der Christusmord-Vorwurf und die mit historischen Beispielen veranschaulichte Verfolgungsgeschichte werden als Erklärung angeboten, um den Haß plausibel zu machen („Antisemitismus gibt es bei uns schon seit 5000 Jahren!“).

Bei einigen der Befragten wird eine Abwehr gegen das „Judenproblem“ insgesamt spürbar, von dem man nichts mehr hören möchte. Man wendet sich gegen das „Hochloben der Juden heute“ und gegen die zu starke Medienpräsenz des Themas („soviel Theater“). Zum Teil wird das Wachhalten dieses Themas mit der Vermutung verbunden, daß dies aus materiellen Absichten geschieht (Wiedergutmachung). Die Interviews bieten insgesamt den Eindruck, daß es vielen an Wissen, Einsicht und Urteilsfähigkeit, aber vor allem auch an einem menschlichen Mitgefühl für die Opfer des Holocausts fehlt. Dagegen herrschen Schuldabwehr und Schuldprojektion vor.

Das heutige Verhältnis zu den Juden und die künftige Entwicklung

Das Thema „Juden“ spielt heute für die Befragten in ihrem Alltag keine große Rolle mehr: „man hört nix“, obwohl ja andererseits Medieneinfluß und das Wachhalten der Erinnerung beklagt werden. Über das Verhältnis zwischen Juden und Deutschen gehen die Meinungen auseinander. Mehrere sehen heute ein gutes Verhältnis zwischen den beiden Völkern, sei es, weil die Juden jetzt ihr eigenes Land haben und weil sie die deutschen Wiedergutmachungsleistungen anerkennen, oder sei es, daß sich auf deutscher Seite der Haß abgebaut hat. Andere sehen eine Differenz zwischen dem offiziell guten Auskommen und der inoffiziellen Spannung und der Ablehnung gegenüber den Juden. Es wird befürchtet, daß das ungetrübte Verhältnis nur so lange anhält, wie „die Juden ihr Geld kriegen". Hier wird die Ursache möglicher Spannungen bei den Juden gesehen. Eine dritte Meinungsgruppe sieht das Verhältnis von Deutschen und Juden immer noch als gespannt an, obwohl sie andererseits die Juden in der Bundesrepublik für gut integriert hält. Diese Gruppe sieht die Ursache der Spannung in dem unterschwellig wie eh und je vorhandenen Antisemitismus der deutschen Bevölkerung. Deshalb fordert sie, keinen Schlußstrich zu ziehen und unbedingt weiter über den Nationalsozialismus zu reden. Insgesamt ist jedoch die Forderung nach einem Schlußstrich und nach der Einstellung weiterer finanzieller Leistungen vorherrschend. Man habe die Verpflichtung aus der Vergangenheit erfüllt. Zwar wird vereinzelt auch die Perspektive der Leidtragenden verstanden, die einen Schlußstrich nicht ziehen wollen oder ziehen können, und es wird eine besondere Verpflichtung anerkannt, es dominiert jedoch die Unterstellung, die Juden wollten mit dem Wachhalten des Themas „Geld machen". Die offenbar antisemitisch eingestellten Interviewpartner lehnen jede weitere Verpflichtung gegenüber den Juden ab und unterstellen, daß diese Haß schürten. Eine Versöhnung sei nicht möglich, „weil die Juden weiter kassieren wollten" und auf „dem Nationalsozialismus herumritten". Bei diesen Interviewten wird auch die Tendenz deutlich, ihren eigenen Judenhaß auf die Bevölkerung zu projizieren: die Leute hätten die Nase voll, es gäbe einen neuen antisemitischen Trend in der Bevölkerung. Konsequenterweise sehen sie den Schlußstrich als Vorbedingung der Verständigung an, d.h. wenn die Juden ihre Forderungen aufgäben, wäre eine Verständigung möglich. Es überrascht nicht, daß sie nicht nur kein Bewußtsein von der Schuld und der Verantwortung der Deutschen haben, sondern daß sie die Schuld als durch vierzig Jahre „Umerziehung" aufoktroyiert empfinden. Die Deutschen litten direkter unter der Vergangenheit, die „uns noch als Schuldgefühl aufgedrängt wird".

Folglich wird der Antisemitismus damit erklärt, daß „die Deutschen nicht in Ruhe gelassen werden". Ein jüngerer Mann sagte, die Jugend und er selbst hätten nichts gegen die Juden, sie wollten nur nicht als „Sünder" hingestellt werden (angefügt wurde die leise Drohung, daß sonst eine ultrarechte Partei entstehen könnte). In diesem Zusammenhang wird auch vermutet, daß die Juden die Geschichte verfälschten, um den Schuldvorwurf aufrechterhalten zu können, was dann wiederum zum Haß auf die Juden führen könne.[3] Es besteht also eine Tendenz, die Juden für den Antisemitismus selbst verantwortlich zu machen. Sie würden dieses Thema, das eigentlich vergessen sei, künstlich am Leben erhalten und aufbauschen.

Andere Befragte geben als Ursachen für den Antisemitismus, den sie zum Teil auf bestimmte Gruppen der Bevölkerung, wie die unteren sozialen Schichten, die Alten oder die Neonazis, eingeschränkt sehen, vor allem den Neid auf die Juden an. Die Meinungen über die Bedeutung und die Verbreitung des Antisemitismus sind geteilt. Einige nehmen an, daß die Judengegner, insbesondere unter der jungen Generation, stark abgenommen haben, und daß der Antisemitismus heute kein großes Thema mehr ist. Von manchen wird der Kreis der Antisemiten ganz auf die Neonazis begrenzt. Es gibt jedoch auch die Meinung, der Antisemitismus habe in den letzten Jahren zugenommen (Anschläge auf jüdische Einrichtungen als Indiz). Diese Zunahme kann — in antijüdischer Stoßrichtung — auf das Verhalten der Juden zurückgeführt werden, die „den Zweiten Weltkrieg aufbauschen", sie kann in gesellschaftskritischer Absicht mit dem Ausländerhaß zusammengesehen werden. In der letzteren Perspektive wird vor allem die jüngere Generation kritisch gesehen, die keine Auseinandersetzung mit dem Nationalsozialismus mehr führen und „den Wiedergutmachungsgedanken loswerden" wolle. Es gibt offenbar zwei entgegengesetzte Motive, ein Anwachsen des Antisemitismus anzunehmen: der antisemitische Wunsch, es möge so sein, und eine skeptische Haltung gegenüber der Lernfähigkeit der Bevölkerung. — Nicht alle Gesprächspartner scheinen den Begriff Antisemitismus genau zu verstehen. Manche verwechseln ihn mit Apartheid, andere rechnen Ausländerhaß dazu, andere verbinden mit ihm überhaupt keine klare Vorstellung.[4]

Die Bestrafung antisemitischer Äußerungen wird nahezu von allen Interviewten abgelehnt. Wenn Begründungen gegeben werden, dann wird auf Toleranz gepocht und die Sonderbehandlung einer Minderheit abgewiesen. Die Ablehnung kann allerdings auch pragmatisch begründet sein, etwa damit, daß Strafe nicht das geeignete Instrument sei, um eine Gesinnung zu ändern. Anders als in den USA etwa, scheint in Deutschland ein gesetzlicher Schutz vor Diskriminierung kein allgemeines Verständnis zu finden.

Kontakt zu Juden

Persönlicher Kontakt zu Juden ist bei den Interviewten sehr selten vorhanden, wenn ja, wird über gute Erfahrungen berichtet. Diese geringe Kontaktdichte kann bei der kleinen jüdischen Minderheit in der Bundesrepublik nicht überraschen. Auch das Wissen über und die Aufmerksamkeit für Juden im öffentlichen Leben sind insgesamt gering und sehr selektiv. Es scheinen eher die antijüdisch Eingestellten zu sein, die Juden in der Öffentlichkeit als solche identifizieren. Ein Interviewpartner etwa unterscheidet „unangenehme Juden", zu denen er Simon Wiesenthal und Heinz Galinski rechnet, und positive gesehene, etwa den Schriftsteller Ephraim Kishon. Ein anderer, klar antisemitisch Eingestellter beklagt, daß Hans Rosenthal und Inge Meysel im Fernsehen offen ihre Meinung sagen dürften. Die Kenntnis von Juden in Kunst und Wissenschaft insgesamt ist gering und scheint eng mit dem Bildungsgrad zusammenzuhängen.

Faßt man den Eindruck aus den Interviews zusammen, dann ergibt sich folgendes Bild:

Aktuelle Kontakte und Konflikte mit Juden bestehen heute bei den Westdeutschen so gut wie gar nicht. Die in Deutschland lebenden Juden werden ganz überwiegend als gut integriert und als „Menschen wie Du und Ich“ gesehen. Eine Heirat mit einem Juden wird zumeist jedoch mit dem Hinweis auf die religiöse Differenz abgelehnt. Das Thema „Juden und Antisemitismus“ ist insgesamt von geringer aktueller Bedeutung. Wenn es zur Sprache kommt, dann dominiert der Vergangenheitsaspekt. Bei vielen der Interviewten herrschte der Eindruck vor, die Juden würden die Vergangenheit dazu benutzen, die Deutschen als die Schuldigen hinzustellen, um dadurch materielle Vorteile zu erzielen. Sie sehen hier den Grund für den heutigen Antisemitismus. Eine Aussöhnung wird aufgrund dieses Spannungsverhältnisses insgesamt skeptisch beurteilt, auch wenn viele ein gutes Verhältnis zwischen Deutschen und Juden/Israelis vor allem auf der politischen Ebene konstatieren.

Neben diesen Ressentiments, die sich aus der Hypothek der NS-Vergangenheit ergeben, sind noch die Reste traditioneller Vorurteilsbestände anzutreffen, etwa die Nähe der Juden zum Geld- und Bankwesen, ihr internationaler Einfluß sowie Überbleibsel des alten Körperbildes (Nase, Kaftan). Diese Aussagen haben allerdings häufig stärker den Charakter von Wissensaussagen, d.h. man sagt, was man über die Juden „so gehört hat“, und sind nicht immer persönlich tief verankerte Einstellungen. Eine Aussage über den angeblichen internationalen jüdischen Einfluß ist nicht *per se* antisemitisch, sondern muß im Kontext des gesamten Interviews interpretiert werden. Insofern sollten auch in der Hauptuntersuchung die Zustimmungen zu einzelnen antijüdischen Stereotypen nicht bereits als Ausdruck von Antisemitismus gewertet werden.

Gibt es bei vielen der Interviewten immer einmal „antisemitische Ausrutscher“, die sich insgesamt jedoch nicht zum „Vollbild“ eines Antisemiten fügen, so findet sich auch der eindeutige „Judenhasser“, der alle Juden als unsympathisch ablehnt, keinerlei Verpflichtung aus der Vergangenheit anerkennt, andererseits aber sehr nationalistisch ist, die Ursachen des Antisemitismus auf die Juden projiziert und auch vor drohenden Untertönen nicht zurückschreckt. Bei ihm wird deutlich, wie sehr die Ursache des Antisemitismus heute in dem Gefühl der ständigen Konfrontation mit dem moralischen Schuldvorwurf zu suchen ist, den man mit Gegenvorwürfen und Aufrechnungsversuchen parieren will. Unsere These des „sekundären Antisemitismus“ gewinnt aus den Interviews eine starke Unterstützung.

Ergebnisse des Pretests

Der Kontrastgruppen-Vergleich ermöglicht es abzuschätzen, ob bestimmte Hypothesen und Fragerichtungen zur Erfassung antisemitischer Einstellungen taugen, da man jeweils die Antworten der antijüdisch Eingestellten mit den Befragten, die den Bevölkerungsquerschnitt repräsentieren, und den projüdisch Eingestellten vergleichen kann. Im folgenden sollen vor allem die Ergebnisse kurz vorgestellt werden, die von uns nicht im Zuge der Auswertung der Hauptbefragung mitherangezogen werden.

Wenn wir in unserer Untersuchung auch nicht von einem persönlichkeitstheoretischen Konzept nach dem Vorbild der „autoritären Persönlichkeit" ausgegangen sind, so haben wir doch im Pretest versucht, über Fragen zur Selbstbeschreibung, zu den familiären Sozialisationsbedingungen und zur Lebensanschauung ein Bild der „antisemitischen Persönlichkeit" zu gewinnen. Die antijüdisch Eingestellten beschreiben sich selbst als durchsetzungsfähige Führerpersönlichkeiten mit einem Zug zu Ordnung und Pünktlichkeit, allerdings auch als Außenseiter und Einzelgänger. Was aber ihre Angaben zum Bekanntenkreis und zu sozialer Kontaktfähigkeit betrifft, erscheinen sie als sozial integrierte Personen, die allerdings etwas mißtrauischer und pessimistischer sind als der Bevölkerungsquerschnitt. Wir haben deshalb einige Fragen zur subjektiven Stimmungslage in die Hauptbefragung aufgenommen (vgl. Kap. X). Die Fragen zur Erziehung im Elternhaus haben keine Unterschiede zur Durchschnittsbevölkerung ergeben, in bezug auf das Verhältnis zu Juden fällt aber auf, daß die Antisemiten seltener berichten, daß ihre Familie früher jüdische Freunde und Bekannte hatte, dagegen häufig angeben, daß ihre Familie gegen Juden eingestellt war (27 % gegenüber 3 % in der Bev. insg.). Bei den Antisemiten der älteren Generation kommt der familiären Erziehung eine große Bedeutung als Tradierungsinstanz zu. Dagegen scheint der Einfluß der Medien gering zu sein. Die antijüdisch Eingestellten lesen zwar weniger die ausgesprochen liberalen Blätter (Zeit, Spiegel, Stern), doch dürfte hier eher ein Bildungseinfluß wirksam sein, da sie insgesamt weniger Zeitungen lesen als die Bevölkerung im Durchschnitt. Keiner von ihnen hat angegeben, die rechtsextreme „Deutsche Nationalzeitung" zu lesen.[5]

Die antijüdisch Eingestellten beschreiben sich als politisch interessiert (68 % gegenüber 60 % der Bev. insg.) und haben eine politisch rechte, bis rechtsextreme und antiliberale Einstellung. So würden immerhin 32 % von ihnen eine neu entstehende rechtsradikale Partei unterstützen bzw. ihre Gründung begrüßen (Bev. insg. 10 %). Diesem Drittel steht jedoch eine Mehrheit der antijüdisch Eingestellten gegenüber

(48 %), die gegen eine rechtsradikale Partei wären, d.h. eine antisemitische Einstellung ist keineswegs überwiegend mit einer aktiven rechtsradikalen Orientierung verbunden, obwohl die Antisemiten eine etwas höhere Gewaltbereitschaft zeigen. Besonders ausgeprägt ist bei ihnen eine nationalistische bis chauvinistische Einstellung (Deutsche anderen Völkern überlegen — 57 %), die als ihre Kehrseite neben dem Antisemitismus starke Fremdenfeindlichkeit einschließt. Auch hier zeigen sich Sozialisationseinflüsse: die Antisemiten geben häufiger an, ihre Eltern seien Fremden gegenüber immer vorsichtig gewesen (43 % gegenüber 18 % bei den projüdisch Eingestellten).

Die antijüdisch Eingestellten haben wie die Bevölkerung insgesamt kaum Kontakt zu Juden (dieser findet sich häufiger bei den projüdisch Eingestellten), sie lehnen aber in weit stärkerem Maße jegliche Form von Kontakten und Zusammenarbeit mit Juden oder mit Israel ab. Dieses Desinteresse besitzt ein Moment von Mißtrauen gegenüber dem direkten Kontakt zu Juden, denn die Antisemiten wollen weit überdurchschnittlich oft wissen, ob jemand Jude ist (57 % gegenüber 12 % in der Bev. insg.).

Dieser sozialen Distanz entspricht die eindeutige Ablehnung jeder besonderen Verpflichtung zur Hilfe und Wiedergutmachung gegenüber Israel (88 %) und den Juden (42 % keine Verantwortung, 18 % in der Bev. insg.). Eine Mitschuld oder -verantwortung wird weitgehend abgelehnt. Obwohl die antijüdisch Eingestellten den Holocaust selten als ein einmaliges Ereignis ansehen (14 %) und auch nur wenige von ihnen annehmen, daß er niemals wiedergutzumachen sei (17 %), so stehen sie doch andererseits einer Versöhnung zwischen Juden und Deutschen überwiegend skeptisch gegenüber. Nur 5 % halten sie in absehbarer Zeit für möglich, 69 % glauben an „keine richtige Versöhnung" (in der Bev. insg. glauben dies auch 46 %). Die antijüdisch Eingestellten sehen im Holocaust also kein nicht wiedergutzumachendes Verbrechen, sondern lasten das Ausbleiben einer Versöhnung dem „jüdischen Charakter" an.

Diese Skepsis steht in Spannung zu dem starken Wunsch der Antisemiten, einen Schlußstrich unter die Vergangenheit zu ziehen (94 %).

Was das Informationsniveau über die NS-Vergangenheit und die Judenverfolgung betrifft, so gibt es kaum Unterschiede zu den beiden anderen Befragtengruppen. Das Wissensniveau erscheint recht hoch, die Antisemiten meinen auch, genug über diesen Themenkomplex zu wissen und möchten nicht mehr darüber erfahren. Daß sich hinter dieser Haltung Leugnungs- und Abwehrtendenzen verbergen, zeigt die von 45 % der Antisemiten geteilte Ansicht, daß „vieles an den KZ-Berichten übertrieben sei" (7 % sagen dies in der Bev. insg.). Sie erinnern sich auch deutlich weniger an die KZ als an den Krieg u.ä. Betrachtet man ihre Haltung zum Nationalsozialismus insgesamt, so tendieren sie dazu, die Verbrechen des Dritten Reiches als die Taten einiger weniger NS-Führer hinzustellen (83 %) und die Mehrheit des Volkes zu entlasten. Bei den Juden und vor allem im „internationalen Judentum" sehen sie eine Mitschuld an der Judenverfolgung. Immerhin 23 % der antijüdisch Eingestellten bezeichnen das Dritte Reich als sympathisch (4 % Bev. insg.). Diese Einstellung mag durch bestimmte Tradierungsformen begünstigt worden sein. So war nach ihren eigenen Angaben die eigene Familie seltener gegen den Nationalsozialismus eingestellt und die Antisemiten haben häufiger mit Eltern und Großeltern über diese Zeit gesprochen. Sofern noch persönliche Erinnerungen an die Nazizeit vorliegen, unterscheiden sich die Antisemiten nicht von den beiden anderen Befragtengruppen.

Auf unsere Fragen zum Umgang mit dem Thema „Juden" bieten die Antisemiten ein gespaltenes Bild: einerseits sagen sie seltener als die anderen Befragten, das Thema sei uninteressant, andererseits meiden sie es jedoch nach Möglichkeit und sagen seltener als die Durchschnittsbevölkerung, daß man sich darüber interessant unterhalten könnte (14 % zu 26 %). Dies deutet darauf hin, daß die Antisemiten das Thema lieber meiden, sofern sie im Gesprächspartner nicht einen Gesinnungsgenossen finden. Im Gespräch mit einem Israeli sieht er sich unter einem Entschuldigungszwang und erwartet abgelehnt zu werden. Ein Teil der Antisemiten gibt jedoch an, in dieser Situation die Flucht nach vorn zu wählen: sie würden „denen mal ihre Meinung sagen". Mit einem Judengegner würden sie sich hingegen gern unterhalten und sie geben zu 67 % an, viele antijüdisch Eingestellte im Bekanntenkreis zu haben (17 % Bev. insg.). Über die Hälfte der antijüdisch Eingestellten glaubt, daß Antisemitismus weit verbreitet sei, und immerhin noch ein Drittel meint sogar, er habe eine zunehmende Tendenz.

Die Toleranz gegenüber antisemitischen Äußerungen im privaten Kreis ist bei den Antisemiten erwartungsgemäß weit verbreitet (59 % gegenüber 25 % der Bev. insg.). Auch bei anderen Fragen zeigen sie eine große Toleranz für antijüdische Aktionen und befürworten nur zur Hälfte eine Gleichbehandlung der Juden in Deutschland. Das Potential für Diskriminierung in dieser Extremgruppe erweist sich als überraschend groß, d.h. man kann annehmen, daß die Interviewer bei der Auswahl ihrer Interviewpartner tatsächlich ausgesprochen antijüdisch eingestellte Personen gefunden haben.

Für die Hauptbefragung, die nur ein Viertel der Pretestfragen umfassen konnte, haben wir uns vor allem die Fragen herausgesucht, die deutlich zwischen Antisemiten und den beiden anderen Befragtengruppen diskriminierten. Gerade wenn man annimmt, daß antisemitische Einstellungen heute zum Teil recht diffus sind und sich nicht mehr zu einer geschlossenen Weltanschauung fügen, ist ein derartiges Vorgehen unerläßlich. Doch auch die vielen Fragen und Aspekte, die nicht in die Hauptbefragung eingegangen sind, bildeten für uns ein Reservoir an Hintergrundwissen, das für die Auswertung der Umfrage sehr wertvoll war. Zum Teil haben wir auch Ergebnisse des Pretests in unsere Auswertung übernommen, sofern entsprechende Daten in der Hauptbefragung nicht erhoben worden sind.

Anmerkungen

1 Gegen diese Verdrängungsthese der Mitscherlichs (und natürlich gegen deren Instrumentalisierung) hat sich mit öffentlicher Resonanz vor allem Hermann Lübbe gewandt. Seiner Ansicht nach ist es nach dem Krieg zu einem notwendigen Konsens zwischen ehemaligen Nationalsozialisten und den Opfern des NS-Regimes gekommen, die im Interesse des Wiederaufbaus die Vergangenheit gemeinsam „beschwiegen" hätten (1983).

2 Zum Verfahren der Kontrastgruppen-Analyse, das von Erp Ring entwickelt worden ist, vgl. Noelle-Neumann/Ring 1985, S. 23-26.

3 Dies gibt einen Hinweis darauf, daß sich widersprechende Berichte über die Zahl der Opfer, über die Existenz von Gaskammern usw. aufmerksam registriert und als Beweis für die Manipulation der Geschichtsschreibung über den Holocaust angesehen werden.

4 Hier liegt wohl die Erklärung dafür, daß der Wortsympathietest für den Begriff „Antisemitismus" keinen klaren Zusammenhang mit anderen Indikatoren für antisemitische Einstellungen gezeigt hat.

5 Kurioserweise geben die projüdisch Eingestellten zu 17% an, „häufiger oder manchmal" die Nationalzeitung zu lesen.

III. Das Ausmaß des gegenwärtigen Antisemitismus

Bevor wir selbst darangehen, das Ausmaß des gegenwärtigen Antisemitismus mittels einer Skala zu erfassen, wollen wir die bisher vorliegenden Versuche, ein Instrument zur Messung von Antisemitismus zu entwickeln, diskutieren.

Probleme bei der Entwicklung von Antisemitismus-Skalen

Die erste und einflußreichste Antisemitismus-Skala wurde im Rahmen des berühmten Projekts „Studies in Prejudice" ab 1944 entwickelt. Die Skala, die in ihrer frühen Fassung 52 herabsetzende Äußerungen über Juden umfaßte, sollte ein möglichst vollständiges Bild der Aspekte bieten, an denen sich die Ablehnung der Juden entzünden konnte. Die Gewichtung der Antwortvorgaben (von +3 = starke Zustimmung bis −3 = starke Ablehnung eines Items) sollte es ermöglichen, den Grad des Antisemitismus zu quantifizieren. Diese AS-Skala wurde einmal zur Messung spezifischer Einstellungsmuster in Sub-Skalen aufgespalten, zum anderen wurden kürzere und veränderte Versionen entwickelt. Anders als die berühmte F-Skala (Faschismus-Skala) wurde die AS-Skala später nicht mehr in genuinen Antisemitismus-Studien als Index benutzt, sondern diente in einer verkürzten Version in psychologischen Untersuchungen als Instrument, um Populationen in antisemitische und nicht-antisemitische Versuchspersonen zu sondern (vgl. Berkowitz 1959; Weatherley 1961). Daß diese AS-Skala in späteren Untersuchungen nicht weiter verwendet wurde, liegt an ihrer engen Bindung an eine bestimmte Antisemitismustheorie. Sie wurde im Kontext der Studien zum Faschismus und zur autoritären Persönlichkeit als Instrument zur Messung von Persönlichkeitsstrukturen angelegt und bildete letztlich eine Teilskala im Rahmen einer gesuchten umfassenden Skala zur Messung von Persönlichkeitsstrukturen, die zum Faschismus prädisponieren.[1] Von den Teilskalen ist nur die Autoritarismus-Skala in den Untersuchungen zum Rechtsradikalismus in der wissenschaftlichen Diskussion geblieben.

Die veränderten Fragestellungen der internationalen Antisemitismusforschung seit den 60er Jahren verlangten eine andere Skalenbildung. Dieser Forschung ging es nicht mehr um die Erfassung komplexer Persönlichkeitsstrukturen und um die empirische Überprüfung von Theorien, sondern auf theoretisch weniger anspruchsvollem Niveau um die repräsentative Erhebung von antisemitischen Einstellungen und ihren Wandel. Da fast jede dieser Antisemitismusstudien eine eigene Skala entwickelte, entstand, was Lucy Dawidowicz ein „patchwork of scales" genannt hat (1970, S. 39). Zwar wollte jede Studie mit ihrer Skala ein „standardisiertes Maß" für die kommende Forschung vorgeben, doch ist es — nach unserem Wissen — nur in einem Fall zu einer wiederholten Anwendung gekommen. Im Rahmen einer großen fünfjährigen Studie zum Antisemitismus in den USA, unter der Leitung von Charles Y. Glock an der University of California, Berkeley, haben Selznick/Steinberg in den 60er Jahren einen Index entwickelt. Er besteht aus elf Statements, in denen negative Urteile über Juden gefällt werden.[2] Diese Statements wurden durch eine Faktoranalyse von 24 erhobenen Fragen gewonnen. Jede Zustimmung zu einem Statement wurde mit einem Punkt gezählt, so daß sich ein additiver Durchschnittsindex ergab, mit dem sich die Befragten nach dem Grad ihres Antisemitismus einstufen ließen. Die Autoren bildeten drei Gruppen: eine nicht bis wenig antisemitische (31%), eine mittlere (32%) und eine stark antisemitische Gruppe (37%). Wo die Grenze zwischen Antisemiten und Nicht-Antisemiten genau zu ziehen ist, halten die Autoren für „arbiträr" (1969, S. 26). Tatsächlich läßt sich das Problem der Grenzziehung auch nicht allgemein lösen. Ihre Grenzziehung rechtfertigen Selznick/Steinberg mit zwei Argumenten: ein Kriterium ist der Durchschnitt der Indexwerte aller Befragten. Wer über dem Durchschnitt liegt, wird als ausgesprochen antisemitisch eingestuft. Nach diesem Kriterium hätten im Jahre 1964 47% der Amerikaner entsprechend eingestuft werden müssen. Der Durchschnittswert erscheint Selznick/Steinberg jedoch als äußerliches, rein statistisches Mittel. Sie schlagen statt dessen vor, die Grenze dort zu ziehen, wo die kumulierte Zustimmungsrate für alle Items des Index höher liegt als der Prozentsatz, den diese Items jeweils in der Befragung erreichen. Diese Grenze verläuft zwischen den Indexwerten 4 und 5. Entsprechend reduziert sich die Gruppe der Antisemiten, jetzt definiert durch fünf bis elf Zustimmungen, auf 37% (S. 24ff.).[3]

Letztlich war für die Entscheidung eine quantitative Überlegung ausschlaggebend.

Ein derartiges Vorgehen ist dann problematisch, wenn der Index weiche und harte Fragen kombiniert. Bei den weichen Fragen wird die Zustimmungsrate des Gesamtsamples bereits sehr früh erreicht, bei harten Fragen erst spät. So fügt sich der härteste Indikator bei Selznick/Steinberg („Too much power in the US") ihrer Festlegung der Grenze zwischen starken und mittleren Antisemiten nicht. Unter der Bedingung, daß die Zustimmung zu allen Items des Index die durchschnittliche Zustimmung überschreiten muß, müßte so die Grenzziehung sehr viel höher liegen (in diesem Fall zwischen 6 und 7). Die gewählten Bedingungen zur Grenzziehung setzen voraus, daß alle Fragen ähnlich scharf diskriminieren. Die von Selznick/Steinberg gewählten Kriterien zeigen, daß es sich bei der Grenzziehung nicht um vorab festlegbare Entscheidungsregeln handeln kann, sondern daß diese an die vorliegende Antwortverteilung angepaßt werden muß. Der Verlauf der Grenze zwischen Antisemiten und Nicht-Antisemiten kann u.E. nicht *apriori* eindeutig bestimmt, sondern muß unter Abwägung statistischer und inhaltlicher Kriterien entschieden werden.[4]

Die Validität des Konstrukts Antisemitismus

Die bisher diskutierten Indices aus den USA messen Antisemitismus allein über die Stärke antijüdischer Überzeugungen. Damit beschränken sie sich bei der Operationalisierung von Antisemitismus auf die kognitive Dimension des Vorurteils. Einmal ist es zweifelhaft, ob die Zustimmung bei einigen der gewählten Stereotypen tatsächlich eindeutig auf eine feindselige Einstellung gegenüber den Juden schließen läßt, zum anderen vernachlässigt die Beschränkung auf die kognitive Dimension die Komplexität des Vorurteils. Die Messung der emotionalen Ablehnung und der sozialen Distanz sowie der Bereitschaft zur aktiven oder passiven Diskriminierung muß ergänzend hinzutreten, um einschätzen zu können, wieweit es sich bei den negativen Stereotypen nicht bloß um gefühlsmäßig kaum verankerte „Meinungen" handelt (vgl. Kap. V). Dabei muß man einschränkend sagen, daß die Methode der Befragung auch emotionale Einstellungen und Handlungsorientierungen nur indirekt in Form verbaler Aussagen über Emotionen und mögliche Handlungen erheben kann.

Während die bisher vorgestellten amerikanischen Studien den AS-Index über negative Stereotypen gebildet haben, hat Melvin Tumin in seiner vergleichenden Studie über „Intergroup Attitudes of Youth and Adults in England, France, and Germany" von 1961/62 (Princeton University, 1962) einen Index über die soziale Distanz zu Juden konstruiert. Er benutzt verschiedene Kontexte, in denen ein Kontakt zu Juden abgelehnt werden kann: als Schwiegersohn, als Arbeitgeber, als Freund, Arbeitskollege, Kommilitone und Nachbar, um eine fünfstufige Skala der Ablehnung zu bilden. Wer den Kontakt zu Juden in keinem der genannten Kontexte ablehnt, bekommt den Wert 1; diejenigen, die Juden nur als Schwiegersöhne ablehnen, den Wert 2; diejenigen, die sie zusätzlich noch als Arbeitgeber ablehnen, erhalten den Wert 3. Wer die beiden vorgenannten Bedingungen erfüllt und die Juden auch als Freunde ablehnt, bekommt den Wert 4 und wer dazu noch mindestens zwei der drei folgenden Beziehungen ablehnt — Arbeitskollege, Kommilitone, Nachbar — erhält den höchsten Indexwert 5. Es spricht sicherlich einiges dafür, einen Antisemitismus-Index nicht über die bloße Äußerung stereotyper Urteile über Juden zu bilden, sondern über die Ablehnung im alltäglichen Zusammenleben. Zunächst überrascht es, daß diese Hierarchie der sozialen Distanz nicht nach den Distanzstufen der Bogardus-Skala gebildet wurde. Tumin ordnet seine Distanzstufen nach der absteigenden Ablehnungsrate. 48 % der Befragten lehnten einen Juden nur als Schwiegersohn ab (geringste soziale Distanz), 30 % lehnten einen Juden als Schwiegersohn und als Arbeitgeber, 25 % als Schwiegersohn, Arbeitgeber und Freund und 11 % bzw. 13 % in all den genannten Kategorien und zusätzlich noch als Kollege, Kommilitone oder als Nachbar ab (größte soziale Distanz; Tumin 1962, Part I, S. 12; vgl. die Grundauszählung der Befragung in: International Prejudice Study, DIVO Frankfurt/M. o.J., Frage 40). Unklar bleibt bei dieser Form der Skalierung, wo diejenigen eingeordnet werden, die bei einer schwächeren Distanz-Stufe zustimmen und nicht bei einer stärkeren, z.B. einen Juden als Arbeitgeber ablehnen, ohne ihn aber als Schwiegersohn abzulehnen.

Tumin bildet seinen Antisemitismus-Index zwar nur über diese Distanz-Skala, aber zu ihrer Validierung korreliert er sie (unter anderem) auch mit Fragen zur emotionalen und kognitiven Einstellung zu Juden. Der Validitätstest mit der gefühlsmäßigen Einstellung, die er über die Frage „How do you personally feel about Jews?" erhoben hat, zeigt einen vergleichsweise hohen und signifikanten Zusammenhang in der erwarteten Richtung. Diejenigen mit positiven Gefühlen zeigen auf dem AS-Index geringe soziale Distanz und diejenigen mit negativen Gefühlen die stärkste (Tumin 1962, Part I, S.14). Auch der Test mit einer Liste von zehn antijüdischen Stereotypen zeigt für die Extremgruppen, die entweder den Stereotypen stark zustimmen (6-10 Zustimmungen) oder ihnen schwach zustimmen (0-1), dasselbe Muster. Nur für die mittlere Gruppe (2-5 Zustimmungen) ergibt sich kein eindeutiger Zusammenhang mit dem AS-Index. Aus diesen Ergebnissen zieht Tumin den Schluß, daß es einen linearen Zusammenhang zwischen dem Antisemitismus (gemessen über soziale Distanz) und der antijüdischen Stereotypisierung gibt, daß dieser jedoch nur für die Extreme gilt und nicht für den mittleren Bereich der Stereotypisierung (ebd. S.32). Diese mittlere Gruppe habe ein ambivalentes, gemischtes Bild von den Juden und zeige zwar eine gewisse soziale Distanz, aber keine vollständige Ablehnung. D.h. bei der Konstruktion einer Antisemitismus-Skala, in die auch eine Stereotypenliste eingeht, muß berücksichtigt werden, daß die selektive Zustimmung zu einigen wenigen Stereotypen ja zugleich die Nicht-Zustimmung zu den nicht gewählten einschließt und daher auf ein inkonsistentes, nicht leicht zu interpretierendes Einstellungsmuster hindeutet (vgl. Kap. V).

Da er Antisemitismus nur über die soziale Distanz gemessen hat, konnte Tumin diese Mittelgruppe nicht erfassen und konzentrierte sich auf die Extreme — Antisemiten und Philosemiten. Nur wer überhaupt keine soziale Distanz gegenüber Juden zeigte, wurde nicht zu den Antisemiten gezählt. Auf diese Weise erhielt Tumin den hohen Anteil von 55 % bis 61 % der Engländer, Deutschen und Franzosen, die ein gewisses Maß an Antisemitismus zeigten. Mit dieser Methode umging er die Frage der Grenzziehung zwischen starkem und schwachem Antisemitismus.

Galtung schlug einen anderen Weg ein. Er bildete ähnlich wie Tumin einen Antisemitismus-Index über die soziale Distanz. Er hielt es jedoch für unrealistisch, das Sample dichotom in Antisemiten und Philosemiten zu scheiden, da das Ressentiment sich in vielen Abstufungen finden läßt und es ihm sinnvoller erschien, die Extreme im Lichte der Mittelgruppe zu interpretieren (Galtung 1960, S. 14ff.). Er vergab für jede der fünf Distanzangaben Punkte (Ablehnung zwei Punkte, unentschieden ein Punkt, Zustimmung null Punkte), so daß er eine Skala mit zehn Index-Werten erhielt. Wie es seiner genannten theoretischen Entscheidung entsprach, unterschied er drei Gruppen. Die Grenzziehung begründete er — relativ uneinsichtig — damit, daß er ungefähr drei gleich große Gruppen haben wollte. Auf diese Weise erhielt er 29 % Antisemiten (6-10 Punkte), 41 % Philosemiten (0-3 Punkte) sowie eine Mittelgruppe von 30 % (4-5 Punkte). Abgesehen von der Problematik der Entscheidung, der Anteil der Antisemiten kann auf diese Weise kaum unter ein Drittel der Gesamtbevölkerung sinken, erscheint uns problematisch, daß die fünf Distanzvorgaben untereinander als gleichgewichtig behandelt werden, obwohl sie jeweils sehr unterschiedlich große soziale Distanzen ausdrücken. Die Ablehnung einer Ehe mit einem Juden dürfte weit weniger als Ausdruck antijüdischer Ressentiments gelten als die Weigerung, an seiner Seite zu arbeiten.[5]

Silbermann und Sallen versuchten der Dreidimensionalität des Vorurteils (kognitive, affektive und konative Dimension) Rechnung zu tragen, indem sie einen AS-Index für die Bundesrepublik entwickelten, der aus einer Kombination von drei Teilskalen besteht: einer AS-Skala im engeren Sinn, einem Distanzparameter und der Messung der Verhaltensorientierung.

Die AS-Skala besteht aus zwanzig antisemitischen Statements, mit denen, wie in den amerikanischen Untersuchungen, ausschließlich stereotype Vorstellungen gemessen werden sollten (Silbermann 1982, S.

33ff. und Sallen 1977, S. 228ff.). Als Skalierungsverfahren verwendeten die Autoren eine Likert-Skala mit vier abgestuften Antwortmöglichkeiten (starke/schwache Zustimmung; schwache/starke Ablehnung und die Kategorie „Weiß nicht"). In der Antwortverteilung wurden — aufgrund nicht deutlich gemachter Kriterien — fünf Gruppen nach dem Grad ihrer Zustimmung zu den antisemitischen Statements unterschieden. Weder wird die Bildung des Gesamtscores durchsichtig noch werden die Kriterien für die Grenzziehung angegeben. Auch das typische Problem bei der Likert-Skala, die keine Auskunft darüber gibt, wie die mittleren Scores zustandegekommen sind, ob durch eine durchgängig mittlere Haltung oder durch das sich Aufheben extremer Antworten in beide Antwortrichtungen, wird nicht diskutiert (vgl. dagegen Weiss, s.u.).

Der Distanzparameter von Silbermann/Sallen mißt außerdem nicht, was man in der Soziologie als soziale Distanz bezeichnet und was gewöhnlich mit Distanzskalen (etwa von Bogardus 1925 und 1933; Triandis/Triandis 1960; u.a.) gemessen wird. Sie verwendeten statt dessen die Differenz zwischen dem Eigenbild der Deutschen und dem Fremdbild der Juden, die sie über Eigenschaftslisten mit zwölf vorgegebenen positiven und negativen Eigenschaften gemessen haben („habgierig, unverschämt, intelligent" usw. — Sallen 1976, S. 232f.). Über den Grad der Abweichung vom Mittelwert wurden auch hier fünf Gruppen nach ihrer Vorurteilsintensität unterschieden. Dieses Verfahren reflektiert Fremdheit, mißt diese aber wieder über kognitive Schemata und damit letztlich die gleiche Dimension des Vorurteils wie ihre AS-Skala. Der Distanzparameter erfaßt nicht die emotionale Bedeutung der negativen Urteile und die Stärke, mit der soziale Kontakte zu Juden gebilligt oder abgelehnt werden.

Als Maß für die Verhaltensorientierung verwendeten Silbermann/Sallen eine einzige Frage, in der der Befragte gebeten wurde anzugeben, was er einem Freund raten würde, der mit einem jüdischen Kaufmann ein vorteilhaftes Geschäft abschließen möchte. Der Befragte hatte die Wahl zwischen fünf Antwortvorgaben, die von einer Vermeidung des Geschäfts bis hin zu einer besonders positiven Einschätzung jüdischer Geschäftsleute reichten.[6] Ob die Verhaltensorientierung mittels nur einer Frage ausreichend operationalisiert ist, sei hier dahingestellt.

Die drei Einzelmaße werden nicht wirklich zu einer neuen AS-Skala zusammengefaßt und die beträchtlichen Abweichungen nicht diskutiert, statt dessen werden die Ergebnisse „nach Tendenz und Größenordnung als widerspruchsfrei" vorgestellt (Sallen 1976, S. 236 und Silbermann 1982, S. 63).[7] Aber Widerspruchsfreiheit und eine ähnliche Größenordnung sind bei der Messung der verschiedenen Vorurteilsdimensionen gerade nicht zu erwarten, da die Zustimmung zu Stereotypen, wie unsere Umfrage durchgängig zeigt, regelmäßig höher ist als die emotionale und soziale Distanz, die wiederum höher ist als die Zustimmung zu einer antijüdischen Handlungsorientierung. Es stellt sich das grundsätzliche Problem, wie Einzelskalen zu einer übergreifenden AS-Skala zusammengefügt werden und welches Gewicht dabei die Einzelskalen jeweils haben sollen. Das Problem der Gewichtung stellt sich natürlich auch dann, wenn man eine integrierte Skala aus den Items der verschieden Vorurteilsdimensionen und inhaltlichen Ausprägungen des Antisemitismus bilden will.

Zur Auswertung ihrer Antisemitismusumfrage in Wien 1976 bildete Hilde Weiss eine AS-Skala aus 21 Items, die sowohl Stereotypen wie auch Emotionalität, Distanz und Diskriminierungsbereitschaft umfaßt (1984, S. 52f.). Für jede Person wird aus der Beantwortung aller Fragen, die jeweils vier Antwortmöglichkeiten von starker Zustimmung bis zu starker Ablehnung zuließen, ein Punktwert gebildet. Das Problem dieser Skalierung liegt darin, daß sich, abgesehen von den extremen Formen der Zustimmung bzw. der Ablehnung, mittlere Positionen ergeben können, die aus der Addition von extrem positiven und extrem negativen Antworten oder aber aus der durchgängigen Wahl der neutralen Position entstehen. Auch hier stellt sich in verschärfter Form das Problem der Grenzziehung zwischen starken, mittleren und schwachen Formen des Antisemitismus. Die Grenzziehungen, die Weiss dann vornimmt, lassen sich aus ihrer Beschreibung nicht ganz eindeutig rekonstruieren. Offenbar bildet sie Teilgruppen nicht anhand der Höhe der jeweils erreichten Gesamtscores, sondern formuliert eine Reihe von Antwortkombinationen, die gegeben sein müssen, um einen Befragten einzustufen. Als sehr stark antisemitisch werden alle diejenigen eingestuft, die bei allen Fragen vollständig oder bedingt in Richtung Antisemitismus tendieren, als vorurteilsfrei diejenigen, die jeweils die Hälfte der Items völlig oder bedingt ablehnen. Weitgehend unklar bleibt der mittlere Einstellungsbereich. Nur eine Gruppe mit starkem Vorurteil wird noch näher definiert: in diese Gruppe gehört, wer etwa die Hälfte der Items bedingt befürwortet und etwa die Hälfte bedingt ablehnt, während die Gruppen „mittleres Vorurteil bzw. schwaches Vorurteil" undefiniert bleiben.

Um dem Problem des *response-set* zu entgehen, das auch Silbermann und Sallen dazu geführt hat, in ihrer Skala die extrem ablehnenden Antworten mit den bedingt ablehnenden wieder zusammenzunehmen, haben wir die Fragen weitgehend dichotomisiert bzw. allenfalls eine Kategorie „unentschieden/weiß nicht" zugelassen. Deshalb sind auch die Abgrenzungskriterien von Hilde Weiss für uns nicht anwendbar.

Eine Studie, die mit unserer Studie vergleichbare Frageformulierungen und Antwortvorgaben verwendet, ist die 1986 im Auftrag des „Stern" durchgeführte Umfrage des IfD-Allensbach. Renate Köcher weist zu Recht darauf hin, daß die Analyse von Ressentiments zwingend die Aggregierung verschiedener Indikatoren erfordert. Zur Identifikation eindeutig antisemitisch eingestellter Personen hat sie deshalb eine Skala benutzt, die — nach Vorschaltung einer Faktorenanalyse der verschiedenen Dimensionen antijüdischer Haltungen — neben Stereotypen auch emotionale Ablehnung, Toleranz gegenüber antijüdischen Stellungnahmen und Aktionen, soziale Distanz und die Bereitschaft, sich mit der deutschen Vergangenheit auseinanderzusetzen, umfaßt. Diese Skala besteht aus 19 Items, wobei für die Auswertung die positive Einstellung mit zwei Punkten, die indifferente mit einem Punkt und die negative mit Null Punkten bewertet wurde. Mit 19 positiven Antworten konnten maximal 38 Punkte erreicht werden, die den Indexwert = 100 % bekamen.[8] Mittels einer Clusteranalyse wurden acht Cluster ermittelt, wobei sich deutlich ein stark antisemitisches Cluster (unteres Drittel der Skala) abhob, das einen Indexwert von 29 (= 15,3 % des Samples) erreichte. Drei andere Cluster ließen sich zu drei weiteren Einstellungsgruppen zusammenfassen = schwach negative Einstellung (Indexwerte 56 bis 58 = 29,5 % des Samples), schwach positive Einstellung (71 = 13,1 % des Samples) und ausgeprägt positive Einstellung (77 bis 85 = 42,1 % des Samples). Die Abgrenzung zwischen den letzten beiden Gruppen ist arbiträr, da eine deutliche Diskontinuität hier nicht festzustellen ist (IfD 1986, Anhang). In einem zweiten Schritt sollte innerhalb der 15,3 % Antisemiten ein harter Kern identifiziert werden. Zu diesem Zweck wurde die Zustimmung zu sieben Statements aus der Gesamtskala herausgenommen und extra ausgezählt. Wer vier der Statements bejahte, wurde zum harten Kern gezählt (6 %). Die inhaltliche Auswahl für den harten Kern überrascht insoweit, als hier gerade mit Stereotypen (wie z.B. geldgierig, geizig, arrogant) nur eine Vorurteilsdimension berücksichtigt wurde und die scharf diskriminierenden Fragen nicht herangezogen wurden. Unserer Meinung nach ist es einleuchtender, den harten Kern der Antisemiten über die Zustimmung zu den antisemitischen Aussagen zu bestimmen, die 1. eine geringere Zustimmung finden und 2. hohe emotionale Beteiligung und hohe Diskriminierungsbereitschaft erkennen lassen (wie z.B. „alle Juden sollten nach Israel auswandern“ oder „die Schändung jüdischer Friedhöfe sollte man nicht so wichtig nehmen“).

In ihrer Auswertung unserer Umfrage von 1987 geht Köcher bei der Konstruktion eines Antisemitismus-Index einen etwas anderen Weg. 37 Fragen, die ihrer Einschätzung nach eine antisemitische Einstellung reflektieren, unterzieht sie zunächst einer Faktorenanalyse und erhält so sieben Dimensionen des antijüdischen Ressentiments: 1) Emotionale Ablehnung und Ausgrenzung, 2) Aggressive Ablehnung, 3) Antiisraelische Stereotype, 4) und 5) Antijüdische Stereotypen: Der gefährliche Jude und der geldgierige Jude, 6) Religiöse Ressentiments und 7) Ressentiments gegen jüdischen Einfluß und elitäres Selbstbewußtsein. Köcher kombiniert hier die drei Komponenten des Vorurteils mit den wichtigsten Formen des gegenwärtigen Antisemitismus. Für jede Dimension wird der Grad der Zustimmung mit Punkten gemessen: 0 Punkte = keine bzw. eine Zustimmung pro Dimension; 1 Punkt = mehr als eine und bis zur Hälfte der Aussagen; 2 Punkte = Zustimmung zur Mehrzahl der Aussagen pro Dimension. Über alle sieben Dimensionen ergibt sich so eine Gesamtskala, die von 0 bis maximal 14 Punkten reicht. Wer die Mehrzahl der Bedingungen erfüllt, d.h. 8 und mehr Punkte erhält, wird als klar antijüdisch gesinnt eingestuft (das sind 15% der Befragten). Die Wahl gerade dieses Schnittpunktes wird nicht näher diskutiert, er scheint mehr oder weniger „arbiträr" gewählt worden zu sein. Abgesehen von einigen inhaltlichen Problemen bei der Auswahl der Einzelindikatoren (z.B. das Hineinnehmen antiisraelischer Stereotype und der starken Berücksichtigung des religiösen Ressentiments) ist an dieser Vorgehensweise problematisch, daß die einzelnen Dimensionen aus unterschiedlich vielen Teilfragen gebildet wurden (zwischen 3 und 7 Fragen). Um den höchsten Punktwert 2 zu erreichen, muß der Befragte in der einen Dimension viermal, in der anderen zweimal zustimmen. Durch dieses Verfahren erhalten die Antworten in den verschiedenen Dimensionen unterschiedliches Gewicht, ohne daß dies inhaltlich begründet wäre (vgl. die Rezension von Jesse 1989).

Die Emnid-Studie von 1989 mißt die Einstellung zu Juden, indem sie die Antworten auf sieben Fragen, die zum Teil abgestufte Antworten zulassen, mit Punkten bewertet. Dieser Übercode kombiniert u.E. jedoch sehr heterogene Elemente, von denen einige zur Messung einer antjüdischen Einstellung nur sehr bedingt tauglich sind. Zwar stimmen Antisemiten dem Statement „Viele trauen sich nicht, ihre wirkliche Meinung über Juden zu sagen" überdurchschnittlich häufig zu und streiten auch eher ab, daß „die Mehrheit der Deutschen von der Massenvernichtung der Juden gewußt hat", doch muß die Zustimmung zu diesen Fragen keineswegs eine Ablehnung der Juden implizieren. Mit Ausnahme der beiden Sympathieskalen zur Einstellung gegenüber deutschen und israelischen Juden messen alle anderen Statements („Brandts Kniefall im Warschauer Ghetto war übertrieben", Wiedergutmachung ist zu hoch, Zahl der ermordeten Juden wird zu hoch angegeben) eher die Haltung zum Nationalsozialismus und zur Wiedergutmachung seiner Verbrechen, die nur sehr bedingt mit einer antijüdischen Einstellung korrelieren (vgl. die Schlußstrich-Frage in unserer Untersuchung). Die erreichbare Punktzahl liegt zwischen 0-27 Punkten. Für die Grenzziehung (20-27 sehr antisemitisch, 14-19 ziemlich antisemitisch, 6-13 etwas antisemitisch, 0-5 nicht antisemitisch) läßt sich weder eine Kriteriums- noch eine Normorientierung erkennen.

Die Konstruktion der Antisemitismus-Indices

Wir folgen Glock/Stark und Sallen/Silbermann bei unserer Index-Konstruktion insoweit, als wir zunächst für jede Dimension des antisemitischen Vorurteils einen Teil-Index bilden. Anders als die genannten Autoren werden wir die Gruppe der Antisemiten auf der Basis aller drei Vorurteilsdimensionen bestimmen.

Antijüdische Stereotypen

Aus der Stereotypenliste haben wir diejenigen negativen antijüdischen Stereotypen ausgewählt, die in einer Faktorenanalyse auf einem Faktor geladen haben. Wir haben zunächt alle weiteren negativen kognitiven Urteile über Juden aus unserem Fragebogen hinzugefügt und die Items einer Korrelationsanalyse unterzogen. Für die endgültige Index-Konstruktion haben wir auf jene Items verzichtet, deren Korrelationen unter (r) = .40 lagen. Es blieben 17 Einzelfragen übrig (vgl. Anhang 3), aus denen der Index „antijüdische Stereotypen“ (AS-STEREOTYP) gebildet wurde.

Index AS-STEREOTYP

Zustimmungen	n	%	% kumuliert
0	509	24,2	24,2
1	374	17,8	42,1
2	275	13,1	55,2
3	184	8,8	63,9
4	158	7,5	71,5
5	127	6,0	77,5
6	105	5,0	82,5
7	82	3,9	86,4
8	80	3,8	90,2
9	46	2,2	92,4
10	38	1,8	94,2
11	41	2,0	96,2
12	22	1,0	97,2
13	23	1,1	98,3
14	10	0,5	98,8
15	13	0,6	99,4
16	9	0,4	99,9
17	3	0,1	100,0
	missing 3	0,1	
Insg.	2102	100,0	

(Mittelwert $\bar{x}$ = 3,3; Reliabilität: alpha .86)

Die Zusammenfassung aller 17 negativen Stereotypen zu einem aggregierten Maß zeigt, daß antijüdische Klischees einerseits weit verbreitet sind (durchschnittlich hat jeder Befragte 3,3 negative Antworten gegeben), daß andererseits ein *konsistentes* antijüdisches kognitives Klischee nur bei einer Minderheit anzutreffen ist. Knapp ein Viertel der Bevölkerung äußert sich bei keiner der 17 Fragen in antijüdischer Hinsicht. Ab wieviel Zustimmungen ist von einem eindeutig antijüdischen Klischee zu sprechen? Bei der Grenzziehung ist einmal zu berücksichtigen, daß sich das negative Judenbild bei den Befragten um bestimmte Stereotypenkomplexe bündelt, d.h. auch jemand mit einem klar negativen Judenbild wird auswählen und bestimmten Aspekten des Klischees (etwa religiösen oder wirtschaftlichen) nicht zustimmen. Zum anderen ist die Fragetechnik (Vorlage einer Eigenschaftenliste) so beschaffen, daß Nicht-Zustimmung zu einer der Eigenschaften nicht ihre explizite Zurückweisung bedeutet. Das heißt, ein Befragter muß nicht allen oder der Mehrheit der vorgegebenen Eigenschaften zustimmen, um sein spezifisches antijüdisches Klischee konsistent zum Ausdruck zu bringen. Um von einem konsistenten antijüdischen Denken zu sprechen, so meinen wir, sollte der Befragte mehr als einem Drittel der Eigenschaften zustimmen. Danach verläuft die Grenze zwischen 5 und 6 Zustimmungen, damit haben 22,5% der Befragten ein konsistent negatives Judenbild.[9] Dieser Personenkreis kann aber nicht pauschal als „Judenhasser" bezeichnet werden, da nur ein Teil von ihnen emotional engagiert ist.

Stereotypisierung und soziale Distanz

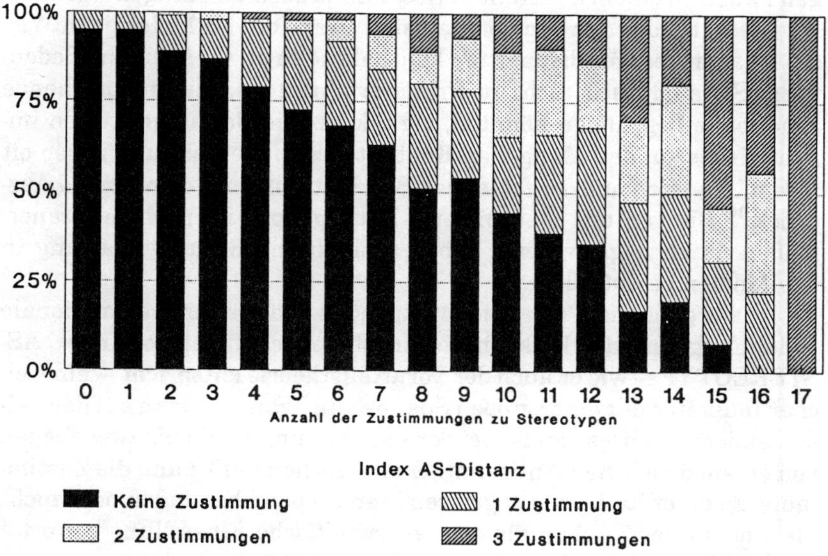

Ein inkonsistentes Urteil über Juden liegt bei knapp der Hälfte der Bevölkerung vor (43,3% = 1 bis 5 Zustimmungen). Innerhalb dieser Gruppe läßt sich eine weitere Differenzierung vornehmen. Legt man den Mittelwert aller Zustimmungen zugrunde (3,3), so kann man noch einmal zwischen 3 und 4 Antworten eine Grenze ziehen und somit eine Gruppe von etwa 40% abgrenzen. Dieses formale Argument findet darin eine Stütze, daß von denen, die 1 bis 3 antijüdischen Eigenschaften zustimmen, nur ganz wenige diese Stereotypisierung mit antijüdischen Gefühlen verbinden.

Nach diesen Überlegungen unterscheiden wir drei Gruppen:

Keine bis geringe antijüdische Stereotypisierung (0 bis 3 Zustimmungen)	64,0%
Inkonsistente antijüdische Stereotypisierung (4 und 5 Zustimmungen)	13,5%
Konsistentes antijüdisches Stereotyp (6 bis 17 Zustimmungen)	22,5%

Diese Gruppenbildung ist in gewissem Sinne arbiträr und kann nur theoretisch begründet werden. Man muß heute davon ausgehen, daß antijüdische Stereotypen bruchstückhaft weitergegeben werden und daß diese Überlieferung durch Primärerfahrungen weder verfestigt noch überprüft werden kann. Die offenen Interviews, die wir zur Vorbereitung dieser Befragung durchgeführt haben, zeigen, daß Splitter des antisemitischen Weltbildes noch vorhanden sind, sich aber nur in wenigen Fällen zu einem kohärenten Gesamtbild zusammenfügen (vgl. Kap. II). Die antijüdischen Stereotypen sind zwar Teil des kollektiven Wissens, haben aber für die meisten keine aktuelle und persönliche Bedeutung. Sie sind auch nicht in Primärerfahrungen, die entsprechende Emotionen begründen könnten, verankert. Die Befragten weisen immer wieder auf den Mangel an Kontakten zu Juden hin und geben oft ihrem Unwissen und der fehlenden Beschäftigung mit dem Thema Ausdruck.[10] Die von uns identifizierte Mittelgruppe ist nachgewiesenermaßen durch negative bzw. subtil antijüdische Berichterstattung in den Medien beeinflußbar.[11]

Im Vergleich mit den beiden folgenden Indices für die emotionale Ablehnung und die Diskriminierungsbereitschaft ist der Index AS-STEREOTYP — wie es auch der Vorurteilstheorie entspricht — ein weicher Indikator mit einer großen Spannweite. Während man auf den beiden anderen Indices bereits bei der Zustimmung zu ein bis zwei Fragen von einem deutlichen Antisemitismus sprechen muß, kann die Zustimmung zu einer Reihe von negativen Stereotypen über Juden noch nicht als eindeutiges Zeichen für eine antisemitische Einstellung gewertet werden. Dies zeigt sich auch darin, daß nur 24% der Befragten keinem Stereotyp zugestimmt haben, während dies bei den anderen Indices (die allerdings auch aus weniger Items bestehen — s.u.) zwischen 65% und

80 % tun. Um bei den Stereotypen eine entsprechende Trennschärfe zu erreichen, muß dieser Index eine größere Zahl von Items enthalten, als dies bei den anderen Indices nötig ist. Untersuchungen über nationale Stereotypen zeigen regelmäßig, daß einem anderen Volk von einer Person gleichermaßen positive und negative Eigenschaften zugeschrieben werden. Nur wenige negative Stereotypisierungen berechtigen deshalb noch nicht dazu, von einem feindseligen Klischee zu sprechen. Es ist auch deshalb Vorsicht geboten, weil wir in den Index nur die feindseligen Stereotypen aufgenommen haben und die balancierenden positiven Eigenschaften, die von der Bevölkerung den Juden sogar häufiger zugeschrieben werden als die negativen, nicht berücksichtigen. Aus diesen Überlegungen leiten wir die Berechtigung ab, die Zustimmung zu 1-3 negativen Aussagen über Juden noch nicht als Ausdruck einer antisemitischen Einstellung zu werten.

Emotionale Ablehnung und soziale Distanz

Zur Konstruktion dieses Index verwenden wir drei Items, die eindeutig eine Antipathie und Distanz gegenüber Juden zum Ausdruck bringen: „Mit Juden möchte man nicht so gern näher zu tun haben" (Frage 1 a); „Leute, die keine Juden mögen" (Frage 7); „Für uns Deutsche wäre es am besten, wenn alle Juden nach Israel gingen" (Frage 10). Die Korrelationen zwischen den drei Items liegen zwischen r = .62 und .77, so daß ein statistisch befriedigender Zusammenhang zwischen ihnen gesichert ist.

Index: AS-DISTANZ

Zustimmungen	n	%	% kumuliert
0	1703	81.0	81.0
1	263	12.5	93.5
2	76	3.6	97.1
3	60	2.9	100.0
Insg.	2102	100.0	100.0

(Mittelwert $\bar{x}$ = 0,28, Reliabilität: alpha .65)

81 % der Befragten haben keine der drei Distanzfragen bejaht. Dieses Ergebnis rührt zum Teil natürlich daher, daß ein Index mit nur drei und überdies sehr harten und hochkorrelierten Items die Gruppe derjenigen, die hier zustimmen, verkleinert und schärfer selegiert als der breiter streuende Index AS-STEREOTYP. Andererseits bedeutet dieses Ergebnis aber auch, daß emotionale Ablehnung und soziale Distanz in der Bevölkerung weniger weit verbreitet sind als antijüdische Stereotypen. Daraus kann man schließen, daß für viele der Befragten die Zu-

stimmung zu einigen antijüdischen Stereotypen keine große emotionale Bedeutung besitzt und ihr soziales Verhältnis zu Juden nicht ausschließlich bestimmt. Erwartungsgemäß besteht ein signifikanter positiver Zusammenhang zwischen den Indices AS-STEREOTYP und AS-DISTANZ (r = 0.55). Dennoch wird deutlich, daß die beiden Indices unterschiedliche Dimensionen des antisemitischen Vorurteils messen. Aufgrund dieser Überlegungen kommen wir zu folgender Gruppierung.

Keine Ablehnung und Distanz (keine Zustimmung)	81%
Ausgeprägte Ablehnung und Distanz (1 bis 3 Zustimmungen)	19%

Diskriminierungsbereitschaft

In die Konstruktion dieses Index sind alle Items eingegangen, in denen diskriminierende Handlungen gegenüber Juden gefordert werden. „Man sollte nicht zu jüdischen Ärzten gehen" (Frage 16/10); „Es soll verboten werden, daß weitere Juden nach Deutschland einwandern oder zurückkehren" (Frage 16/13); „Juden sollten bei uns nicht Minister oder höhere Beamte werden" (Frage 16/2); „Man sollte Leserbriefe schreiben, in denen die Wiedergutmachungszahlungen an Israel heftig angegriffen werden" (Frage 16/16); „Wir sollten keine weiteren Wiedergutmachungszahlungen an Israel leisten" (Frage 16/8).[12] Die Korrelationsanalyse zeigt, daß die Korrelationen zwischen den Items statistisch befriedigend ausfallen (zwischen r = 0.48 und 0.78).

Index: AS-DISKRIMINIERUNG

Zustimmung	n	%	% kumuliert
0	1366	65,0	65.0
1	454	21,6	86.6
2	180	8,6	95.1
3	54	2,6	97.7
4	34	1,6	99.3
5	14	0,7	100.0
Insg.	2102	100,0	100.0

(Mittelwert $\bar{x}$ = 0,56, Reliabilität: alpha .62)

Der Anteil derer, die mindestens einer gegen die Juden gerichteten Forderung zustimmen, liegt mit 35% sehr hoch. Dieser Befund würde der Vorurteilstheorie widersprechen, die für die Handlungsorientierung einen höheren Grad an Vorurteilshaftigkeit voraussetzt als für die passive emotionale Ablehnung. Die Aufschlüsselung der Zahl der Zustimmungen pro Item zeigt, daß ein großer Anteil derjenigen, die nur einmal zugestimmt haben, sich gegen weitere Wiedergutmachungszahlungen, d.h. die in diesem Ablehnungskatalog am geringsten diskriminierende Forderung, ausgesprochen hat (292 von 454 Befragten). Die Hälfte aller Befragten, die dieser Forderung zugestimmt hat, hat sonst keiner weiteren antijüdischen Forderung zugestimmt. Es empfiehlt sich daher, diejenigen, die nur einmal zustimmen, in eine mittlere Gruppe zu plazieren.

Daraus ergibt sich folgende Gruppierung:

Keine Diskriminierungsbereitschaft (keine Zustimmung)	65,0 %
Mittlere Diskriminierungsbereitschaft (1 Zustimmung)	21,6 %
Hohe Diskriminierungsbereitschaft (2 bis 5 Zustimmungen)	13,4 %

Die Bestimmung des antisemitischen Potentials

Die drei Teilindices messen jeweils eine bestimmte Dimension des antisemitischen Vorurteils. Die Korrelationskoeffizienten zwischen den Indices, die man zugleich als einen Test der Validität ansehen kann, liegen mit .57 (AS-DISKRIMINIERUNG/AS-DISTANZ) .55 (AS-DISTANZ/AS-STEREOTYP) und .61 (AS-DISKRIMINIERUNG/AS-STEREOTYP) relativ hoch. Da die Indices verschiedene Ausprägungen des antisemitischen Vorurteils messen sollen, ist ein größerer Zusammenhang theoretisch auch nicht zu erwarten.

Gegen die Zusammenfassung der drei Teilindices zu einem Gesamtindex spricht vor allem, daß theoretisch nicht zu klären ist, welches Gewicht den einzelnen Dimensionen zuzumessen ist. Die Zustimmung zu einem Stereotyp auf dem Index AS-STEREOTYP ist anders zu bewerten als die Zustimmung zu einer diskriminierenden oder stark emotional ablehnenden Äußerung auf den Indices AS-DISTANZ oder AS-DISKRIMINIERUNG. Das Problem würde weder dadurch gelöst werden können, daß man drei gleich lange Teilindices im Verhältnis 1:1:1 zusammenführt, noch dadurch, daß man die kürzeren Indices entsprechend stärker gewichtet. Inhaltlich bleibt jede Gewichtung angreifbar. Wir haben deshalb auf die Erstellung eines Gesamtindex verzichtet und statt dessen die jeweils auf den Teilindices vorgenommenen Abgrenzungen (s.o.) zur Identifizierung von antisemitischen Personen kombiniert. Auf diese Weise gelingt eine argumentativ begründete Integration der drei Vorurteilsdimensionen.

Zur Grenzziehung zwischen antisemitisch und nicht-antisemitisch Eingestellten kann man unterschiedlich scharfe Maßstäbe formulieren.

1. Um den harten Kern von vehementen Antisemiten zu identifizieren, haben wir die Bedingungen sehr streng formuliert. Zu dieser

Gruppe zählen wir diejenigen, die auf allen drei Teilindices die von uns dort festgelegte Grenze für ausgeprägten Antisemitismus überschritten haben: sechs und mehr Zustimmungen auf dem Index AS-STEREOTYP, eine Zustimmung oder mehr auf dem Index AS-DISTANZ und zwei und mehr Zustimmungen auf dem Index AS-DISKRIMINIERUNG = *vehementer Antisemitismus (VAS).*
Unter diesen Bedingungen ermitteln wir eine Gruppe von 6,9 % (n = 146) als harten antisemitischen Kern.
2. Man kann von Antisemitismus sprechen, wenn jemand auf allen drei Vorurteilsdimensionen überdurchschnittlich häufig zugestimmt hat (gemessen am Mittelwert aller Zustimmungen).
Danach müssen 11,6 % der Befragten als antisemitisch eingestuft werden (n = 244) = *stark antisemitisch (SAS).* Da der Mittelwert in einem Sample natürlich mit der Verbreitung des Antisemitismus und mit seiner Verteilung in der Bevölkerung variiert, würde der Anteil an Antisemiten bei diesem Meßverfahren nicht notwendig mitansteigen, wenn der Antisemitismus in der Gesellschaft faktisch zunimmt. D.h. dieses Verfahren eignet sich zur Messung nur zu einem Zeitpunkt und erlaubt keinen Vergleich mit späteren Ergebnissen, es sei denn, man benutzte den alten Mittelwert als Maßstab.
3. Die Kreuztabellen der drei Teilindices (AS-STEREOTYP, AS-DISTANZ und AS-DISKRIMINIERUNG) lassen erkennen, daß es Personen gibt, die auf einem Index hohe Werte erreichen, aber auf den anderen Indices eine niedrige Zustimmung zeigen. Dieser Fall tritt besonders bei Personen auf, die ein stark negatives Judenbild haben, das auch teilweise emotional begründet ist, sich aber häufig nicht mit einer Diskriminierungsbereitschaft verbindet. Daneben gibt es weitere Fälle, wo nur in einer oder zwei Vorurteilsdimensionen die von uns genannten strengen Bedingungen (VAS) erfüllt werden. Trotz des Mangels an Kohärenz kann man diese Personen nicht als vorurteilsfrei bezeichnen. Wir haben deshalb eine weitere Abgrenzung vorgenommen, wonach alle diejenigen, die auf mindestens einem Teilindex die folgenden Bedingungen erfüllen: sechs und mehr Zustimmungen auf dem Index AS-STEREOTYP *oder* eine und mehr Zustimmungen auf dem Index AS-DISTANZ *oder* zwei und mehr Zustimmungen auf dem Index AS-DISKRIMINIERUNG als antisemitisch zu bezeichnen sind. Danach erhalten wir eine Gruppe von 33,2 % (n = 697), die wir *im weiteren Sinne* als das *antisemitische Potential* klassifizieren *(WAS).*

Wir haben nun mehrere Abgrenzungsbedingungen erprobt und die Ergebnisse verglichen. Faßt man alle Teilmaße zusammen, kann man von 33 % mit antisemitischer Einstellungen (WAS) in der Bevölkerung sprechen. Der Anteil der Bevölkerung mit starkem Antisemitismus (SAS) beträgt 12 % und zum harten antisemitischen Kern (VAS) sind 7 % zu rechnen.

Antisemitismus in der Bundesrepublik – empirische Ergebnisse 1946-1989

Um die von uns ermittelte Verbreitung antisemitischer Einstellungen einschätzen zu können, muß man sie im Lichte der bisher vorliegenden Ergebnisse bundesdeutscher und ausländischer Umfragen und Studien zum Antisemitismus interpretieren, wobei die Stichprobenziehung und die Verschiedenartigkeit der Fragen, der vorgegebenen Antwortkategorien, der Skalierung sowie der Grenzziehungen einen Vergleich nur sehr eingeschränkt zulassen. (vgl. Bergmann 1990, S. 113ff.).

Beginnen wir mit den Studien zum Antisemitismus in der US-Zone bzw. in der frühen Bundesrepublik. Die OMGUS-Studien (vgl. Merritt/ Merritt 1970) kommen 1946 auf der Basis einer Guttman-Skala mit acht Fragen, die sich direkt oder indirekt auf Einstellungen zu Juden beziehen, zu folgendem Ergebnis: 20 % mit geringer Vorurteilsneigung, 19 % Nationalisten, 22 % Rassisten, 21 % Antisemiten und 18 % „harte“ Antisemiten (Report 49, Dez. 1946). Die Wiederholung der Studie im April 1948 zeigt einen geringen Rückgang auf 19 % Antisemiten und 14 % „harte“ Antisemiten (Report 122). D.h. wir hätten für die frühen Nachkriegsjahre mit einem Anteil von ungefähr 30-40 % deutlich antisemitisch Eingestellten zu rechnen. Mit dem Hinweis auf heute nicht mehr nachprüfbare Einwände gegenüber einigen Frageformulierungen wurden die Werte von den Autoren nach unten hin korrigiert: ungefähr 20 % der Bevölkerung werden als deutlich antisemitisch, 30 % als indifferent und 50 % als nicht-antisemitisch eingeschätzt (ebd.). Es bleibt damit offen, ob wir für die frühe Nachkriegszeit mit 20 % oder 40 % Antisemiten zu rechnen haben. Für die Annahme des höheren Wertes spricht die Tatsache, daß die Bevölkerung bei diesen politisch heiklen Fragen aus Furcht vor Nachteilen wohl kaum immer ihre wahren Ansichten geäußert hat.[13] Die Befragungen wurden sicherlich im Kontext der Besatzungs- und Reorientation-Politik gesehen, der man zum Teil ablehnend gegenüberstand. D.h. die Reliabilität dieser frühen Umfragen ist eher skeptisch zu beurteilen.

Der Anteil von 20 % erscheint uns allerdings für diese Zeit auch noch aus anderen Gründen als zu niedrig, einmal weil spätere Untersuchungen in der Bundesrepublik bis heute auf einen Anteil von 15-20 % kommen, obwohl nachweislich der Antisemitismus abgenommen hat, zum anderen weil die ersten repräsentativen Studien vom IfD-Allensbach für das Gebiet der Bundesrepublik für 1949 und 1952 ein negativeres Bild ergeben.

„Wie ist überhaupt Ihre Einstellung gegenüber den Juden?"

	Demonstrativ antisemitisch %	Gefühlsmäßig ablehnend %	Reserviert %	Tolerant %	Demonstrativ freundlich %	kein Urteil %
1949:	10	13	15	41	6	15
1952:	34		18	23	7	18

Quelle: IfD Bd. I, 1957.

In der Selbsteinstufung, die sich bei unserer Umfrage von 1987 als der sicherste Indikator für Antisemitismus erwiesen hat (6% Zustimmung), bezeichneten sich 1949/1952 23% bzw. gar 34% als klar antisemitisch, während die vorurteilsfreie Gruppe zwischen 30%-47% lag. Da man annehmen kann, daß sich unter den Reservierten und den „Meinungslosen" auch ein Teil antijüdisch Gesinnter befand, wird man für die Nachkriegsjahre durchaus von einem Anteil zwischen 30%-40% Antisemiten ausgehen müssen. Dieses Ergebnis wird gestützt durch das psychologisch tiefergehende und methodisch ganz anders konzipierte „Gruppenexperiment" vom Winter 1950/1951 (Pollock 1955, Tab. 9). Bezogen auf die Zahl der Sprecher, die sich in den Gruppensitzungen zum Thema Juden überhaupt äußerten (nur 23%), wurden 37% als antisemitisch, weitere 35% als ambivalent (bedingt antisemitische und projüdische Äußerungen, die z.T. als verdeckt antisemitisch galten) und 28% als nicht antisemitisch eingestuft.

Aus diesen vier Umfrageergebnissen der Nachkriegszeit ergibt sich folgendes Gesamtbild: ein gutes Drittel der Bevölkerung muß als klar antisemitisch eingestuft werden, ein weiteres knappes Drittel als bedingt antisemitisch bis ambivalent und ein weiteres gutes Drittel als nicht antisemitisch.

Die Umfrage, die das EMNID-Institut im Jahre 1954 im Auftrag der Bundeszentrale für Heimatdienst durchgeführt hat, kommt zu einem in der Größenordnung vergleichbaren Ergebnis. Auf die Assoziationsfrage „Was kommt Ihnen in den Sinn, wenn Sie das Wort ‚Jude' hören" äußerten ein Drittel der Befragten mehr oder weniger positive Einstellungen, während sich bei einem Viertel eine „mehr oder weniger starke Gefühlsabwendung" feststellen ließ (EMNID 1954, S. III). Als eindeutig negativ eingestellt wurde ein Sechstel der Befragten eingestuft.[14] Der Rest zeigte sich entweder uninteressiert (13% — unter diesen vermuteten die Autoren der Studie noch negativ eingestellte Personen) oder zeigte gemischte bzw. gefühlsindifferente Assoziationen.

Die antisemitische Schmierwelle vom Winter 1959/60, die sich in der Bundesrepublik beginnend international ausweitete, wirkte als Anstoß zu vermehrter empirischer Forschung.[15] Dabei ist insbesondere die unveröffentlichte, international vergleichende Studie von Tumin (1963) hervorzuheben. Auf seiner oben diskutierten Distanzskala wurden alle als antisemitisch eingestuft, die Juden in einem oder in mehreren sozialen Kontexten ablehnten. 47% der Deutschen wurden 1961 nach diesem Maßstab als antisemitisch eingestuft, 46% waren es bei den Engländern und Franzosen. Nimmt man alle diejenigen aus dem Sample heraus, die keine oder unvollständige Antworten gegeben hatten, so zeigten 61% alle Deutschen (und 55% aller Engländer und 58% aller Franzosen) ein gewisses Maß an Antisemitismus (ebd. S.12 f.). Tumin hat hier zweifellos einen sehr strengen Maßstab angelegt. Auch wenn die Validierung des Tuminschen Index mit seiner Frage nach der gefühlsmäßigen Einstellung zu Juden und mit einer Stereotypenliste annehmbare Korrelationen erbrachte, so zeigt sich doch etwa an der Tatsache, daß 69% der deutschen Befragten auf einer Liste mit zehn antijüdischen Stereotypen nur 1-3 Stereotypen zugestimmt haben, daß Tumin den Kreis derer, die er als antisemitisch einstufte, sehr weit gezogen bzw. nicht weiter zwischen ausgeprägt antisemitisch Eingestellten und denen unterschieden hat, die nur noch Reste antijüdischer Anschauungen aufwiesen.

Mit einer derartigen Differenzierung arbeiteten Silbermann/Sallen in ihrer Untersuchung von 1974 (1976,1977,1982). Nach dem Grad der Zustimmung zu 20 antisemitischen Items auf einer „Antisemitismus-Skala“ ergab sich folgendes Resultat:

„Stärke des antisemitischen Vorurteils“ 1974:

Ablehnung	23,6%
Schwache Zustimmung	46,4%
Mittlere Zustimmung	25,6%
Starke Zustimmung	4,5%
	100,0%

Quelle: Silbermann 1982, S.34.

Mit der Begründung, daß Extremwerte auf Likert-Skalen seltener angekreuzt werden, als es der tatsächlichen Meinung entspricht, bildeten Silbermann/Sallen eine Gruppe von 30,1% mit starker Zustimmung zu den antisemitischen Aussagen, indem sie die Gruppen mit starker und mittlerer Zustimmung zusammenlegten. Nur 23,6% waren als nicht antisemitisch einzustufen, während mit 46,4% fast die Hälfte der westdeutschen Bevölkerung antisemitischen Aussagen in geringem Maße zustimmte. In der Synopse dieses Meßinstruments mit zwei weiteren Instrumenten, dem Distanzparameter und der Verhaltensorientierungsfrage (s.o.), kamen Silbermann/Sallen schließlich noch zu einem etwas günstigeren Ergebnis (zu den Einzelergebnissen s.u. Fußnote 7): Neben einer toleranten Gruppe von etwa 30% und einer stark antisemitischen von etwa 20% sahen die Autoren bei der Hälfte der westdeutschen Bevölkerung „in Latenz zumindest Reste antisemitischer Einstellungen" (1982, S. 63). Wie allerdings diese neuen Ergebnisse sich aus einer — wie auch immer gearteten — Verknüpfung der drei Skalen ergeben sollen, bleibt unklar, und es wird auch nicht diskutiert, daß die distanzierende „Verhaltensorientierung" mit 16,1% „starker Zustimmung" von den beiden anderen Maßen besonders stark abweicht. Die Behauptung, die Tabelle der drei Skalen zeige „nach Tendenz und Größenordnung ein widerspruchsfreies Ergebnis", erscheint angesichts der Zahlen mehr als kühn (Silbermann 1982, S. 63; Sallen 1977, S. 236 weist wenigstens auf die erkennbaren Abweichungen hin, ohne allerdings das Gesamtergebnis zu relativieren). Bildet man jeweils den Durchschnittswert aus den drei Skalen, dann muß ein Viertel der Bevölkerung als stark antisemitisch (26,1%), weitere zwei Fünftel als leicht antisemitisch und ein Drittel (32,1%) als nicht antisemitisch angesehen werden. Das würde gegenüber den Einstufungen der 40er und frühen 50er Jahre auf einen gewissen Rückgang des Antisemitismus hindeuten.

Für die Zeit von 1974 bis 1986 fehlen empirische Antisemitismusstudien — allenfalls könnte man hier die Ergebnisse der Sinus-Studie zum Rechtsradikalismus von 1979/80 einbeziehen, wonach 13% der Bevölkerung ein ideologisch geschlossenes rechtsextremes Weltbild zugeschrieben wurde, während weitere 37% als für rechtsextreme Denkinhalte empfänglich eingestuft wurden (Sinus-Institut 1981).

Die Ergebnisse der drei jüngsten Studien (IfD 1986, IfD 1987 und Emnid 1989) stimmen trotz unterschiedlicher Fragen, Skalierungsverfahren und Grenzziehungen in hohem Maße überein: sie identifizieren einen Bevölkerungsanteil von ca. 15% als deutlich antisemitisch eingestellt, während zwischen 50-60% als vorurteilsfrei eingestuft werden.

Renate Köcher erhält für die IfD-Studie von 1986 über die Clusteranalyse einer Skala von 19 Items (s.o.) folgende Verteilung:

„Verbreitung antijüdischer Ressentiments" 1986

Ausgeprägt positive Einstellung	42,1%
Schwach positive Einstellung	13,1%
Schwach negative Einstellung	29,5%
Stark antisemitische Einstellung	15,3%
(davon: harter Kern: 6%)	
	100,0%

Quelle: IfD 1986, Anhang: Clusteranalyse.

Sie ermittelt für unsere Untersuchung von 1987 ebenfalls eine Gruppe von 15% klar antijüdisch eingestellten Personen, von denen noch einmal 8% als vehement antjüdisch eingestuft werden (IfD 1987, S.51). Die antijüdische Gruppe wird dadurch abgegrenzt, daß sie mehr als die Hälfte der 14 Bedingungen (zur Skalenkonstruktion s.o.) erfüllt. Eine inhaltliche Begründung für die Wahl dieses Schnittpunktes wird nicht gegeben, ebenso fehlt eine Begründung für die Abgrenzung des „harten Kerns". Über die Antisemiten hinaus wird innerhalb der Skala nach unten nicht weiter differenziert.

Antisemitismusskala 1987

Besetzung der Skalenstufen	Bev.insg. in %	
Alle 14 Bedingungen erfüllt	1	10-14 Bedingungen: vehement antijüdisch
13 Bedingungen erfüllt	1	
12 Bedingungen erfüllt	1	
11 Bedingungen erfüllt	2	
10 Bedingungen erfüllt	3	
9 Bedingungen erfüllt	3	8-14 Bedingungen: klar antijüdisch
8 Bedingungen erfüllt	4	
7 Bedingungen erfüllt	5	
6 Bedingungen erfüllt	6	
5 Bedingungen erfüllt	9	
4 Bedingungen erfüllt	10	
3 Bedingungen erfüllt	12	
2 Bedingungen erfüllt	14	
1 Bedingung erfüllt	17	
Keine Bedingung erfüllt	12	
	100	

Quelle: IfD 1987, S. 51.

Die Klassifizierung auf der 27-Punkte-Skala des EMNID-Instituts ergibt 1989 vergleichbare Werte, auch wenn keine Abgrenzungskriterien zur Differenzierung der Gruppen angegeben werden.

„Einstellung zu Juden" 1989

20-27 Punkte: sehr antisemitisch	4%
14-19 Punkte: ziemlich antisemitisch	10%
6-13 Punkte: etwas antisemitisch	40%
0- 5 Punkte: nicht antisemitisch	46%
	100,0%

Quelle: EMNID 1989, Band 5.

Was die Verbreitung von Resten antisemitischer Einstellung angeht, kommt also die EMNID-Studie zu einer etwas ungünstigeren Verteilung als die Allensbach-Studie von 1986. Daß hier die Einstufungen nicht völlig übereinstimmen, ist nicht verwunderlich, da es sich ja um Grenzziehungen in einem sehr diffusen Einstellungsbereich handelt, so daß es letztlich nicht entscheidbar ist, wo man die untere Grenze zieht. Machte man für die Einstufung als „nicht-antisemitisch" zur Bedingung, daß auf keines der Skalen-Statements in antijüdischer Richtung geantwortet wird, dann dürfte der Kreis der so Einzustufenden kaum höher als 25% liegen (in der IfD-Studie 1987 erfüllen nur 12% keine der negativen Bedingungen, S. 51). Wir bewegen uns hier in einer Grauzone, in der Einstellungsdifferenzen kaum noch genau zu bestimmen sind.

Antisemitismus-Skalen: Internationale Ergebnisse

International vergleichende Studien, die sich eines identischen Meßinstruments bedient hätten, gibt es bisher abgesehen von der Tumin-Studie von 1962 nicht. Tumin benutzte mit seiner Skala sozialer Distanz ein sehr strenges Maß und ermittelte 1961 für England, Frankreich und die Bundesrepublik einen hohen Anteil an antisemitisch eingestellten Personen: 47% der Deutschen und jeweils 46% der Engländer und Franzosen. Im „bereinigten" Sample stiegen die Zahlen für die Deutschen sogar auf 61%, für die Engländer auf 55% und die Franzosen auf 58% an (Tumin 1962, S.12f.). Mag die strenge Grenzziehung (Zustimmung zu einer einzigen Frage) antijüdische Haltungen relativ undifferenziert erfassen, so weist das Ergebnis doch darauf hin, daß die Bundesdeutschen bereits Anfang der 60er Jahre kaum stärkere soziale Distanz zu Juden zeigten als Engländer und Franzosen.

Auf ihrem „Index of Anti-Semitic Belief" von 1964 klassifizierten Selznick/Steinberg immerhin 37% der befragten Amerikaner als antisemitisch, nämlich alle, die auf ihrer 11-Punkte Skala mehr als vier der Items bejahten. 31% (0 bis eine Zustimmung) wurden als „unprejudiced" bezeichnet, während das mittlere Drittel sich nicht nur in der Anzahl der Zustimmungen vom oberen Drittel der Antisemiten unterschied, sondern auch dadurch, daß die Mittelgruppe eher den „weicheren" Aussagen zustimmte (1969, S. 28f.). Dieser Index ist bisher der einzige, der ein zweites Mal benutzt worden ist. Gregory Martire und Ruth Clark haben ihn 1981 wiederverwendet. Die Gruppe der „Antisemiten", die fünf und mehr Items der 11-Punkte Skala bejaht haben, ist um ein gutes Drittel auf 23% geschrumpft, während der Anteil der „Vorurteilsfreien" sich auf 45% vergrößert hat. Allerdings zogen Martire/Clark die Grenzen zwischen der mittleren Gruppe und den Vorurteilsfreien etwas anders als Selznick/Steinberg, indem sie einen späteren Zusatz der Autoren aufnahmen (1969, S. 33), wonach die Zahl der „Weiß nicht"-Antworten über die Zuordnung entscheidet. In jedem Fall ist die Gruppe der ausgesprochenen Antisemiten in gleicher Weise bestimmt worden, so daß wir von einem deutlichen Rückgang des Antisemitismus in den USA von 1964 bis 1981 sprechen können.

Für Österreich liegt uns erstmals für 1976 eine Antisemitismus-Skala vor, die Hilde Weiss 1984 publiziert hat (s.o.). Sie kam dabei zu folgender Verteilung der Vorurteilsneigung in der Wiener Bevölkerung:

„Verteilung der Vorurteilsneigung" 1976

Sehr starkes Vorurteil	7 %
Starkes Vorurteil	18 %
Mittleres Vorurteil	25 %
Schwaches Vorurteil	35 %
Weitgehend vorurteilsfrei	15 %
	100,0 %

Quelle: Weiss 1984, S.53.

Eine IMAS-Umfrage von 1973 wies mit 24 % einen gleich großen Anteil von starken Antisemiten aus (ebd.). In der Tendenz stimmen diese Ergebnisse mit den ungefähr gleichzeitigen Befunden von Silbermann/Sallen in der Bundesrepublik überein. In einer großangelegten Studie von fünf österreichischen Meinungsforschungsinstituten (7114 Interviews) im Winter 1986/87 wurden zwei Dimensionen des Antisemitismus unterschieden: die emotional-affektive Antipathie gegen Juden und die kognitiven antijüdischen Stereotypen. Diese Trennung ist allzu schematisch und wird von der Vorurteilstheorie nicht gedeckt. Die Messung des affektiven Antisemitismus über drei Fragen zur Sympathie und zur sozialen Distanz zu Juden ergab einen Anteil von 7 % Antisemiten. Bei einem weiteren Drittel der Bevölkerung wurden einzelne negative Klischees und abfällige Urteile festgestellt, die aber nicht mit Judenfeindschaft verbunden sein sollten (Antisemitismus in Österreich 1987, MS, S. 3). Gegen dieses „schönfärberische" Ergebnis, das gewissermaßen durch den „Trick" der völligen Abspaltung der antijüdischen Stereotypen von jeglicher Emotionalität erzielt wurde, gab es in Österreich starke Kritik, so etwa den Vorwurf, die Ergebnisse von Einzelfragen jeweils für sich zu nehmen, anstatt additiv einen Index zu bilden (vgl. Peres 1987, S.83ff.). Um dieser Kritik zu begegnen, hat Gerd Lukawetz 1987 aus elf Fragen der genannten Umfrage in Anlehnung an Hilde Weiss eine 5-stufige Antisemitismusskala gebildet:

„Verteilung antisemitischer Vorurteile" 1986/87

Frei von antisemitischen Vorurteilen	20 %
Geringe Reste antisemitischer Stereotypen	32 %
Indifferent mit antisemitischen Stereotypen	22 %
Tendenziell antisemitisch	19 %
Konsistent antisemitisch	7 %
	100,0 %

Quelle: SWS-Rundschau 1987, S.77.

In dieser Form der Klassifizierung stimmen die Ergebnisse von 1986/87 mit denen von Hilde Weiss aus dem Jahre 1976 weitgehend überein. Ein Viertel der Österreicher hat eine deutlich negative Einstellung gegenüber Juden, ein weiteres Viertel zeigt Reste antisemitischer Stereotypen und die Hälfte der Bevölkerung ist weitgehend vorurteilsfrei. Demnach hätte es in den zehn Jahren von 1976 bis 1986 keinen Rückgang des Antisemitismus in Österreich gegeben, so wie er sich deutlich aus den Antworten auf einzelne, wiederholt gestellte Fragen für Österreich ablesen läßt.[16] Hier zeigt sich wiederum das Dilemma bei der Verwendung von Indices aus verschiedenen Fragen und einer jeweils abweichenden Punktwertung. Zwar stimmen bei den beiden gerade verglichenen Indices die Stufeneinteilungen überein, doch enthält die Skala nicht dieselben Fragen. D.h. der Eindruck, der Antisemitismus in Österreich sei zwischen 1976 und 1986 genau gleichgeblieben, ist möglicherweise ein methodisches Artefakt. Verwendet man nicht denselben Index, dann empfiehlt es sich, für Trendaussagen auf die Antwortverteilung einzelner, identisch gestellter Fragen zurückzugehen.

Anhand einer 9-Punkte Skala kommt Christian Haerpfer vom Institut für Konfliktforschung (Wien) für 1989 zu einem Anteil von nur 10,2 % harten Antisemiten und 27 % diffusen Antisemiten. In die erste Kategorie fallen diejenigen Befragten, die vier und mehr Fragen in antijüdischer Richtung beantwortet haben, in die zweite jene, die zwei und drei Fragen so beantwortet haben. Da die Verbreitung antijüdischer Einstellungen sich — wie Einzelfragen deutlich zeigen — zwischen 1986 bis 1989 kaum vermindert, sondern sogar eher noch verstärkt haben dürfte, ist die Relativität von Antisemitismus-Indices erwiesen. D.h. nicht, daß die Skalen nicht antisemitische Einstellungen messen, es heißt jedoch, daß sie jeweils nur ein gewisses grobes Maß abgeben, da die Grenze zwischen „harten" und „diffusen" Antisemiten nur schwer zu ziehen ist. Vielleicht wäre es besser, jeweils einen gewissen Schwankungsbereich anzugeben.

Vergleicht man im Überblick die bundesdeutschen und die internationalen Ergebnisse miteinander, dann wird zweierlei deutlich: 1) bei allen Vorbehalten gegen Skalenkonstruktionen weisen die Indices für alle westlichen Länder einen Rückgang des Antisemitismus nach 1945 aus; 2) auch in der Größenordnung für die 80er Jahre stimmen die Ergebnisse für die USA, Österreich und die Bundesrepublik im großen und ganzen überein: ca. die Hälfte der Bevölkerung kann als weitgehend vorurteilsfrei betrachtet werden. Die Aufteilung der antijüdischen Hälfte in deutliche Antisemiten und diffuse Antisemiten ist nicht klar zu treffen, jedoch kann man zwischen 15 % und 25 % der ersten Gruppe zuordnen. In Österreich hat man in den Umfragen seit den

70er Jahren zumeist noch eine kleine Gruppe von 5%-7% als „harten" antisemitischen Kern abgegrenzt. Unser Ergebnis für die Bevölkerung der Bundesrepublik bewegt sich in diesem Rahmen.

Anmerkungen

1 In diese Tradition der Analyse „autoritätsgebundener Verhaltensweisen" gehört auch die Arbeit von v. Freyhold, die neben Indices zum Nationalsozialismus und Faschismus auch einen Antisemitismus-Index gebildet hat (1971, S. 269). Dieser besteht aus der Kreuztabellierung zweier Fragen zur Einstellung gegenüber Juden. Die neun Antwortmöglichkeiten (ja/nein/keine Meinung) werden zu einem fünfstufigen Index zusammengefaßt: 2 Ja-Antworten (AH), 2 Ja/nein-Antworten und 2 Ja/untentschieden-Antworten (TH), 2 unentschiedene Antworten (U) bildeten die neutrale Mittelgruppe, 2 Nein/unentschieden-Antworten (TN) und 2 Nein-Antworten (AN). Für die 1961 im Hinblick auf den Eichmann-Prozeß erhobenen repräsentativen Daten ergab sich folgende Verteilung:

	%	(n)
Ausgesprochen autoritär (AH):	6	(118)
Tendenziell autoritär (TH):	15	(302)
Unentschieden (U):	22	(439)
Tendenziell nicht-autoritär (TN):	22	(433)
Ausgesprochen nicht-autoritär (TA):	35	(697)
	100%	(1989)

2 Martire/Clark haben diese elf Statements der Umfrage von 1964 in ihre Yankelovich-Umfrage von 1981 übernommen. Sie weisen mit Recht darauf hin, daß die wiederholte Anwendung eines Index nur dann statthaft ist, wenn die Struktur der antisemitischen Einstellungen gleichgeblieben ist. Sie haben deshalb die elf Fragen des Index mit einer Reihe von neuen Fragen kombiniert und einer Faktorenanalyse unterzogen. Diese Analyse ergab die gleichen vier Antisemitismus-Dimensionen und auch die Faktorladungen der Items blieben bemerkenswert stabil, so daß die Verwendung des AS-Index von 1964 auch noch 1981 gerechtfertigt war.

3 In ihrer Umfrage benutzen Martire/Clark denselben Index und ziehen die Grenze zwischen Antisemiten und „Neutralen" ebenfalls zwischen den Scorewerten 4 und 5. Sie ermitteln 1981 auf diese Weise einen Anteil von 23 % Antisemiten. Zur Abgrenzung der „Neutralen" von den „Vorurteilsfreien" gehen sie allerdings anders vor, indem sie die Zustimmung zu 4 oder weniger Statements mit der Anzahl der Enthaltungen kombinieren (1982, S. 32ff). Dies verweist auf das prinzipielle Problem, wie unentschiedene Antworten bzw. Enthaltungen zu bewerten sind. So zählen Selznick/Steinberg nur die Zustimmung und werten die Enthaltung als Ablehnung antisemitischer Items. Für ein anderes Verfahren vgl. Martire/Clark, die Xenophobie- und Israel-Skalen (1982, S. 124ff.).

4 In seiner Studie zum Antisemitismus der Schwarzen in Los Angeles von 1978 übernahm Tsukashima den Index von Selznick/Steinberg nur zum Teil (vier Fragen wurden übernommen) und entwickelte einen eigenen 6-Punkte-Index. Entgegen seinen theoretischen Vorüberlegungen, in denen er den Antisemitismus als ein komplexes Phänomen aus Stereotypen, Emotionen und Handlungsorientierungen beschrieb, beschränkte er seinen Index dann doch ausdrücklich auf die Messung antisemitischer stereotyper Überzeugungen (1978, S. 18). Analog zu Selznick/Steinberg ordnete er die Zustimmung auf einer Skala von 0 bis 6 Punkten an und teilte das Sample mit Hilfe des Mittelwertes in zwei Gruppen. Eine Diskussion und Begründung dieser Kriterienwahl gibt Tsukashima nicht.

5 Die extremen Unterschiede in der Ablehnung der einzelnen Distanzvorgaben durch die Befragten (53 % lehnten eine Ehe ab, aber nur 10 % wollten einen Juden nicht als Arbeitskollegen akzeptieren) hätten Galtung auf den qualitativen Unterschied aufmerksam machen müssen.

6 Unverständlicherweise wird bei der endgültigen Gruppierung dieser fünf Antwortvorgaben für die Indexbildung nicht nur die Kategorie „keine Angabe“ weggelassen, sondern auch die positive Einschätzung der jüdischen Geschäftsleute wird von Sallen als „positives Vorurteil“ (S. 235) von der weiteren Berücksichtigung ausgeschlossen. Auf diese Weise wird die Bezugsbasis für die Prozentuierung verkleinert und in Richtung auf die Erhöhung des Anteils an Antisemiten verzerrt. Während Sallen diese, wenn auch fragwürdige, methodische Operation angibt, finden sich in dem Buch von Silbermann die divergierenden Zahlen (S. 55 und S. 63; vgl. Tab. 15 mit Tab. 21) ohne jeden Kommentar.

7 Die drei Antisemitismusmaße im Überblick:

Antisemitische Einstellung (%)

Instrument	keine	schwache	starke	
AS-Skala	29,8	43,0	27,2	
Distanz-parameter	26,2	37,8	36,0	
Verhaltensorientierung	40,4	43,5	16,1	
(Basis alle Befragten = 100 %)	42,3	38,7	14,3	(4,7 k.A.)

(Quelle: Sallen 1976, S. 236; Silbermann 1982, S. 63)

8 „Berechnet als Relation der durchschnittlichen Zahl der Nennungen in dem Cluster zur maximal möglichen Zahl 38“ (IfD 1986).

9 Legt man das Abgrenzungskriterium von Selznick/Steinberg zugrunde (s.o.), dann erreicht die kumulierte Zustimmung bei jedem Item ab Punkt 5 der AS-Skala den Wert der Grundauszählung jedes der verschiedenen Items. Danach müßten 28,5 % der Befragten als Träger eines klar negativen Judenbildes eingestuft werden. Dieses formale Abgrenzungskriterium führt zu einer ähnlichen Grenzziehung wie unsere Überlegung, als Kriterium das theoretische Argument der Konsistenz des antijüdischen Bildes zu wählen.

10 Im Pretest haben wir eine Frage zum Auftreten des Gesprächsthemas „Judenverfolgung“ im Familien- und Bekanntenkreis gestellt. 52 % der Befragten geben an, in den letzten 3,4 Jahren „praktisch nie“ über dieses Thema gesprochen zu haben, 41 % sagen „ab und zu“ und 4 % wollen häufig darüber gesprochen haben. Da die „tendenziell projüdisch Eingestellten“ häufiger angeben, über dieses Thema gesprochen zu haben (17 % häufig und 48 % ab und zu), kann man annehmen, daß ein Zusammenhang von Thematisierung und der Haltung zu Juden (der eigenen wie der der Familie und Bekannten) besteht.

11 Die Panel-Untersuchung über die Mobilisierung des Antisemitismus durch die Waldheim-Affäre in Österreich hat erbracht, daß es die stärkste Meinungsänderung in antisemitischer Richtung bei den vorher leicht antisemitisch Eingestellten gegeben hat. Vgl. Költringer/Gehmacher 1989, S.559.

12 Nicht verwendet haben wir lediglich die Frage, „ob man jemandem im Gespräch beistehen würde, der etwas gegen Juden sagt“ (Frage 16/14), da die Auswertung gezeigt hat, daß viele Befragte den Sinn der Frage dahingehend mißverstanden haben müssen, man solle jemanden gegen Antisemitismus in Schutz nehmen.

13 Vgl. die entsprechenden Beobachtungen für Österreich in den frühen Nachkriegsjahren, die sicherlich auch für die Situation in den deutschen Besatzungszonen zutreffen, bei Hiller 1974, S.162. In der Intervieweranweisung des IfD 1949 heißt es: „Wie bitten, den Befragten einleitend mitzuteilen, daß diese Umfrage in erster Linie dazu bestimmt ist, amtlichen *deutschen* Stellen einen Überblick

über die Volksmeinung zur Frage des Antisemitismus zu verschaffen. Der Name des Befragten wird nicht notiert." (Hervorhebung im Original).

14 Geht man allerdings die zu 24 Assoziationskomplexen zusammengefaßten Äußerungen durch und addiert die Prozente der negativen Komplexe, dann liegt u.E. der Anteil der negativ einzustufenden Assoziationen doch höher, etwa bei 30%. Vgl. EMNID 1954, S. 2-4.

15 Auf der Basis einer nicht-repräsentativen Stichprobe (n = 232) hat Schönbach (1961) die Reaktionen auf diese Schmierwelle erhoben. Er identifizierte eine Gruppe von 16% mit „Sympathie für antisemitische Einstellungen" und von 24% ohne „erkennbare Reaktionen für oder gegen antisemitische Einstellungen" (S. 14). Hier handelte es sich jedoch nicht um die Messung antisemitischer Einstellungen *per se*, sondern nur um die Haltung zu antijüdischen Ausschreitungen, d.h. es ging um die Dimension der Handlungsorientierung und Diskriminierung, in der die Werte immer niedriger ausfallen als in den Dimensionen Stereotypisierung und emotionale Ablehnung. Die 16% lagen sicherlich unter dem Anteil an antijüdisch Gesinnten in der Bundesrepublik im Jahre 1960.

16 Frage: „Für einen Nichtjuden ist es oft schwer, wenn er einem Juden die Hand gibt, einen gewissen körperlichen Widerwillen zu unterdrücken."

	1976 %	1985 %	1986 %	1987 %	1988 %	1989 %
Ja	18	10	7	18	4	13
Nein	81	80	78	57	80	69
Sonstige	1	10	15	26	16	18

Frage: „Würden Sie sagen, es ist für Österreich besser, keine Juden im Land zu haben?"

	1973 %	1986 %	1987 %	1988 %	1989 %
Ja	21	15	11	8	13
Nein	47	58	71	83	68
Sonstige	32	26	18	10	19

Quelle: Haerpfer 1989, S. 36 f.

IV. Die Verbreitung antisemitischer Einstellungen in der westdeutschen Bevölkerung

Die Konstruktion einer Antisemitismus-Skala hat es uns ermöglicht, das Ausmaß antisemitischer Einstellungen in der Gesamtbevölkerung einzuschätzen. Diese Skala bietet auch die Möglichkeit, Einstellungsdifferenzen nach den sozio-demographischen Merkmalen Alter, Geschlecht, Bildung, Beruf, Konfession, Wohnortgröße und nach politischer Orientierung getrennt zu erfassen. Wir werden unsere Ergebnisse in den Kontext der westdeutschen und internationalen Umfragen stellen und mit spezifischen inhaltlichen Aspekten, Haltung zum Nationalsozialismus, Verbreitung antijüdischer Stereotypen, Diskriminierungsbereitschaft, Haltung zu Israel, Latenz, Fremdenfeindlichkeit etc., verknüpfen.

Die altersmäßige Verteilung antisemitischer Einstellungen

Die Verbreitung antisemitischer Vorurteile hängt mit dem Alter der Befragten zusammen, sie nimmt jedoch mit zunehmendem Alter nicht kontinuierlich zu, sondern es lassen sich politische Generationen unterscheiden. Berechnet man die Mittelwerte des ANTISEMITISMUS-Index für die einzelnen Altersstufen, dann lassen sich über einen Vergleich der Mittelwerte vier Altersgruppen voneinander abheben:

Mittelwertvergleich — Abweichungen vom Gesamtmittelwert des Index ANTISEMITISMUS

a) Die Altersgruppe der 18-44jährigen (Jg. 1943-1969; n = 1085; 51,6 %) liegt in den Mittelwerten eng beieinander und deutlich unter dem Mittelwert für alle Altersstufen ($\bar{x}$ —.47 bis —.80 bei einem Mittelwert des gesamten Samples von —.03).[1] Innerhalb dieser Jahrgänge läßt sich ein Trend zu einem weiteren Rückgang antisemitischer Einstellungen nicht mehr erkennen.[2]

b) Die Altersgruppe der 45-54jährigen (Jg. 1933-1942; n = 351; 16,7 %) liegt eng um den Mittelwert des Samples (.03 bzw. —.07).

c) Die Altersgruppe der 55-64jährigen (Jg.1923-1932; n = 268; 12,8%), in die auch die HJ-Generation fällt, liegt bereits über dem Durchschnitt des Gesamtmittelwerts (.27 bzw. .48), doch unterscheiden sie sich deutlich von der Altersgruppe der über 65jährigen.
d) Für die über 65jährigen (Jg. unter 1923; n = 398; 18,9%) ergeben sich Mittelwerte, die doppelt bis fünfmal so hoch liegen wie für die jüngeren Jahrgänge (1.06 bzw.1.46).

Die von uns vorgenommenen Abgrenzungen von Gruppen antisemitisch eingestellter Personen (WAS, SAS, VAS) ergeben für die genannten vier Altersgruppen folgendes Bild:

Antisemitismus nach Altersgruppen

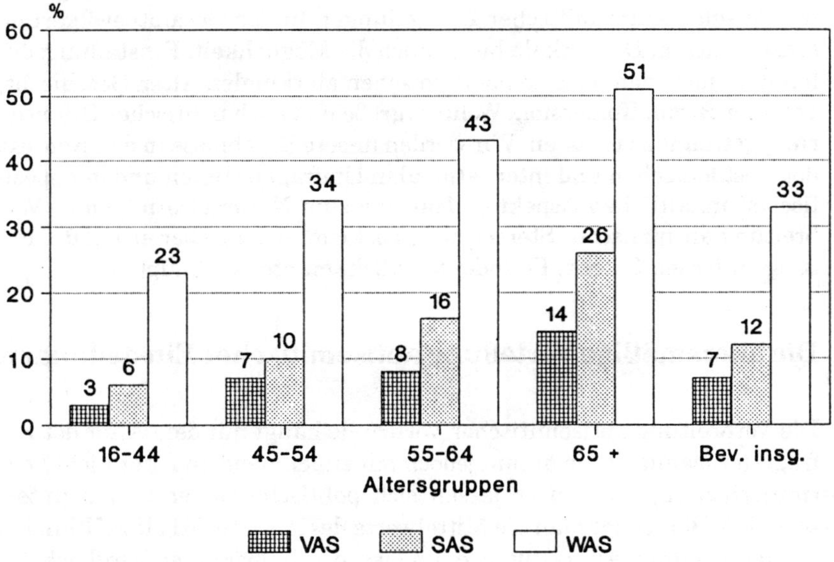

Die Generationenstruktur und die deutlichen Sprünge zwischen einigen Altersstufen deuten u.E. daraufhin, daß wir es hier nicht mit der mit zunehmendem Alter zum Konservatismus tendierenden Einstellungsentwicklung zu tun haben (Life-cycle-Effekt), sondern mit einer Abfolge politischer Generationen. Entscheidend für die Einstellung gegenüber Juden scheint dabei zu sein, ob für Personen wesentliche Teile ihres Lebens bzw. ihrer Sozialisation in die Zeit bis 1945 fielen oder nicht.[3] Man muß bedenken, daß ein antisemitisches politisches Klima und eine antisemitische schulische wie familiale Sozialisation bereits vor 1933, im späten Kaiserreich und in der Weimarer Republik, gegeben waren, die ab 1933 noch eine Radikalisierung erfuhren. Die Altersverteilung antijüdischer Einstellungen in der IfD-Umfrage von 1949 belegt unsere Annahme:

„Wie ist überhaupt Ihre Einstellung gegenüber den Juden?"

Alter	Demonstrativ antisemitisch %	Gefühlsmäßig ablehnend %	Reserviert %	Tolerant %	Demonstrativ freundlich %	Gleichgültig %
unter 30	11	15	16	38	2	18
30-50 Jahre	11	12	16	43	7	11
50-65 Jahre	10	15	13	40	8	14
65 und älter	7	10	10	46	10	18

Quelle: IfD 1949, S.39.

Abgesehen von der ältesten Kohorte (vor 1885 geboren), die sich hier entgegen der Lebenszyklus-Hypothese als weniger antijüdisch herausstellt, weisen alle anderen Altersgruppen ein ähnlich hohes Maß an Antisemitismus auf. Dabei zeigt die jüngste Kohorte der unter 30jährigen eine überdurchschnittliche Ablehnung der Juden und einen besonders geringen Anteil an „Philosemiten". In dieser Altersgruppe (Jg. 1919 bis vermutlich 1931/1933), die wesentliche Phasen ihrer Erziehung im Nationalsozialismus durchlaufen hat, ist die Wirkung der antisemitischen NS-Propaganda besonders groß gewesen. Nach eigener Aussage stützten Angehörige dieser Gruppe ihre Einstellung überdurchschnittlich auf rassentheoretische und politische Überzeugungen sowie auf Lektüre und die Berichte anderer (IfD 1949, S. 41ff.). Sie gaben zu 30% an, daß sie die „antijüdische Propaganda mit Glauben aufgenommen" hatten (in den anderen Altersgruppen sagten dies nur 13%-19%) — nur ein Anteil von 17% dieser Altersgruppe empfand sie als abstoßend (gegenüber 28%-37% der Älteren, ebd.S.7). Die Resistenz dieser Kohorte gegenüber dem NS-Antisemitismus war also relativ gering.[4] Eine Umfrage unter 685 deutschen Kriegsgefangenen im Juli 1944 belegt, daß die Akzeptanz des Nationalsozialismus und das Festhalten an ihm bei den jüngeren Soldaten (unter 21 Jahre) mit 57% weitaus stärker war als bei den über 40jährigen (25% — vgl. Zinnecker 1985, S.329).[5] Zinnecker resümiert eine EMNID-Umfrage von 1953 dahingehend, daß in dieser Zeit „ein beachtlicher Teil der Jugend dem nationalen und militaristischen Erbe der Vergangenheit als Idee die Treue hält" (1985, S. 330) und zugleich ein Gefühl der Demütigung über den verlorenen Krieg empfindet.[6]

Betrachtet man die heutige Verteilung des Antisemitismus, wird jedoch deutlich, daß diese HJ-Generation zwar bis heute einen überdurchschnittlichen Anteil an Antisemiten aufweist, daß dieser jedoch weit niedriger liegt als bei den über 65jährigen, die 1949 zu den über

30jährigen gehörten. Offenbar hat die HJ-Generation — wahrscheinlich nach einer „Trotz- und Umorientierungsphase" in der frühen Nachkriegszeit, in der sie gegenüber der Politik zunächst eine Haltung der Apathie und Abstinenz („nie wieder Politik, nie wieder Partei") eingenommen hatte (vgl. Holtmann 1989, S.149ff.) — in größerem Maße „umgelernt" und ihre Einstellung gegenüber den Juden geändert als diejenigen, die nach dem Krieg schon in den mittleren Jahren standen.[7] Möglicherweise ist den Jüngeren diese Änderung psychologisch gesehen leichter gefallen, da sie auch politisch und strafrechtlich als „verführte Generation" freigesprochen wurden und sich demnach weniger stark für den Nationalsozialismus und seine Folgen verantwortlich fühlen mußten.

Die altersspezifische Verteilung der Einstellung zu Juden läßt sich als Abfolge politischer Generationen in allen bundesdeutschen Umfragen erkennen.[8] Das methodisch anders angelegte und nichtrepräsentative „Gruppenexperiment" stieß 1950/51 auf die gleiche Alterverteilung wie die genannte IfD-Umfrage von 1949.

Einstellung gegenüber den Juden nach Alter der Teilnehmer
(bezogen auf die Sprecher in den einzelnen Altersstufen)

Alter	bis 20 %	20-35 %	35-50 %	über 50 %
Nicht antisemitisch	29	31	25	30
Projüdisch	10	4	13	15
Bedingt antisemitisch	18	21	32	23
Antisemitisch	43	44	30	32

Quelle: Pollock 1955, Tab. 32.

Gegenüber der IfD-Umfrage ergibt sich aus der obigen Tabelle ein noch negativeres Bild über die Virulenz des Antisemitismus in den Nachkriegsjahren, zwischen 55% und 65% aller Gruppenteilnehmer zeigten eine antijüdische Haltung. Die jüngeren Jahrgänge erwiesen sich in ihrer Meinung als extremer: sie wiesen mit 44% die stärkste Frequenz bei den extremen Antisemiten auf und zugleich die schwächste projüdische Haltung. Man kann vermuten, daß dafür das radikalantisemitische Klima ihrer Schul- und Jugendzeit verantwortlich zu machen ist. Dies allein reicht als Erklärung aber nicht aus. In der Studie zur Schmierwelle von 1959/1960 wies wiederum die jüngste Alterskohorte (18-30 Jahre, d.h. die Jahrgänge 1930-1942) mit 23% den höchsten Anteil an Sympathisanten für antisemitische Einstellungen auf (Durchschnitt: 16%; Schönbach 1961, S. 54), obwohl viele dieser Jugendlichen kaum noch der antisemitischen Erziehung des Dritten Reiches ausgesetzt gewesen waren. Schönbach nimmt an, daß unter den älteren Befragten in Wahrheit die antisemitischen Tendenzen stärker verbreitet waren als unter den jüngeren, „nur neigten die Älteren in der Befangenheit ihrer Erinnerungen eher dazu, ihren Antisemitismus zu verbergen, während die Jungen sich unbekümmert äußerten" (1961, S. 57). Dies mag stimmen, es ändert jedoch nichts an der Tatsache, daß 23% der 18-30jährigen als antisemitisch und weitere 26% als indifferent einzustufen waren. Es scheint so, daß die Wirkung des NS-Antisemitismus in den Familien bis in die 50er Jahre hinein weiterbestanden hat und daß das autoritäre Klima dieser Zeit weder in der Öffentlichkeit noch in der Schule eine liberale, demokratische Orientierung bestärkt hat (so distanzierten sich nur 19% der Jugendlichen eindeutig und mit Nachdruck von antisemitischen Einstellungen oder Handlungen (ebd. S.54).[9] Es scheint, daß hier erst die Schmierwelle und die darauf folgenden politischen und pädagogischen Umorientierungen einen spürbaren Wandel in der Einstellung zu Juden und Judentum in Gang gesetzt haben.

Die 1974 von Silbermann/Sallen durchgeführte Umfrage zeigt sowohl die Stabilität der einstmals erworbenen Einstellungen bei den Älteren als auch die Abnahme des Antisemitismus bei den Generationen, die nach dem Krieg sozialisiert worden sind. Sallen sieht eine Trennungslinie bei den 40jährigen (Jg. 1934). Bei denen, die vor 1935 geboren sind, steigt der Anteil der Antisemiten sprunghaft an (Sallen 1977, S. 311).[10] Ein weiterer Anstieg ist bei den über 54jährigen zu beobachten (Jahrgänge 1919 und älter).

Dieses Muster der Altersverteilung findet sich auch in den jüngsten Umfragen wieder. Dies bestätigt die sozialpsychologische Beobachtung, daß einmal in der prägenden Sozialisationsphase erworbene Einstellungen stabil bleiben und sich auch trotz des Wandels der politischen Kultur nur wenig ändern.[11] Es scheint allerdings, daß der radikale politische Umschwung nach 1945 bei Teilen der HJ-Generation, die sich besonders stark mit dem Nationalsozialismus identifiziert hatte, nach einer „Karenzzeit" zu einer Einstellungsänderung geführt hat. D.h. ein grundlegender individueller Einstellungswandel ist offenbar an persönliche oder kollektive Umbruchsituationen und Krisenerfahrungen geknüpft, die einen Austausch (Konversion) der politischen und moralischen Orientierung ermöglichen bzw. erzwingen.[12]

Für die Meinungsänderung bei den älteren Generationen, aber auch bei den Jahrgängen, die nach dem Krieg zur Schule gingen (1929-1939), war es ungünstig, daß ihre Hauptinformationsquellen, aus denen sie Wissen und Werthaltungen zum Nationalsozialismus gewannen, entweder eigene Erfahrungen (vor allem die Jahrgänge 1929-1933 berufen sich darauf) oder aber die mündliche Überlieferung älterer Zeitzeugen waren (die Jahrgänge 1937-1939 geben diese als Hauptquelle an) und nur in sehr geringem Umfang die Schule (nur 26% der Jahrgänge 1929-1939 nennen 1984 die Schule als Informationsquelle, vgl. Zinnecker 1985, S.338f.). Wie man aus Erfahrungsberichten weiß, war in den 50er Jahren der Nationalsozialismus im Unterricht der Gymnasien ein Tabu. Heute stellt sich die Situation für die Jugendlichen völlig anders dar (Dudek 1982, S.109ff.). Im Jahre 1984 gaben 93% der Jugendlichen zwischen 15-24 Jahren die Schule als Informationsquelle an, die weit vor den Gesprächen mit Älteren (44%), den Medien (38%) und der Lektüre von Büchern (36%) rangierte (Zinnecker 1985, S.338, Tab.2).[13] Diese Altersgruppe hielt die Auseinandersetzung mit dem Nationalsozialismus zu 74% für wichtig oder sehr wichtig, nur 7% fand sie „gar nicht wichtig". Demgegenüber zeigte sich die Erwachsenengeneration der 45-54jährigen (Jg.1930-1939) in dieser Frage gespalten (54% wichtig, 47% weniger wichtig, davon 23% „gar nicht wichtig" — vgl. ebd. S. 341, Tab.3). Die Schule und das politische Klima insgesamt fördern heute eine kritische Auseinandersetzung mit Nationalsozialismus und Antisemitismus, so daß hier eine anti-antisemitische Einstellung geprägt wird.[14] In unserer Umfrage wird ebenfalls deutlich, wie wenig Bedeutung der familialen Sozialisation für die Ausbildung antisemitischer Vorurteile heute noch zukommt. Nur noch 4,5% der 16-29jährigen sagen, daß die „Familie früher sehr gegen Juden eingestellt war", während dies von den über 60jährigen noch 17% sagen (Bev. insg.: 9,7%).

Zwischen der antisemitischen Einstellung der Familie in der Vergangenheit und der heutigen Einstellung der Befragten besteht ein signifikanter Zusammenhang: 42% der vehementen Antisemiten (VAS) und 34% der stark antisemitisch Eingestellten (SAS) teilen die in ihrer Familie früher vertretene Einstellung (WAS 18%).[15] Von den 203 Befragten, die die Frage nach der antisemitischen Einstellung ihrer Familie bejaht haben, müssen zwei Drittel selbst als im weiten Sinne (WAS = 63%) antisemitisch eingestuft werden. Es scheint, daß die in der Familie vorherrschende Einstellung gegenüber Juden bei der Mehrheit zur Übernahme dieses Vorurteils geführt hat. Dies dürfte vor allem bei den Älteren durch das gesamte politische Klima ihrer Jugendjahre noch gefördert worden sein. Heute dürfte der Familie in der Tradierung antijüdischer Einstellungen kaum noch diese Rolle zukommmen.

Die heute für die Altersgruppen ermittelte Verteilung (s.o.) gilt für alle drei Dimensionen des antijüdischen Vorurteils — die Stereotypisierung, die soziale Distanz und die Diskriminierungsbereitschaft —, sie gilt für die Haltung gegenüber anderen Minderheiten, gegenüber dem Nationalsozialismus und der „Vergangenheitsbewältigung". Sie gilt nicht im gleichen Maße für die Haltung gegenüber Israel. Die Meinungen der Generationen sind zu Israel nicht so polarisiert, es treten bei vielen Israel betreffenden Fragen keine Alterseffekte auf (vgl. Kap. VIII).[16] Abgesehen von der Zustimmung zu extrem negativen Statements über die israelische Politik, in denen die antisemitische Grundeinstellung der ältesten Kohorte besonders durchschlägt, finden wir eine vom üblichen Muster abweichende Altersverteilung. Bei der Generation der 45-59jährigen findet die Politik Israels besondere Unterstützung, während sie bei den Jüngeren wieder kritischer beurteilt wird. Auch hier spiegeln sich die besonderen Generationserfahrungen wider. Während die Älteren in ihrer Sichtweise noch stark durch den Antisemitismus geprägt bleiben, basiert die kritischere Haltung der jüngeren Jahrgänge einerseits auf einer verstärkten Dritte-Welt-Orientierung und auf der Wahrnehmung der Tagespolitik, in der Israel seit 1973 zunehmend nicht mehr als der bedrohte David, sondern als der militärisch überlegene Goliath im Nahen Osten gesehen wird. Diesen Jahrgängen fehlt die historische Erfahrung des bedrohten Israels. Daß diese Erfahrung generell verblaßt und Israel nach tagespolitischen Gesichtspunkten beurteilt wird, zeigt sich in seinem starken Sympathieverlust seit 1973. Vom Yom-Kippur-Krieg 1973 bis Februar 1983 ging der Anteil derjenigen, die im arabisch-israelischen Konflikt auf seiten Israels standen, von 60% auf etwa 20% in allen Altersgruppen zurück, während die Sympathisanten der arabischen Seite von etwa 7% auf 15% zugenommen haben (Wolffsohn 1988, Tab.4).

Der Einfluß der Bildung

Neben dem Alter kommt vor allem der Bildung (gemessen am Schulabschluß) für die Erklärung des Antisemitismus eine zentrale Rolle zu. Auch wir haben in Übereinstimmung mit westdeutschen und internationalen Untersuchungen festgestellt, daß sich die antijüdische Einstellung mit höherer Bildung verringert. Nach dem ANTISEMITISMUS-Index ergibt sich folgendes Bild:

Bildungsabschluß
(Mittelwerte des standardisierten AS-Index)

Ohne Hauptschulabschluß	.95
Hauptschulabschluß	.31
Realschule ohne Abschluß	–.25
Realschule	–.42
Höhere Schule ohne Abitur	.29
Abitur ohne Studium	–.64
Nicht abgeschlossenes Studium	–1.37
Abgeschlossenes Studium	–.78
(Mittelwert für die Bev.insg. –.03)	

Die Tabelle zeigt im wesentlichen einen linearen Zusammenhang: je höher der Bildungsabschluß desto geringer der Antisemitismus (= niedriger Wert auf dem AS-Index). Es gibt jedoch zwei Ausnahmen: Eine abgebrochene Schulkarriere ist offenbar ein Schicksal, das Ressentiments begünstigt. Insbesondere wenn mit dem angestrebten Schulabschluß (Abitur) hohe soziale Erwartungen verknüpft werden, scheint ihre Enttäuschung die Vorurteilsneigung zu verstärken. Bei Älteren, die angeben, ihr Studium nicht abgeschlossen zu haben, muß dies nicht auf ein berufliches Scheitern und die damit verbundene Frustration hindeuten.[17] Diese Gruppe hat bei allen Auswertungsschritten den geringsten Anteil an Antisemitismus. Der Studienabbruch könnte auf erfolgreiche Karrieren außerhalb herkömmlicher Laufbahnen und auf soziale Zufriedenheit hinweisen. In diese Kategorie „nicht abgeschlossenes Studium" fallen in den jüngeren Jahrgängen die Studenten, bei denen die positiven Bildungs- und Alterseffekte zusammentreffen, so daß sich in dieser Gruppe der geringste Anteil an Antisemiten findet (vgl. Schaubild S. 77).

Der im Mittelwertvergleich festgestellte Zusammenhang findet sich auch in den über die Kriterien WAS/SAS/VAS gebildeten Gruppen antisemitisch eingestellter Personen. Es gibt lediglich eine interessante Abweichung: unter den Befragten mit Hochschulabschluß steigt der Anteil starker und vehementer Antisemiten (SAS und VAS) wieder an und erreicht den Anteil unter den Realschulabsolventen. Kontrolliert man das Alter, so wird deutlich, daß es die Akademiker der Jahrgänge 1908-1916 sind, unter denen sich die harten Antisemiten finden (von den fünf vehementen Antisemiten mit Hochschulabschluß in unserem Sample sind drei über 70 Jahre alt, die beiden anderen zwischen 45-54 Jahre). Dies bestätigt — trotz der geringen Fallzahlen — die Untersuchungsergebnisse der frühen 50er Jahre (vgl. Pollock 1955), wonach gerade die Akademiker sich sehr stark mit dem NS-Antisemitismus identifiziert hatten. Bildung *per se* wirkt also keineswegs auf den Abbau von Vorurteilen hin.

Mißt man den Zusammenhang des Bildungsabschlusses mit den einzelnen Dimensionen des Antisemitismus, dann ergibt sich das gleiche Bild: in dem Ausmaß der negativen Stereotypisierung, der emotionalen Ablehnung und der Bereitschaft zur Diskriminierung findet sich das oben auf der aggregierten Ebene des ANTISEMITISMUS-Index beschriebene Muster. Abweichungen sind allerdings zu erkennen, wenn man auf die Ebene der einzelnen Indikatoren zurückgeht. Für die meisten der antijüdischen Stereotypen gilt der genannte Bildungseinfluß. Eine Ausnahme machen hier die Stereotypen „empfindlich, nachtragend/unversöhnlich und überheblich", wo für die jüngste Altersgruppe (16-29 Jahre) keine Bildungsdifferenz auftritt. Dies deutet einerseits daraufhin, daß die traditionellen antijüdischen Klischees durch bessere Schulbildung, die Wirkungen der Massenmedien und familiäre Erziehung abgeschwächt werden, daß sich andererseits aber aus der deutsch-jüdischen Nachkriegsgeschichte Klischees gebildet haben, die von den Sozialisationsinstanzen offenbar nicht in gleicher (selbst-) kritischer Weise bekämpft worden sind. Daß diese Klischees bildungsunabhängig

Antisemitismus und Bildungsabschluß

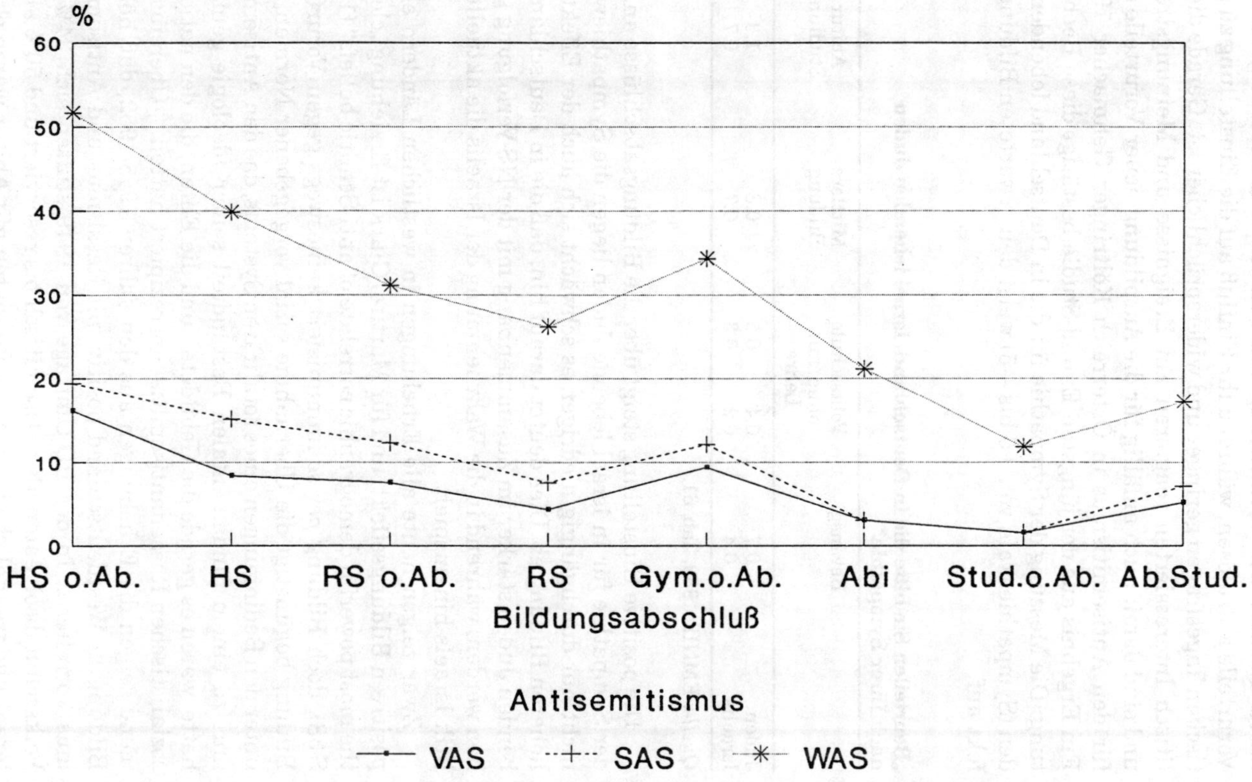

verbreitet sind, bestätigt u.E. unsere These vom „sekundären Antisemitismus“. Den Medien und der politischen Bildung gelingt es leichter, durch die korrekte Vermittlung von Tatsachen historisch geronnene Vorurteile aufzulösen, während ihr Einfluß auf die Einstellung zu politischen Tagesfragen geringer und widersprüchlicher ist. Gerade die politisch Interessierten reagieren auf Ereignisse und Meinungstrends und sind damit auch anfällig für die Ausbildung neuer Vorurteile (vgl. für den Antisemitismus in Österreich Költringer/Gehmacher 1989). Ein Ergebnis aus der jüngsten Emnid-Studie bestätigt diese Beobachtung: Die Messung der Sympathie für die in Deutschland lebenden Juden (Sympathieskala von +5 bis —5) weist den erwarteten Bildungseffekt auf.

„Beurteilen Sie bitte die in Deutschland/Israel lebenden Juden nach Ihrer Sympathie.“

	Bev.insg.	Volksschule ohne/mit Lehre		Mittlere Bildung	Abitur Studium
Juden	0.7	0.4	0.5	0.8	1.3
Israelis	0.4	0.2	0.3	0.7	0.7

Quelle: EMNID 1989, Tab. 61.

Die positive Einstellung steigt über die Bildungsabschlüsse an. Bei der Sympathie für in Israel lebende Juden liegen die Sympathiewerte nicht nur durchgängig niedriger, es schwächt sich auch der Effekt der höheren Bildung ab. Dies deutet darauf hin, daß die in Deutschland lebenden Juden stärker im Zusammenhang mit der NS-Verfolgung gesehen werden, während in die Wahrnehmung der Israelis die aktuelle Politik Israels hineinspielt.

Zwar zeigen heute alle Erhebungen in westlichen Ländern einen positiven Bildungseffekt, und für Martire/Clark ist Erziehung „clearly the most powerful demographic correlate of anti-Semitic beliefs“ (1982, S.38), doch Bildung *per se* immunisiert keineswegs gegen Vorurteile. Bildung begünstigt die Übernahme sozial vorgegebener Normen, und unter den Bedingungen eines totalitären Systems, das den Antisemitismus zu einem fundamentalen Bestandteil seiner Ideologie gemacht hatte, waren es gerade die Gebildeten und die Eliten, die den nationalsozialistischen Rassenantisemitismus rezipiert hatten.[18] Übereinstimmend zeigen die Erhebungen aus den Jahren 1948-1952, daß höhere Bildung in Westdeutschland positiv mit Rassismus und Antisemitismus korrelierte. In der IfD-Umfrage von 1949 stuften sich 34% der Volksschulabsolventen als antisemitisch bis reserviert und 50% als tolerant und freundlich ein, von den Befragten mit Abitur waren es entsprechend 48% und 40% (S.39). In den Diskussionen des „Gruppenexperiments“ wurde die Identifikation der Akademiker mit dem NS-Antisemitismus indirekt dadurch deutlich, daß sie sich bei diesem Thema mit Äußerungen merklich zurückhielten. Dennoch waren ihre Diskussionsbeiträge so durchgängig antisemitisch, daß 92 % von ihnen als antisemitisch bzw. bedingt antisemitisch eingestuft wurden. Von den Volksschulabsolventen wurden 55 % so klassifiziert, aber auch 45 % als nicht-antisemitisch bzw. projüdisch (Pollock 1955, S.169). Aufgrund fehlender Daten für die 50er und 60er Jahre läßt sich kein genauer Nachweis darüber führen, ob oder wann die Akademiker ihre Einstellung geändert haben bzw. nachwachsende Abiturjahrgänge bereits ein neues Einstellungsmuster zeigten. 1974 war die Trendumkehr bereits eingetreten, und es ist der bis heute feststellbare positive Zusammenhang von höherer Bildung und geringerem Vorurteil zu beobachten (Sallen 1977, S.310). Da Silbermann/Sallen in der Auswertung ihrer Umfrage die einzelnen Bildungsschichten nicht nach ihrer Altersstruktur aufgeschlüsselt haben, sind Bildungsgenerationen nicht zu isolieren. Wir haben für jede unserer Altersgruppen den Bildungseinfluß gesondert untersucht. Dabei zeigt sich, daß in allen Jahrgängen bis zu den 70jährigen (Jg.1917 und älter) mit höheren Bildungsabschlüssen (mit Ausnahme der höheren Schüler ohne Abitur) der Antisemitismus absinkt. Dagegen findet man bei den über 70jährigen die 1950/51 von Pollock festgestellte Verteilung: hier steigt der Antisemitismus mit höherem Bildungsgrad an.[19] Offenbar sind auch in einer völlig gewandelten politischen Kultur die Einstellungen akademisch gebildeter Personen wenig beeinflußbar.

Bessere Schulbildung reduziert Vorurteil und Fremdenhaß nur dann, wenn sie in einer liberalen und demokratischen Gesellschaft erfolgt und deren Werte vermittelt und wenn Politik und Öffentlichkeit bereit sind, die Normen im Zusammenleben der Gruppen immer wieder zu bekräftigen.

Der Einfluß von Beruf und Einkommen

In den kurz nach Kriegsende durchgeführten Studien lassen sich im Antwortverhalten der Berufsgruppen noch die alten mittelständischen Trägerschichten des Antisemitismus erkennen. Damals hat der heute dominierende Bildungsfaktor nur eine geringe Rolle gespielt. Nimmt man die Ergebnisse der IfD-Umfrage von 1949 und des „Gruppenexperiments“ von 1950/51 zusammen, dann waren in dieser Zeit die „Selbständigen in Handel und Gewerbe“ und die Bauern, gefolgt von den Freiberuflern, Studenten und den Angestellten besonders antisemitisch. Aus diesen Berufsgruppen rekrutierten sich bereits seit dem Kaiserreich aus weltanschaulichen Gründen, aus Gründen der Konkurrenz oder der Furcht vor sozialem Abstieg die wesentlichen Trägerschichten des modernen Antisemitismus (Kampe 1988; Puhle 1975; Volkov 1978; Hamel 1967). 1949 waren es neben den Beamten vor allem die Arbeiter und die Hausfrauen, die sich seltener als antijüdisch einstuften bzw. sich in dieser Richtung in den Gruppendiskussionen äußerten (vgl. IfD 1949, S. 39; Pollock 1955, S. 170). In der Arbeiterschaft mag in dieser Zeit noch etwas von der sozialdemokratischen Tradition lebendig gewesen sein, die den Antisemitismus politisch konsequent abgelehnt hat,[20] und die Hausfrauen waren wahrscheinlich aufgrund ihrer Politikferne und ihren kontra-ideologischen Erfahrungen mit jüdischen Geschäftsleuten weniger antijüdisch eingestellt bzw. zeigten den größten Anteil an nicht-antisemitischen Äußerungen.

Berufsgruppenvergleiche über die Zeit sind, wie jeder Sozialhistoriker weiß, problematisch, da zwar die Berufsbezeichnungen bestehen bleiben, sich aber die Zusammensetzung und der Charakter der Berufe sehr stark ändern können. D.h. der folgende zeitgeschichtliche Vergleich ist mit den entsprechenden Unsicherheiten behaftet.

Bereits in den Daten von Schönbach (1961, S.68) zeigen sich erste Veränderungen. Die höheren Berufskreise (Beamte, freie Berufe, leitende und mittlere Angestellte, Großhändler) waren am wenigsten antisemitisch und autoritär eingestellt, ebenso allerdings die Facharbeiter sowie die angelernten und Hilfsarbeiter. Hingegen findet sich der höchste Anteil an Antisemiten weiterhin unter den Selbständigen in Handel und Gewerbe sowie unter den einfachen Beamten und Angestellten (Landwirte waren in dieser auf den Raum Frankfurt am Main beschränkten Stichprobe nicht enthalten).

In der Silbermann/Sallen-Umfrage von 1974 ist eine Umbruchsituation zu erkennen, in der sich der bei Schönbach bereits zu beobachtende Trend fortsetzt und Bildung zunehmend einen vorurteilsmindernden Einfluß gewinnt. Einerseits wirkten in den Berufsgruppen der Landwirte[21] und Selbständigen die alten berufsspezifischen antijüdischen Orientierungen nach: 42 % der Landwirte und 32,5 % der Selbständigen wiesen einen starken Antisemitismus auf (Sallen 1977, S. 251).[22] Die Beamten blieben eine Gruppe mit vergleichsweise geringer antisemitischer Tendenz (22 %). In den Einstellungen von Arbeitern und Angestellten, beides ja globale Berufskategorien, die sehr viel Verschiedenes zusammenfassen, läßt sich im Vergleich zu 1949 eine starke Veränderung erkennen. Die Arbeiter wiesen mit 30 % einen überdurchschnittlichen Anteil an „starken Antisemiten" auf, die Angestellten blieben mit 20,5 % am deutlichsten unter dem Durchschnitt von 27,2 % (ebd.). Für den Einstellungswandel bei den Arbeitern mag die beginnende Auflösung der traditionellen Milieus und das im Vergleich geringe Bildungsniveau, bei den Angestellten die langjährige Partizipa-

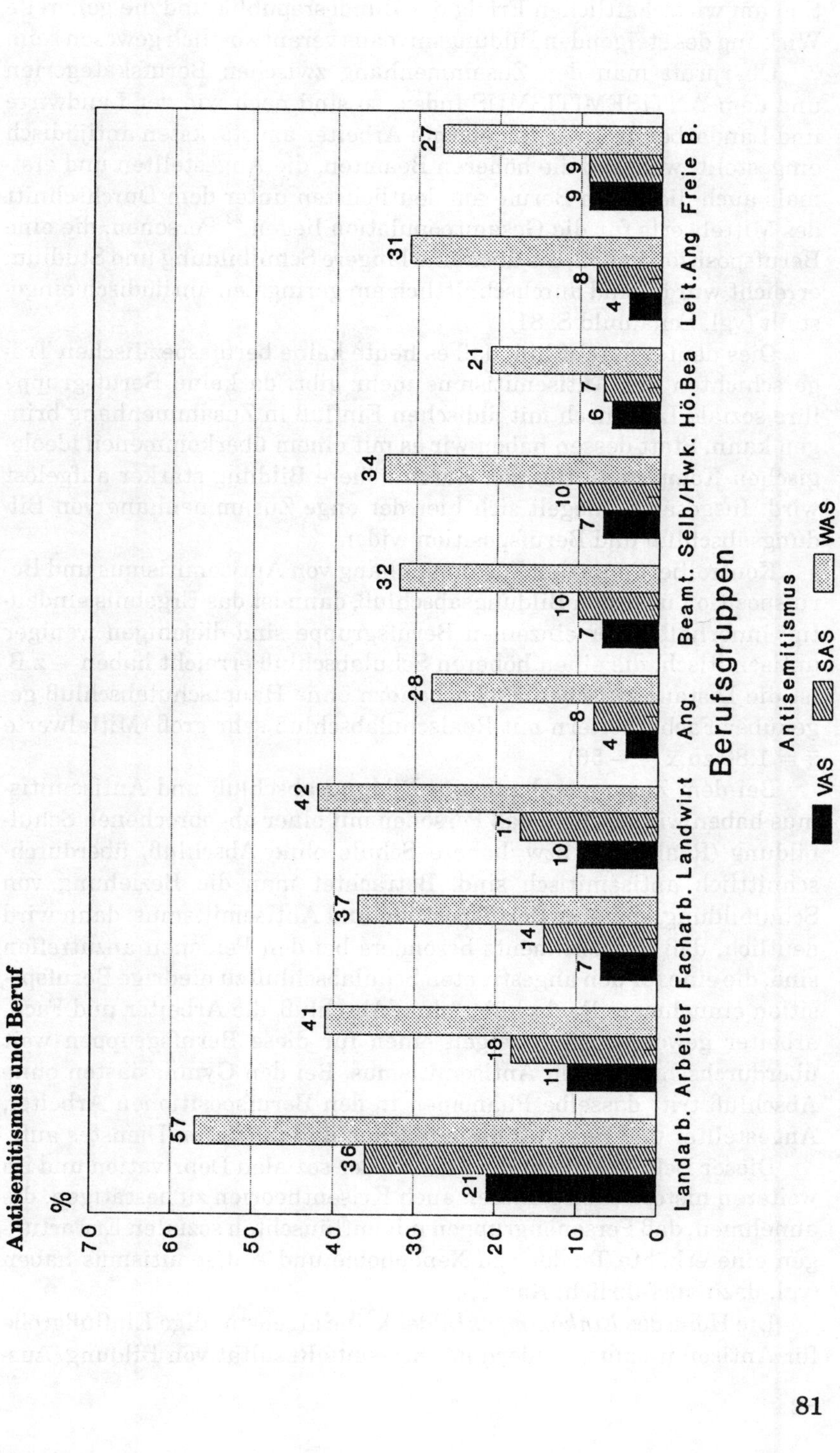

Antisemitismus und Beruf
%
70
60
50
40
30
20
10
0
21
36
57
11
18
41
7
14
37
10
17
42
4
8
28
7
10
32
7
10
34
6
7
21
4
8
31
9
9
27
Landarb.
Arbeiter
Facharb.
Landwirt
Ang.
Beamt.
Selb/Hwk.
Hö.Bea
Leit.Ang
Freie B.
Berufsgruppen
Antisemitismus
VAS
SAS
WAS

tion am wirtschaftlichen Erfolg der Bundesrepublik und die generelle Wirkung des steigenden Bildungsniveaus verantwortlich gewesen sein.

Überprüft man den Zusammenhang zwischen Berufskategorien und dem ANTISEMITISMUS-Index, so sind nach wie vor Landwirte und Landarbeiter sowie ungelernte Arbeiter am stärksten antijüdisch eingestellt, während die höheren Beamten, die Angestellten und erstmals auch die freien Berufe am deutlichsten unter dem Durchschnitt des Mittelwerts für die Gesamtpopulation liegen.[23] Personen, die eine Berufsposition haben, die über eine längere Schulbildung und Studium erreicht wurde, sind durchschnittlich am geringsten antijüdisch eingestellt (vgl. Schaubild S. 81).

Dies deutet darauf hin, daß es heute keine berufsspezifischen Trägerschichten des Antisemitismus mehr gibt, da keine Berufsgruppe ihre soziale Lage noch mit jüdischen Einfluß in Zusammenhang bringen kann. Statt dessen haben wir es mit einem überkommenen ideologischen Komplex zu tun, der durch höhere Bildung stärker aufgelöst wird. Insgesamt spiegelt sich hier der enge Zusammenhang von Bildungsabschluß und Berufsposition wider.

Kontrolliert man den Zusammenhang von Antisemitismus und Berufsposition über den Bildungsabschluß, dann ist das Ergebnis eindeutig: innerhalb jeder einzelnen Berufsgruppe sind diejenigen weniger antisemitisch, die einen höheren Schulabschluß erreicht haben — z.B. ist die Distanz zwischen Facharbeitern ohne Hauptschulabschluß gegenüber Facharbeitern mit Realschulabschluß sehr groß (Mittelwerte $\bar{x} = 1.86$ zu $\bar{x} = -.56$).

Bei dem Zusammenhang von Bildungsabschluß und Antisemitismus haben wir gesehen, daß Personen mit einer abgebrochenen Schulbildung (Realschule bzw. höhere Schule ohne Abschluß) überdurchschnittlich antisemitisch sind. Betrachtet man die Beziehung von Schulbildung, späterer Berufsposition und Antisemitismus, dann wird deutlich, daß Ressentiments besonders bei den Personen anzutreffen sind, die eine für den angestrebten Schulabschluß zu niedrige Berufsposition einnehmen. Realschüler ohne Abschluß, die Arbeiter und Facharbeiter geworden sind, zeigen einen für diese Berufsgruppen weit überdurchschnittlichen Antisemitismus. Bei den Gymnasiasten ohne Abschluß tritt dasselbe Phänomen in den Berufspositionen Arbeiter, Angestellter und Beamter des einfachen und mittleren Dienstes auf.

Dieser Befund scheint die Theorie der sozialen Deprivation und im weiteren historischen Rahmen auch Krisentheorien zu bestätigen, die annehmen, daß Personengruppen mit enttäuschten sozialen Erwartungen eine erhöhte Tendenz zu Xenophobie und Antisemitismus haben (vgl. dazu ausführlich: Kap. X).

Die Höhe des *Einkommens* bildet keine eigenständige Einflußgröße für Antisemitismus, sondern ist ihrerseits Resultat von Bildung/Ausbildung, der daran gekoppelten Berufspositionen und des Alters. Der statistisch aufweisbare höhere Antisemitismus in den unteren Einkommensgruppen (bis 1750 DM im Monat) ist nicht Ausdruck einer sozial depravierten Situation, sondern beruht darauf, daß sich in diesen Einkommensgruppen eine sehr große Zahl von Rentnern befindet.

Im Jahre 1949, als sich der Antisemitismus nicht in den älteren Jahrgängen konzentrierte, sondern vor allem von den mittleren und jüngeren Jahrgängen sowie der besser verdienenden Akademikerschicht getragen wurde, ergab sich ein anderer Zusammenhang von Monatseinkommen und Einstellung gegenüber Juden. Neben den Beziehern der niedrigsten Einkommen (bis 50 DM monatlich, 42% reserviert bis antisemitisch und 41% tolerant) war es damals die höchste Einkommensklasse (500 DM und mehr), die zu 51% den Juden reserviert bis stark ablehnend gegenüberstand und den geringsten Anteil an „Toleranten" aufwies (37%). Bei den dazwischen liegenden Einkommensgruppen lag die Ablehnung niedriger (34%-42%) und die Toleranz höher (38%-49% – IfD 1949, S. 39).

Dieses Ergebnis stützt unsere Behauptung, daß Einkommen kein selbständiger Faktor in der Vorurteilsneigung ist. Wenn Silbermann (1982, S.71 – nach Sallen 1977, S.253) behauptet, daß sich mit „steigendem Einkommen die gleichen toleranten Tendenzen zeigten wie mit steigender Ausbildung", dann konstruiert er eine Scheinkorrelation, die sich bei Kontrolle der Variablen Alter und Bildung vollständig auflösen läßt.

Geschlechtsspezifische Differenzen

Aufgrund von geschlechtsspezifischen Differenzen, die nach wie vor in der familialen und politischen Sozialisation bestehen, ist zu erwarten, daß sich Frauen und Männer in ihren Einstellungen zu Juden, zum Staat Israel und zur nationalsozialistischen Vergangenheit unterscheiden.

Renate Köcher hat in ihrer Auswertung der in Teilen international vergleichend angelegten Studie von 1986 bereits darauf hingewiesen, daß sich die Geschlechter in der Bundesrepublik in ihren Einstellungen zu einigen Fragen schärfer unterscheiden als in den Vergleichsländern (USA, Frankreich und Österreich – IfD 1986, S. 31; Martire/Clark fanden für die USA 1981 keine geschlechtsspezifischen Differenzen im Ausmaß antisemitischer Vorurteile, 1982, S. 36).

Der Mittelwertvergleich über den ANTISEMITISMUS-Index ergibt eine geschlechtsspezifische Differenz: Die Männer erweisen sich im Durchschnitt als antisemitischer, doch fällt dieser Unterschied auf diesem Aggregationsniveau gering aus (Männer: $\bar{x} = .16$; Frauen: $\bar{x} = -.20$). Diese Differenz zieht sich durch alle Altersgruppen (eine Ausnahme bilden die 35-39jährigen), wobei die größten Unterschiede zugunsten der Frauen in den jüngsten (18-24 Jahre) und den älteren Jahrgängen (ab 60 Jahre) auftreten.

Trennt man über die Bedingungen WAS/SAS/VAS die Gruppe der Antisemiten von der übrigen Bevölkerung, so ergeben sich leichte Unterschiede, jedoch sind die Zusammenhänge zwischen Geschlecht und Antisemitismus nicht signifikant. Erst beim harten Kern der Antisemiten (VAS) treten signifikante geschlechtsspezifische Differenzen auf. Der harte Kern der Antisemiten (6,9%, n = 146) besteht zu 60% aus Männern. Kontrolliert man bei dieser Gruppe das Alter, so zeigt sich, daß 37 der 61 antisemitischen Frauen und nur 41 von 85 antisemitischen Männern über 60 Jahre alt sind. Allerdings liegt der Prozentsatz der Radikalantisemiten bei den Frauen über 60 Jahre sehr viel niedriger als bei den Männern über 60 (Männer über 60 Jahre n = 199, davon 20,5% vehemente Antisemiten; Frauen über 60 Jahre n = 320, davon 11,5% vehemente Antisemiten).

Antisemitismus / Geschlecht

Antisemitismus	Bev.insg. %	männlich %	weiblich %
WAS	33,2	35,7	30,9
SAS	11,6	13,2	10,2
VAS	6,9	8,6	5,5

In den verschiedenen Vorurteilsdimensionen (Stereotypisierung, emotionale und soziale Distanz, Diskriminierungsbereitschaft) unterscheiden sich Männer und Frauen nicht.

Die insgesamt relativ schwächere Ausprägung antisemitischer Einstellungen bei den Frauen erklärt sich vor allem aus einem weniger dezidierten politischen Urteil.[24] Alle Antisemitismus-Umfragen stellen übereinstimmend fest, daß Frauen häufiger als Männer die Antwortkategorie „weiß nicht/unentschieden" wählen und die Extreme, vor allem die negativen meiden.[25] Differenzen zwischen Männern und Frauen treten hauptsächlich in Stellungnahmen zu stärker politisch bestimmten Fragen („Macht der Juden, Einfluß Israels, Vorwurf der politischen Radikalität"), in der gefühlsmäßigen Haltung zur NS-Vergangenheit („beschämt über die NS-Verbrechen an Juden") und in der Verpflichtung zur Wiedergutmachung auf, in denen die Frauen eine positivere Haltung einnehmen. Männer sind offenbar stärker mit der eigenen Nation, ihrer Geschichte und Politik identifiziert (eine Überlegenheit der Deutschen über andere Völker sehen 32% der Männer und 26% der Frauen — Frage 6). Frauen stimmen den negativen Judenstereotypen weniger häufig zu als Männer, bei den positiven Stereotypen ist dagegen keine Differenz zu beobachten. Auch hier sind es wieder die politik- und machtbezogenen Stereotypen, bei denen die Differenzen deutlich ausfallen, während sie bei den wirtschaftsbezogenen geringer sind.

Ein anderes Bild bieten die Fragen zur sozialen Distanz, wenn es um intimere Beziehungen geht. Hier sind es die Männer, die „näher mit Juden zu tun haben wollen", die sie im Freundeskreis akzeptieren und die häufiger einer Heirat mit einer Jüdin zustimmen. Die größere Distanz ist bei Frauen nicht primär antisemitisch motiviert, sondern entspringt einer größeren Unsicherheit und Zurückhaltung gegenüber fremden Gruppen. Zwei Umfrageergebnisse stützen diese Interpretation: so wollen Frauen mit „Juden" zu 14% (11,6% der Männer) nicht so gern näher zu tun haben, aber nur zu 7% nicht mit „deutschen Juden" (Männer zu 9% — Frage 1/6). Werden die Juden als Einheimische kenntlich gemacht, verringert sich die soziale Distanz bei den Frauen. Zum anderen verschwindet diese geschlechtsspezifische Distanz oder kehrt sich zugunsten der Frauen um, wenn es um Beziehungen auf einer mittleren Distanzebene, also zu Nachbarn oder Arbeitskollegen geht (IfD 1986; IfD Bd. VI, S.26).

Die eingangs zitierte Beobachtung von Köcher, daß sich die Einstellungen zu Juden bei Männern und Frauen in der Bundesrepublik schärfer unterscheiden als in anderen Ländern, gilt u.E. nur eingeschränkt für die oben genannten Aspekte (Wiedergutmachung, politischer Einfluß, Beschämung). Generell kann man davon ausgehen, daß sich die Urteile der Geschlechter angleichen. Die jüngste Umfrage von EMNID (März 1989, Tab. 61, 66, 68 und 75) zeigt weder in der Sympathie/Antipathie gegenüber Juden noch in den Fragen zur Vergangenheitsbewältigung und zum Nationalsozialismus irgendwelche geschlechtsspezifischen Unterschiede.

In den ersten Nachkriegsjahren waren diese Unterschiede noch stärker ausgeprägt. Im Gruppenexperiment äußerten sich die Frauen weniger häufig antisemitisch/bedingt antisemitisch (52% gegenüber 68% der Männer) und häufiger projüdisch und nicht-antisemitisch (48% zu 32% – Pollock 1955, S. 168). Außerdem fiel die größere Diskussionsbereitschaft der Frauen bei diesem Thema auf (weil Frauen weniger oft Schuldgefühle haben mußten?). Die Frauen verspürten die Tabuisierung des Thema vermutlich deshalb weniger stark, weil sie ihre Meinungen über Juden eher aus Erfahrungen in Familie, Alltag und Religion zu schöpfen meinten, die weniger geächtet waren als die Nazi-Ideologie und der politische Antisemitismus. Sie gaben seltener an, von der antisemitischen Propaganda beeinflußt worden zu sein und hatten 10% Prozentpunkte mehr „gute Erinnerungen an Juden" als Männer (42% zu 32% – IfD 1949, S. 31). Befragt nach ihrer Einstellung zu Juden, lag die wesentliche Differenz zwischen Männern und Frauen – ähnlich wie heute – in der geringeren demonstrativen und aggressiven

Ablehnung seitens der Frauen (15 % zu 6 %; in der „gefühlsmäßigen Ablehnung“ gab es keine Differenz: 13 % zu 14 % – ebd.S. 39). Die IfD-Umfrage von 1949 konnte keinen höheren Anteil an toleranten und projüdischen Einstellungen bei Frauen nachweisen.

Die generell größere soziale Distanz bei Frauen in der Frage einer Ehe mit einem jüdischen Partner, bei der Behandlung durch einen jüdischen Arzt und beim Einkauf in einem jüdischen Geschäft beruhen u.E. neben den Verhaltensvorschriften der Frauenrolle der 40er und 50er Jahre auf der Wirkung der NS-Rassengesetze und -ideologie, deren Segregationsziele zur Grundlage eigenen Verhaltens gemacht worden waren. Die stärkeren weiblichen Vorbehalte gegen die Konsultation eines jüdischen Arztes blieben bis in die 60er Jahre erhalten, nahmen aber langsam ab und unterscheiden sich heute nicht mehr von denen der Männer (Bedenken hatten 1961: 18 % der Frauen und 10 % der Männer; 1965: 15 % der Frauen und 12 % der Männer – IfD Bd. III, S.218 und Bd. IV, S.96). Die Auswertung über das Alter zeigt auch hier, daß nicht so sehr ein Einstellungswandel bei den Älteren als vielmehr die Frauenemanzipation und das Nachwachsen einer nicht durch die NS-Ideologie geprägten Generation diesen Rückgang bewirkt haben. Heute sind Vorbehalte gegen jüdische Ärzte fast völlig verschwunden (Bev.insg. 2 % – Frage 16/10) und treten im Grunde nur noch bei über 60jährigen auf (5 %).

Die Antisemitismusstudien seit den 60er Jahren (Tumin 1963, S.67; Sallen 1977, S.247; Panahi 1980, S.70; EMNID 1989) konnten keinen geschlechtsspezifischen Einfluß auf die Einstellung zu Juden feststellen. Differenzen ergaben sich, wie wir gezeigt haben, nur in Einzelaspekten sowie beim radikalen Antisemitismus.[26]

In der Untersuchung von Tumin waren bereits Anfang der 60er Jahre auch für Frankreich und Großbritannien keine geschlechtsspezifischen Differenzen in der Einstellung zu Juden zutagegetreten. Amerikanische und österreichische Studien seit Mitte der 60er Jahre erbrachten den gleichen Befund (Selznick/Steinberg 1969, S. 101f.; Martire/Clark 1982, S. 36; Weiss 1984, S. 55; Kienzl/Gehmacher 1987). Dem Ergebnis von Weiss aus den Erhebungsjahren 1976 und 1980 und dem der gemeinsamen Umfrage mehrerer demoskopischer Institute von 1987 für Österreich widerspricht eine neue Repräsentativbefragung vom Januar 1989, in der die Frauen sowohl beim „harten“ wie beim „latenten“ Antisemitismus einen deutlich geringeren Anteil aufweisen (harter Antisemitismus: Männer 14,8 %, Frauen 7 %; latenter Antisemitismus: 35 % zu 21 %). Gleichzeitig findet diese Studie auch keine Alters- und Bildungseffekte (Haerpfer 1989, S. 38ff.). Diese dramatischen Veränderungen deutet der Autor als Wirkungen der Konflikte um die Präsidentschaftskandidatur Kurt Waldheims seit 1986. Die seit den 70er Jahren feststellbaren Einflüsse der politischen Bildung und einer liberalen politischen Kultur seien wieder weitgehend verlorengegangen und man sei in Österreich im Umgang mit ethnischen und religiösen Minderheiten wieder auf den *status quo ante* zurückgefallen (ebd. S. 45). Warum allerdings Männer und Frauen auf diese politischen Konflikte unterschiedlich reagierten, bleibt offen. Der zunächst plausiblen Annahme, daß die Männer aufgrund eines stärkeren politischen Interesses heftiger antijüdisch reagiert hätten, widersprechen allerdings die Ergebnisse der Panel-Studie von Költringer/Gehmacher (1989, S. 559), die einen negativen Einstellungswandel gerade bei den Frauen beobachtet haben.

Dieses Ergebnis ist eine Aufforderung, in Zukunft in der empirischen Antisemitismusforschung geschlechtsspezifische Reaktionen auf öffentliche Ereignisse zu beachten und deren spezifische Ursachen in eingehenderen Untersuchungen aufzuklären.

Politische Orientierung und Antisemitismus

In unserer Studie haben wir den Zusammenhang von politischer Orientierung mit Antisemitismus auf zweierlei Weise erhoben: Im Pretest haben wir die tendenziell antijüdisch Eingestellten, die tendenziell projüdisch Eingestellten und die „durchschnittliche" Bevölkerungsgruppe nach ihrer politischen Selbsteinstufung auf einer 100-Punkte Skala (von 0 = extrem links bis 100 = extrem rechts) gefragt. In der Hauptbefragung haben wir diese Skala nicht benutzt, sondern die politische Orientierung über die Parteipräferenz erhoben.

In der Selbsteinstufung der antijüdisch Eingestellten (n = 95) dominiert die Mitte/Rechts-Einstufung (vgl. Schaubild S. 88).

Nur 11% der antijüdisch Eingestellten stufen sich selbst als links von der Mitte ein, während sich 43% als rechts bis extrem rechts bezeichnen. Bei den projüdisch Eingestellten kehrt sich das Muster um: über 55% stufen sich links von der Mitte ein und nur 9% als stark rechts orientiert (7-10 Punkte). Auch wenn es sich bei den 344 Befragten des Pretests nicht um ein repräsentatives Sample handelt, so ist doch der Zusammenhang von Antisemitismus und rechter politischer Einstellung evident.[27] Er wird bestätigt durch die EMNID-Umfrage von 1989, in der die Befragten sich ebenfalls auf einer Skala (1 = weit links, 10 = weit rechts) politisch einstufen sollten (vgl. Schaubild S. 89).

Man erkennt dasselbe Muster: ungefähr ein Drittel der sehr oder ziemlich antisemitisch Eingestellten gibt sich als politisch „weit rechts" zu erkennen (Skalenwerte 8-10), ein weiteres Drittel liegt rechts von der Mitte (6-7). Antisemitismus geht ausgesprochen selten mit einer extrem linken Orientierung einher (Skalenwerte 1-3). Ein „leich-

Antisemitismus und politische Selbsteinstufung 1987

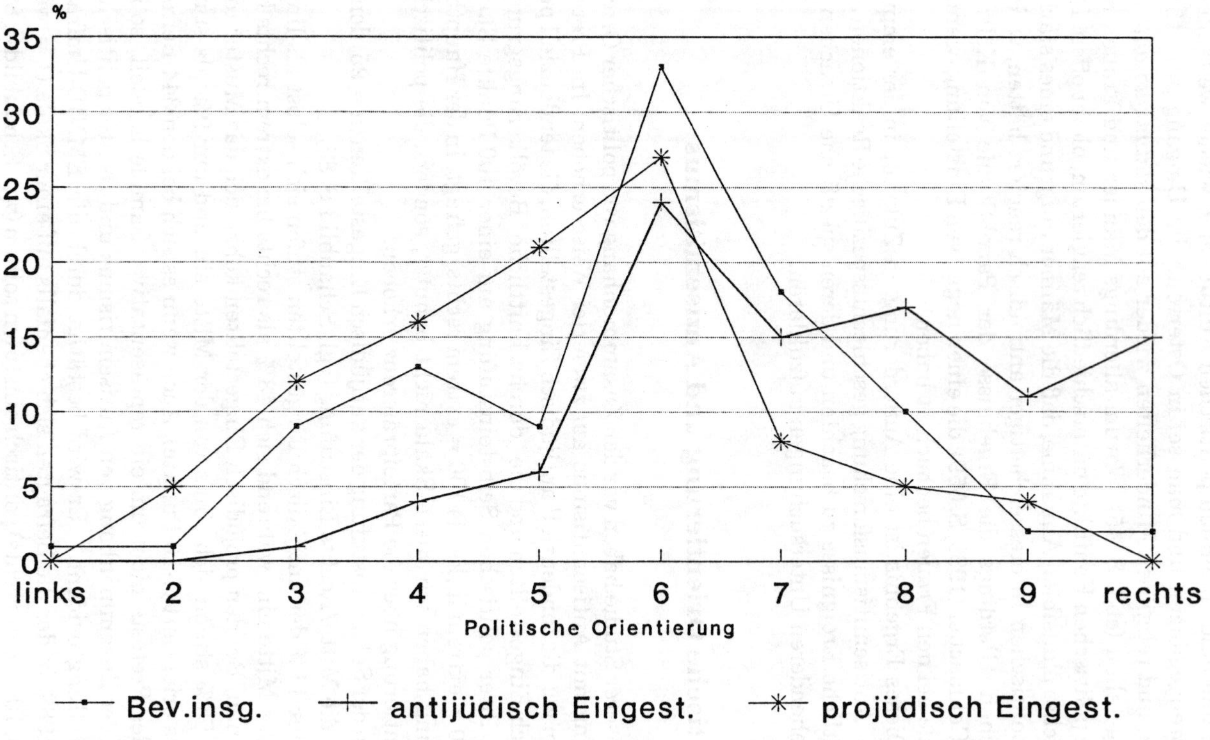

(Pretest)

Antisemitismus und politische Selbsteinstufung 1989

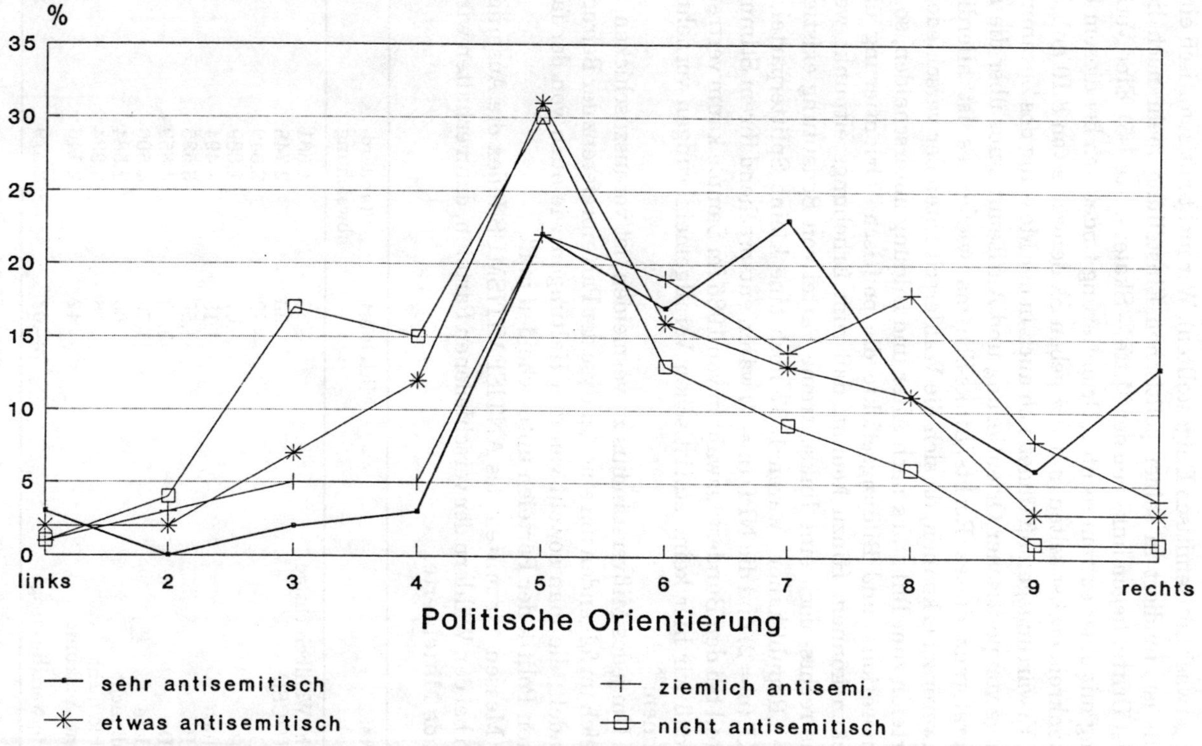

(Quelle: Emnid 1989, Tab. 12)

ter“ Antisemitismus ist dagegen nicht mit einer extrem rechten Position verbunden, sondern mit einer mittleren Position (Skalenwerte 4-7: 72% der „etwas“ antisemitisch Eingestellten). Wer nicht-antisemitisch eingestellt ist, tendiert in seiner politischen Einstellung mehr nach links (zwei Drittel liegen links von der Mitte — Skalenwerte 1-5). Eine Verbindung mit einer extrem rechten Orientierung findet sich bei diesem Personenkreis höchst selten (nur 8% geben Skalenwerte von 8-10 an).

Erwartungsgemäß findet sich auch in der Messung des Zusammenhangs von politischer Orientierung und Antisemitismus über die Parteipräferenz dieses Rechts/Links-Schema wieder, es ist allerdings schwerer zu erkennen, da sich die Wählerschichten der verschiedenen Parteien zum Teil stark nach Alter und Bildung unterscheiden, so daß Generations- und Bildungseffekte die politische Orientierung überdecken können. Hinzu kommt, daß zum Erhebungszeitpunkt weder eine rechts- noch eine linksextreme Partei von Bedeutung existierte. Die „Republikaner“ waren 1987 noch eine kleine Splitterpartei, die DKP (n = 2) und die NPD (n = 7) waren entsprechend ihrem Stimmenanteil bei den Bundestagswahlen von 1986 im Sample kaum vertreten, so daß wir hier keine statistischen Verallgemeinerungen vornehmen können.[28]

Um jedes Mißverständnis zu vermeiden, ist vorauszuschicken, daß es sich im folgenden um eine Analyse der Parteipräferenz der Befragten handelt, die man sowohl von den Haltungen wie auch von der faktischen Politik der Parteien unterscheiden muß.

Messen wir mittels des ANTISEMITISMUS-Index die Ausprägungen bei den Wählern der verschiedenen Parteien, dann erhalten wir folgende Mittelwerte:

Partei	Mittelwert	Standard-abweichung	n
Nicht Wahlberechtige	–.80	1.661	41
CDU/CSU	.56	2.748	645
SPD	–.29	2.349	689
FDP	–.67	1.889	139
Grüne	–1.18	1.494	114
DKP	1.50	3.535	2
NPD	8.43	4.859	7
Andere	1.75	4.500	4
Weiß nicht	.06	2.584	196
Wähle nicht	.16	3.234	117
Keine Auskunft	–.42	2.146	145
Mittelwert Bev.insg.	–.03	2.579	2102

Neben dem generell geltenden Rechts/Links-Schema gibt es offenbar einen Unterschied zwischen den großen Volksparteien und den kleineren, programmatisch profilierten Parteien, der die schematische Rechts/Links-Einteilung konterkariert. Für die beiden Volksparteien spricht sich ein heterogenes Wählerpotential aus. Das konservative Profil und die über Jahrzehnte betriebene Integration rechter Wählerschichten in die Union erklärt u.E., daß diese vom Mittelwert des ANTISEMITISMUS-Index in Richtung auf einen höheren Antisemitismus abweichen. Der Mittelwert für die SPD-Wähler entspricht am ehesten dem Bevölkerungsdurchschnitt. Die deutliche Differenz zwischen den beiden Volksparteien läßt sich nicht allein auf die Abweichung in der Alterstruktur der Wählerschaft zurückführen. Zwar ist der Anteil der älteren Wähler bei der CDU/CSU etwas größer, doch bleiben die Differenzen auch im Vergleich der einzelnen Jahrgangsgruppen erhalten. Bildungsdifferenzen bestehen innerhalb der Wählerschaft der Volksparteien nicht (vgl. die Aufschlüsselung der Wählergruppen nach Schulbildung für 1986, Jaide/Veen 1989, S. 136). Man kann deshalb annehmen, daß unterschiedliche politische Orientierungen und Werthaltungen bei den Wählern für diese Differenz in der Einstellung gegenüber Juden verantwortlich sind.

Bei den FDP-Wählern ist die antisemitische Einstellung in allen Altersgruppen weit unterdurchschnittlich anzutreffen. Dies deutet auf eine größere Homogenität der Wählerschaft, die sich in dieser Frage liberalen Werten verpflichtet sieht. Als weitere Ursache ist das hohe Bildungsniveau ihrer Wähler anzusehen. FDP-Wähler besitzen überdurchschnittlich oft einen weiterführenden Bildungsabschluß; die beiden niedrigsten Schulabschlüsse sind nur selten anzutreffen.[29] Der bürgerliche Liberalismus ist heute frei von antijüdischen Vorbehalten. Das generelle Rechts/Links-Schema wird an dieser Stelle durchbrochen.

Bei den Grünen lassen sich drei Gründe für die geringe Ausprägung antisemitischer Vorurteile benennen: einmal die gegen die Diskriminierung von Minderheiten und gegen Rassismus gerichtete politische Grundhaltung, zum anderen die von den anderen Parteien gänzlich abweichende Altersstruktur sowie das durchschnittlich höhere Bildungsniveau (vgl. auch Jaide/Veen 1989, S. 136). 90% der befragten Grünen-Wähler in unserer Umfrage sind unter 40 Jahre alt, d.h. die im Bevölkerungsdurchschnitt stärker antisemitisch eingestellte ältere Generation fehlt in der Wählerschaft der Grünen fast völlig.

Die Einstellung der Nichtwähler und derjenigen, die keine Parteipräferenz angeben, unterscheidet sich nicht vom Bevölkerungsdurchschnitt. Die Vermutung, daß diese Gruppen ein verstecktes Potential an Antisemiten umfassen könnten, die aus politischer Enttäuschung, Desinteresse oder aufgrund extremer politischer Einstellungen nicht zur Wahl gehen bzw. sich für keine Partei entscheiden können, kann pauschal für die Gruppen nicht bestätigt werden. Die Motive, sich nicht an Wahlen zu beteiligen, sind offenbar heterogen und weisen keine Dominanz rechtsextremer und antisemitischer Einstellung auf. Sehr wohl ist aber unter den Nichtwählern ein gewisser Anteil an überzeugten Antisemiten anzutreffen. Diejenigen, die eine Auskunft über ihre Parteipräferenz verweigern, sind überdurchschnittlich frei von Antisemitismus.

Die Messung des Zusammenhangs von Parteipräferenz und Antisemitismus ergibt das gleiche Bild. Wegen der größeren Anschaulichkeit werden für die klar als antisemitisch einzustufenden Befragten (SAS = 11,6 %) die Prozentanteile nach Parteipräferenzen in der folgenden Tabelle dargestellt:

Antisemitismus nach Parteipräferenz

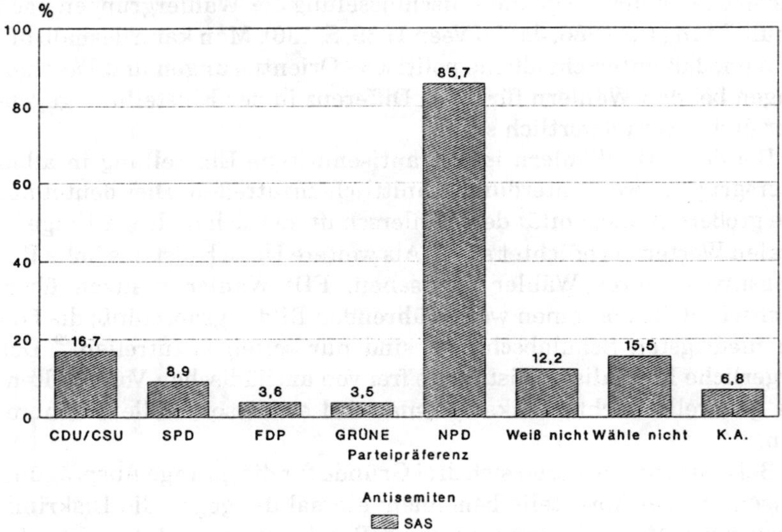

Das Schaubild zeigt, daß doppelt soviele CDU/CSU-Wähler als stark antisemitisch einzustufen sind wie SPD-Wähler. Unter den FDP- und Grünen-Wählern ist es sogar nur knapp der vierte Teil des CDU/CSU-Wähleranteils. In der Gruppe der „vehementen Antisemiten" (VAS) finden sich in unserem Sample keine Wähler der Grünen, dies wird vor allem auf die bereits genannte abweichende Altersstruktur zurückzuführen sein, da dieser harte Kern überwiegend aus älteren Menschen besteht.[30] Die wenigen im Sample erfaßten NPD-Wähler (n = 7) erweisen sich (bis auf einen) als klar antisemitisch eingestellt. Für die DKP und die Wähler anderer Splitterparteien lassen sich aufgrund der geringen Fallzahl keine Aussagen machen.

In der EMNID-Studie vom März 1989 zeigt sich tendenziell der gleiche Zusammenhang zwischen der Parteipräferenz und der Einstellung zu Juden. Die Messung der emotionalen Einstellung zu den in Deutschland lebenden Juden über eine Sympathie/Antipathie-Skala (von +5 bis —5) ergibt für die Grünen-Wähler den höchsten Sympathiewert (1.3), SPD- und FDP-Wähler liegen gleichauf (1.0 bzw. 0.9) und die CDU/CSU-Wähler erreichen den Wert 0.6. Im Durchschnitt zeigen die Wähler der im Bundestag vertretenen Parteien eine neutrale bis leicht positive Einstellung gegenüber den in Deutschland lebenden Juden. Nur die Wähler der rechtsextremen Parteien, erstmals konnten in dieser EMNID-Studie die Wähler der „Republikaner" in einem statistisch auswertbaren Umfang befragt werden (n = 104), finden die Juden unsympathisch (Rep-Wähler: —1.1; NPD-Wähler: —1.2). Ein interessantes Ergebnis bringt die von EMNID vorgenommene Differenzierung in Kern- und Randwähler der „Republikaner": während die überzeugten Wähler die Juden extrem unsympathisch finden (—4.6), fällt die Ablehnung bei den Randwählern deutlich geringer aus (—0.8), bleibt allerdings noch im negativen Bereich. Auch in anderen Fragen zum Nationalsozialismus und Antisemitismus (Wiedergutmachung, zur Wahrheit des Holocaust u.a.) zeigen die Wähler der „Republikaner" und der NPD eine extrem antisemitische Einstellung. Die durchgängige Differenz zwischen Kern- und Randwählern bei den „Republikanern" läßt vermuten, daß zwischen der radikalen Programmatik der Partei sowie den Überzeugungen ihrer engeren Mitglieder- und Wählerschaft und der Masse ihrer Wähler trotz ähnlicher Grundorientierung gravierende Unterschiede im Ausprägungsgrad bestehen.[31] Das weist im Vergleich zu den anderen Parteien, wo die Einstellungsunterschiede (mit Ausnahme der Grünen) zwischen Kern- und Randwählern gering sind, auf eine labile Beziehung von Partei und Wählerschaft hin. Ob diese Labilität in Richtung auf eine stärkere Annäherung der Randwähler an die radikaleren Überzeugungen des Kerns aufgelöst wird oder sich die Parteibindung der Randwähler lockert und damit die ideologische Beeinflussung abnimmt, muß offen bleiben. Die Landtagswahlergebnisse des Jahres 1990 sprechen für die letztere Entwicklung.

Bei den Wählern der Grünen findet sich ebenfalls eine relativ große Einstellungsdifferenz, wobei die Kernwähler eine positivere Einstellung gegenüber Juden zeigen (2.0; bei den Randwählern 1.1). Diese positive Einstellung rührt vermutlich aus der gemeinsamen Herkunft und Zugehörigkeit zu sozialen Bewegungen her, die für die Integration von Minderheiten, für Gleichberechtigung der Geschlechter und ethnischen Gruppen eintreten. Insofern bilden die Kernwähler eine besonders engagierte Gruppe mit hoher ideologischer Geschlossenheit auf diesen Gebieten, was für die Randwähler nicht im gleichen Maße gelten dürfte.

Die Parteien und das Wählerpotential, das sie jeweils ansprechen, haben sich seit Gründung der Bundesrepublik zum Teil erheblich verändert. In bezug auf den Antisemitismus war bereits 1949 das Rechts/

Links-Schema zu erkennen, wobei die noch heute existierenden Parteien damals allerdings andere Positionen in diesem Schema einnahmen:

Politische Orientierung / Antisemitismus 1949
„Wie ist überhaupt Ihre Einstellung gegenüber den Juden?"

	Demonstr. antisemit. I %	Gefühlsmäßig ablehnend II %	I+II %	Reser- viert %	Tole- rant %	Demonstr. freundl. %	Gleich- gültig %
CDU/CSU	5	13	18	12	49	7	14
SPD	7	7	14	16	46	9	15
FDP	10	17	27	16	36	5	16
KPD	13	3	16	3	54	10	17
Sonstige	12	14	26	15	39	6	14

Quelle: IfD 1949, S.40.

Die Linksparteien wiesen mit 14% bzw. 16% den geringsten Anteil an Antisemiten und mit 55% bzw. 64% den höchsten Anteil an Toleranten und Philosemiten auf. Die Wähler der Union nahmen eine Mittelposition ein, was auch der damaligen politischen Verortung der Union entsprach. Sie hatte noch nicht die Wähler der rechtsextremen und rechtskonservativen Parteien integriert, die für die FDP und die sonstigen rechten Parteien (DRP, DP, WAV) votierten.[32] Die rechte, nationalkonservative Position der FDP von 1949 spiegelt sich in den Daten: 27% ihrer Wähler stuften sich selbst als ausgesprochen antisemitisch ein, ein Anteil, der noch um 1% höher lag als in der Wählerschaft der sonstigen Parteien, die vor allem Sammelbecken für Antidemokraten und ehemalige Nationalsozialisten waren.

Nimmt man die KPD und die FDP als die Pole auf dem Links/Rechts-Kontinuum, dann zeigt sich in bezug auf Antisemitismus eine extreme Divergenz in den Einstellungen, wie sie sich heute zwischen Wählern der Bundestagsparteien nicht mehr feststellen läßt. Die Divergenz trat kraß bei den Fragen zu Tage, die auf die politischen und rechtlichen Konsequenzen aus der NS-Judenverfolgung bezogen waren. Restitutionsansprüche, d.h. der Anspruch auf Rückgabe von Besitz, der nach 1933 von Juden an Nicht-Juden verkauft werden mußte, wurden 1949 von 68% der KPD-Wähler, aber nur von 34% der FDP-Wähler anerkannt (CDU/CSU: 40%, SPD: 42%, Sonstige: 37%). Eine Pflicht zur Wiedergutmachung sahen 48% der FDP- gegenüber 57% der KPD-Wähler. Für die Bestrafung von Personen, die sich antisemitisch betätigen, waren prinzipiell 44% der KPD-Wähler und nur 13% der FDP-Wähler. Eine Bestrafung lehnten 53% der letzteren ab (KPD: 26% – IfD 1949, S.20, 22 und 24).

Bis zum Anfang der 60er Jahre blieb dieses Grundmuster sichtbar. Erst zu diesem Zeitpunkt hatte sich die Parteienlandschaft durch die

Verbote rechts- und linksextremer Parteien (SRP und KPD) und durch die Integration der Wähler derjenigen Parteien, die in den 50er Jahren an der 5 %-Klausel scheiterten, zu dem Dreiparteiensystem entwickelt, das bis zum Beginn der 80er Jahre die Bundespolitik bestimmte.

Die Wähler der FDP/DVP zeigten sich weiterhin am stärksten der NS-Vergangenheit verhaftet. Sie standen Hitler und einer neuen fiktiven „Nationalsozialistischen Partei“ sehr viel positiver gegenüber als die Wähler der CDU/CSU und der SPD.[33] Sie hielten auch am stärksten an antisemitischen Auffassungen fest. 1960 waren von den FDP/DVP-Wählern 55 % dagegen, daß ein Jude Bundeskanzler wird, bei der SPD waren es nur 47 %, bei der CDU/CSU 42 % (IfD Bd. III, 1964, S. 218). Bereits diese Zahlen zeigen, daß es damals noch die CDU/CSU- und nicht die SPD-Wähler waren, die der NS-Zeit am kritischsten gegenüberstanden und die am wenigsten Distanz gegenüber Juden äußerten. Auch in der Bewertung des Widerstandes vom 20. Juli und von Adenauers Aussöhnungspolitik gegenüber Israel äußerten sich die CDU/CSU-Wähler am positivsten (IfD Bd. III, 1964, S. 235 und Bd. IV, 1967, S. 191). Die Wählereinstellung unterschied sich allerdings von der Politik der Parteien. Insbesondere wurde der Prozeß der Entnazifizierung und der Strafverfolgung von NS-Verbrechern von der KPD und der SPD getragen. Auch für die Wiedergutmachung gegenüber Israel hat sich die SPD sehr früh eingesetzt und Adenauer für seine Politik, die in Teilen seiner Fraktion und bei der FDP auf Widerstand stieß, 1953 die parlamentarische Mehrheit verschafft.[34]

Für das historisch-politische Bewußtsein in der Bundesrepublik sind die 60er Jahre eine Umbruchzeit, in der die FDP sich von einer nationalkonservativen zu einer liberal-bürgerlichen Partei entwickelte, während sich die SPD seit dem Godesberger-Programm von einer Arbeiter- zu einer Volkspartei wandelte, und es ihr durch ihre Reformpolitik seit der Großen Koalition 1966 gelang, neue soziale Gruppen und intellektuelle Kreise anzusprechen. Die 1972 wieder aufgenommene Frage, ob „Hitler ohne den Krieg einer der größten deutschen Staatsmänner gewesen wäre?“, drückt die veränderte Zusammensetzung der Wählerschichten aus. Die Zustimmung war jetzt bei den FDP-Anhängern mit 23 % am geringsten, während die CDU/CSU-Anhänger mit 40 % den rechten Meinungsflügel bildeten (SPD 32 % — IfD Bd. V, 1973, S. 204). Hier deutet sich ein Grundmuster an, das bis heute erhalten geblieben ist (s.o.).[35] Das schließt nicht aus, daß es für bestimmte Themen aus unserem Untersuchungsfeld (Einstellung zur NS-Vergangenheit, zu Juden, zum Nahost-Konflikt usw.) Abweichungen von diesem Muster gibt.

Wir wollen dieses spezifische Einstellungsprofil der Wähler hinsichtlich zweier Komplexe skizzieren: an ihrer Einstellung zum Nahost-Konflikt und zur Vergangenheitsbewältigung.

CDU/CSU-, SPD- und FDP-Wähler standen im *Nahost-Konflikt* mit ihren Sympathien von 1967 bis Anfang der 80er Jahre ganz eindeutig auf seiten Israels. Die Wähler der FDP hatten ihre pro-arabische Haltung der 50er Jahre bis dahin langsam aufgegeben.[36] Dennoch ist bis heute bei ihnen eine größere Sympathie für die arabischen Länder gegeben als bei den CDU/CSU- und SPD-Wählern. Nur die NPD-Wähler äußerten 1967 eine pro-arabische Haltung, die gewiß antisemitisch motiviert war.[37] Mit dem Libanon-Krieg 1982 setzte bei den Wählern aller Parteien ein radikaler Meinungswandel zugunsten der Araber ein. Besonders ausgeprägt ist dieser Wandel bei Wählern der SPD und vor allem bei den Grünen. Von der Sympathie der Wähler der SPD und der Grünen für die arabische Seite im Nahost-Konflikt darf man allerdings nicht auf eine Ablehnung Israels schließen, im Gegenteil: die Wähler dieser Parteien sind sich im höheren Maße der besonderen historischen Verantwortung der Deutschen für Israel bewußt und stellen sogar gute Beziehungen zu Israel über wirtschaftliche Vorteile aus dem Handel mit den arabischen Staaten (IfD Bd. VIII, S. 648).

Als Indikator für die Haltung zur Vergangenheit kann die Unterstützung der Forderung nach einem *Schlußstrich* herangezogen werden.

Frage: „Sind Sie persönlich dafür, die Naziverbrechen auch weiterhin zu verfolgen, oder sind Sie persönlich dafür, jetzt einen Schlußstrich zu ziehen?“**

Partei	1969		1974		1987		1989	
	ja %	nein %	ja %	nein %	ja %	nein %	ja %	nein %
CDU/CSU	73	21	68	19	78	12	75	24
SPD	61	30	56	30	61	27	65	35
FDP	71	22	56	25	60	25	70	30
Grüne	–	–	–	–	41	44	39	61
NPD/REP.	96	–	–	–	–	–	92	8*

** Frageformulierung von 1969, später abweichende Formulierungen

Quellen: IfD Bd. V, 1973, S. 232; Informationen 1/2, 1974, Tab. 4; IfD 1987, Tab. 16; * EMNID 1989, nach Tab. 75 errechnet.)

Die Tabelle zeigt für die Wähler der großen Parteien die gleichbleibend hohe Zustimmung, einen Schlußstrich unter die NS-Vergangenheit zu setzen. Ereignisse, von denen die öffentliche Meinung stark berührt wurde, wie die großen NS-Prozesse und die Ausstrahlung des TV-Films „Holocaust“ (1979), unterbrechen regelmäßig diese Tendenz, die sich aber nach einer Phase der Betroffenheit wieder fortsetzt. In Fragen der nationalen Geschichte nehmen die Wähler der FDP eine Mittelposition zwischen CDU/CSU und SPD ein, während sie in der Haltung zu Minderheiten und sozial diskriminierten Gruppen liberaler denken und mit ihren Haltungen näher bei den Wählern der Grünen liegen.

Antisemitismus und konfessionelle Bindung

Der christliche Antijudaismus ist von der Forschung als eine Wurzel des modernen Antisemitismus erkannt worden. Nach dem Holocaust begannen einzelne kirchliche Amtsträger und Theologen – mit einer gewissen zeitlichen Verzögerung –, ihre Mitverantwortung und Mitschuld anzuerkennen und ihr Verhältnis zum Judentum neu zu definieren (vgl. Henrix/Rendtorff 1988). Dieses Umdenken manifestiert sich in zahlreichen kirchlichen Erklärungen, theologischen und liturgischen Reformen und ist allmählich von den kirchlich-theologischen Eliten bis in die Gemeinden und den Religionsunterricht vorgedrungen, wenn auch die kritischen Analysen von Religionsbüchern für den Schulunterricht immer noch subtile Formen des Antijudaismus in tradierten Negativurteilen über die Juden entdecken.[38] Daß von diesem kirchlichen Lernprozeß ein positiver Effekt auf die Einstellung der Gemeindemitglieder zu Juden und Judentum ausgeht, ist zu vermuten, der direkte Einfluß ist allerdings kaum zu messen. Einmal fehlt es für die Bundesrepublik an empirischen Befunden zu diesem Komplex, zum anderen ist die spezifische Wirkung der christlichen Aufklärung von den Wirkungen des generellen Säkularisierungsprozesses und vom allgemein zu beobachtenden Rückgang des Antisemitismus schwer zu trennen.

Wir haben angesichts dieses Datenmangels eine von Silbermann/Sallen 1974 gestellte Frage zum Antijudaismus wiederholt:

„Man hört manchmal, die Juden hätten deshalb soviel Schwierigkeiten, weil Gott sie dafür bestraft, daß sie Jesus Christus gekreuzigt haben?"

1974		1987	
Starke Zustimmung:	8,3 %	Zustimmung:	8,0 %
Schwache Zustimmung:	19,6 %		
Schwache Ablehnung:	24,2 %	Ablehnung:	75,7 %
Starke Ablehnung:	45,3 %		
Weiß nicht:	2,6 %	Unentschieden:	16,3 %

Quelle: Sallen 1977, S. 278; unsere Erhebung: Frage 23.

Die unterschiedlichen Antwortvorgaben erschweren den Vergleich. Betrachtet man die Ablehnungsquoten, so wird das Statement von drei Vierteln der Befragten zurückgewiesen. Diese Quote ist von 1974 bis heute nur geringfügig angestiegen. Allerdings zeigt sich wieder der – bereits mehrfach beobachtete – Effekt, daß sich antijüdische Haltungen nicht in ihr positives Gegenteil verwandeln, sondern zunächst in eine für keine der beiden Seiten klar entschiedene Position führen. Für die Antwortvorgabe „unentschieden" werden sich vermutlich viele ausgesprochen haben, die bei einer Antwortvorgabe wie 1974 die Kategorie „schwache Zustimmung" gewählt hätten. Vielleicht fehlt auch bei vielen das Wissen um diese Zusammenhänge, so daß überdurchschnittlich oft die Befragten mit einem niedrigen Bildungsabschluß (und erstaunlich viele der Jüngeren) diese Antwortkategorie wählen.[39] In der Zustimmung zu diesem zentralen christlichen Vorwurf an die Juden läßt sich von 1974 bis heute eine abnehmende Tendenz feststellen. Dieser Trend wird noch deutlicher sichtbar, wenn man sich die Altersverteilung in unserer Umfrage von 1987 anschaut: die Altersgruppen von 16-44 Jahren stimmen diesem Statement nur noch zu 4,5 % zu, bei den 45-64jährigen steigt die Zustimmung auf 9 %, bei den 65-70jährigen auf 12 % an und erreicht bei den über 70jährigen den höchsten Anteil von über 16 %.

Unterscheiden sich die Bekenner der beiden großen christlichen Konfessionen in der Zustimmung zum „Christusmord-Vorwurf"? Es läßt sich eine signifikante Differenz zwischen Katholiken und Protestanten feststellen: 11 % der Katholiken und 6 % der Protestanten bejahen die kausale Folge von „Christusmord und Verfolgung" (Frage 23 — Hier wirkt sich eine theologische Differenz aus: die evangelische Kirche hat in ihrer Theologie den Christusmord-Vorwurf lange vor der katholischen Kirche aufgegeben). Personen ohne Bekenntnis erreichen mit 4 % den niedrigsten Wert. Diese Differenz ist vor allem auf die religiöse Erziehung der Älteren zurückzuführen, bei denen die Zustimmung auf 21 % bei den Katholiken und auf 13 % bei den Protestenten im Alter über 65 Jahre ansteigt, während sich die jüngeren Protestanten und Katholiken in dieser Frage nicht mehr unterscheiden (jeweils 4 % Zustimmung).

Die bloße Kirchenzugehörigkeit sagt im Grunde noch nichts über die Nähe zur Kirche und über die Intensität des praktizierten Glaubens aus. In der Demoskopie wird der Grad der Kirchlichkeit und Religiosität zumeist über die Frequenz des Kirchenbesuchs gemessen. Diese Frequenz korreliert hoch mit der Zustimmung zur „Christusmord-Frage". Wer jeden oder fast jeden Sonntag den Gottesdienst besucht, stimmt mit 19 % bzw. 16 % signifikant häufiger zu, als diejenigen, die ab und zu, selten oder nie zum Gottesdienst gehen (unter 6 %). Ein interessanter Generationseffekt, der darauf hindeutet, daß die religiöse Aufklärungsarbeit der Kirchen bei den kirchengebundenen jungen Menschen erfolgreich ist, zeigt sich darin, daß von den unter 25jährigen, die jeden oder fast jeden Sonntag die Kirche besuchen, keiner der Frage zugestimmt und sich nur wenige enthalten haben.

Die Alters- und Bildungseffekte beim Antijudaismus sind grundsätzlich dieselben wie beim Antisemitismus. Es gibt allerdings eine bemerkenswerte Abweichung. Unabhängig von Konfession, Alter und Bildung stimmen Frauen dieser religiösen Form des Antisemitismus stärker zu als die Männer. Diese Differenz zwischen den Geschlechtern tritt aber erst bei den Mitte 40jährigen und älteren auf. Aufgrund unseres Datenmaterials können wir keine Erklärung für dieses Phänomen geben.

Insgesamt haben wir dem religiösen Aspekt des Antisemitismus in unserer Studie nur ein relativ geringes Gewicht geben können. Anders als Glock/Stark (1966), die diesem Komplex eine eigene Studie widmeten, in der sie spezifische Subpopulationen (Mitglieder verschiedener Kirchen und protestantische Pastoren) unter diesem Gesichtspunkt ausführlich befragen konnten, mußten wir in einer allgemeinen Bevölkerungsumfrage andere Schwerpunkte setzen. Zudem hatte sich in unserem Pretest, wie auch in anderen Antisemitismusstudien (vgl. Weiss 1984) gezeigt, daß der Antijudaismus heute keine zentrale Rolle im Ursachengeflecht der Judenfeindschaft mehr spielt (aus christlichen Vorbehalten gegen Juden und Judentum entspringen bei den Befragten nur ganz selten Diskriminierungsforderungen) und daß Konfession und Kirchenbindung auch nur wenig Einfluß auf die Ausprägung antisemitischer Einstellungen haben.[40] Die EMNID-Umfrage von 1989 bestätigt diese Annahme. Auf die Frage nach den Ursachen für eine „kritische Meinung“ über die Juden wird auf der vorgelegten Liste „der jüdische Glauben“ mit 8 % weitaus am seltensten genannt. Weder bei Katholiken noch bei Protestanten gibt es auf der Basis der Grundauszählung einen Zusammenhang zwischen dem Antwortverhalten und der Häufigkeit des Kirchgangs (EMNID 1989, Tab.83).[41] Da nicht alle 8 % der Befragten, die im jüdischen Glauben eine Ursache für Antisemitismus sehen, diese Meinung teilen müssen, ist der Anteil derjenigen, für die die jüdische Religion das zentrale Moment ihres Antisemitismus ist, unter 8 % anzusetzen. In der gleichen Umfrage ergab sich auch kein Zusammenhang zwischen der Häufigkeit des Kirchgangs und der Sympathie gegenüber den in Deutschland lebenden Juden. Diese lag für die Nicht-Kirchgänger und Konfessionslosen mit +0.5 etwas niedriger als für die katholischen (+0.7) und evangelischen Kirchgänger (+0.9 — Bev.insg. +0.7).

Im Gegensatz zu diesen empirischen Befunden spricht Godwin Lämmermann in seinen religionssoziologischen und -pädagogischen Überlegungen zum Antisemitismus der religiösen Komponente weiterhin eine zentrale Bedeutung zu. Seiner Meinung nach ist zwar der explizit religiöse Antisemitismus zurückgegangen, er sieht aber Spuren unbewußter, formgewandelter religiöser Motivierung im säkularen Antisemitismus (1984, S. 69ff.). Bei 80 % der Antisemiten in der Bundesrepublik gehen seines Erachtens weiterhin religiöse Begründungen ein, wenn man mit bewußten und un- bzw. vorbewußten Motiven rechne (ebd. S. 68). Für seine Überlegungen sprechen die noch häufig zu beobachtenden Charakterisierungen des Judentums mit überkommenen antijüdischen Interpretationen der christlichen Kirchen wie „rachsüchtig, verstockt, talmudisch-rhetorisch gewitzt“ usw. So glaubt das antijüdische Denken immer noch in dem biblischen Satz „Auge um Auge, Zahn um Zahn“ das fundamentale Prinzip jüdisch-israelischen Rechtsdenkens zu erkennen. Auch in der neueren, christlich inspirierten Literatur ist weiterhin die pseudo-exegetisch begründete Behauptung von der jüdischen Binnenethik zu finden. Diese gelegentlich festzustellenden Antijudaismen können aber ebenso wenig wie die kaum faßbaren Untergrundmotive Lämmermanns die Basis für eine demoskopische Schätzung des Antisemitismus bilden. In unserer Untersuchung erwies sich der religiöse Antijudaismus als eine relativ bedeutungslose und mit den anderen Ausprägungen des Antisemitismus am niedrigsten korrelierende Form der Judenfeindschaft.

Eine Spezialstudie, die stärker auf die verschiedenen christlichen Gruppierungen abgestellt ist (Evangelikale und Fundamentalisten) und den Grad der christlichen Überzeugung differenzierter mißt, wäre für die Bundesrepublik und Österreich wünschenswert.

Die so angelegte Studie von Glock/Stark, die in den frühen 60er Jahren einen engen Zusammenhang von orthodoxen und partikularistischen christlichen Überzeugungen und Antisemitismus feststellte, ist nicht unwidersprochen geblieben. Die Kritiker behaupten, daß die positive Beziehung zwischen christlicher Überzeugung und Antisemitismus nicht auf der religiösen Dogmatik beruhte, sondern auf die Faktoren Bildung, Alter und ethnische Zugehörigkeit zurückzuführen sei (Martire/Clark 1982, S. 73-75), eine These, die sich von unseren Daten her bestätigen läßt. Eine andere Erklärung bieten Roof (1974, S. 643ff.), der die selbstgewählte soziale Isolation der fundamentalistischen Gruppen und ihren entsprechenden „localistic world view“ für diesen Zusammenhang verantwortlich macht, und Middleton (1973), der neben einer Reihe sozioökonomischer Faktoren auch sozialpsychologische Merkmale wie Anomie, Autoritarismus und Konservatismus anführt.

Für Österreich hat Haerpfer in der jüngsten Umfrage von 1989 dem religiösen Antisemitismus eine zentrale Stellung im Rahmen des harten Antisemitismus eingeräumt. Dem Indikator „Die Juden haben Mitschuld an der Auflösung alter religiöser Werte“ stimmen 18,5% der Österreicher zu, 51% lehnen ab (1989, S. 40f.). In einer Pfadanalyse erweist sich der religiöse Antisemitismus als drittstärkste Einflußgröße hinsichtlich des harten Antisemitismus. Genau ein Drittel der Personen mit religiösen Vorurteilen muß dem antijüdischen Kernbereich zugeordnet werden (also 6%), während zwei Drittel dem diffusen Bereich des Antisemitismus zuzuordnen sind. Dieses Ergebnis widerspricht der Analyse für Österreich von Weiss (1984, S. 60), und es fragt sich, ob der gewählte Indikator tatsächlich nur religiösen Antisemitismus mißt oder nicht auch das Ressentiment gegen die säkulare, liberale Kultur, zu deren Trägern traditionell auch die Juden gezählt werden. D.h. hier wird eher nach dem Stereotyp der „Zersetzung" gefragt, das neben religiösen auch andere kulturelle und politische Konnotationen besitzt, als nach christlichem Antijudaismus.[42]

Abgesehen von der Frage, ob der religiöse Antisemitismus heute noch eine wichtige Dimension im allgemeinen antijüdischen Vorurteil ist, interessiert uns hier die Frage, ob die Konfession und der Grad der Kirchlichkeit einen isolierbaren Einfluß auf antisemitische Einstellungen haben.

Die Konfessionszugehörigkeit hat keinen signifikanten Einfluß auf den Grad des Antisemitismus. Beim Mittelwertvergleich mit dem ANTISEMITISMUS-Index zeigen Katholiken eine leicht höhere Tendenz zu antisemitischen Einstellungen, die aber nicht signifikant ist (so gehören 8,1 % der Katholiken und 6,1 % der Protestanten zum „harten Kern"). Diese Tendenz ist nicht über alle Altersgruppen hinweg ausgeprägt, sie tritt erst — und dann sehr deutlich — bei der Altersgruppe ab 65 Jahren auf. Von den Konfessionslosen sind 7,4 % zum „harten Kern" zu rechnen. Dieser relativ hohe Wert resultiert vor allem aus dem kleinen Kreis älterer, stark antisemitischer Personen, die in dieser Gruppe zu finden sind.

Die Zugehörigkeit zu einer der beiden christlichen Konfessionen ist weder bei der emotionalen Distanz, der Stereotypisierung noch bei der Diskriminierungsbereitschaft signifikant.

Ein differenzierteres Bild ergibt sich, wenn man nicht das konfessionelle Bekenntnis zugrunde legt, sondern die Nähe zur Kirche über die Häufigkeit des Kirchenbesuchs mißt. Diejenigen, die jeden oder fast jeden Sonntag in die Kirche gehen, erreichen auf dem ANTISEMITISMUS-Index signifikant höhere Werte, als diejenigen, die selten oder nie eine Kirche aufsuchen. Dies geht auf die unterschiedliche altersmäßige Zusammensetzung in den verschiedenen Besuchskategorien zurück. Während 80 % bzw. 72 % der regelmäßigen Kirchenbesucher über 45 Jahre alt sind, kehrt sich das Verhältnis bei denen, die selten (40 %) oder nie (32 %) zur Kirche gehen um.

Dabei gibt es keinen linearen Zusammenhang zwischen der Häufigkeit des Kirchenbesuchs und der antisemitischen Einstellung. Bei der Auswertung ergab sich folgendes Muster: den höchsten Antisemitismus zeigen ohne Unterschied der Konfession und des Alters nicht diejenigen, die „jeden Sonntag" zur Kirche gehen, sondern die, die angeben, dies „fast jeden Sonntag" zu tun. Bei denjenigen, die angeben, „ab und zu" oder „selten" zu gehen, sinkt der Antisemitismus ab, um bei denjenigen, die nie in die Kirche gehen, wieder leicht anzusteigen, obwohl hier der Anteil der älteren Jahrgänge am geringsten ist (nur 32 % sind über 44 Jahre alt).

Die Differenz zwischen den ersten beiden Besuchskategorien erklärt sich daraus, daß die allsonntäglichen Kirchgänger unter 60 Jah-

Häufigkeit des Kirchenbesuchs / WAS [43]

Jeden Sonntag:	36,4 %
Fast jeden Sonntag:	41,6 %
Ab und zu:	36,4 %
Selten:	28,0 %
Nie:	31,3 %
Bevölkerungsdurchschnitt:	33,2 %

($p < .001$, chi^2 21.3)

ren weit unterdurchschnittlich antisemitische Einstellungen aufweisen, während dies bei den gleichaltrigen Kirchgängern, die fast jeden Sonntag in die Kirche gehen, nicht so ausgeprägt ist. Die älteren Kirchgänger unterscheiden sich in beiden Kategorien nicht. Man kann vermuten, daß die enge Kirchenbindung bei den jüngeren Generationen zu einer positiven Beeinflussung durch den Lernprozeß der Kirchen geführt hat. Die höheren Werte der Gruppe, die fast jeden Sonntag zur Kirche geht, erklären wir damit, daß diese Personen die kirchlichen Reformen nicht vollständig mitvollziehen. Die jüngeren Jahrgänge dieser Gruppe unterscheiden sich nicht von den Kirchenferneren. Daß dennoch diejenigen, die „ab und zu" und „selten" zur Kirche gehen, ein geringeres Maß an Antisemitismus aufweisen, liegt an der Einstellungsdifferenz der älteren Jahrgänge. Insbesondere bei den seltenen Kirchgängern liegen die Werte bei den Älteren deutlich unter denen der kirchennahen Kreise. Wie oben bereits gesagt, sind unter den Konfessionslosen bzw. denen, die angeben, nie in die Kirche zu gehen, die über 65jährigen überdurchschnittlich antisemitisch.

Resümierend können wir feststellen, daß religiöse Toleranz und ein verändertes religiös-theologisches Verständnis von Juden und Judentum in den Kirchen von den jüngeren Christen geteilt werden. Bei den älteren Christen scheinen religiöser Traditionalismus und Konservatismus diesen Lernprozeß behindert zu haben. Hier erweisen sich die kirchenferneren älteren Jahrgänge als toleranter. Gegen das Judentum gerichtete theologische Aussagen, die über Jahrhunderte das christlich-jüdische Verhältnis belasteten, finden heute bei jüngeren Kirchgängern fast keine Zustimmung mehr. Polemiken um den „Christusmord", über den Einfluß „religiöser Fanatiker" in Israel und um den „jüdischen Auserwähltheitsanspruch" werden von ihnen klarer abgelehnt als von ihren kirchenferneren Altersgenossen. Für die ältere Generation gilt das Umgekehrte: hier halten die kirchennahen Befragten stärker an diesen Polemiken fest als ältere Menschen, die der Kirche ferner stehen. D.h. will man den Einfluß religiöser Überzeugungen auf die Haltung zu Juden und Judentum bestimmen, muß man die Generationen getrennt untersuchen, da sich sonst die gegenläufigen Haltungen aufheben, so daß keinerlei Einfluß zu existieren scheint.

Der Einfluß von Wohnortgröße und Region

Die Urbanität eines Wohnortes, mit der Modernität, Weltoffenheit, bessere Bildung und Berufschancen assoziert werden, und seine Lage in einer bestimmten Region könnten einen Einfluß auf die antisemitische Einstellung seiner Bewohner ausüben, zumal wenn man die regionalen Schwerpunkte des Antisemitismus in der jüngeren deutschen Geschichte berücksichtigt.

Der Einfluß der Wohnortgröße auf den Antisemitismus ist nicht signifikant. Betrachtet man die Wohnorte der von uns als antisemitisch Eingestuften, so wohnen in Orten bis 10.000 Einwohner überproportional viele von ihnen. Die niedrigsten Werte erreichen die mittelgroßen Städte von 50.000 bis 500.000 Einwohner, während in den Großstädten wieder eine leicht steigende Tendenz festzustellen ist. Dieses Muster findet sich in der EMNID-Umfrage von 1989 (Tab. 61) bei der Sympathie/Antipathie-Einstufung der in Deutschland lebenden Juden und bei anderen Fragen zu unserem Themenbereich wieder. Silbermann/Sallen haben bei ihrer Umfrage einen klaren, reziproken Zusammenhang zwischen der Wohnortgröße und dem Maß an Antisemitismus gefunden: in Orten bis 5.000 Einwohnern ermittelten sie einen Anteil von 39,2% mit stark antisemitischer Tendenz, in den Städten von 50.000-500.000 Einwohnern betrug der Anteil ca.29%, in den Großstädten 18,6% (Silbermann 1982, S.67). Diese Verteilung erklärt Silbermann mit der geringeren Meinungsmobilität in kleinen Orten, deren Bewohner deshalb stärker an tradierten Vorstellungen festhielten (vgl. oben die Erklärung von antijüdischen Vorurteilen mit einem „localistic world view“ von Roof) und mit ihrem unterschiedlichen Informationsverhalten. In kleineren Orten seien die Informationsquellen über Juden eher die Familie und die Nachbarn, in den größeren Städten würden die Massenmedien bevorzugt (ebd.).[44]

Unsere Daten zeigen ebenfalls, daß sich das negative Judenstereotyp in den Dörfern stärker gehalten hat als in den Städten. Einen stärkeren Traditionalismus und eine engere Definition der Zugehörigkeit kann man darin sehen, daß antijüdische Forderungen, wie „Juden sollen keine Beamte werden“, Einwanderungsverbot und der Boykott jüdischer Ärzte deutlich stärker unterstützt werden (zu 21% in Dörfern und zu 15% in Großstädten; beim Einwanderungsverbot ist das Zahlenverhältnis 11% zu 4%, beim Boykott jüdischer Ärzte 3,2% zu 1,3%). Auch die Wahrheit des Holocausts wird in den Dörfern tendenziell häufiger negiert, ebenso wird die Beschäftigung mit der NS-Vergangenheit abgelehnt und häufiger wird die Forderung erhoben, keine Wiedergutmachungszahlungen an Israel zu leisten (34% Ablehnung in Dörfern und 26% in den Großstädten).[45] In der emotionalen Einstellung und in der sozialen Distanz zu Juden ist hingegen kein Unterschied zu erkennen.

Ob die beobachtete Stadt/Land-Differenz auf die unterschiedlichen Milieus zurückzuführen ist oder ob es sich um Alters- und Bildungseffekte handelt, ist zu prüfen. Eine Differenz in der Altersverteilung bei den Bewohnern verschieden großer Orte scheidet als Erklärungsmöglichkeit aus, da die Altersgruppen gleich verteilt sind. Es gibt allerdings ein deutliches Bildungsgefälle zwischen Stadt und Land. Insgesamt fehlen in den Dörfern die höher Gebildeten, vor allem die Studenten, d.h. ein Teil des Milieueffekts kann auf den Bildungseffekt zurückgeführt werden. Die Tatsache, daß sich in unserer Studie die Differenzen zwischen Großstädten und kleineren Städten hinsichtlich des Antisemitismus fast völlig verwischt und sich auch gegenüber den Dörfern im Vergleich zu den Ergebnissen zu Sallen/Silbermann verringert haben, kann als eine tendenzielle Annäherung der Lebenswelten, besonders in den Großräumen interpretiert werden. Hält man die Bildung konstant, dann ist ein eigenständiger Effekt der Wohnortgröße auf die Haltung zu Juden nur als schwache Tendenz auszumachen.

Ähnlich wie im Fall der konfessionellen Einflüsse ist eine Repräsentativbefragung allerdings nicht sensibel genug, um allen Stadt/Land-Differenzen auf die Spur zu kommen. Neuere ortsgeschichtliche und volkskundliche Studien können mit ihren qualitativen Methoden das Dorfmilieu besser erfassen und den Umgang mit der NS-Vergangenheit und der Zeitgeschichte auf dem Dorf in seiner Widersprüchlichkeit präzis beschreiben (vgl. Jeggle et al. 1988). Derartige qualitativ-vergleichende Studien zur Einstellung gegenüber Juden in unterschiedlich großen Orten und Städten könnten Wohnorteinflüsse (besonders in lokalen Konfliktfällen) zutage fördern, die bei unserem grobmaschigen Erhebungsinstrument verloren gehen.

Das zuletzt Gesagte gilt auch für die Analyse regionaler Differenzen. Durch die Zuwanderung der Flüchtlinge und Vertriebenen seit 1945 und die Entstehung neuer Industriezentren und die dadurch ausgelöste Mobilität sind die sozialen und konfessionellen Unterschiede in den verschiedenen Regionen der Bundesrepublik geringer geworden. Deshalb sind Einstellungsdifferenzen nur noch durch die Analyse kleinerer Räume zu erfassen. Die Zwänge einer repräsentativen Befragung ließen eine regionale Differenzierung unterhalb der Bundesland-Ebene nicht zu. Die Grenzen der Bundesländer und die der Regierungsbezirke durchschneiden teilweise historische Siedlungsgebiete der Juden und traditionelle Zentren des Antisemitismus bzw. lassen ihre Besonderheit in größeren regionalen Einheiten verschwinden (vgl. etwa die Zugehörigkeit von Teilen Mainfrankens zu den Bundesländern Bayern, Baden-Württemberg und Hessen).

In unserer Auswertung hat sich zwischen der Variable „Bundesland“ und Antisemitismus kein bzw. nur ein schwach signifikanter Zusammenhang ergeben. Tendenziell kann man von einem Nord/Südgefälle sprechen, das sich auch in den Wahlergebnissen für rechtsradikale Parteien, wie der NPD und der „Republikaner" wiederfindet (vgl. Roth 1989, S.14f.).[46] Die Zustimmung zu antijüdischen Aussagen ist in den Flächenstaaten des Nordens geringer als im Süden. Die Stadtstaaten Hamburg und West-Berlin liegen klar unter dem Durchschnitt, während Bremen hier eine Ausnahme macht und zum Teil noch über dem Niveau der südlichen Bundesländer liegt.[47] Besonders die negative Judenstereotypik scheint im Süden noch stärker fortzubestehen als im Norden der Bundesrepublik. Es zeigen sich auch gewisse Differenzen in der Einstellung zur NS-Vergangenheit bzw. in der Akzeptanz der Folgen. Vergleicht man Nordrhein-Westfalen und Bayern, so kann man neben den sozialstrukturellen Unterschieden vermuten, daß diese Differenzen auf die Politik der jahrzehntelangen SPD- bzw. CSU-Regierungen zurückzuführen sind, die sich in ihrem öffentlichen Auftreten und in ihrer Bildungs- und Kulturpolitik in unterschiedlicher Schärfe mit diesen Themen auseinandergesetzt haben. — Es wäre eine Aufgabe der Landesgeschichte und der Landeszentralen für politische Bildung, diesen regionalen Differenzen im politischen Umgang mit diesem Themenkomplex nachzugehen.

Anmerkungen

1 Die negativen Vorzeichen sind das Ergebnis der Standardisierung des Index ANTISEMITISMUS.

2 Während die generelle Altersverteilung in allen Umfragen zum Antisemitismus in den letzten Jahren übereinstimmt, gibt es zwischen unserer Umfrage und den neuesten Ergebnissen von EMNID (1989) eine durchgehende Differenz in den Werten für die jüngeren Generationen: In unserer Umfrage unterscheidet sich die Gruppe der 16-29jährigen tendenziell nicht von der der 30-44jährigen, bisweilen erscheint sogar letztere vorurteilsfreier. In der Emnid-Umfrage dagegen gibt es in allen Fragen, die den Antisemitismus betreffen, einen deutlich erkennbaren Trend hin zu größerer Vorurteilsfreiheit bei den Jüngeren. So besteht nicht nur eine Differenz zwischen den 30-44jährigen und den jüngeren Jahrgängen, sondern sogar zwischen den 18-24 und 25-29jährigen (etwa für die Einschätzung des Nationalsozialismus, für die Höhe der Wiedergutmachungsleistungen etc.). Wir können hier nur auf diese Differenz hinweisen, ohne sie erklären zu können. Während unsere Daten eher auf ein erreichtes niedriges Plateau bei den unter 44jährigen hindeuten, würde sich nach den EMNID-Daten der Antisemitismus weiterhin progressiv verringern.

3 Zur Stabilität einmal erworbener Einstellungen in einer Generation vgl. die Ergebnisse der Panel-Studie von Marwell, Aiken und Demerath (1987) für die 68er Generation in den USA, die sich auch zwanzig Jahre später in ihren politischen Werthaltungen klar von den vorhergehenden und nachfolgenden Generationen abhebt.

4 Diese Ergebnisse entsprechen den generellen jugendsoziologischen Befunden für die 40er und 50er Jahre, die Zinnecker wie folgt zusammenfaßt: „Jugendliche der 50er Jahre waren im Vergleich zur Jugend der 80er Jahre autoritär: Sie vertraten vielfach autoritäre Staatsauffassungen: Starker Staat, Einparteiensystem, wenn

sie nicht — die Älteren unter ihnen — mit dem Nationalsozialismus auch nach 1945 noch liebäugelten" (1985, S.323). Anders als heute, wo rigider Autoritarismus und Neonazismus ein Erkennungsmerkmal von Außenseiter-Gruppen ist, war in den 40er und 50er Jahren die offene oder verdeckte Orientierung am Gedankengut des Nationalsozialismus eine mögliche „politisch-kulturelle Stilbildung neben anderen" (ebd., S. 325).

5 Bei der Interpretation dieser Zahlen muß der Zeitpunkt (1944) und die besondere Lage der Kriegsgefangenen berücksichtigt werden. Schörken (1990, S. 114 ff.) beschreibt die Gefangenenlager als Orte mit einem nationalsozialistischen Binnenklima.

6 Die qualitativen Untersuchungen Schörkens anhand von Interviews und Tagebüchern zeichnen für die Jugendgeneration ein anderes Bild. Der NS erscheint als eine „schwache Ideologie", die für die Jugend nach Kriegsende offenkundig jede Funktion für die eigene Orientierung und Welterklärung verloren hatte. Seiner Meinung nach sollte dazu auch der biologische Rassismus gehören (1990, S. 145 ff.). Die repräsentativen Daten der Nachkriegsumfragen belegen dagegen ein deutliches Festhalten an antisemitischen Überzeugungen, einschließlich rassistischer Elemente gerade bei den Jugendlichen.

7 Zu dieser Umlernphase vgl. etwa die Annäherung ehemaliger HJ-Führer an die SPD, die Holtmann für die Stadt Kamen beobachtet hat (1989, S. 240 ff.).

8 Auch in Österreich zeigt die Folge der politischen Generationen eine enge Beziehung zum Nationalsozialismus. Wie im Nachkriegsdeutschland stellten die US-Behörden in der amerikanischen Zone Österreichs in Meinungsumfragen fest, daß die Generation der 18-29jährigen (Jg. 1919-1929) dem Nationalsozialismus und seiner Ideologie auch weiterhin anhingen („Nationalsozialismus eine gute Idee"). In einer Umfrage von 1973 war es wiederum diese Generation, die am intensivsten antisemitische Ansichten vertrat (z.B. lehnten 47 % in dieser Altersgruppe eine Heirat mit einem jüdischen Partner ab — gegenüber 35 % im Bevölkerungsdurchschnitt — vgl. Hiller 1974, S.159 u. 165). Insgesamt jedoch ist die Einstellung zu Juden in der Abfolge politischer Generationen für Österreich bisher noch nicht genauer untersucht worden. Jüngste Umfragen scheinen darauf hinzudeuten, daß die Generationenfolge in Österreich eine andere Struktur zeigt als in der Bundesrepublik. Da die Bildung der Altersgruppen in den Auswertungen jedoch nicht den Grenzen politischer Generationen folgt, sondern schematisch die Jahrgänge zu großen Altersgruppen zusammenfaßt, ist für uns die genaue Struktur nicht nachprüfbar.

9 Es ist allerdings denkbar, daß sich in der Gruppe der 18-30jährigen *zwei* politische Generationen verbergen: eine in der NS-Zeit sozialisierte, stark antisemitische Altersgruppe (bis Jg.1934) und eine jüngere, weniger stark antisemitisch geprägte Kohorte. Dies läßt sich anhand der publizierten Daten nicht nachprüfen. Vgl. im folgenden die stabile Jahrgangsscheide in der Mitte der 30er Jahre.

10 Diese Schnittstelle entspricht genau derjenigen, die Zinnecker für die Bereitschaft zur Auseinandersetzung mit der NS-Zeit festgestellt hat. Im Stichjahr 1979 waren es die Befragten bis zum Alter von 44 Jahren (Jg.1935), die eine Beschäftigung mit dem Nationalsozialismus zur Hälfte für sinnvoll hielten, während diese Meinung ab dem 45. Lebensjahr auf einen Anteil von einem Drittel bis einem Viertel absank (1985, S.341).

11 Für den geringen individuellen und eher gesellschaftlich-generationellen Einstellungswandel sprechen auch die Ergebnisse in den USA. Das Ausmaß an Antisemitismus (gemessen mit derselben Skala) hat sich zwischen 1964 und 1981 in den identischen Altersgruppen (18-55 Jahre im Jahr 1964 und 35 Jahre und älter im Jahr 1981) im Durchschnitt nicht geändert, wohl aber die antijüdischen Vorurteile im einzelnen. Der Rückgang des Antisemitismus von 1964 bis 1981 geht auf

das Konto der nachwachsenden, toleranteren Generationen (Martire/Clark 1981, S.23 f.).

12 Für die politische Bildung bedeutet dieses Ergebnis, daß die Bildung von Vorurteilen und negativen Haltungen zu Minderheiten gerade in ihrer Entstehung bei Jugendlichen verhindert werden muß. Die Vorurteilsbekämpfung in einer späteren Altersphase wird die Einstellung kaum noch grundlegend ändern, sondern sie allenfalls in die kommunikative Latenz abdrängen können.

13 Die nicht-repräsentative Befragung von 4.000 Schülern aus dem Raum Stuttgart/Esslingen von 1984 gibt ein ähnliches Bild: Für die Geschichte der Juden und ihre Verfolgung im Dritten Reich wird die Schule und das Fernsehen als Hauptinformationsquelle genannt (67%). Die Eltern nehmen mit 38% den dritten Rang ein. Die Tatsache, daß „Freunde und Bekannte" selten genannt werden (11%), deutet darauf hin, daß die Juden für die Jugendlichen nur noch ein historischer Gegenstand des Unterrichts und der elterlichen Belehrung sind. Für die aktuelle Information über Israel verlieren Schule und Eltern zugunsten der Medien an Bedeutung (Roth 1986, S. 60).

14 Angesichts von Jugendarbeitslosigkeit und Orientierungsproblemen kommt Heitmeyer (1988) zu einer kritischeren Bewertung der schulischen Sozialisation.

15 Eine Reihe von Fragen im Pretest zur Thematisierung des Dritten Reiches und der Judenverfolgung in der Familie deuten darauf hin, daß die projüdisch Eingestellten ihre Haltung im Konflikt mit den Eltern erworben haben. Sie geben an, häufiger und auf ihre Nachfrage hin über diese Themen im Familien- und Bekanntenkreis diskutiert zu haben, und sie zeigen nur selten Verständnis dafür, daß sich die Menschen im Dritten Reich nicht gegen das politische System aufgelehnt haben.

16 Auf die Frage nach der persönlichen Einstellung zur Aufnahme diplomatischer Beziehungen zu Israel ließ sich bereits 1965 kein Alterseffekt (sehr wohl aber ein Bildungseffekt) erkennen (IfD Bd. IV, S. 470).

17 Die Angabe „Studium ohne Abschluß" schließt alle Studenten ein, die noch keine bestimmte berufliche Position erreicht haben. Das gute Abschneiden dieser Gruppe ist jedoch nicht allein durch diese jüngeren Jahrgänge bedingt, sondern für alle Altersgruppen dieser Kategorie zu beobachten.

18 In der sozialpsychologischen Untersuchung über Bewußtseinshaltungen von Arbeitern und Angestellten, die unter der Leitung Erich Fromms 1929/31 durchgeführt wurde, nannten die Befragten, die die nationalsozialistischen Propagandaparolen übernommen hatten, allerdings häufig die Juden als Ursache für die Misere, wie dies in der NS-Ideologie üblich war (Fromm 1980, S.111).

19 Die Analyse des Faktors Bildung für die Wähler der „Republikaner" zeigt denselben Zusammenhang. Bei den jüngeren und mittleren Jahrgängen ist der Anteil der Hochgebildeten am geringsten, bei den über 60jährigen liegt er bei den mittleren und oberen Bildungsabschlüssen höher als bei Volksschulabsolventen (vgl. Roth 1989, S. 13, Tab. 6).

20 Vgl. Hans-Helmuth Knütter, Die Linksparteien, in: Mosse 1965, S. 323ff. Arnold Paucker zitiert eine Wahlanalyse des Central-Vereins deutscher Staatsbürger jüdischen Glaubens vom Dezember 1929, in der es hieß, daß die Nationalsozialisten den festgefügten Organisationen der SPD, ja sogar der KPD, im Gegensatz zu den bürgerlichen Parteien, kaum etwas anhaben können (Paucker 1969, S. 166f.).

21 In ihrer Kritik an Silbermann nehmen Wolfgang Erler und Ursula Schlude an, daß sich durch eine Kontextanalyse des dörflichen Milieus die ungünstigen Werte für „vormoderne Gesellschaftszonen" relativieren würden. „Landbewohner, Bauern und Provinzler" seien in die Sprachfallen der Vorurteilsforscher getappt (1985, S. 159 mit Anm. 6).

22 Umfragedaten von 1965 belegen dieses Fortleben berufsspezifischer Vorurteile

bei Rechtsanwälten und Ärzten, die zu 18% bzw. 16% der „Zentralvereinigung der Juden in Deutschland" einen zu großen Einfluß auf das politische Leben zuschrieben. Zum Vergleich: dasselbe sagten 3% der katholischen und 6% der evangelischen Geistlichen (IfD Bd. IV, S.337).

23 Die sehr grobe Klassifizierung nach Berufskategorien in der EMNID-Studie von 1989 bestätigt grundsätzlich diese Beobachtungen. Die geringsten Sympathiewerte für die in Deutschland lebenden Juden (0.2) finden sich bei den Arbeitern, die höchsten bei den Beamten (1.1), Angestellte und Selbständige/freie Berufe liegen jedoch nur unwesentlich niedriger (0.9 bzw.0.8 — vgl. Tab. 61).
Der Prozentanteil der „Republikaner"-Wähler in den verschiedenen Berufsgruppen ergibt das gleiche Bild: Landwirte, ungelernte und Facharbeiter stellen den größten Wähleranteil, leitende Beamte und Angestellte sowie Hausfrauen den geringsten (Roth 1989, S.13, Tab.7).

24 Schönbach stellte in seiner Studie zur „Schmierwelle" von 1959/60 fest, daß Frauen häufiger eine Mittelposition bevorzugten und weniger bereit waren, eine entschiedene Haltung „für" oder „gegen" die Juden einzunehmen. Er erklärt dies mit dem allgemein geringeren politischen Interesse, das er bei Frauen feststellte (1961, S.52 f.). Vgl. dazu übereinstimmend die Tabellen zum Anteil der Männer und Frauen unter den Wählern der „Republikaner" (64,2% Männer gegenüber 35,8% Frauen bei der Europawahl 1989; fast identisch waren die Anteile für die NPD bei der Bundestagswahl 1969) sowie zur Verteilung des politischen Interesses (60% der Männer und 38% der Frauen wurden in einer ipos-Umfrage 1987 als politisch interessiert eingestuft — zusammenfassend: Roth 1989, S. 11, Tab. 2; S. 12, Tab. 4). Diese Differenzen können nicht mit Alters- und Bildungsunterschieden erklärt werden.

25 Wir haben in unserem Fragebogen fast ausschließlich dichotome Antwortvorgaben gewählt, d.h. wir können damit das Vermeiden einer klaren Antwort ausschließen. Andererseits ist zu vermuten, daß vor allem unentschiedene Frauen zu einem Antwortverhalten gezwungen werden, das ihre neutrale bis unentschiedene Haltung verdeckt und das Bild einer positiven Haltung erzeugt. Selznick/Steinberg stellen für die USA ebenfalls eine geschlechtsspezifische Differenz im Antwortverhalten, nicht aber in der Höhe des Antisemitismus fest: „Men and women are pretty much alike when it comes to anti-Semitism. Men are slightly more apt to score as anti-Semitic (42% versus 33%), but women are less likely to have opinions. The net result is that the proportion of men and women who score as convinced non-anti-Semites is the precisely the same — 49%." (1969, S. 101ff.).

26 Die von Schönbach 1960 festgestellte geschlechtsspezifische Differenz, die vom allgemeinen Trend abzuweichen scheint, ist durch die besondere Situation zu erklären: angesichts der antijüdischen Schmierwelle war die Zustimmung zu negativen Aussagen zugleich eine Billigung dieser Aktionen. Sympathie für antisemitische Einstellungen äußerten damals — in der nicht-repräsentativen Erhebung — 21% der Männer und 12% der Frauen, d.h. wir finden hier die bekannte Differenz in der Zustimmung zu einem radikalen und aggressiven Antisemitismus (1961, S.52).

27 Diese politische Rechtsorientierung der Antisemiten ist bei den meisten allerdings rein kognitiver Natur und schließt nur bei einem kleinen Teil auch eine entsprechende Handlungsorientierung ein. So würden nur 13% der tendenziell antijüdisch Eingestellten des Pretests es begrüßen und unterstützen, wenn eine rechtsradikale Partei versuchte, an die Macht zu kommen. Weitere 19% würden es begrüßen, aber nichts dafür tun. Immerhin sind 48% dagegen, von denen 21% sogar alles tun würden, damit eine rechtsradikale Partei nicht an die Macht kommt. Allerdings ist die Ablehnung der Machtergreifung einer linksradikalen

Partei bei den Antisemiten mit 84 % weit schärfer, wobei 45 % sogar aktiv dagegen vorgehen würden. Antikommunismus bzw. die Ablehnung linker Positionen gehört demnach bei fast allen antijüdisch Eingestellten zum ideologischen Rüstzeug.

28 Da das Antwortverhalten der NPD-Wähler jedoch allen Vorkenntnissen über diese Partei entspricht, lassen sich doch generelle Aussagen über die Gruppe machen.

29 Die Aufschlüsselung der Wählergruppen nach Schulbildung zeigt für 1986 den sehr hohen Anteil von Wählern mit Abitur und Studium bei den FDP-Anhängern (25 % gegenüber 18 % der Bev. insg.). Nur 10 % der FDP-Wähler sind Volksschüler ohne Lehre, jeweils ca. ein Drittel haben Volksschulabschluß mit Lehre (34 %) und Mittlere Reife (31 % – Bev. insg. 19 % bzw. 41 %). Vgl. die Zahlenangaben bei Jaide/Veen 1989, S. 137.

30 Auch bei der Messung der Diskriminierungsbereitschaft (über den Index AS-DISKRIMINIERUNG) erreichen die Wähler der Grünen einen deutlich unterdurchschnittlichen Wert. Auch wenn in dieser Wählergruppe Reste antijüdischer Vorurteile anzutreffen sind, so fehlt doch jede Bereitschaft, gegen Juden gerichtete Handlungen zu unterstützen.

31 Lepszy klassifiziert die „Republikaner" von ihrer Wählerschaft her als eine „heterogene Protestpartei". Relativ unabhängig von den Wählern existiert eine populistische, rechtsradikale Programmatik, d.h. von der Programmanalyse her kann nicht pauschal auf die Motive der Wähler geschlossen werden. Bei den „Republikanern" ist die Differenz zwischen Programm- und Mitgliederpartei einerseits und Wählerpartei andererseits besonders bedeutsam (Lepszy 1989, S. 4).

32 Vgl. zur Entwicklung rechter und rechtsextremer Parteien nach 1945 Dudek/Jaschke 1984, Bd. 1, S. 59ff.

33 1956 antworteten auf die Frage „Würden Sie sagen, daß Hitler ohne den Krieg einer der größten deutschen Staatsmänner gewesen wäre?" 56 % der FDP/DVP-Anhänger mit ja, bei der CDU/CSU waren es 36 %, bei der SPD 43 % (IfD Bd. II, S. 278f.).

34 Vgl. für die Wiedergutmachungspolitik den Band: Herbst/Goschler, Hg., 1989; zur SPD-Politik besonders Shafir, S. 191ff.

35 Für die 50er-70er Jahre finden sich in den Publikationen der demoskopischen Institute zwar hin und wieder Fragen zu den uns interessierenden Themen, doch werden diese häufig nicht nach der politischen Orientierung der Befragten aufgeschlüsselt. D.h. unsere Datenbasis für den Zusammenhang von politischer Orientierung und Antisemitismus bleibt für diese Zeit schmal. Unverständlicherweise haben Silbermann/Sallen in ihrer Repräsentativbefragung zum Antisemitismus von 1974 überhaupt nicht nach der Parteienpräferenz gefragt.

36 Die Partei selbst ist noch im Sechs-Tage-Krieg von 1967 weniger pro-israelisch, betont die „strikte Neutralität" der Bundesrepublik und stimmt gegen die Lieferung von Gasmasken für die israelische Zivilbevölkerung (Deligdisch 1974, S. 134).

37 So berichtete die „National- und Soldatenzeitung" über angebliche Mord- und Greueltaten der Israelis, wobei sie interessanterweise die Israelis mit den Nazis und den Zionismus dem Nationalsozialismus gleichstellte (Deligdisch 1974, S. 138). Offenbar konnte sich die Zeitung dem allgemeinen Konsens und Sprachgebrauch nicht entziehen, für besonders verabscheuungswürdige Greueltaten stets den Vergleich mit den NS-Verbrechen heranzuziehen. Ähnlich war es während des Libanon-Kriegs, als die Massaker von Sabra und Shatila auch als „Holocaust" bezeichnet wurden.

38 Vgl. etwa Kastning-Olmesdahl für evangelische Religionsbücher (1981) und Fiedler für den katholischen Religionsunterricht (1980). Siehe auch die kritische Ein-

schätzung bei Lämmermann 1984, S. 58ff.

39 Das Bildungsgefälle ist bei der „Christusmord-Frage“ besonders stark ausgeprägt:

Schulabschluß	Ja %	Nein %	Unentschieden %
Kein Hauptschulabschluß	14,5	48,5	37,0
Hauptschulabschluß	10,6	72,3	16,8
Realschule ohne Abschluß	4,7	74,5	18,9
Realschulabschluß	4,7	78,5	16,8
Höhere Schule ohne Abitur	8,6	78,6	12,9
Abitur ohne Studium	4,5	84,2	11,3
Studium ohne Abschluß	—	92,6	7,4
Abgeschlossenes Studium	2,0	90,9	7,1

($p < .001$, chi^2 91.2)

40 1974 fanden Sallen/Silbermann (1977, S. 245) einen Zusammenhang von religiöser Feindschaft und allgemeinem Antisemitismus von Gamma = 0.37. Weniger als die Hälfte der starken Antisemiten teilte auch die religiösen Vorurteile, bei den schwach antisemitischen Personen waren es weniger als ein Drittel, und religiöse Feindschaft ohne einen allgemeinen Antisemitismus tauchte bei etwa 5% aller Befragten auf. In unserer Studie erbrachte die Analyse des Zusammenhangs zwischen den verschiedenen Dimensionen des antijüdischen Vorurteils (emotionale und aggressive Ablehnung, Antizionismus usw.), daß religiöse Ressentiments die geringste Korrelation mit den anderen Dimensionen aufweisen (Gammawerte zwischen 0.27 und 0.40 — vgl. IfD 1987, Köcher S. 50).

41 Bereits in der IfD-Umfrage von 1949 wurde die jüdische Religion nur von 12% (ohne nennenswerte Altersdifferenzen) als Ursache des Antisemitismus bezeichnet. Eine Differenz zwischen Katholiken, Protestanten und Konfessionslosen/Mitgliedern anderer Konfessionen gab es in dieser Einschätzung nicht (S. 45f.).

42 Problematisch ist auch die Frage, ob „ein Jude ein guter Katholik sein kann“, (was 22% der Österreicher verneinen) zur Messung des religiösen Antisemitismus (Haerpfer 1989, S. 42f.). Die Zustimmung kann vielmehr rassistisch motiviert sein oder kann einem allgemeinen Vorbehalt gegen Konvertiten entspringen. Außerdem ergibt sich das Problem, ob ein getaufter Jude noch als Jude bezeichnet werden kann. Es scheinen uns deshalb Zweifel angebracht, ob in dieser Umfrage die Dimension des religiösen Antisemitismus adäquat operationalisiert worden ist.

43 Ein signifikanter Zusammenhang besteht nur zwischen einem weit gefaßten Antisemitismus (WAS) und der Häufigkeit des Kirchenbesuchs. Für die Gruppe der starken Antisemiten (SAS) wird der Zusammenhang geringer und ist bei den vehementen Antisemiten (VAS) nicht mehr signifikant.

44 Die Frage nach den „Informationsquellen der persönlichen Kenntnis über die Hitlerzeit“ zeigt noch 1989, daß in Orten bis 4.000 Einwohner am häufigsten die Berichte der Älteren genannt werden (52%, Mehrfachnennungen waren möglich), während dies in größeren Städten zwischen 37% und 43% angeben (EMNID 1989, Tab. 73).

45 Mit der Ortsgröße variiert auch die Wertschätzung Hitlers. In Orten bis 4.000 Einwohner hielten 1989 47% der Befragten Hitler – ohne Krieg und Judenverfolgung — für einen der größten deutschen Staatsmänner, in Großstädten waren es 32% (EMNID 1989, Tab. 70).

46 Neben diesem traditionellen Gefälle, das sich schon in den Wahlergebnissen der NPD in den 60er Jahren gezeigt hat (hohe Ergebnisse erzielte die NPD in Baden-Württemberg, Hessen und Bayern), gibt es aber auch alte „Nester“ im Norden, etwa Bremen und Niedersachsen, während Hamburg, Schleswig-Holstein und Nordrhein-Westfalen den geringsten Anteil an Wählern der NPD, DVU und „Republikaner“ aufwiesen und auch 1989 noch aufweisen (vgl. zu den Wahlergebnissen Roth 1989, Tab. 12).

47 Die geringe Größe der Stichprobe für Bremen (n=28) ist dabei allerdings zu berücksichtigen, da bei dieser geringen Fallzahl leicht Verzerrungen auftreten können. Allerdings erreichten rechtsradikale Parteien in Bremen traditionell hohe Wahlergebnisse: die NPD erhielt 1967 mit 8,8 % ihr zweitbestes Landtagswahlergebnis und die „Republikaner“ und die DVU erhielten bei der Europawahl 1989 zusammen 7,6 %, das höchste Ergebnis außerhalb Süddeutschlands (vgl. Roth 1989, Tab. 12).

46 Neben diesem traditionellen Gefälle, das sich schon in den Wahlergebnissen der NPD in den 60er Jahren gezeigt hat (hohe Ergebnisse erzielte die NPD in Baden-Württemberg, Hessen und Bayern), gibt es aber auch eine „Achse" von Norden etwa Bremen und Niedersachsen, während Hamburg, Schleswig-Holstein und Nordrhein-Westfalen den geringsten Anteil an Wählern der NPP, DVU und „Republikaner" aufweisen und auch 1989 noch aufwiesen (vgl. zu den Wahlergebnissen Roth 1989, Tab. 17).

47 Die geringe Größe der Stichprobe für Bremen (n=28) ist dabei allerdings zu berücksichtigen, da bei dieser geringen Fallzahl leicht Verzerrungen auftreten können. Allerdings erreichten rechtsradikale Parteien in Bremen traditionell hohe Wähleranteile: so erzielte die NPD 1967 mit 8,8% ihr zweitbestes Landtagsergebnis und die „Republikaner" und die DVU erhielten bei der Europawahl 1989 zusammen 7,6%, das höchste Ergebnis außerhalb Süddeutschlands (vgl. Roth 1989, Tab. 17).

V. Antisemitismus als soziales Vorurteil

Zum Begriff des Vorurteils

Es ist in der wissenschaftlichen Diskussion umstritten, wieweit sich ein Vorurteil anders als durch normative Entscheidungen von anderen Urteilen abheben läßt (vgl. Bergmann 1987, S. 9ff.). Für unseren Zusammenhang ist es hier nicht wichtig, ob sich Vorurteile durch ihre Übergeneralisierung, ihre Starrheit oder Realitätsverzerrung von anderen Urteilen unterscheiden, da wir die Frage der psychischen Entstehung von Einstellungen hier nicht untersuchen. Wir setzen wissenssoziologisch an und betrachten Einstellungen/Vorurteile als Bestandteil des Wertsystems und des kollektiven Wissens einer Gruppe, die im Sozialisationsprozeß gelernt werden. Diese Einstellungen bilden dann Schemata, die die soziale Wahrnehmung der Gruppenmitglieder steuern (vgl. zum Schemabegriff Ruhrmann, 1989, S. 43ff.). Diese Einstellungen zeichnen sich sowohl durch Elastizität wie durch Dauerhaftigkeit aus (Sodhi/Bergius 1953, S. 15), d.h. sie überdauern auch in veränderten Situationen und können widersprüchliche Erfahrungen integrieren. Wir wollen immer dann Einstellungen als Vorurteile negativ kennzeichnen, wenn sie sozial unerwünscht sind, d.h. gegen die Normen der Rationalität, der Mitmenschlichkeit und der Gerechtigkeit (Gleichheit) verstoßen (vgl. zu diesem normativen Konzept des Vorurteils Harding et al. 1969; Estel 1983).

Wichtig für die Erfassung des Antisemitismus ist die Mehrdimensionalität des Vorurteils. Man unterscheidet in der Einstellungspsychologie drei Einstellungsdimensionen: die kognitive Dimension (Stereotypen), die affektive Dimension und die konative Dimension, d.h. die mit der Einstellung verknüpfte Handlungsbereitschaft. Umfragen zum Antisemitismus haben sich häufig zu sehr auf die kognitive Dimension beschränkt und nur die Zustimmung zu antijüdischen Stereotypen erhoben. Dies genügt jedoch nicht, um das Ausmaß und die Virulenz antisemitischer Einstellungen in der Bevölkerung einschätzen zu können. Es müssen außerdem die emotionale Einstellung, die soziale Distanz und die Diskriminierungsbereitschaft erhoben werden, da nur auf diese Weise auch die Bedeutung der Zustimmung zu antijüdischen Stereotypen richtig beurteilt werden kann. In einem Index zur Messung des Antisemitismus sollten deshalb alle drei Dimensionen berücksichtigt werden.

Stereotype Judenbilder

In der Bundesrepublik leben heute nur noch ca. 30.000 Juden.[1] Die Wahrscheinlichkeit einer persönlichen Bekanntschaft mit Juden ist demnach sehr gering. Überraschenderweise geben immerhin 12% aller Befragten an, Juden in ihrem Bekanntenkreis zu haben. Das würde heißen, jeder deutsche Jude hätte ca. 200 nicht-jüdische Bekannte.[2] Diese Zahl scheint weniger die realen Gegebenheiten widerzuspiegeln, als vielmehr einen Wunsch und Sympathiewert auszudrücken.[3] Deutet diese Übertreibung auf ein ausgesprochenes Interesse an Juden und Judentum hin[4], so steht dem die Tatsache gegenüber, daß die Hälfte der Bevölkerung von sich sagt, daß sie weder jüdische Bekannte hat noch sonst von Personen in den Medien oder aus ihrem Wohnort weiß, daß diese Juden sind. Diese Unkenntnis ist eher Ausdruck eines Desinteresses als einer ausgesprochen judenfeindlichen Haltung, denn man weiß aufgrund psychologischer Studien, daß Antisemiten sehr wohl ein großes, wenn auch negatives Interesse an der Identifizierung von Juden im privaten und im öffentlichen Leben haben und eher dazu tendieren, Personen als „jüdisch" zu „erkennen" (vgl. dazu den Forschungsüberblick in Bergmann 1988a, S. 288ff.).[5] Dafür sprechen auch mehrere Ergebnisse des Pretests: Das Interesse, jemanden als Juden im Bekanntenkreis zu erkennen, bekunden 57% der Antisemiten, während in der Vergleichsgruppe nur 12% ein solches Interesse äußern.[6] Ebenso behaupten antisemitisch eingestellte Personen von sich weitaus häufiger, Juden rein vom Äußeren erkennen zu können (41% zu 13%), bzw. behaupten sie von Personen des öffentlichen Lebens zu wissen (50% zu 44%), daß diese Juden sind.[7]

Trotz des Fehlens persönlicher Erfahrung hat die Bevölkerung zu einem großen Teil eine recht genau umrissene Vorstellung des „typischen" Juden. In ihrer Studie über „Nationale Vorurteile" stellten Sodhi und Bergius fest, daß das Judenbild der Deutschen sehr differenziert, weit verbreitet, abgehoben von Stereotypen gegenüber anderen Nationen und ambivalent sei (1953, S.80).[8]

Man muß also davon ausgehen, daß hier kulturelle Tradierungen durch Familie, Medien, Schule und Kirche erfolgten, ohne daß derartige Vorstellungen heute durch Erfahrungen aus erster Hand „beglaubigt" und emotional tief in der persönlichen Erfahrung verankert sind.

D.h. man muß bei der Interpretation der Juden-Stereotypen berücksichtigen, daß es sich um kognitive Urteile handelt, über deren emotionale Bedeutung für den Einzelnen wir zunächst keine Aussagen machen können.

Die Zusammenstellung der Eigenschaftsliste für den Fragebogen der Hauptbefragung erfolgte nach einem doppelten Prinzip: Einmal wurden die in den offenen Interviews genannten Eigenschaftszuschreibungen gesammelt und geordnet, zum anderen wurden aus dem Wissen über das historische Judenbild und aus älteren Umfragen Eigenschaften ausgewählt, um auf diesem Weg möglichen Veränderungen in der Stereotypik auf die Spur zu kommen.[9] Dabei wurden alle Dimensionen des Antisemitismus berücksichtigt: die politische und wirtschaftliche Ablehnung, das negative Körperbild, die ambivalent gesehenen besonderen „Begabungen" der Juden, ihre Religion und ihr Gruppenbewußtsein. Hinzu genommen wurden positive Eigenschaften, das Israelbild und dominierende Selbsttypisierungen der Deutschen.[10] Um die Vergleichbarkeit mit älteren Umfragen zu gewährleisten, haben wir bei der Formulierung des Eigenschaftskatalogs Items aus diesen Umfragen berücksichtigt.

Die hier angewendete Methode, den Befragten eine Eigenschaftsliste vorzulegen, die bereits 1933 von Daniel Katz und Kenneth W. Braly in die Vorurteilsforschung eingeführt worden ist, ist vielfach kritisiert worden, weil sie bis zu einem gewissen Grade das Ergebnis präjudiziert (Sodhi/Bergius 1953, S. 20ff., Brigham 1972, vgl. als Überblick Bergmann 1988a, S. 457ff.). Die Befragten stimmen Eigenschaften zu, die sie bei einer offenen Fragestellung möglicherweise nicht genannt hätten bzw. es bleiben andere Eigenschaften ungenannt. Abgesehen von Gründen der Praktikabilität und der Auswertbarkeit bei einer Repräsentativbefragung, die für diese Methode sprechen, kann die Antisemitismusforschung auf ein historisch klar konturiertes und empirisch gewonnenes Judenbild zurückgreifen. In den offenen Interviews wurde nach den aktuellen Eigenschaftszuschreibungen gefragt, um einen möglichen Wandel im Judenbild der Bevölkerung zu erkennen und unsere eigene Primärerfahrung zu kontrollieren. Aus dem umfangreicheren Eigenschaftskatalog im Pretest wurden eine Reihe von Eigenschaften wieder gestrichen, da sie weder bei den antijüdisch noch bei den projüdisch Eingestellten auf nennenswerte Zustimmung stießen. Die Entscheidung für die Eigenschaftsliste in der Hauptbefragung wurde also erst nach einem mehrstufigen Auswahlverfahren getroffen.

Die so gewonnene Eigenschaftsliste mit ihren 32 Vorgaben (siehe Fragebogen, Frage 20) haben wir zunächst einer explorativen Faktorenanalyse unterworfen, die uns die Struktur des Judenbildes liefert. Die mit 49 % geringe Varianzaufklärung erklärt sich über den Gegenstand, da stereotype Bilder ihrem Charakter nach diffus und zum Teil widersprüchlich sind.

Die Faktorenanalyse hat sechs Faktoren ergeben (siehe Anhang 2). Den Faktor 1 mit dem höchsten Eigenwert (18,4 %), d.h. mit der größten Varianzaufklärung hinsichtlich der Gesamtstreuung, kann man als das *klassische antisemitische Judenbild* interpretieren. Es umfaßt folgende negative Eigenschaftszuschreibungen:

1. Der machthungrige Jude (machthungrig, politisch radikal, rücksichtslos);
2. Der gefährliche Jude (unheimlich, unberechenbar, falsch/hinterhältig, zerstörerisch/zersetzend, verschwörerisch).
3. Der nachtragende Jude (nachtragend/unversöhnlich, überheblich).
4. Der geldgierige Jude (geldgierig/raffgierig).

Abgesehen von der religiösen Komponente des Antijudaismus und der körperbezogenen Dimension des negativen Judenbildes (Faktor 5) laden auf diesen Faktor alle anderen antisemitischen Stereotypen. Die auf die wirtschaftliche Schädlichkeit bezogenen Ausprägungen (Punkt 4) weisen auf diesem Faktor nur schwache Ladungen auf und bilden einen eigenen Faktor mit wirtschaftsbezogenen negativen Eigenschaften.

Mit den klassischen Stereotypen verknüpft ist das Stereotyp des nachtragenden, unversöhnlichen Juden, das eine alte religiöse Tradition besitzt [11], seine Aktualität aber sicherlich aus der Situation nach dem Holocaust gewinnt. Die Juden erscheinen als die „lästigen Mahner", die „überheblich" die Deutschen moralisch aburteilen. Das genannte Stereotyp tritt jedoch auch als eigener Faktor (6) auf, d.h. es existiert z.T. wohl unabhängig vom traditionellen Antijudaismus.

Hohe Eigenwerte zeigen den Anteil des Faktors an der Varianzaufklärung, bedeuten aber nicht, daß dieses Bild in der Bevölkerung sehr stark vertreten sein muß. Die Zustimmung zu den einzelnen Items liegt bei diesem Faktor zwischen 4 % und 28 % (Mittelwert 16 %). Die höchste Zustimmung findet das Stereotyp des machthungrigen Juden. Nimmt man noch das Ergebnis der Frage nach dem jüdischen Einfluß hinzu („Juden haben auf der Welt zuviel Einfluß"), wird dieses Bild noch deutlicher: 33 % schreiben den Juden zuviel Einfluß zu. Demgegenüber findet der stark traditionell geprägte Vorstellungskomplex des unheimlichen Juden, der im Verborgenen seinen zersetzenden Einfluß ausübt — das antisemitische Bild des Parasiten —, weniger Zustimmung. Die Vorstellung eines verborgenen, nicht recht faßbaren Einflusses der Juden im Inland wird nur von 13 % der Befragten geteilt (IfD 1986), während auf internationaler Bühne, über deren Machtkonstellationen man nicht so genau informiert ist, der Einfluß der Juden viel höher eingeschätzt wird. Die Ressentiments gegen jüdischen Einfluß entzünden sich damit heute in der Bundesrepublik in erster Linie an der Vorstellung eines weltweit agierenden Judentums, dessen Einfluß in anderen Ländern wirksamer sei als im nationalen Rahmen (IfD 1987, S. 24).

Da dieses Bild bei den Älteren und weniger Gebildeten vorherrscht, vermuten wir, daß es sich um ein traditionell bestimmtes Judenbild handelt, das die Älteren und die weniger Gebildeten noch nicht revidiert haben, das aber in den jüngeren Generationen und bei weiterführenden Bildungsabschlüssen deutlich abnimmt. Auf den Tradierungsaspekt verweist auch die Tatsache, daß ein unerwartet hoher Anteil der Befragten beim Stereotyp „machthungrig" angibt, die eigene Familie sei antijüdisch eingestellt gewesen. Daß sich diese Stereotypen des „machthungrigen", „geldgierigen" und „nachtragenden" Juden im Unterschied zum rassistisch-negativen Körperbild und zum Antijudaismus so sehr gehalten haben, hängt jedoch auch damit zusammen, daß diese Klischees nach dem Zweiten Weltkrieg „environmental support" bekommen haben. Um diesen Zusammenhang zu prüfen, haben wir das Stereotyp „machthungrig" mit den Vorwürfen gegenüber Israel korreliert, die sich auf den Aspekt Macht, Krieg, Annexion usw. beziehen. Hier zeigt sich ein signifikanter Zusammenhang: Von denen, die nach dem Index ANTIZIONISMUS (vgl. Kap. VIII) als antizionistisch eingestuft werden, also u.a. die israelische Politik als rücksichtlos und kriegstreibend ansehen, schreiben 42% den Juden im allgemeinen die Eigenschaft „machthungrig" zu, von den nicht als antizionistisch Eingestuften tun dies dagegen nur 11%.[12]

Doch nicht nur in bezug auf Israel findet das Vorurteil des „Machthungers" neue Nahrung, auch in der Waldheim-Affäre sehen diejenigen, die dieses Vorurteil haben, eine zu große Einmischung des Jüdischen Weltkongresses in die inneren Angelegenheiten Österreichs (42%; 27% sehen die Einmischung als notwendig an; 16% sind unentschieden). Wie es der stereotypen Wahrnehmung entspricht, muß das Stereotyp nicht durch bestimmte Ereignisse „bestätigt" werden, sondern kann relativ diffus bleiben. So schreiben 67% derjenigen, die die Juden für „machthungrig" halten, ihnen ganz unspezifisch „zuviel Einfluß in der Welt" zu (19% sehen nicht zuviel Einfluß, 14% sind unentschieden).

Auf dem Faktor 2 laden auf den ersten Blick positive Stereotypen, die von den Juden das Bild einer *„religiös-traditionsbestimmten Gruppe von hoher Geschlossenheit"* zeichnen.[13] Mehr als zwei Drittel aller Befragten stimmen diesem Judenbild zu. Ebensoviele sehen in ihnen erfolgreiche Geschäftsleute. Die positive Bewertung mit Tugenden wie Traditionsbewußtsein, Religiosität, Fleiß und Tapferkeit überwiegt, doch zeigen einige Stereotypen, die auch im negativ bestimmten Faktor 4 auftauchen (Intelligenz, Ehrgeiz und Geschäftstüchtigkeit) eine gewisse negative Tönung. Immerhin glaubt ein Drittel der Befragten, die die Juden für „religiös" halten bzw. ihnen einen festen Zusammenhalt unterstellen, letztere hielten sich für das auserwählte Volk und schauten deshalb auf andere Völker herab. Abgesehen davon, daß jede Ingroup die Geschlossenheit von Outgroups gewöhnlich überschätzt, unterstellt man diese den Juden in besonderen Maße[14], und Abweichungen von diesem Muster werden als individuelle Dissidenz wahrgenommen, ohne daß das allgemeine Urteil dadurch revidiert würde (nur 21% der Befragten sagen von den Deutschen, sie hielten eng zusammen, während 70 % dies von den Juden annehmen). Der monolithische Charakter, den man dem Judentum zuschreibt, bildet die Basis für die Vorstellung einer Verbindung der Juden in aller Welt und damit für den negativen Vorstellungskomplex von jüdischer Macht und Verschwörung.[15] Fast die Hälfte der Befragten, die den Juden einen „festen Zusammenhalt" unterstellen, attestieren Israel „viel versteckten Einfluß" (45,5%) und etwas mehr als ein Drittel den Juden insgesamt („zuviel Einfluß in der Welt" – 35,7% Zustimmung, 41,6% Ablehnung, 22,6% unentschieden). Der Anteil der Befragten, der diesen festen Zusammenhalt als sehr negativ und bedrohlich wahrnimmt, ist allerdings kleiner: nur 13% von ihnen sehen die Juden als „verschwörerisch" an.

Die Alters- und die Bildungsgruppen stimmen in ihrer Sichtweise weitgehend überein, besonders in der Zustimmung zu den eher positiven Eigenschaften.

Im Unterschied zum rein philosemitischen Faktor 3 enthält der Faktor 2 also eine Reihe ambivalenter Eigenschaftszuschreibungen: Religiosität und Zusammenhalt können als „überhebliche Auserwähltheit" angesehen werden, der feste Zusammenhalt kann auch mit verstecktem weltweiten Einfluß in Verbindung gebracht werden, bis hin zum Stereotyp des „verschwörerischen Juden". Auch die auf diesem Faktor etwas geringer ladenden Variablen „ehrgeizig, intelligent, geschäftstüchtig" haben einen negativen Beiklang (vgl. Faktor 4). Offensichtlich ist die heutige Sicht des Judentums wesentlich durch das traditionelle Bild der jüdischen Religion und Wirtschaftstätigkeit bestimmt. Sie hat die realen Entwicklungen im Judentum (Säkularisierung und berufsstatistische Unauffälligkeit der Erwerbsstruktur) nicht mitvollzogen.

Der Faktor 3 zeigt ein eindeutig *philosemitisches Judenbild*, in dem positive, kleinbürgerlich geprägte Charakterzüge überwiegen, die eher auf den einzelnen Juden als auf die Gruppe bezogen sind. Dieses Judenbild ist sehr stark von den (Sekundär-) Tugenden geprägt, die auch im Selbstbild der Deutschen dominieren: Ehrlichkeit, Treue, Pflichtbewußtsein, Ordnung und Sauberkeit, Tapferkeit, Bescheidenheit, Fleiß usw. (die Zustimmung liegt zwischen 11% und 46%, Mittelwert aller Items = 23 %). In diesem Kontext gewinnen auch die Eigenschaften „Intelligenz" und „Ehrgeiz" eine positive Bedeutung. Im Unterschied zu den negativen Faktoren (1, 4, 5, 6) zeigen die positiven Judenbilder (Faktoren 2 und 3) keinen Generations- und Bildungseffekt. Das deutet darauf hin, daß der Abbau von Vorurteilen eher auf eine Neutralisierung hinausläuft als auf den Aufbau eines philosemitischen Gegenstereotyps in den jüngeren Generationen, d.h. letztere werden weniger antisemitisch, aber nicht stärker philosemitisch als die älteren Jahrgänge.

Es scheint so, daß bei diesen projüdischen Stereotypen Anhaltspunkte in der Realität von Bedeutung sind. Es zeigen sich signifikante Zusammenhänge zu entsprechenden Eigenschaftszuschreibungen gegenüber Israel: wer die Israelis für ein „fleißiges Volk" hält, sagt dies auch zu 71 % von den Juden; wer Israels Landwirtschaft für vorbildlich hält, beurteilt die Juden zu 60 % als „fleißig". Signifikante Korrelationen bestehen weiterhin zwischen dem Stereotyp „tapfer" und dem Bild der Israelis als „fleißiges Volk" (.25), als gute Soldaten (.18) und als „Deutsche des Nahen Ostens" (.13).[16]

Der Teil der Befragten, der eine starke Identifikation des deutschen Selbstbildes mit dem Israelbild vornimmt („Sie sind wie wir. Die Deutschen des Nahen Ostens" — 10 % Zustimmung), überträgt in sehr hohem Maße „deutsche" Tugenden auf die Juden. Den höchsten Wert erreicht dabei die Eigenschaftszuschreibung „fleißig" mit 70 %, bei „tapfer" sind es noch 51 %, bei „ordentlich" nur noch 36 %. Damit erreicht diese Gruppe bis zu doppelt so hohe Werte in den positiven Eigenschaftszuschreibungen wie die übrige Bevölkerung. Die Identifikation von Deutschen und Israelis konzentriert sich auf zwei Aspekte: die Kultivierung des Landes, die Aufbauleistungen und die militärischen Erfolge sind die Ausschnitte aus der komplexen gesellschaftlichen Situation Israels, in denen man sich wiedererkennt. Andere Aspekte des deutschen Selbstbildes wie die Eigenschaften ordentlich, treu oder ehrlich werden dagegen auch von der „identifikationsbereiten Gruppe" deutlich weniger genannt, wenn auch etwas häufiger als vom Rest der Befragten.

Erwartungsgemäß sprechen die tendenziell antijüdisch Eingestellten im Pretest den Juden diese Tugenden fast vollständig ab. Die Ausnahme bilden die Eigenschaften fleißig und tapfer, die sicherlich durch die Wahrnehmung Israels beeinflußt worden sind (vgl. Tab. S. 120).

Der Faktor 4 umfaßt die *wirtschaftsbezogenen negativen Eigenschaften* des Judenbildes (gerissen/schlau, geldgierig/raffgierig, geizig, intelligent, erfolgreich im Geschäftsleben). Mit einer Zustimmung zwischen 20 % bis 75 % (Mittelwert aller Items = 42 %) hat dieser Eigenschaftskomplex von den negativen Teilbildern die weiteste Verbreitung.[17] Für die antijüdisch eingestellten Personen ist es sogar insgesamt das dominierende Bild, von ihnen stimmen diesen Eigenschaften über drei Viertel zu.

Zustimmung zu ausgewählten Stereotypen

	Bev. insg. %	tendenziell antijüdisch Eingestellte %
fleißig	55	33
tapfer	42	31
pflichtbewußt	36	10
ordentlich/sauber	21	11
bescheiden	16	4
ehrlich	15	0
treu	15	5
	(n = 121)	(n = 95)

Quelle: Pretest.

Die traditionelle Assoziation von Juden mit Handel und Geschäft ist im Judenbild als negativer Komplex erhalten geblieben. Die Zuschreibung von Intelligenz und Geschäftstüchtigkeit enthält auch ein Element von Anerkennung der wirtschaftlichen Fähigkeiten der Juden. Hinter dieser Anerkennung steht jedoch eine letztlich negative Auffassung von der jüdischen Geschäftstüchtigkeit, dies zeigt die hohe Ladung der negativen Eigenschaften „gerissen", „geldgierig" und „geizig". Begabung und Tüchtigkeit dienen in dieser Perspektive den Juden also letztlich zur Bereicherung und zur wirtschaftlichen Ausbeutung. Damit bekommen die Eigenschaften „intelligent" und „erfolgreich" ambivalenten bis negativen Charakter. Intelligenz und Geschäftstüchtigkeit sind Eigenschaften, die den Juden offenbar durchgängig attestiert werden. Philosemiten und Antisemiten sind sich in dieser Zuschreibung einig. Allerdings gewinnen diese Eigenschaften in den unterschiedlichen Kontexten gegensätzliche Bedeutung (vgl. Faktoren 2, 3 und 4).

Das traditionelle Stereotyp des jüdischen Geschäftsmannes ist in der älteren Generation noch stärker vorhanden und deutlich negativ ausgeprägt. Hier ist das Muster der Alltagsinterpretation „Jude = Handel" noch lebendige Erinnerung und durch den wirtschaftlichen Antisemitismus bis 1945 negativ akzentuiert. Umfragen aus den frühen 50er Jahren zeigen die Dominanz dieses Vorstellungskomplexes. Unter den Begriffen, mit denen die Juden exklusiv gekennzeichnet wurden, dominierten 1951 in der Untersuchung von Sohdi/Bergius (1953, S. 41) die wirtschaftsbezogenen Attribute „Schacherer" (74% Zustimmung), „raffiniert" (66%), „raffgierig" (60%) und „Ausbeuter" (43%). Weiter wurden genannt „Handelsvolk" (81%), „scheuen körperliche Arbeit" (68%) und „money-maker" (47%).[18] Auf die Assoziationsfrage „Was kommt Ihnen in den Sinn, wenn Sie das Wort ‚Jude' hören?", erhielt Emnid 1954 (S. 2) am zweithäufigsten Antworten, die sich auf das Verhalten der Juden als Geschäftsleute bezogen.

Für die jüngeren Generationen gibt es nach 1945 keine entsprechenden Alltagserfahrungen mehr und ihre Wahrnehmungen werden nicht mehr durch öffentlich propagierte antijüdische Klischees geformt. Damit ist das Stereotyp natürlich nicht sogleich verschwunden, es beginnt jedoch zu verblassen. Dazu kommt, daß generell antijüdische Vorurteile in den jüngeren Generationen und bei den Personen mit höherer Schulbildung schwächer ausgeprägt sind. Der Bildungseffekt macht bei eindeutig negativen Stereotypen eine Differenz von 6-12 Prozentpunkten zwischen Personen mit Hauptschulabschluß und mit höheren Schulabschlüssen aus.

Heute bestimmt weniger die Ideologisierung einer realen Wettbewerbs- und Konkurrenzerfahrung den Motivkomplex des wirtschaftlichen Antisemitismus als vielmehr die Wiedergutmachungsverpflichtungen gegenüber Israel und den Juden. Vom Beginn der Wiedergutmachungsdebatte an bis heute (vgl. Kap. XI.) stoßen diese Verpflichtungen bei Umfragen auf starke Ablehnung und werden von vielen Befragten als ein wesentliches Motiv für den Fortbestand des Antisemitismus angesehen. Dieser Zusammenhang von negativer Stereotypisierung und Ablehnung von Wiedergutmachung bestätigt sich in unserer Umfrage. Die Gegner der Wiedergutmachung halten die Juden zu 49 % für „geldgierig/raffgierig“ bzw. zu 63 % für „gerissen/schlau“, während diejenigen, die die Wiedergutmachung nicht ablehnen, dies nur zu 19 % bzw. zu 34 % tun. Noch deutlicher wird der Zusammenhang, wenn man die Stereotypen „geldgierig“ und „gerissen“ in Beziehung setzt zu der Meinung: „Viele Juden versuchen, aus der Vergangenheit des Dritten Reiches heute ihren Vorteil zu ziehen und die Deutschen dafür zahlen zu lassen“ (Frage 21). Von denen, die hier zustimmen, halten 75 % die Juden für „geldgierig“ und 65 % für „gerissen“. Umgekehrt halten 92 % derjenigen, die hier nicht zustimmen, die Juden auch nicht für „geldgierig“. Dies belegt, wie eng der Zusammenhang zwischen dem Stereotyp des extremen Erwerbssinns und der Wiedergutmachung ist. Die Haltung zur Wiedergutmachung ist deshalb als eine aussagekräftige Variable in den Antisemitismus-Index aufzunehmen.

Die in der Vorurteilsforschung immer wieder festgestellte Stigmatisierung von Minderheiten durch ein *negatives Körperbild* (schwächlich, feige, häßlich) findet sich im Faktor 5. Das von den antisemitischen Karikaturen und von Witzblättern entworfene Zerrbild des körperlich untüchtigen, unsportlichen Juden, der zum Militärdienst nicht tauglich ist bzw. der sich davor drückt, findet hier seinen Ausdruck. Die körperliche Schwäche wird in diesem Stereotyp in Zusammenhang gebracht mit negativen Charakterzügen wie Feigheit und Falschheit. D.h. man schließt von „manifesten Eigenschaften“ auf dazugehörige, nicht sichtbare Charakterzüge: der Schwache kann nicht offen kämpfen, sondern muß sich der Lüge und des Hinterhalts bedienen (auf den Faktor 5 laden schwach auch die Eigenschaften „verschwörerisch“ und „unheimlich"). Hier scheint im Hintergrund noch das Bild vom Parasiten durch. Die geringe Zustimmung zu diesem Vorurteilskomplex im gesamten Sample (4 % Zustimmung) deutet darauf hin, daß dieses alte Judenbild in der modernen Gesellschaft keine Plausibilität mehr besitzt. Auch die Wahrnehmung des modernen Israeli als siegreicher Soldat entzieht dem Klischee völlig den Boden.[19]

Angesichts der nur noch geringen Zustimmung zu diesem Komplex ist auch der Generations- und Bildungseffekt schwach. Der geringe Generationseffekt ist insofern überraschend, als in den frühen 50er Jahren das Bild des häßlichen, unsoldatischen Juden noch präsent war. 1954 sahen noch 20 % der Befragten in der äußeren Erscheinung der Juden eine Ursache für die Entstehung des Antisemitismus (Emnid 1954, S. 37) und 1951 wurden als typische jüdische Eigenschaften die „krumme Nase" (88 % Zustimmung) und „unsoldatisch" (58 %) genannt (Sodhi/Bergius 1953, S. 41).[20] Offenbar haben hier die historischen Erfahrungen mit Israel einen tiefgreifenden Einstellungswandel ausgelöst.

Die Eigenschaften des *empfindlich-nachtragenden Juden* (empfindlich, nachtragend/unversöhnlich, überheblich) bilden den Faktor 6. Die Zustimmung zu den hier versammelten Eigenschaften ist relativ groß (zwischen 15 % und 32 %, Mittelwert aller Items = 24 %). Dieser Faktor reflektiert u.E. das deutsch-jüdische Verhältnis nach 1945. Nicht so sehr das traditionelle Stereotyp vom alttestamentarischen, rachsüchtigen Juden, wie man zunächst vermuten könnte, ist für diesen Komplex bestimmend — obwohl es sicherlich beglaubigend oder verstärkend wirkt —, sondern das Gefühl, die Juden wollten die Deutschen nicht aus ihrer Schuld und ihren Verpflichtungen aus der NS-Vergangenheit entlassen. Personen, die diese Verpflichtung anerkennen und auch die Erinnerung an die Verbrechen wachhalten wollen, schätzen die Juden nur in ganz geringem Umfang als nachtragend ein. Dieses Muster ist bei allen Fragen zu erkennen, die sich auf das Problem der Vergangenheitsbewältigung beziehen (Schlußstrich, Wiedergutmachung usw.).

Für „empfindlich" halten die Juden 32 % der Befragten, für „nachtragend/unversöhnlich" 26 % und für „überheblich" 15 %. Empfindlichkeit wird eher ambivalent beurteilt, dagegen sind Unversöhnlichkeit und Überheblichkeit eindeutig negativ besetzt. Die geringe Differenz zwischen den Altersgruppen in der Bewertung der Juden als „empfindlich" stützt diese Annahme, während „nachtragend" und „überheblich" mit zunehmendem Alter der Befragten größere Zustimmung erhalten. Empfindlichkeit wird von einem Teil der Befragten offenbar im Sinne von „sensibel" interpretiert, während diese Zuschreibung im Zusammenhang mit der Vergangenheit einen Hinweis auf die Problematik des deutsch-jüdischen Verhältnisses gibt. Insgesamt besteht ein signifikanter Zusammenhang zwischen der Einschätzung als empfindlich und als nachtragend. 57% derjenigen, die die Juden als „nachtragend" ansehen, halten sie auch für empfindlich, umgekehrt halten 46% derjenigen, die die Juden als „empfindlich" betrachten, sie auch für „nachtragend". Auch das dritte zu diesem Vorurteilskomplex gehörende Stereotyp „überheblich" ist auf dem Hintergrund der Vergangenheitsbewältigung zu interpretieren, nämlich als Ausdruck einer moralischen Überlegenheit der Juden, die die Deutschen „in Sack und Asche" zu gehen zwingen. Von den Personen, die die Juden als „überheblich" beurteilen (15%), erheben 50% auch den Vorwurf, der Jüdische Weltkongreß habe sich in der Waldheim-Affäre zuviel eingemischt (Frage 24b).

Der Faktor 6 scheint also eher Ausdruck eines „sekundären Antisemitismus" zu sein, der sich aus den Problemen mit der Vergangenheitsbewältigung ergibt.

Resümierend lassen sich im Judenbild der Deutschen drei Teilbilder unterscheiden: ein durchgehend positiv geprägtes Bild, ein positives Bild mit ambivalenten Zügen und ein stark antijüdisches Bild. Der Faktor 1 mit der höchsten Ladung umfaßt das traditionelle antisemitische Judenbild in all seinen Facetten mit Ausnahme der körperlichen Stigmatisierungen. Wie die Faktoren 4, 5 und 6 zeigen, spaltet sich das negative Bild noch einmal in klar konturierte Teilbilder: das rassistische Spuren aufweisende Körperbild, eine aus dem traditionellen Antisemitismus überkommene wirtschaftliche Komponente und ein neues Bild, das die Probleme der deutsch-jüdischen Vergangenheit spiegelt.

Diese Teilbilder unterscheiden sich generationenspezifisch. In einer Faktorenanalyse haben wir jeweils das Judenbild für die Altersgruppen von 16-29, 30-59 und 60 Jahre und älter ermittelt. Die positiven Bilder decken sich in den Generationen weitgehend, allerdings schreibt die jüngste Kohorte den Juden die Arbeitstugenden Ordentlichkeit, Pflichtbewußtsein und Fleiß sowie Intelligenz weniger deutlich zu. Dies ist weniger eine auf die Juden bezogene Haltung, sondern Ausdruck eines Wertwandels, in dem diese Tugenden generell an Bedeutung verloren haben. Das Bild der ältesten Kohorte weicht von den beiden anderen Altersgruppen ab, da sie ein bürgerliches Judenbild und ein Bild des Israelis unterscheidet, in dem die Tugenden des Soldaten und Siedlers an erster Stelle stehen (tapfer, pflichtbewußt, fleißig, radikal).

Bei allen Altersgruppen ist das Bild des „gefährlichen Juden" dominant. Die negativen Judenbilder der Altersgruppen unterscheiden sich durch ihre Differenziertheit. Während die älteste Kohorte alle negativen Eigenschaften zu einem Bild zusammenfaßt und offensichtlich neue Erfahrungen in einen bestehenden Rahmen integriert, existieren bei den Jüngeren verschiedene negative Teilbilder nebeneinander. Die jüngste Kohorte differenziert das negative Körperbild aus und spaltet die wirtschaftsbezogenen Stereotypen auf: in ein Bild des erfolgreichen, intelligenten und fleißigen Geschäftsmanns und in ein Teilbild des geldgierigen, verschwörerischen Juden.

Die mittleren Jahrgänge differenzieren das negative Bild am stärksten aus. Neben dem dominanten Bild des verschwörerischen und machthungrigen Juden unterscheiden sie Teilbilder des „geldgierigen“ und des „nachtragenden“ Juden sowie das stereotype Körperbild. Die mittlere Generation vertritt am deutlichsten ein negatives Stereotyp des geldgierigen und gerissenen Juden, in dem Intelligenz und geschäftlicher Erfolg eine negative Konnotation haben.

Die älteste Generation scheint noch ein relativ geschlossenes kognitives Schema zu besitzen, in dem alle negativen Zuschreibungen miteinander verknüpft sind. Bei der jüngsten Kohorte ist diese Geschlossenheit wohl nicht der Ausdruck eines hochorganisierten Schemas, sondern Resultat eines relativ geringen Wissens und Interesses, so daß die wenigen eigenen Erfahrungen und die Reste der antijüdischen Tradition zu einem pauschalen Urteil zusammenfaßt werden. Die mittlere Kohorte besitzt das differenzierteste negative Klischee, weil sie vermutlich als Zeitgenossen am stärksten auf die historischen und politischen Erfahrungen der letzten Jahrzehnte reagiert hat. Im Gegensatz zur ältesten Gruppe konnte diese Altersgruppe nicht mehr auf ein starres Schema zurückgreifen, um diese Erfahrungen in ein negatives Bild zu integrieren.

Geschlechtsspezifische Differenzen im Judenbild treten nur in geringem Umfang auf.[21] Die männlichen Befragten haben einen eigenen Faktor des „nachtragenden Juden“ (empfindlich, überheblich, nachtragend), während diese Eigenschaftszuschreibungen bei den Frauen in das klassisch-antisemitische Judenbild integriert sind. Dies könnte auf eine stärkere Orientierung der Männer an dem aktuellen deutsch-jüdischen Verhältnis hindeuten. Dafür findet sich bei den Frauen ein eigener Faktor mit dem Bild des „unheimlichen Juden“ (unheimlich, verschwörerisch), Eigenschaften, die bei den Männern in Faktor 1 (der „gefährliche Jude“) und in Faktor 5 in Zusammenhang mit dem negativen Körperbild auftauchen. Insgesamt ist bei den Frauen eine Tendenz zur stärkeren Separierung der einzelnen Teilbilder festzustellen.

Das Judenbild der Deutschen erweist sich als keineswegs einheitlich und speist sich aus unterscheidbaren Traditionen und aktuellen Wahrnehmungen. Dies hat Konsequenzen sowohl für die wissenschaftliche Analyse als auch für den öffentlich-politischen Umgang mit Antisemitismus. Die Teilbilder besitzen ihre je eigene „Logik“ und Entwicklungsrichtung, sie sind unterschiedlich über die Alters- und Bildungsgruppen verteilt und unterschiedlich stark beeinflußbar. Innen- oder außenpolitische Ereignisse können entweder nur auf einzelne Teilbilder wirken oder aber Ambivalenzen und negative Bilder verstärken.

Der Wandel des Judenbildes

In der Umfrageforschung finden sich für das Judenbild der Deutschen nur wenige vergleichbare Erhebungen (IfD 1960, 1961, 1965, 1986), in denen zudem nur wenige Stereotypen abgefragt wurden, die den Stereotypen unserer Eigenschaftsliste entsprechen. Generell läßt sich sagen, daß weder für die negativen noch für die positiven Eigenschaften eine Änderung eingetreten ist. Es gibt nur zwei Ausnahmen. Seit 1960 hat sich die Einschätzung der Juden als „feige" von 19% über 15% im Jahre 1965 auf 4% 1987 vermindert. Die militärischen Erfolge Israels können hier als Ursache angeführt werden. Die geringere Zustimmung zur „Ausbeutungsthese" hängt sowohl mit dem Wandel der politischen Semantik zusammen, in der ein klassenkämpferisches Vokabular diskreditiert worden ist, als auch mit dem Verschwinden deutsch-jüdischer Über- bzw. Unterordnungsverhältnisse in Arbeitsbeziehungen.

Zustimmung zu „jüdischen Eigenschaften"

	1960/61 %	1965 %	1986/87 %
künstlerisch begabt	39	–	39
intelligent/begabt	52	–	49
geizig	23	20	20
feige	19	15	4
überheblich	11	14	15
falsch/scheinheilig	13	–	9
berechnend	30	30	31
Ausbeuter*	34	25	14

Quelle: IfD Bd. III, IV, 1986, 1987; * Sodhi/Bergius ermittelten 1951 – nicht repräsentativ – 43% Zustimmung; 1953, S. 41.

Diese wenigen Vergleichsdaten deuten auf die vorurteilstheoretisch erwartete Stabilität insbesondere im negativen Bereich des Judenbildes hin, der z.T. der Einstellungswandel in den jüngeren Generationen gegenübersteht, der aber stärkere positive Entwicklungen hätte erwarten lassen. Es scheint so, daß in der Kommunikation über Juden bis heute negative Eigenschaften häufiger thematisiert werden. Auf die Frage im Pretest: „Wenn heute ganz allgemein von *den* Juden gesprochen wird, spricht man da eher über ihre guten oder eher über ihre schlechten Eigenschaften" sagen 43% „eher über die schlechten", nur 8% sagen „über die guten", bei den antisemitisch Eingestellten beträgt das Verhältnis sogar 62% zu 4%. Selbst unter den philosemitisch Eingestellten sagen nur 11%, daß man eher über die guten Eigenschaften spricht. Das Thema Juden wird insgesamt nicht als wichtiges Thema eingeschätzt, wenn es jedoch aufkommt, wird es eher im negativen Kontext behandelt.

Judenstereotypen im internationalen Vergleich

International vergleichend sind Eigenschaftslisten zum Judenbild u.W. bisher nur einmal, nämlich vom IfD 1986, benutzt worden. Damit liegen einige Vergleichsdaten für Österreich, Frankreich und die USA vor. In allen drei Ländern finden die negativen Pauschalurteile mehr Unterstützung als in der Bundesrepublik, während für die positiven Eigenschaften (tapfer, bedeutend für die Kultur) die Werte in Frankreich und den USA z.T. höher liegen (tapfer: BRD = 45 %; Ö = 40 %; F = 66 %; USA = 63 %; ohne Juden wäre das Kulturleben ärmer: BRD = 38 %; Ö = 29 %; F = 33 %; USA = 65 %). Für diese Differenzen zwischen den Ländern lassen sich verschiedene Erklärungen geben. Die niedrigere Zustimmung zu positiven und negativen Stereotypen in der Bundesrepublik kann darauf hindeuten, daß das Bild eines Volkes oder einer Minderheit verblaßt, wenn es keine direkten alltäglichen Erfahrungen im Umgang mehr gibt. Weder positive noch negative Voreingenommenheiten finden „environmental support". Für diese Lesart sprechen die Werte aus den USA, die sowohl positive Erfahrungen („Juden sind tüchtige Geschäftsleute"; „Ohne Juden wäre das Kulturleben ärmer") wie auch Konflikte („Juden haben zuviel Einfluß auf die Politik"; „Juden sind oft arrogant und überheblich") zwischen Mehrheit und Minderheit widerspiegeln. Gegen diese Lesart sprechen die Werte in Österreich, wo die negativen Zuschreibungen besonders hoch liegen, obwohl hier wie in der Bundesrepublik reale Gruppenspannungen keine Bedeutung mehr haben. Hier muß die besondere Vergangenheit Deutschlands und Österreichs zur Deutung mit herangezogen werden. In der Bundesrepublik hat die Norm des Anti-Antisemitismus sowie eine wie auch immer unzulängliche Bearbeitung der NS-Vergangenheit teils zu einem Lernprozeß geführt, teils den Antisemitismus in die Kommunikationslatenz abgedrängt (vgl. Kap. XII). In Österreich dagegen hat diese Bearbeitung in weit geringerem Umfang stattgefunden (siehe die Bevölkerungsreaktionen auf die Waldheim-Affäre — vgl. Gottschlich/Obermair 1988; Gehmacher/Költringer 1989), so daß der Antisemitismus ungestörter fortdauern konnte. Die niedrigeren Werte in der Bundesrepublik resultieren also einmal aus einem Verblassen der Stereotypen, die für den Alltag völlig bedeutungslos geworden sind, zum anderen aus der besonderen Verarbeitung des Antisemitismus durch die Erben des Nationalsozialismus. In Frankreich und den USA, wo diese Hypothek fehlt, urteilt man wesentlich offener negativ. Wieweit die niedrigen Werte in Deutschland aufgrund der Latenz verzerrt sind, wird später noch untersucht.

Sodhi/Bergius hatten 1951 noch eine relativ breite Übereinstimmung im Judenbild amerikanischer Studenten (erhoben von Katz/

Braly 1933) und in ihrem deutschen Sample (ebenfalls vor allem Studenten) festgestellt, wobei bei den Deutschen die Begabungsseite der Juden „breiter ausgemalt“ war, während die Amerikaner die Eigenschaften „hartnäckig“ und „aggressiv“ häufiger ankreuzten (1953, S. 49). Die Ergebnisse der international vergleichenden Umfrage des IfD von 1986 zeigten bereits, daß sich die Stereotypen in Frankreich und den USA, in denen jeweils große jüdische Minderheiten leben, von den bundesdeutschen (und österreichischen) unterscheiden. Besonders klar kommt dies in der unterschiedlichen Einschätzung der „Macht der Juden“ zum Ausdruck. In den USA und in Frankreich zielt die Frageformulierung stets auf die Macht der Juden in dem betreffenden Land. Jeweils ein Fünftel der Befragten waren in den USA (20% im Jahre 1981 gegenüber 11% im Jahre 1964, Rosenfield 1982, S. 436) und in Frankreich (21% im Jahre 1988, 17% im Mai 1990)[22] der Meinung, daß die Juden im Land zuviel Macht besäßen. In der Bundesrepublik wird eher allgemein nach dem Einfluß der Juden in der Welt gefragt, der relativ hoch eingeschätzt wird („Juden haben auf der Welt zuviel Einfluß“ – 33% Zustimmung im Jahre 1987), während die seit 1959 von EMNID immer wieder gestellte Frage, ob der Einfluß der Juden *in Deutschland* zu groß sei, immer geringere Zustimmung findet.

„Sind Sie der Meinung, daß die nachstehenden Gruppen[23] im Bundesgebiet mehr Einfluß, weniger Einfluß oder gerade soviel Einfluß haben, wie ihnen zukommt?“ (in %)

Juden	1959	1961	1963	1964	1967	1971	1975	1981	1984	1986
Mehr Einfluß	23	19	20	18	19	14	14	20	16	11
Weniger Einfluß	26	16	21	20	16	22	18	34	34	–
Wie Ihnen zukommt	39	23	26	20	25	28	36	43	46	–
Keine Antwort	12	42	33	36	40	36	32	3	4	–

Quelle: EMNID-Informationen 7/1965, 11/12 1984, EMNID 1986, Tab. 1.

Wird konkreter nach dem Einfluß bestimmter jüdischer Organisationen in Deutschland gefragt, so schreiben noch weniger Bundesbürger den Juden einen zu großen Einfluß zu: 6% hielten 1971 den „Zentralverband der Juden in Deutschland“ für politisch zu einflußreich (IfD Bd. V, S. 217); 1966 waren noch 13% dieser Auffassung gewesen (IfD Bd. IV, S. 174). Im Pretest haben wir ebenfalls nach dem jüdischen Einfluß gefragt, mit der Frageformulierung aber stärker auf den antisemitischen Kontext der „geheimen jüdischen Verschwörung“ angespielt. Von den Befragten, die der Ansicht waren, daß in unserem Staat nicht der Volkssouverän, sondern „andere die Fäden in der Hand halten“, nannten über 40% die Weltmächte oder die internationalen Konzerne, nur 4% glaubten dagegen, daß die Juden die Fäden in der Hand hielten.

Im Unterschied zu den USA, wo der Einfluß der Juden in bestimmten Branchen verortet wird (Journalismus, Filmindustrie und internationale Banken — vgl. Martire/Clark 1982, S. 19), wird in der Bundesrepublik der jüdische Einfluß im eigenen Land als verhältnismäßig gering eingeschätzt und stärker an einen internationalen Einfluß geglaubt.[24]

Auch die negativen Stereotypen des trickreichen, unsoliden Geschäftsmanns, des aggressiven, arroganten, dominanten Juden, aber auch das positive Stereotyp des Juden als Kulturträger werden in amerikanischen Umfragen konkreter formuliert und finden relativ starke Zustimmung. In der Bundesrepublik sind diese stereotypen Züge zum Teil noch erkennbar, beginnen aber zunehmend abstrakter, erfahrungs- und inhaltsleerer zu werden. Dieses Verblassen und die gesellschaftliche Bearbeitung der Vorurteile gegen Juden [25] in der Bundesrepublik führen zu einer insgesamt abnehmenden Stereotypisierungsneigung gegenüber Juden. Dies gilt vor allem für die jüngeren Generationen.

Die positive Wirkung der gesellschaftlichen Bearbeitung des Vorurteils in der Bundesrepublik wird im Vergleich zu Österreich und Ländern des Ostblocks sichtbar, in denen ebenfalls nur noch eine kleine jüdische Minderheit lebt. In Polen, Ungarn und Rumänien, schwächer in der Tschechoslowakei, wurde das Judenbild noch 1973/74 von Aggressivität und Dominanzstreben bestimmt (30-40% Zustimmung — vgl. Radio Free Europe 1980, S. 6)[26]. In der international vergleichenden Untersuchung vom IfD-Allensbach zeigte sich, daß in Österreich stärker als in der Bundesrepublik an den antijüdischen Stereotypen festgehalten wird (IfD 1986, Tab. 25 — zum Stand der Aufarbeitung der Vergangenheit in Österreich vgl. Pelinka/Weinzierl 1987).

Deutsches Autostereotyp und jüdisches Heterostereotyp

Eine Methode, die Bedeutung eines Fremdbildes einzuschätzen, ist, es mit dem Selbstbild der Gruppe zu vergleichen. Silbermann hat in seiner Studie mittels einer Faktorenanalyse eine ähnliche Struktur im Selbstbild der Deutschen und in ihrem Judenbild festgestellt (1982, S. 35f.). Angesichts der geringen Zahl von nur zwölf vorgegebenen Eigenschaften sowie ihres inneren Zusammenhangs (z.B. gerecht/friedliebend/hilfsbereit) mußte die gewählte Methode zwangsläufig dieses Ergebnis „produzieren“, d.h. die unterstellte Ähnlichkeit ist ein methodisches Artefakt.

Die sehr sorgfältige Analyse nationaler Vorurteile von Sohdi/Bergius kam dagegen bereits 1951 zu einem wenig übereinstimmenden Bild: Es gab allerdings Ähnlichkeiten in der Charakterisierung als gute Wissenschaftler und Ärzte (wobei hier das Bild des „deutschen Juden“ und nicht das des „Ostjuden“ dominiert haben mag) und in der Zuschreibung von Intelligenz, Sprachbegabung, Strebsamkeit und Familienbindung. Die große Distanz zwischen dem deutschen Selbstbild und dem Judenbild wurde gerade in den Zügen deutlich, die den beiden Völkern exklusiv zugeschrieben wurden.

Exklusiv zugeschriebene Eigenschaften:

Juden	*Deutsche*
krumme Nase	pflichtbewußt
Schacherer	gründlich
raffiniert	zuverlässig
raffgierig	tapfer
Zusammengehörigkeitsgefühl	tierliebend
schlau	Dichter und Denker
unsoldatisch*	militaristisch
heimatlos	heimatliebend*
Ausbeuter	anständig
materiell eingestellt	Idealist
rassebewußt*	Überschätzung des Fremden
	Kulturträger
	bürokratisch
	Vereinsmeier
	ausdauernd
	kameradschaftlich
	gemütlich
	sentimental

Quelle: Sodhi/Bergius 1953, S. 37 und S. 41 — * diese Eigenschaften sind jeweils nicht exklusiv.

Während die Deutschen von sich das Bild eines arbeitsamen, zuverlässigen, gefühlsbetonten, auf einer hohen Kulturstufe stehenden Volkes entwerfen, werden die Juden vor allem über ihre negativ bewertete Wirtschaftstätigkeit charakterisiert. In einigen Zügen ergeben sich direkte Entgegensetzungen. Die Eigenschaftsbezeichnungen für die Juden fallen für die Deutschen in die Kategorien des negativ bewerteten sozialethischen Verhaltens, Ökonomie, Begabung und Einstellung zur eigenen Gruppe/Heimat. In der Selbstbezeichnung bevorzugen die Deutschen die Kategorien des positiv bewerteten sozialethischen Verhaltens, Wollen und Leisten, Kulturniveau, Künstlerisches und Begabung (vgl. Sodhi/Bergius 1953, S. 57-59).

Wir haben eine andere Methode gewählt, um die Differenzen im Selbst- und Fremdbild der Deutschen zu ermitteln. Wir haben jeweils die Differenz in der Zustimmung der Deutschen zu vorgegebenen Eigenschaften zwischen beiden Gruppen gemessen. Es lassen sich dann drei Komplexe bilden: 1. Eigenschaften, die häufig der Eigengruppe und selten der Fremdgruppe zugeschrieben werden; 2. ein Überschneidungsbereich von beiden Gruppen gleichermaßen zugeschriebenen Eigenschaften und 3. Eigenschaften, die stärker der Fremd- als der Eigengruppe zugeschrieben werden.

Autostereotyp vs. Heterostereotyp

1. Gruppe:	ordentlich, sauber	+ 67 %
	pflichtbewußt	+ 47
	überheblich	+ 39
	fleißig	+ 33
	ehrgeizig	+ 33
	treu	+ 29
	ehrlich	+ 23
	machthungrig	+ 12
2. Gruppe:	tapfer	+ 7
	rücksichtslos	+ 5
	erfolgreich im Geschäft	— 4
	bescheiden	— 4
	verschwörerisch	— 8
	geldgierig	— 9
3. Gruppe:	traditionsbewußt	— 13
	nachtragend	— 16
	künstlerisch begabt	— 16
	intelligent	— 19
	empfindlich	— 21
	gerissen, schlau	— 39
	halten fest zusammen	— 65

Quelle: Pretest — Eigenschaften mit einer Zustimmung unter 10 % wurden nicht berücksichtigt.

Von den Befragten werden Deutsche und Juden in bezug auf wirtschaftliche Tüchtigkeit und bis zur Rücksichtslosigkeit gehende Durchsetzungsfähigkeit gleich eingeschätzt. In Hinblick auf die dominanten Eigenschaften des deutschen Selbstbildes, nämlich Ordnung, Fleiß, Ehrlichkeit sowie des nationalen Dünkels, besteht eine sehr große Differenz zum Judenbild.[27] Den Juden werden diese Eigenschaften deutlich weniger zugesprochen. Die Eigenschaften, in denen sich die Juden am stärksten von den Deutschen unterscheiden sollen, beschreiben die Juden als eine schlaue, empfindliche, fest zusammenhaltende Gruppe. Der Vergleich zeigt charakteristische Unterschiede, wobei in der Gruppe 3 Eigenschaften enthalten sind, die zum antisemitischen Stereotyp gehören (vgl. Hortzitz 1988). Dies läßt sich durch die Auswertung der Antworten der tendenziell antijüdisch Eingestellten (AS) belegen, die den Juden seltener positive Eigenschaften zuschreiben und häufiger negative nennen. Die Werte dieser Teilgruppe im Vergleich zum Bevölkerungsdurchschnitt:

Zuschreibung positiver und negativer Stereotypen

	Bev.insg. %	AS %
traditionsbewußt	74	55
nachtragend	35	71
empfindlich	47	48
intelligent	66	57
gerissen/schlau	55	84
halten fest zusammen	86	83
	n = 121	n = 95

Quelle: Pretest, Mehrfachnennungen.

Erwartungsgemäß ergibt sich ein ganz anderes Bild, wenn es nicht um ein stereotypes Bild „des Juden“ geht, sondern um die Eigenschaftszuschreibungen zu einem Juden, den man persönlich kennt.

Autostereotyp / Heterostereotyp nach bestimmten Gruppen

Eigenschaften	Selbstbild			Judenbild					
	Bev. insg.	AS*	PJ*	Bev.insg. +		AS*		PJ*	
	%	%	%	%	%	%	%	%	%
ordentlich, sauber	88	97	91	20	(28)	11	(22)	38	(32)
fleißig	88	94	86	46	(31)	33	(28)	73	(42)
pflichtbewußt	83	93	86	29	(25)	10	(18)	47	(31)
erfolgreich im Geschäftsleben	74	76	77	75	(25)	86	(37)	83	(29)
traditionsbewußt	61	56	51	65	(16)	55	(16)	84	(23)
tapfer	49	85	43	34	(11)	31	(6)	60	(15)
intelligent, klug	47	75	39	49	(39)	57	(33)	75	(49)
treu	44	59	35	11	(15)	5	(7)	23	(23)
ehrlich	38	60	26	11	(27)	—	(7)	23	(37)
künstlerisch begabt	30	46	31	39	(30)	34	(17)	70	(38)
halten fest zusammen	21	26	13	70	(14)	83	(15)	83	(20)
ehrgeizig	87	90	88	49	(28)	53	(34)	64	(28)
überheblich	56	25	68	15	(2)	37	(17)	10	(2)
machthungrig	28	12	32	19	(—)	56	(7)	9	(2)
empfindlich	26	20	26	32	(12)	48	(19)	47	(24)
geld- und raffgierig	24	11	31	28	(2)	78	(17)	17	(—)
rücksichtslos	21	13	30	15	(2)	50	(7)	13	(2)
geizig	19	5	26	20	(2)	48	(7)	16	(2)
nachtragend	19	11	29	26	(1)	71	(10)	14	(2)
gerissen, schlau	16	10	11	42	(8)	84	(24)	38	(8)
feige	9	2	7	4	(—)	13	(4)	2	(—)
falsch, hinterhältig	7	1	5	9	(—)	41	(6)	2	(—)
zerstörerisch, zersetzend	4	5	8	4	(—)	25	(2)	2	(—)
verschwörerisch	3	1	1	11	(—)	39	(7)	6	(—)

* AS = tendenziell antijüdisch Eingestellte
* PJ = tendenziell projüdisch Eingestellte
( ) = Personen, die Juden in ihrem Bekanntenkreis haben — Pretest
\+ = Hauptbefragung
Quellen: Pretest und Hauptbefragung.

Einmal nimmt bei persönlicher Bekanntschaft die Bereitschaft, überhaupt stereotyp zu urteilen, stark ab, d.h. nicht nur nehmen, wie erwartet, die negativen Zuschreibungen ab, sondern auch die positiven werden seltener genannt. Die „typisch jüdischen" Gruppeneigenschaften (Zusammenhalt, Traditionsbewußtsein und Geschäftstüchtigkeit) verlieren 50-70 Prozentpunkte, während die ebenfalls hoch rangierenden, eher personenbezogenen Eigenschaften intelligent, künstlerisch begabt und fleißig in der Einschätzung der persönlich bekannten Juden an die Spitze treten. Die typisch „deutschen Tugenden" (Ehrlichkeit, Treue, Ordentlichkeit, Bescheidenheit) behalten ihren Grad an Zustimmung. Abgesehen von den beiden ambivalenten Stereotypen „ehrgeizig" und „empfindlich", die den Juden sowohl vom Bevölkerungsdurchschnitt wie von tendenziell antijüdisch und tendenziell projüdisch eingestellten Personen in ungefähr gleichem Umfang zugeschrieben werden, finden alle eindeutig negativen Eigenschaften nicht mehr als zwei Prozent Zustimmung (Ausnahme: gerissen/schlau = 8%). Die Einschätzung der tendenziell antijüdisch Eingestellten weicht bei persönlich bekannten Juden deutlich weniger von der der Bevölkerung insgesamt ab. Die größten Differenzen bestehen in der eindeutig geringeren Zuschreibung der „deutschen Tugenden" und in der höheren Zustimmung zu den wirtschaftbezogenen negativen Stereotypen. Auch die durch die NS-Vergangenheit vitalisierten Zuschreibungen „überheblich und nachtragend" liegen mit 17% bzw. 10% deutlich über dem Bevölkerungsdurchschnitt. — Vergleicht man das allgemeine Judenstereotyp mit der Charakterisierung persönlich bekannter Juden, dann zeigt sich für die Bevölkerung insgesamt, daß das negative Bild nicht von der persönlichen Erfahrung hergeleitet wird, sondern unabhängig davon gebildet wurde und aus der antisemitischen Tradition stammt. Die Antisemiten urteilen zwar gegenüber persönlich bekannten Juden etwas günstiger, doch prägt bei ihnen das antijüdische Stereotyp auch sehr stark die persönliche Erfahrung, d.h. es werden zentrale Vorurteilskomplexe auch gegenüber dem einzelnen, bekannten Juden angewendet, während es diese Übertragung bei der Bevölkerung insgesamt kaum gibt.

Anmerkungen

1 Laut dem American Jewish Yearbook (Vol.87, 1987, S. 251) gehörten im Jahre 1986 27538 Personen einer der 65 Jüdischen Gemeinden an. Es wird geschätzt, daß weitere 25000 Juden, die keiner Gemeinde angehören, in der Bundesrepublik und West-Berlin leben.
Auf die von uns gestellte Frage (Nr. 22) nach der Zahl der in Bundesrepublik lebenden Juden, geben nur 6% der Bevölkerung die richtige Größenordnung an. 70% wissen keine Antwort. Die Annahme, daß die Antisemiten ihrem Weltbild entsprechend die Zahl der Juden systematisch überschätzen würden, läßt sich durch unsere Auswertung nicht bestätigen.

2 In der Untersuchung von Glock/Stark behaupteten 75% der Befragten, sie hätten Juden in ihr Haus eingeladen. Den Autoren erschien diese Angabe unwahr-

scheinlich: „If 75 per cent of our sample have had Jews in their home, one suspects that Jews in the San Francisco Bay Area would have few opportunities for a quiet evening at home" (Glock/Stark 1966, S. 156).

3 Vgl. Frank Stern über die Situation nach Kriegsende 1945, in der viele Deutsche ihre jüdischen „Freunde und Bekannten" entdeckten (1990, S. 185). Bereits den Autoren der Emnid-Studie von 1954 fiel der große Anteil an Personen auf, die behaupteten, einen oder mehrere Juden näher zu kennen (30 % der Befragten). Als Erklärung führten sie an, daß offenbar viele auch bei sehr mittelbaren Bekanntschaften zu Juden die Frage bejaht hätten. Die Tatsache, daß diese Bekanntschaften fast durchweg als positiv bewertet wurden (zwei Drittel gegenüber 5 %, die das persönliche Verhältnis als schlecht bezeichneten), bestätigt die Aussage von Frank Stern. Der persönliche Kontakt zu Juden galt vielen als Ausweis einer nicht-nazistischen, vorurteilsfreien Gesinnung (Emnid 1954, S. 49 ff.).

4 Auf die Frage „Gibt es in Ihrem Bekanntenkreis Juden?" antworten im Pretest 34 % der tendenziell projüdisch Eingestellten mit ja, von den antijüdisch Eingestellten dagegen nur 10 %.

5 Galtung hat diesen Zusammenhang von antijüdischer Einstellung und dem Wunsch, einen Juden auch als solchen erkennen zu können, empirisch untersucht. Sein Fazit: „For the negatives (= die antijüdisch Eingestellten), 'no way' of identifying the group which one endows with so many undesirable characteristics means to increase the danger; ‚they may be sneaking in on you without any way of telling before it is too late'. The belief in clear and visible characteristics can reduce at least this fear" (1960, S.62).

6 Dieses negative Interesse der Antisemiten an der Identifizierung eines Juden hat auch Hilde Weiss in ihrer Umfrage in Österreich ermittelt. 19,8 % der befragten Österreicher stimmten dem Statement zu: „Man soll seinen Kindern beibringen, einen Juden zu erkennen, das kann im praktischen Leben sehr nützlich sein" (1984, S.47 ff.). In einer Faktorenanalyse lud dieses hochaffektiv besetzte Statement auf dem Faktor „allgemeiner Antisemitismus" und wurde von Weiss in die Subskala „radikaler Antisemitismus" aufgenommen (S. 51).

7 Antijüdisch eingestellte Personen orientieren sich generell stärker am Aussehen von Personen, um deren nationale Zugehörigkeit zu beurteilen. 20 % behaupten von sich, einen Franzosen an seinem Äußeren erkennen zu können, während dies nur 10 % der Gesamtbevölkerung tun (Pretest).

8 Sowohl was die Stärke der Vorurteile (gemessen über den Übereinstimmungsgrad in den Urteilen der Befragten) betrifft, wo die Juden hinter den Deutschen Platz 2 einnahmen, als auch was die Zahl der in der Urteilsliste erscheinenden Eigenschaften und ihre Abgehobenheit von den Urteilen über andere Nationen angeht, rangierten die Juden jeweils weit oben (Platz 3,5 in der Rangreihe der Nationen — vgl. Sodhi/Bergius 1953, S.64 ff.).

9 Wie stark die nationalsozialistische Judenverfolgung das „Bild des Juden" nach dem Krieg konturiert, zeigen die Assoziationen zum Wort „Jude", die in der EMNID-Umfrage 1954 erhoben wurden. Assoziiert wurden hauptsächlich Aspekte der Verfolgung und Nazizeit, Mitleid, Verständnis und Schuldgefühle. Abgesehen von der relativ häufigen Verknüpfung mit Handel und Geschäft wurden Aspekte des rassistisch vermittelten Bildes sowie der religiöse Gegensatz nur von wenigen genannt (EMNID 1954, S. 2 ff. und S. 56). Das Bild des verfolgten Juden, das offensichtlich seit dem Holocaust eine wichtige Dimension in der Wahrnehmung seitens der Umwelt darstellt, ist unseres Wissens nirgends in die Liste der stereotypen Urteile über Juden eingegangen. Dies liegt vor allem daran, daß die Eigenschaftslisten zu stark die traditionellen, negativen Typisierungen beibehalten.

10 Im Pretest sollten die Befragten die Eigenschaften ankreuzen, die man bei den

Deutschen besonders häufig findet. Am häufigsten (über 50 %) wurden die Eigenschaften ordentlich/sauber, fleißig, ehrgeizig, pflichtbewußt, häuslich, erfolgreich im Geschäftsleben, traditionsbewußt, überheblich und tapfer genannt.

11 Vom Christentum wurde das Judentum als Religion der Rache herabgesetzt. Zum „Beleg“ wurden bestimmte Bibelstellen herangezogen, etwa „Auge um Auge, Zahn um Zahn“ oder „Mein ist die Rache, spricht der Herr“. Diese Auffassung regt nach wie vor christliche Bibelleser und Bibelausleger an, in dem behaupteten Grundsatz identischer Ersatzforderungen den entscheidenden Gegensatz zwischen „Altem“ und „Neuem“ Testament zu sehen und die „Wiedervergeltungs“-Religion des jüdischen Volkes von dem christlichen Glauben abzuheben, den das Gebot der Nächstenliebe und des Vergeltungsverzichts kennzeichne (Vetter 1989, S. 13).

12 Die Korrelationen zwischen dem Stereotyp „machthungrig“ und den antiisraelischen Statements wie „Ein Staat, der über Leichen geht“ (Frage 14/8), „Ein Land, das einfach keinen Frieden will“ (Frage 14/18) und „Sie beginnen Kriege ...“ (Frage 14/19) sind signifikant, liegen aber mit .25, .23 und .30 nicht übermäßig hoch. D.h. die Politik Israels ist nur eine Quelle für dieses antijüdische Stereotyp.

13 In den USA ist dieses Bild ebenfalls stark ausgeprägt. Es vermischen sich in ihm positiv bewertete Züge („Jews have a strong faith in God“ — 71 % Zustimmung) mit negativen Vorwürfen („Jews stick together too much“ — 40 % Zustimmung; „Jews don‘t care what happens to any one but their own kind“ — 16 % Zustimmung, vgl. Martire/Clark 1982, S. 17). Die Annahme einer jüdischen Binnenethik („Clannishness“) konkretisiert sich etwa auf dem Arbeitsmarkt in der Meinung: „Jewish employers go out of their way to hire Jews“ — 37 % Zustimmung.

14 „Zusammengehörigkeitsgefühl“ war in der Studie von Sodhi/Bergius von 1951 eine Eigenschaft, die unter 14 Nationen nur den Juden exklusiv von 65 % der Befragten zugeschrieben wurde. Auch „Familiensinn“ wurde als eine hervorstechende Eigenschaft der Juden gesehen, die sie allerdings mit anderen Völkern — Chinesen, Deutschen, Engländern — teilten (1953, S. 41).

15 Im Pretest waren 51 % der Befragten der Meinung, es gäbe „so etwas wie ein Weltjudentum“, 18 % glaubten nicht an seine Existenz und 31 % wählten die Antwortkategorie „weiß nicht“.

16 Wer dagegen die Juden für „feige“ hält, bewertet die Leistungen der israelischen Armee nicht positiv (r = —.02) und wirft den Israelis tendenziell eine rücksichtslose Politik vor (r —.19).

17 Das Wickert-Institut hat 1988 sogar eine 88 prozentige Zustimmung zu dem Statement: „Juden sind gerissene Geschäftsleute“ ermittelt. Dabei sollen keine Differenzen in den Altersgruppen aufgetreten sein (Wiener 1988).

18 Die letztgenannten Eigenschaften teilten die Juden typischerweise mit den Amerikanern und den Engländern. In ihrer Wirtschaftsgesinnung wurden sie mit Kapitalismus und Plutokratie identifiziert.

19 Hier scheint der Sechs-Tage-Krieg von 1967 einen Wendepunkt darzustellen. Die Deutschen entdeckten plötzlich bei den Israelis Mut, Tapferkeit, Fleiß und Zuverlässigkeit, die zum Teil mit hochgeschätzten Charakterzügen des eigenen Volkes verglichen wurden. Eine erste Durchsicht der Tagespresse der Zeit (Die Welt, FAZ, Bild und Tagesspiegel, Berlin) belegt diesen Eindruck. Dieser grundsätzliche Meinungswandel soll sich auch in den Briefen an den damaligen israelischen Botschafter in Bonn, Ben-Nathan, niedergeschlagen haben (vgl. Deligdisch 1974, S. 138 f.).

20 Die „krumme Nase“ ist bis heute das Hauptmerkmal für „typisch jüdisches“ Aussehen geblieben. Mit 46 % rangiert dieses Merkmal weit vor der Kopfbedeckung (Kipah) mit 15 % und der Haartracht mit 14 %. Die „jüdische Hakennase“ scheint

heute Teil des Alltagswissens zu sein, ohne daß mit ihr eine rassistisch-diskriminierende Konnotation verbunden sein muß (Pretest). 24 % der Befragten wußten keine Eigenschaft zu nennen, und 9 % erklärten, es gäbe keine typisch jüdischen Merkmale.

21 In ihrer Untersuchung konnten Sodhi/Bergius/Holzkamp 1951 keine interpretierbaren Unterschiede zwischen Männern und Frauen feststellen, außer daß die Männer in ihrem Urteil über Juden höhere Übereinstimmung zeigten als die Frauen. Die Autoren interpretieren dies als größere psychologische „Nähe" der Juden für die Männer, während sie für die Frauen eher „peripher" seien (1956, S. 288). In seiner nicht repräsentativen Studie fand Schönbach 1960 ebenfalls, daß Männer und Frauen die gleichen Einstellungen gegenüber Juden aufwiesen (zit. nach Galtung 1960, S. 4).

22 Telefonumfrage im Auftrag des Senders „France Inter", zit. nach FAZ, 18. 5. 1990. Die Zahl vom Mai 1990 muß in Zusammenhang mit der landesweiten Empörung (96 % der Befragten waren schockiert) über die wenige Tage zurückliegende Schändung einer Leiche auf dem jüdischen Friedhof von Carpentras gesehen werden.

23 Neben den Juden waren vorgegeben: die evangelische und die katholische Geistlichkeit, die Bankiers und Großindustriellen, die Bauernverbände, die Gewerkschaft, die Freimaurer, die Vertriebenenverbände.

24 In der vergleichend angelegten Umfrage von 1986 ergab sich folgendes Bild:
„Juden haben großen Einfluß auf die Politik hier im Land"

	USA	Frankreich	Österreich	BRD
Zustimmung	55 %	37 %	32 %	26 %

(*Quelle:* IfD 1986, Tab. 25)

25 So wurden beispielsweise in der Prestigepresse Betrugs- und Korruptionsaffären, in die jüdische Geschäftsleute verwickelt waren, in jüngster Zeit sachlich und diskret behandelt (vgl. Pressearchiv Zentrum für Antisemitismusforschung).

26 Die 1973/74 durchgeführte Befragung von Besuchern aus diesen Ländern ist keineswegs repräsentativ, ein methodischer Mangel, der wohl auch durch die vorgenommene Gewichtung über- und unterrepräsentierter Gruppen nicht ganz ausgeglichen werden konnte. Diese Zahlen geben möglicherweise einen groben Anhaltspunkt und werden von uns nur deshalb benutzt, weil solidere Daten nicht vorliegen.

27 Vgl. zum Selbstbild der Deutschen 1978 die Untersuchung von Panahi (1980, S. 118), in der für die vergleichbaren Eigenschaften (arbeitsam, intelligent, eingebildet, herrschsüchtig, tapfer) ähnlich hohe Werte und eine ähnliche Rangfolge ermittelt wurden. 1961 ermittelte EMNID im Selbstbild der Deutschen als die hervorstechendsten Eigenschaften Fleiß, Gewissenhaftigkeit, Zuverlässigkeit und Strebsamkeit (bis zu 47 % Zustimmung), in weitem Abstand gefolgt von Pünktlichkeit, Sparsamkeit, Treue, Intelligenz u.a. Im negativen Selbstbild dominierten Sturheit, Einbildung, Egoismus, Rücksichtslosigkeit und Militarismus (EMNID-Information Nr. 32, 1961).

VI. Emotionale Ablehnung und soziale Distanz zu Juden

Die Zustimmung zu antijüdischen Stereotypen sagt noch wenig darüber aus, wieweit es sich dabei um für die Person emotional bedeutsame Urteile handelt. Die Analyse muß deshalb erweitert und das stereotype Judenbild zur emotionalen und sozialen Haltung gegenüber Juden in Beziehung gesetzt werden.

Emotionale Ablehnung

Nach der emotionalen Einstellung haben wir auf doppelte Weise gefragt. Einmal haben wir einen Wortsympathie-Test benutzt, der die Sympathie/Antipathie der Befragten zu Schlüsselbegriffen des Untersuchungsfeldes mißt (Frage 5). Bei der Auswertung der Ergebnisse machten wir die Erfahrung, daß die Skala wohl in sich interpretierbar ist, daß sich ihre Ergebnisse aber mit anderen Indikatoren für Antisemitismus und soziale Distanz gegenüber Juden nicht in allen Fällen gut verknüpfen ließen. Offenbar ist die Ablehnung eines Begriffs (z.B. Rasse, Talmud) nur bedingt ein Hinweis auf die Ablehnung des damit Gemeinten, vor allem dann, wenn die Bedeutung des Begriffs für viele der Befragten unklar ist (z.B. Talmud).[1] Ein weiterer Indikator zielte auf die subjektive Einschätzung der eigenen emotionalen Haltung zu Juden. Mit der Frage, ob man sich zu den Leuten zählt, „die keine Juden mögen", sollte die Selbsteinstufung als bewußter Judenfeind erhoben werden. Von den Befragten stufen sich selbst 5,8 % als emotional ablehnend ein. Diese Selbsteinstufung hat sich als der beste einzelne Indikator für Antisemitismus herausgestellt.[2] Es sind weit überproportional die über 60jährigen, eher Männer als Frauen (6,6 % zu 5 %), die weniger Gebildeten und damit zusammenhängend Personen in unqualifizierten Beschäftigungen, die sich selbst so einstufen.

Frage (7/8): „Ich zähle mich zu den Leuten, die keine Juden mögen."

				Altersgruppen					
Bev.insg.		16-29		30-44		45-59		60 und älter	
%	n	%	n	%	n	%	n	%	n
5,8	122	3,0	18	3,2	17	5,2	26	11,8	61

n = 2102

Im historischen Vergleich zeigt sich einmal ein sehr starker Rückgang in der Zahl derjenigen Deutschen, die sich selbst als antijüdisch bezeichnen, und zum anderen eine starke Veränderung ihrer Verteilung über die Altersgruppen. In der IfD-Umfrage von 1949 wurde schon einmal direkt nach der emotionalen Einstellung gegenüber Juden gefragt.

„Wie ist überhaupt Ihre Einstellung gegenüber den Juden?"

			Altersgruppen		
	Bev.insg.	unter 30	30-50	50-65	65 und älter
	%	%	%	%	%
Demonstrativ antisemitisch	10	11	11	10	7
Gefühlsmäßig ablehnend	13	15	12	15	10
Reserviert	15	16	16	13	10

Quelle: IfD 1949, S. 39.

In der Geschichte der Bundesrepublik läßt sich ein langsamer Abbau der gefühlsmäßigen Ablehnung von Juden konstatieren, der vor allem in der frühen Nachkriegszeit stagnierte.[3] In der Antisemitismus-Studie von 1954 erhob EMNID mit Hilfe einer Assoziationsfrage („Was kommt Ihnen in den Sinn, wenn Sie das Wort Jude hören?") „spontane und unreflektierte" Einstellungen, Gefühle und Gestimmtheiten gegenüber „dem" Juden. EMNID stellte bei einem Viertel der Befragten „eine mehr oder weniger starke negative Gefühlsabwendung fest", die sehr stark von der NS-Propaganda geprägt erschien (EMNID 1954, S. III und S. 1 ff.).[4] Die Studie enthält für diese Frage keine Altersauswertung. In der gleichzeitig durchgeführten „Sonderbefragung" unter Schülern, Studenten und Lehrern wird die Altersverteilung grob erschließbar. Es waren die Studenten, die deutlich stärker ihre Antipathie äußerten als die Lehrer und die Schüler (EMNID 1954, S. 56). Bei letzteren ist das geringere Ausmaß an Antipathie vermutlich schon ein Resultat der veränderten Sozialisationsbedingungen in einer politischen Kultur, die antisemitische Propaganda als unmoralisch und undemokratisch diskreditierte.

Die Ergebnisse dieser frühen Umfragen werden durch jugendsoziologische Arbeiten bestätigt, die zu dem Ergebnis kommen, daß insbesondere die Jüngeren von der NS-Ideologie beeinflußt worden sind und antidemokratische, autoritäre und antisemitische Einstellungen erworben und beibehalten haben (vgl. Zinnecker 1985, S. 322ff.). Die damals 20-30jährigen sind heute die über 60jährigen. Die relativ geringe Abnahme der emotionalen Ablehnung in dieser Generation weist daraufhin, daß einmal erworbene und emotional verankerte Einstellungen im Lebenslauf nur noch schwer zu ändern sind.[5] Die genannte Generation hatte sich im Nationalsozialismus gerade in der Phase befunden, in der Schule und gesellschaftliche Leitbilder ihren prägenden Einfluß auf politische Einstellungen und allgemeine Werthaltungen ausüben. Betrachtet man dagegen die entsprechende Jugendgeneration heute, von denen nur 3 % die Juden emotional ablehnen, so kann man als Zwischenergebnis festhalten, daß liberal-demokratische Leitbilder und auf Toleranz und rationale Konfliktaustragung zielende Erziehung das Entstehen antijüdischer Gefühle weitgehend haben verhindern können. Ein vierzigjähriges Leben im demokratischen Staat hat bei den Älteren dagegen nur einen partiellen Lerneffekt gehabt. Rund die Hälfte der Antisemiten dieser Generation hat im Vergleich mit 1949 seine antijüdischen Gefühle abgelegt.[6]

Die seltene Selbsteinstufung „als emotionaler Antisemit“ steht im Kontrast zur „objektiven“ Messung mittels weiterer Indikatoren. In einem Wortsympathietest[7] finden 20 % der Befragten das Wort „Jude“ unsympathisch. Diese Werte lassen sich am besten durch den Vergleich mit den Sympathiewerten für andere Gruppen und Ideologien verstehen. Danach werden die Begriffe „Jude“ und „Israel“ deutlicher sympathisch und deutlich weniger unsympathisch eingestuft als die Bezeichnungen für andere Fremdgruppen.

Wortsympathietest – Sympathie/Antipathie gegen Fremdgruppen

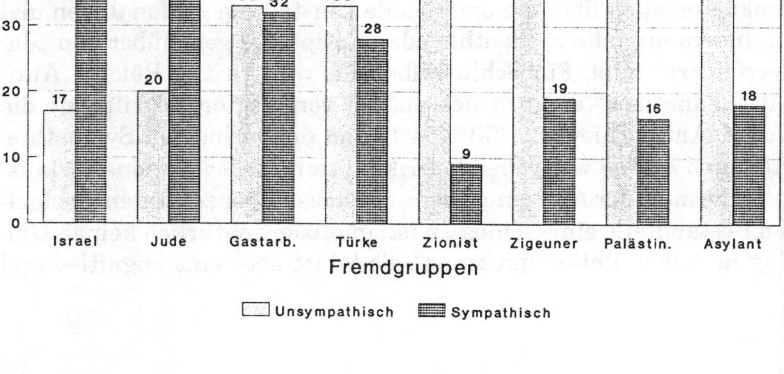

Dies gilt quer durch alle Altersgruppen, wenn auch der Begriff „Jude“ von den über 60jährigen mit 30% doppelt so häufig als unsympathisch bewertet wird wie von den 16-44jährigen (15%). Für den Begriff „Israel“ ist die Generationendifferenz mit 24% zu 14% geringer. Wie schon bei der subjektiven emotionalen Ablehnung der Juden beobachtet, hat sich die Antipathie gegenüber den Juden in der älteren Generation offenbar seit 1961 wenig verringert. Damals antworteten auf das Statement: „Meiner Meinung nach ist das Wort ‚Jude‘ immer noch ein schlecht klingendes Wort“ 32% der Befragten mit „richtig“ (47% mit „nicht richtig“ – IfD Bd.III, S. 228).

Die absoluten Werte und die Alterstruktur des Wortsympathietests zum Begriff „Jude“ werden durch die 1989 durchgeführte Umfrage des EMNID-Instituts im wesentlichen bestätigt. Die Befragten sollten für vorgegebene Bevölkerungsgruppen Sympathiewerte vergeben. Die „in Deutschland lebenden Juden“ beurteilen 18% als unsympathisch (47% eher als sympathisch und 33% votieren neutral – EMNID 1989, Tab.61), von den 18-44jährigen sind es 15%, von den über 60jährigen 24%. Daß es in bezug auf die in Deutschland lebenden Juden einen gesellschaftlichen Lerneffekt gibt, zeigt sich sowohl an der deutlich günstigeren Bewertung im Vergleich mit allen anderen ethnischen Minderheiten in Deutschland als auch in der Tatsache, daß „deutsche Juden“ als weniger unsympathisch bewertet werden als die „in Israel lebenden Juden“, die in allen Altersgruppen um ca. 6 Prozentpunkte stärker negativ beurteilt werden. Besonders in den jüngeren Jahrgängen scheint sich das Bild des Israeli vom Judenbild deutlicher abzuheben. Den „deutschen Juden“ wird mehr Empathie entgegengebracht, vielleicht weil man in ihnen die Opfer der NS-Verfolgung sieht, als den israelischen Juden, die man aufgrund der israelischen Politik in den besetzten Gebieten negativer beurteilt. Diese Sympathiedifferenz zwischen „deutschen Juden“ und Israelis im Jahre 1989 ist wahrscheinlich ein Resultat des Sympathieverlustes Israels seit Beginn der Intifada im Dezember 1987, denn in unserem Wortsympathietest vom Oktober 1987 hatte „Israel“ noch höhere Sympathiewerte als das Wort „Jude“ erhalten.

Historisch ist die Einstellung zu Juden in der Bundesrepublik eng mit der Bewertung des Nationalsozialismus verknüpft. D.h. man kann indirekt Aussagen über die emotionale Einstellung zu den Juden machen, indem man die Sympathie oder Antipathie gegenüber den „Judenverfolgern“ mißt. Für Schlüsselbegriffe wie „Drittes Reich“, „Antisemit“, „Fanatiker“ ergeben sich auf der vorgelegten Begriffsliste die höchsten Antipathiewerte (60%-84%) und die geringsten Sympathiewerte (um 5%). Die weitgehende Diskreditierung des Nationalsozialismus, in die auch der Antisemitismus als eines seiner zentralen ideologischen Bestandteile eingeschlossen ist, impliziert natürlich keinen Umschlag in einen „Philosemitismus“, sie bildet aber eine kognitive und emotionale Barriere gegen die Übernahme antisemitischer Einstellungen. Ein ungebrochenes Anknüpfen an den NS-Antisemitismus oder eine andere Form der Judenfeindlichkeit ist damit stark erschwert. Auf größere emotionale Zustimmung stößt hingegen der „sekundäre Antisemitismus", der nicht direkt an das Dritte Reich, sondern an die Probleme seiner „Bewältigung" anknüpft. Bei Schlüsselbegriffen dieses Komplexes wie „Wiedergutmachung" und „Vergangenheitsbewältigung" teilt sich die Bevölkerung in zwei große Meinungslager: als „unsympathisch" lehnen 36% bzw. 42% diese beiden Begriffe ab, während 38% bzw. 28% diese Begriffe „sympathisch" finden. Entsprechend sehen wir in der Geschichte der Bundesrepublik bis hin zum „Historikerstreit" eine stark emotionalisierte Diskussion zwischen beiden Lagern. Korreliert man die Antipathie gegen Juden mit der Antipathie gegen die Begriffe „Wiedergutmachung" und „Vergangenheitsbewältigung", dann zeigt sich, daß die Ablehnung gegen diese Begriffe doppelt so hoch mit der Ablehnung der Juden korreliert ist wie bei denen, die keine Antipathie gegen diese Begriffe haben. Eine emotionale Ablehnung der Aufarbeitung des NS (Schlußstrichmentalität) scheint also einen bedeutenden Resonanzboden für Antisemitismus zu bieten.[8] Im Vergleich dazu unterscheiden sich die Gruppen, die das Dritte Reich unsympathisch finden bzw. nicht unsympathisch finden geringer in ihrer Ablehnung der Juden (zur Beziehung zwischen der Haltung zur Vergangenheitsbewältigung und Antisemitismus vgl. Kap. XI).

Soziale Distanz

Für die Messung der sozialen Distanz wird üblicherweise die von Emory Bogardus bereits 1925 entwickelte Distanzskala verwendet, in der eine von sieben vorgegebenen Distanzen gewählt werden kann: sie reichen von intimer Nähe (Heirat) über Nachbarschaft und Arbeitskollegialität bis hin zur stärksten Ablehnung (Ausweisung bzw. Einwanderungsverbot – Bogardus 1925 u. 1933). Da die Intervalle zwischen den vorgegebenen Distanzen nicht gleich sind und die Skala zudem multidimensional ist (vgl. die Kritik von Sallen 1977, S. 137f.), haben wir sie nicht verwendet, sondern einzelne Distanzfragen entwickelt, mit deren Hilfe ein Vergleich der Distanz zu Juden mit der gegenüber anderen Gruppen möglich wird. Auf diese Weise kann untersucht werden, ob die Judenfeindschaft ein Bestandteil der allgemeinen Fremdenfeindlichkeit ist oder sich aus eigenen Motiven speist.[9]

Wir haben diesen Komplex um die Frage nach der nationalen Loyalität der Juden erweitert. Die Annahme einer starken jüdischen Binnenloyalität (vgl. die hohe Zustimmung beim Stereotyp: Juden halten fest zusammen) hat seit dem 18. Jahrhundert immer wieder zu dem Vorwurf geführt, die Juden bildeten eine „Nation in der Nation" oder einen „Staat im Staate" (vgl. Katz 1982, S.124 ff.) Heute ist durch den Staat Israel und die große Verbundenheit der außerhalb lebenden Juden mit dem Schicksal dieses Staates dieser Zweifel in einer neuen Variante zu beobachten. In amerikanischen Untersuchungen erweist sich die Frage der „doppelten Loyalität" der amerikanischen Juden gegenüber den USA und Israel als ein Konfliktpunkt, in dem den Juden ein hohes Maß an Distanz zu den USA unterstellt wird.[10] In den Pretest haben wir eine Frage aufgenommen, die eine fiktive Entscheidungssituation herstellt.

„Einmal angenommen, es gibt ein Fußballänderspiel zwischen Deutschland und Israel und unter den Zuschauern sind auch deutsche Juden. Was vermuten Sie: Für wen werden die die Daumen drücken, zu wem werden die halten?"

	Bevölkerung insgesamt	Tendenziell antijüdisch Eingestellte	Tendenziell projüdisch Eingestellte
	%	%	%
Zu Deutschland	47	13	24
Zu Israel	40	66	35
Unentschieden	43	21	41
Summe	100	100	100
(n = 344)	(n = 121)	(n = 95)	(n = 128)

Von allen drei Vergleichsgruppen wird eine relativ geringe Identifikation mit der deutschen Mannschaft angenommen. Die antijüdisch Eingestellten, die ihrerseits eine große soziale und emotionale Distanz zu den Juden haben, unterstellen komplementär bei den Juden eine entsprechende Distanz zur deutschen Mannschaft.[11] Ebenso wie die sehr hohe Zustimmung zu dem Stereotyp „die Juden halten fest zusammen" in der Hauptbefragung (70 %) deuten diese Ergebnisse auf den Fortbestand eines traditionellen antijüdischen Vorwurfs hin, die Binnenloyalität der Juden sei stärker als die Identifikation mit den Nationen, in deren Mitte sie leben.[12]

Zu fragen ist nun, ob sich diese Unterstellung dahingehend auswirkt, deutsche Juden nicht als Deutsche anzuerkennen, ihnen die nationale Zugehörigkeit abzusprechen.

Frage (2): „Wie denken Sie über folgendes: ein Jude, der in der Bundesrepublik geboren ist, ist der für sie eher ein Deutscher oder eher ein Jude?"

	Bev.insg.	Altersgruppen			
		16-29	30-44	45-59	60 und älter
	%	%	%	%	%
Eher ein Deutscher	65	72	69	66	52
Eher ein Jude	20	13	16	20	33
Unentschieden	15	16	15	14	15
Summe	100	100	100	100	100

n = 2102

Obwohl nur ein kleiner Teil der Befragten glaubt, daß die deutschen Juden sich in einem internationalen Sportwettbewerb mit der deutschen Mannschaft identifizierten, wird ihnen von zwei Dritteln die nationale Zugehörigkeit nicht bestritten. Die Tatsache, daß 20% sie im nationalen Sinn eher für Juden/Israelis als für Deutsche halten und 15% in dieser Frage unentschieden sind, zeigt, daß es heute keinesfalls eine Selbstverständlichkeit ist, in Deutschland geborene Juden auch als Deutsche anzuerkennen. Dies muß nicht *per se* aus einer antisemitischen Einstellung herrühren, sondern könnte auch ein Verständnis für die Schwierigkeiten von Juden signalisieren, sich nach dem Dritten Reich als Deutsche zu fühlen. Prüft man, wieweit die Bestreitung der nationalen Zugehörigkeit mit Antisemitismus zusammenhängt, so zeigt sich jedoch, daß insbesondere antijüdische Motive dieses Urteil begründen.

Antisemitismus (SAS)/Ein deutscher Jude eher Deutscher oder Jude?

	eher Deutscher	eher Jude	Unentschieden	Summe
nicht antisem.	1306	267	285	1858
	70,3%	14,4%	15,3%	88,4%
	95,8%	63,0%	90,5%	
antisemitisch	57	157	30	244
	23,4%	64,3	12,3%	11,6%
	4,2%	37,0	9,5%	
Summe	1363	424	315	2102
%	64,8	20,2	15,0	100

Von den als nicht-antisemitisch Eingestuften (nach SAS) halten nur wenige einen in Deutschland lebenden Juden eher für einen Juden, während zwei Drittel der Antisemiten dieser Meinung sind.[13] Der starke Generationeneinfluß (vgl. Frage 2) spricht ebenfalls für diese Lesart: Nur die Hälfte der über 60jährigen hält einen in Deutschland geborenen Juden für einen Deutschen, während dies über zwei Drittel der 16-59jährigen tun. Von letzteren ordnen nur noch 13 % einen deutschen Juden eher den Juden als den Deutschen zu, in der ältesten Generation tun dies noch ein Drittel.[14]

Diejenigen, die den Juden die nationale Zugehörigkeit absprechen, müssen nicht notwendig ein Zusammenleben mit ihnen ablehnen. Diese starke Form der Distanzierung, etwa in der Präferenz für Auswanderung oder das Verbot der Einwanderung/Rückkehr von Juden, findet weniger Anhänger. Dem Statement: „Für uns Deutsche wäre es am besten, wenn alle Juden nach Israel gingen" (Frage 10) stimmen 13% zu, 67% lehnen es ab und 20% sind unentschieden. Auch diese Distanzierung steigt mit höherem Alter deutlich an (7% der 16-29jährigen, aber 24% der über 60jährigen stimmen hier zu). Noch geringer ist mit 6%

die Zustimmung zu einem expliziten Einwanderungs- bzw. Rückkehrverbot für Juden nach Deutschland (Frage 16). Diese Differenz zwischen Auswanderungswunsch und Einwanderungsverbot rührt mit daher, daß ersterer in der Frageformulierung eine eher freiwillige Auswanderung nach Israel andeutet und eine abstrakte Meinungsäußerung darstellt, während es sich beim letzteren um eine konkrete politische Forderung handelt. Derartige Forderungen finden nur bei einer kleinen Gruppe Zustimmung (vgl. Kapitel VII). Nur ein Drittel von denjenigen, die den Auswanderungswunsch äußern, sind auch für ein Verbot der Einwanderung oder Rückkehr.

Die Tatsache, daß in der Hauptbefragung 20 % (zur Altersverteilung siehe S. 142) einen in der Bundesrepublik geborenen und aufgewachsenen Juden eher als Juden denn als Deutschen betrachten, sagt noch nicht, daß damit zugleich seine deutsche Staatsbürgerschaft und nationale Zuverlässigkeit angezweifelt wird.[15] Ob eine Identifikation als Jude mit einer derartigen Diskriminierung einhergeht, läßt sich über die Fragen zum „Auswanderungswunsch“ (Frage 10) bzw. zum „Einwanderungsverbot“ (Frage 16) nachprüfen.

Identifikation und Auswanderungswunsch

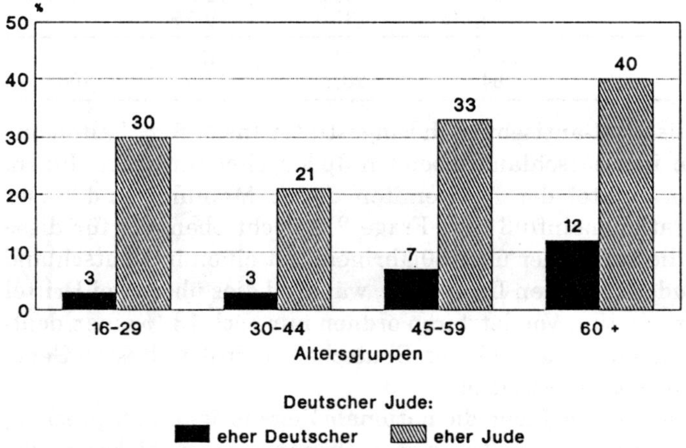

Die Auswertung zeigt, daß der Wunsch, die Juden mögen nach Israel gehen, und die Identifikation als Juden signifikant zusammenhängen: Wird diese Identifikation vorgenommen, liegt die Zustimmung zur Auswanderung der Juden wesentlich höher als wenn sie als Deutsche betrachtet werden. Daß die Identifikation als Jude nicht vollständig mit Diskriminierungsbereitschaft verbunden sein muß, zeigt das Antwortverhalten der 30-44jährigen. Häufiger als die 16-29jährigen identifizieren sie deutsche Juden als Juden, aber stimmen dennoch weniger für ihre Auswanderung als jene. Bei den 30-44jährigen geht eine Identifikation als Jude nur in 21% aller Fälle mit dem Diskriminierungswunsch einher (Durchschnitt 35%). Bei den über 45jährigen steigen mit höherem Alter Auswanderungswunsch und Identifikation als Jude simultan an. Bei den 71-79jährigen plädieren 30% für Auswanderung und 36% halten einen deutschen Juden eher für einen Juden als für einen Deutschen. Bei den ältesten Jahrgängen bedeutet die Identifikation als Jude eine negative Kennzeichnung, denn 40% derjenigen, die diese Identifikation vornehmen, möchten auch, daß alle Juden nach Israel auswandern. Ihre Distanz gegenüber Juden erweist sich als so stark, daß auch von denen, die Juden als Deutsche ansehen, dies von 11,5% trotzdem mit dem Wunsch nach Auswanderung verbunden wird.

Während bei den jüngeren Jahrgängen die Identifikation als Jude eher folgenlos bleibt und für die Gruppe insgesamt weniger wichtig zu sein scheint (hohe Zahl an Enthaltungen = über 20%), besitzen die mittleren Jahrgänge eine leicht philosemitische Tendenz. Die über 60jährigen haben eine klar konturierte Meinung (geringste Quote von Stimmenthaltungen = unter 10%), verbunden mit einer negativer Einstellung.

In einem zweiten Auswertungsschritt haben wir die Zustimmung zu einem *Einwanderungsverbot* für Juden mit der Identifikation eines deutschen Juden als Jude verknüpft. Auch hier zeigt sich eine ähnliche Tendenz.

Ein deutscher Jude eher Deutscher oder Jude? (Frage 2)/Keine Einwanderung oder Rückkehr von Juden (Frage 16)

	Keine Einwanderung nein	ja	Summe
	1314	49	1363
Eher Deutscher	96,4%	3,6%	64,8%
	66,7%	37,4%	
	353	71	424
Eher Jude	83,3%	16,7%	20,2%
	19,9%	54,2%	
	304	11	315
Unentschieden	95,5%	3,5%	15,0%
	15,4%	8,4%	
Summe	1971	131	2102
%	93,8	6,2	100,0

Die Identifikation als Deutscher ist äußerst selten mit einem Einwanderungsverbot verbunden, die Identifikation als Jude weitaus häufiger.

Die Altersgruppen bis 44 Jahre stimmen unterdurchschnittlich häufig zu, ab 45 Jahren steigt die Zustimmung diskontinuierlich an und erreicht bei den über 65jährigen ein Maximum von ca. 14 %.

Generell läßt sich sagen, daß die Identifikation eines in Deutschland geborenen und aufgewachsenen Juden als Deutscher stärker vor Diskriminierung schützt. Eindeutig mit Diskriminierung ist die Identifikation als Jude bei den älteren Jahrgängen verbunden (bis zu 50 %).

Die Messung der sozialen Distanz gegenüber einer Minderheit, die aufgrund ihrer geringen Größe und ihrer Integration in die deutsche Gesellschaft kaum wahrnehmbar ist, besitzt stark hypothetischen Charakter. Dies unterscheidet die deutsche und österreichische Situation grundlegend von der in Frankreich und USA[16], da in diesen Ländern Alltagskontakte reale Erfahrung sind.[17] Während sich die frühen Umfragen in der Bundesrepublik zur sozialen Distanz noch erinnernd an eine Situation relativ enger Sozialkontakte orientieren konnten (Erinnerung an persönliche Bekanntschaften, Präsenz jüdischer Geschäfte usw.), so verschwinden diese Fragen mit dem historischen Abstand, weil sie vor allem für die nachwachsenden Generationen an Plausibilität verlieren. Für die Analyse der Entwicklung der sozialen Distanz liegen deshalb nur wenige Daten vor, zudem erschweren die unterschiedlichen Frageformulierungen den Vergleich.

Der internationale Vergleich, für den einige Daten existieren, steht natürlich vor dem bereits angesprochenen Problem, daß etwa in Frankreich und den USA die Juden als eine große Minderheit sichtbar sind und die Frage nach der sozialen Distanz in ganz anderer Weise als in Deutschland oder Österreich das tägliche Zusammenleben betrifft.

Im Vorgriff läßt sich für die Entwicklung der emotionalen Ablehnung und sozialen Distanz gegenüber den Juden sagen, daß die Umfrageergebnisse in den verschiedenen Distanzdimensionen über die letzten vier Jahrzehnte einen deutlichen Rückgang erkennen lassen. Diese Entwicklung in Deutschland verläuft parallel zu der in anderen westlichen Ländern.[18]

Wir diskutieren im folgenden die Umfrageergebnisse für die verschiedenen Distanzdimensionen — von der Ablehnung größter sozialer Nähe, die gewöhnlich über die Frage nach einer Heirat gemessen wird, bis hin zur geographischen Trennung von einer ganzen Bevölkerungsgruppe.

Die Vorbehalte gegen den engsten Kontakt, die Ehe mit einem jüdischen Partner, haben am deutlichsten abgenommen.

Obwohl die Frageformulierungen nicht identisch sind (1949, 1961 und 1969 wurde nach einer eigenen möglichen Ehe gefragt, 1954, 1968, 1986 und 1987 nach Bedenken gegen eine Ehe zwischen einem jüdischen und nicht-jüdischen Partner und 1988 nach den Einwänden ge-

Ehe mit einem jüdischen Partner

	1949 %	1954 %	1961 %	1968 %	1969 %	1986 %	1987 %	1988 %
Ja	8	72	14	53			79*	
Nein	70	25	54	29	29	11	9	26
Unentschieden	22	3	32	18			12	

Quellen: IfD 1949, 1964, 1986, 1987 (* Pretest, nicht repräsentativ); EMNID 1954, EMNID-Info 6, 1968; Weil 1987; Wickert 1988.

gen eine derartige Ehe des eigenen Kindes), scheint doch der Trend eindeutig.[19] Die ungewöhnlich günstigen Werte der Umfrage von 1954 beruhen einmal auf der romantisch formulierten Frage („Zwei junge Leute lieben sich, der eine von ihnen ist Jude/Jüdin. Glauben Sie, daß die beiden eine glückliche Ehe miteinander führen können"), zum anderen darauf, daß im Unterschied zu 1949 und 1961 nicht nach der eigenen Ehebereitschaft gefragt wurde.

Für die Ablehnung eines Konnubiums lassen sich zwei Begründungen isolieren: Wer 1954 nicht an eine glückliche Ehe zwischen Juden und Nicht-Juden glaubte, begründete dies auf Nachfrage teils religiös, teils rassistisch. In der Sonderbefragung von Lehrern, Schülern und Studenten wird ein Generationeneffekt deutlich, der auch in anderen Umfragen festzustellen ist. Während die Lehrer häufiger religiös-konfessionelle Gründe anführten, nannten ihre Schüler und besonders die Studenten vor allem rassistische Vorbehalte (EMNID 1954, S. 14 und S. 60).[20] Zwar hielten 1961 noch 73% der Befragten die Juden für „eine andere Rasse" (IfD Bd.III, S.214) und Silbermann ermittelte 1974 noch 31% Rassenantisemiten (vgl.1982, S.45; Sallen 1977, S.280), doch haben sowohl die religiösen wie die rassistischen Vorbehalte gegen eine Ehe mit Juden im Laufe der Jahre abgenommen.[21]

Um die soziale Distanz zu einer Heirat mit Juden besser beurteilen zu können, haben wir Umfragen herangezogen, die gleichzeitig nach der Ablehnung einer Ehe mit Angehörigen anderer Völker, Rassen oder Religionen gefragt haben. 1968 lehnten 18% die Ehe zwischen Partnern der beiden großen christlichen Konfessionen ab, zwischen Juden und Nicht-Juden 29% und zwischen „Weißen und Farbigen" 47% (EMNID-Info 6 und 11/12, 1968). Zahlen von 1986 zeigen, daß eine Ehe mit Juden heute deutlich seltener abgelehnt wird (11%) als etwa die Ehe mit einem Araber (62% Ablehnung), einem Neger (46%), einem Türken (42%) oder einem Engländer (15%; IfD 1986, Tab. 23). Mit dem Wegfall der rassenideologischen Vorbehalte werden die Juden als Teil der säkularisierten westeuropäisch-amerikanischen Kultur betrachtet und relativ problemlos als Ehepartner akzeptiert. Die jüdische Religion scheint im Gegensatz zum Islam (vgl. die starke Ablehnung von Arabern und Türken) kein Grund für besondere Bedenken mehr zu sein.

Vermutlich wird die Position der Frau im Islam dafür verantwortlich gemacht, daß die Befragten bei einer Ehe mit Muslimen so oft ein Scheitern erwarten. Ethnisch-rassistische Differenzen begründen die starke Ablehnung einer Ehe mit schwarzen Partnern.

Vergleichen wir nun die bundesdeutsche Entwicklung mit der in Österreich, Frankreich und den USA. In Österreich wurde nur viermal und erst ab 1968 die „Heiratsfrage" gestellt. Der Trend scheint hier ähnlich wie in der Bundesrepublik — allerdings auf höherem Niveau — zu verlaufen: 1968 waren 40% gegen eine Heirat mit einem Juden, 1969 hatten 36% der Befragten Bedenken, 1973 waren es 35% und 1980 wollten 23% ihr Kind von einer Ehe mit einem jüdischen Partner abhalten (EMNID-Info 6/1968; Marin 1976, Tab. 1; Weiss 1984, Tab. 10/2). In Frankreich sank die Ablehnung schon in den späten 60er Jahren von 37% auf 16% und blieb bis Ende der 70er Jahre auf diesem Niveau (EMNID-Info 6/1968; Weil 1987, S. 177). Für die USA läßt sich ein eindeutiger Trend nicht feststellen (Weil ebd.). Die Ablehnung liegt insgesamt über dem Niveau der genannten europäischen Länder (1981: 43% — Martire/Clark 1982, S. 28).[22]

Es mag auf den ersten Blick überraschend erscheinen, daß 89% der Deutschen im Jahr 1986 keine Einwände gegen einen jüdischen Ehepartner haben, aber nur 49% im Jahr 1987 „Juden gern im eigenen Freundeskreis" sehen möchten. Die Differenz erklärt sich aus der entgegengesetzten Fragerichtung. Die erste Frage zielt darauf, ob man diskriminiert, die zweite Frage, ob man jüdische Freunde aktiv wünscht. Die 89% Nicht-Ablehnung drücken nicht den Wunsch nach einem jüdischen Ehepartner aus, sondern nur eine allgemeine, unverbindliche Akzeptanz. Die seit 1974 mehrmals gestellte Frage nach der Akzeptanz von Juden im Freundeskreis zeigt bis 1987 einen langsamen Anstieg der sozialen Nähe: von 32% über 41% in den Jahren 1975 und 1981 auf 49% (Weil 1987, S. 177; IfD Bd.VI, Bd.VIII, 1987). Zu dieser Frage fehlen uns vergleichbare Daten aus internationalen Studien.

Ein mittleres Distanzverhältnis zu einer Gruppe wird häufig über deren Akzeptanz als Nachbar bzw. als Arbeitskollege gemessen. Hier liegen uns Daten erst seit 1975 vor, die bis heute ein relativ stabiles, wenn auch niedriges Niveau von Ablehnung zeigen (vgl. Tab. S. 149).

Die Ablehnung eines näheren Kontakts („Mit Juden/Israelis möchte ich nicht so gern näher zu tun haben"), ohne daß die Art des Kontakts in der Frage konkretisiert wird, erbringt eine ähnliche Zustimmungsrate.

Wird die soziale Distanz durch die Beifügung des Adjektivs „deutsch" verringert, so sinkt die Ablehnung auf 8%.[23] Die Ablehnung näherer Kontakte kann auf der Antizipation von Kontaktschwierigkeiten beruhen und muß nicht in jedem Fall auf antijüdische Vorbehalte zurückgehen. Die nationale Identifikation rückt die „deutschen" Juden in grö-

Ablehnung eines jüdischen Nachbarn / Arbeitskollegen

1975 %	1981 %	1986 %	1987 %	1988 %
16	14	22	11	12

Quellen: IfD 1976, 1983, 1986, 1987 Pretest; Wickert 1988.

Ablehnung von ethnischen Minderheiten

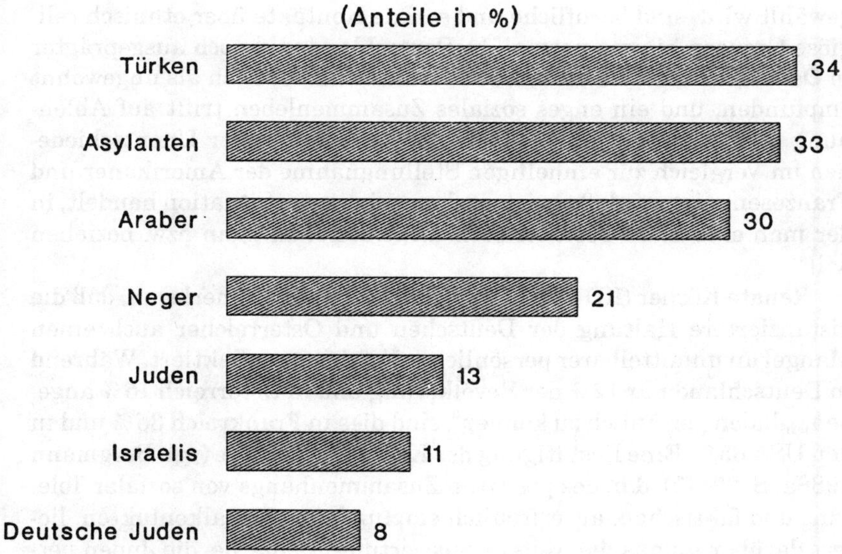

ßere soziale Nähe und beseitigt z.B. befürchtete Sprachschwierigkeiten.

Im Vergleich mit allen anderen ethnischen Gruppen (vgl. Schaubild) wird der Kontakt zu Juden am seltensten abgelehnt (ausführlich dazu: Kap. IX).

Im internationalen Vergleich geben diese Zahlen einen Hinweis auf den spezifisch nationalen Umgang mit Minderheiten.

In einer vergleichenden Befragung des IfD wurde 1986 für vier Länder erhoben, wie sich deren Bevölkerung zu einem nachbarschaftlichen Verhältnis zu Juden, Arabern, Schwarzen und Chinesen stellt.

In den Ländern, die eine lange liberale Tradition im Zusammenleben der Gruppen kennen und in denen die Juden eine relativ große Bevölkerungsgruppe bilden, wird ein nachbarschaftlicher Kontakt von fast allen akzeptiert. (Das gilt auch gegenüber den anderen drei ge-

Juden als Nachbarn konnten sich vorstellen:

	BRD %	Österreich %	Frankreich %	USA %
Ja	52	37	85	91
Nicht so recht	22	30	10	7
Unentschieden	26	33	5	2
Summe	100	100	100	100

Quelle: IfD 1986, Tab. 16.

nannten Gruppen.) Während der Ehepartner eher aus der Eigengruppe gewählt wird, sind berufliche und soziale Kontakte über ethnisch-religiöse Grenzen hinweg normal. In Deutschland und noch ausgeprägter in Österreich wird die ethnische Pluralität immer noch als ungewohnt empfunden, und ein enges soziales Zusammenleben trifft auf Ablehnung und Unsicherheit.[24] Gerade der hohe Anteil der Unentschiedenen im Vergleich zur einhelligen Stellungnahme der Amerikaner und Franzosen zeigt an, daß es sich noch um eine neue Situation handelt, in der man eine klare Position noch nicht beziehen kann bzw. beziehen will.

Renate Köcher (IfD 1986, S. 29) macht darauf aufmerksam, daß die distanziertere Haltung der Deutschen und Österreicher auch einen Mangel an unmittelbarer persönlicher Erfahrung reflektiert. Während in Deutschland nur 12% der Bevölkerung und in Österreich 15% angeben, „Juden persönlich zu kennen“, sind dies in Frankreich 35% und in den USA 65%. Eine Bestätigung der Kontakthypothese (vgl. Bergmann 1988a, S. 294ff.), d.h. des positiven Zusammenhangs von sozialer Toleranz und faktischen, als erfreulich empfundenen Sozialkontakten, liefert darüber hinaus die weitere Auswertung: Deutsche, die Juden persönlich kennen, lehnen Juden als Nachbarn zu 11% ab und akzeptieren sie zu 71% im Freundeskreis (Bevölkerungsdurchschnitt 22% bzw. 52%).

Als Indikator für die größte soziale Distanz wird seit Bogardus zumeist die Frage nach dem Verbleiben einer Gruppe im eigenen Land benutzt. Das IfD-Allensbach hat für die Juden eine entsprechende Frage seit 1952 in gewissen Abständen identisch wiederholt, so daß wir in der Antisemitismusforschung für diese Distanzdimension die dichteste Zeitreihe besitzen.

Die Datenreihe zeigt ein deutliches Abschmelzen der „Antisemiten“ und eine wachsende Akzeptanz von Juden in Deutschland.[26] Zunächst ist festzuhalten, daß ein erstaunlich hoher Prozentsatz unentschieden ist bzw. keine Meinung hat. Man könnte vermuten, daß sich in dieser Gruppe ein antijüdisches Potential befindet, das eine offene Stellungnahme scheut und in die neutrale Kategorie ausweicht. Der Vergleich der beiden Ergebnisse aus dem Jahre 1956 widerspricht dieser

„Würden Sie sagen, es ist für Deutschland besser, keine Juden im Land zu haben?“

	1952	1956**		1958	1963	1965	1983	1987*
	%	%	%	%	%	%	%	%
Besser	37	26	(29)	22	18	19	9	13
Nein, nicht besser	19	24	(35)	38	40	34	43	67
Egal / weiß nicht	44	50	(36)	40	42	47	48	20
Summe	100	100	100	100	100	100	100	100

Quellen: IfD 1986, S.23, *1987 mit leicht veränderter Fragestellung — „Für uns Deutsche wäre es am besten, wenn alle Juden nach Israel gingen“ (** vgl. Anm.[25]).

Annahme. Verzichtete man auf die Antwortvorgabe „egal“, dann erhöhte sich der Anteil der „Antisemiten“ nur gering (von 26 % auf 29 %), während das Lager der „Philosemiten“ von 24 % auf 35 % anwuchs. Dies deutet darauf hin, daß sich unter den Befürwortern jüdischen Lebens in Deutschland ein Teil wenig überzeugter und engagierten Personen befindet. Insgesamt kann man vermuten, daß die Gruppe der Meinungslosen oder Gleichgültigen sehr groß ist.

In den 50er Jahren erfolgte ein relativ starker Meinungswandel in dieser Frage, der sich in den frühen 60er Jahren kaum fortsetzte. Leider fehlen Umfragedaten für die politische Umbruchzeit der späten 60er und frühen 70er Jahre, in der der Generationenwechsel voll wirksam wurde, so daß wir nicht wissen, ob der Prozeß kontinuierlich verlaufen ist oder ob es durch das veränderte Meinungsklima zu einem Veränderungsschub in der Einstellung gegenüber den Juden gekommen ist. Der 1987 gemessene höhere Wert von 13 % für diejenigen, die die Abwesenheit von Juden in Deutschland für besser hielten, muß nicht auf eine Trendwende hindeuten, sondern kann der leicht veränderten Frageformulierung geschuldet sein. Im Gegenteil weist der starke Rückgang der Meinungslosen zugunsten der „philosemitischen Position“ auf eine Fortsetzung des Trends hin.

Eine Frage, die 1986 das Interesse der Juden an einer Auswanderung nach Israel in den Mittelpunkt stellte (s.u.), erhielt 20 % Zustimmung (Ablehnung 56 %, unentschieden 24 %). Offensichtlich hat der in der Fragestellung vorgenommene Perspektivenwechsel die höhere Zustimmung bewirkt. Man kann offenbar für eine Ansiedlung aller Juden in einem Nationalstaat sein, ohne damit notwendig ein deutsches Eigeninteresse zu verbinden bzw. die Juden damit diskriminieren zu wollen.[27]

Diese Zustimmung kann man dennoch als Zweifel an einer problemlosen Nachbarschaft zwischen Juden und Nichtjuden interpretieren. Der internationale Vergleich zeigt, daß die Amerikaner kein Verständnis dafür haben, die Schwierigkeiten im Zusammenleben der Gruppen dadurch zu lösen, die Juden in einem eignen Nationalstaat zusammenzufassen.

„Kürzlich sagte jemand: Am besten wäre es, wenn alle Juden nach Israel gingen, denn das ist ihr Land."

	BRD %	Österreich %	Frankreich %	USA %
Zustimmen	20	24	17	9
Nicht zustimmen	56	40	65	87
Unentschieden	24	36	18	4
Summe	100	100	100	100

Quelle: IfD 1986, Tab. 20.

In der Bundesrepublik und noch stärker in Österreich stößt dieser Gedanke auf Sympathie, während in Frankreich seine Ablehnung überwiegt und in den USA nahezu total ist. Wie schon bei der Frage der Nachbarschaft scheinen die europäischen Gesellschaften noch stark an dem nationalstaatlichen Ideal einer homogenen Einwohnerschaft festzuhalten, während für die USA als historische Einwanderungsgesellschaft die multi-ethnische Situation das Gegebene ist. Möglicherweise kann dieses Homogenitätsideal das folgende merkwürdige Ergebnis erklären: nach der Bogardus-Skala müßte die Ausschließung von Fremdgruppen aus dem eigenen Land die stärkste soziale Distanz signalisieren, die alle anderen Distanzformen einschließt. Dieses theoretisch erwartete Ergebnis wird durch unsere Umfrage nicht bestätigt. Dem Item „Es wäre besser für uns, wenn alle Juden nach Israel gingen" (Frage 10) stimmen 12,7 % zu (n = 266). Von diesen lehnt ein Drittel persönliche Kontakte zu Juden ab und verhält sich damit „konsistent", während zwei Drittel nicht ablehnen, obwohl diese ja eine geringere soziale Distanz bedeuten. Die Ablehnung der Juden als Gruppe mit eigenen Interessen und spezifischen innen- und außenpolitischen Forderungen scheint dem nationalstaatlichen Homogenitätsideal zu folgen, von dem persönliche Kontakte zu einzelnen Juden nicht vollständig determiniert sind. Umgekehrt korreliert die Ablehnung dieser persönlichen Kontakte (n = 214) höher mit der Forderung nach einer totalen Distanzierung (n = 100 oder 47 %). Bei stark antijüdisch eingestellten Personen ist dieses Distanzmuster noch deutlicher ausgeprägt: 60 von 74 Befragten dieser Kategorie (also 81 %) stimmen beiden Distanzfragen zu. Wie kann man sich erklären, daß viele der als nicht-antisemitisch einzustufenden Befragten es für besser halten, keine Juden im Land zu haben, aber dennoch persönliche Kontakte nicht ablehnen? Offenbar werden die kollektive und die persönliche Bewertungsebene getrennt kategorisiert. Das Zusammenleben von Kollektiven wird eher über kulturelle

Muster und Statusfragen beurteilt, die emotional einen anderen Bedeutungsgehalt haben als direkte persönliche Kontakte. In der nationalen Distanz wird das kollektive Judenimago des „gefährlichen, mächtigen und bedrohlichen Juden“ enthalten sein. Bereits der traditionelle Antisemitismus kannte die Differenz zwischen dem gehaßten Kollektiv („der Jude“) und dem konkreten jüdischen Nachbarn, den er als „Ausnahme von der Regel“ aus dieser Bewertung ausklammerte und zu dem persönliche Kontakte bestehen konnten.

Die demographische Verteilung von emotionaler und sozialer Distanz

Die einzelnen Fragen zur emotionalen und sozialen Distanz fanden unterschiedlich viel Zustimmung. Um das Ausmaß und die Verteilung der Ablehnung von Juden in dieser Vorurteilsdimension zusammenfassend beurteilen zu können, haben wir den Index AS-DISTANZ gebildet, der drei zentrale Variablen aus diesem Komplex umfaßt: Frage 7: „Leute, die keine Juden mögen“, Frage 1a: „mit Juden nicht näher zu tun haben wollen“ und Frage 10 „alle Juden nach Israel“ (vgl. zur Einführung dieses Index Kap. III).

Index AS-DISTANZ

Zustimmung	n	%	kum. %
0	1703	81,0	81,0
1	263	12,5	93,5
2	76	3,6	97,1
3	60	2,9	100,0
Summe	2102	100,0	

Die ausgewählten Variablen formulieren eine deutliche Ablehnung der Juden, so daß man bereits Befragte, die einmal zustimmen, als emotional antijüdisch eingestellt bezeichnen könnte. Die Auswertung des Index AS-DISTANZ mit den Indices AS-STEREOTYP und AS-DISKRIMINIERUNG zeigt jedoch, daß die Gruppe derjenigen, die einmal zustimmen, nur zu einem kleinen Teil (ein Fünftel bis ein Drittel) ausgesprochen stark stereotypisiert und diskriminiert.[28] Von denen, die zwei oder dreimal zustimmen, neigt dagegen die Mehrheit (zwischen 60% und 90%) auch zu starker Stereotypisierung und Diskriminierung. Die Gruppe der emotional antijüdisch Eingestellten umfaßt deshalb alle, die zwei und dreimal zustimmen, und einen Anteil derjenigen, die nur einmal zugestimmt haben. D.h. wir schätzen damit, daß ca. 11% aller Befragten emotional antijüdisch eingestellt sind.

In der emotionalen Ablehnung unterscheiden sich die Geschlechter nicht. Die stärksten strukturierenden Merkmale dieser Gruppe sind Alter und Bildung.

AS-DISTANZ nach Altersgruppen

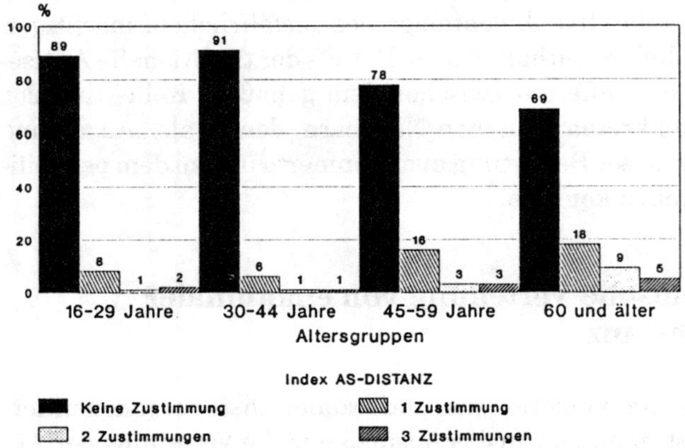

AS-DISTANZ nach Bildungsabschluß

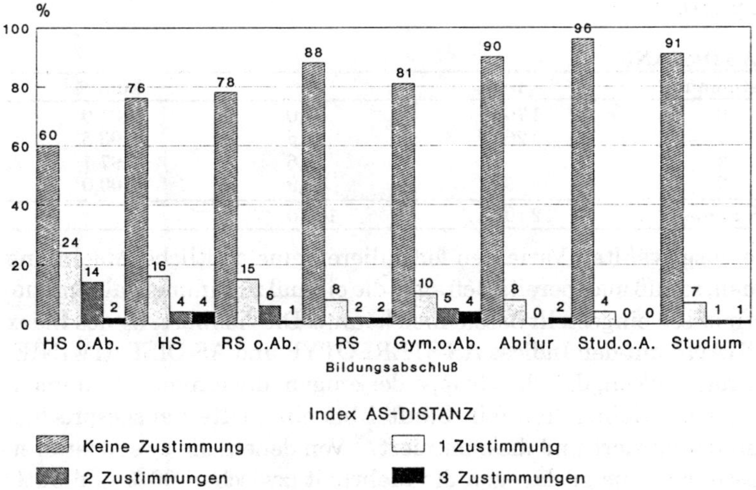

Im Generationenverlauf lassen sich vier Generationen unterscheiden. Die bis 44 Jahre alten Befragten zeigen die geringste emotionale Ablehnung (zwischen 2 % bis 3,5 %), die bei den 45 bis 54jährigen leicht auf 5 % ansteigt. Die nächst ältere Gruppe der 55 bis 64jährigen stimmt mit 7,5 % schon doppelt zu häufig zu wie die jüngste Kohorte. Ein klarer Generationenbruch liegt jedoch zwischen dieser Gruppe und den über 65 Jahre alten Befragten. Sie zeigen mit 17 % die stärkste emotionale

Ablehnung der Juden. Neben einem gewissen Maß an Alterskonservatismus scheint die ideologische Prägung dieser Generation durch das Dritte Reich nachhaltige emotionale Spuren hinterlassen zu haben.

Die über Bildung erworbene Urteilsfähigkeit wirkt dämpfend auf die emotionale Ansprechbarkeit gegenüber Ressentiments. Es sind die weniger gebildeten Gruppen, die die höchste emotionale Distanz zu Juden zeigen. Gescheiterte Bildungskarrieren scheinen die Ausbildung von Ressentiments zu begünstigen. Der Besuch einer höheren Schule, ohne dabei jedoch zum Abitur zu gelangen, begünstigt antijüdische Ressentiments, die größer sind als bei erfolgreichem Abschluß der Hauptschule. Wirken Alter und höhere Bildung zusammen, wie im Fall der studentischen Jugend, so verschwinden Ressentiments fast vollständig. Von 68 befragten Studenten stimmen nur drei einmal auf dem Index AS-DISTANZ zu (4 %), zwei und drei Zustimmungen gibt es bei ihnen nicht.

Die Zunahme höherer Bildungsabschlüsse in der Bundesrepublik sowie das Nachwachsen junger, unbelasteter Generationen lassen die Annahme zu, daß die emotionale Ablehnung und soziale Distanz gegenüber Juden weiter abnehmen werden.

Anmerkungen

1 Die Unkenntnis darüber, was der Talmud ist, enthält einen ersten Hinweis darauf, daß die Tradition der antisemitischen Talmudpolemik abgebrochen ist.

2 Diese direkte Frage nach der Selbsteinstufung wurde selten gestellt. Deshalb fehlen internationale Daten, die man mit den deutschen vergleichen könnte. 1966 äußerten in Frankreich 10 % der Befragten Antipathie gegen Juden (4 % Sympathie, 80 % weder/noch) und 9 % stuften sich selbst als Antisemiten ein (Bensimon/Verdes-Leroux 1970, S. 60).

3 In ihrer Untersuchung über nationale Vorurteile haben Sodhi/Bergius (1953, S. 75 ff.) auch die affektive Einstellung gegenüber verschiedenen Völkern zu bestimmen gesucht. Sie haben die Befragten aufgefordert, die in der Untersuchung verwendeten Eigenschaftszuschreibungen mittels einer Werteskala einzustufen. Die Auswertung ergab für das Eigenstereotyp der Deutschen den höchsten positiven Gefühlswert, die Juden rangierten in der Rangreihe nach Gefühlswerten unter 14 Nationen auf dem 9. Platz. Mit dem Punktwert + 0.03 lagen die Juden nahe am „Neutralitätspunkt". Die Autoren interpretieren dies als Ausdruck einer ambivalenten Gefühlshaltung, bei der die positiv bewerteten Begabungen durch negative Eigenschaften aufgewogen wurden. Diese bilanzierende Methode läßt allerdings außer acht, daß Eigenschaften (wie Intelligenz, Geschäftstüchtigkeit, nationaler Zusammenhalt usw.) im Kontext negativer Gefühle ebenfalls eine negative Tönung annehmen können: jüdische Begabungen können von den Antisemiten als Bedrohung erlebt werden.

4 Ein weiteres Viertel zeigte gefühlsindifferente Assoziationen, in denen sich positive und negative Elemente mischten. 15 % gaben keine Antwort, ein Drittel zeigte eine positive Einstellung, die sehr stark mit Schuldgefühlen verwoben war (EMNID 1954, S. II f.).

5 Wie zäh Prozesse individuellen Einstellungswandels verlaufen, zeigt die Antwortverteilung auf eine Frage in der Untersuchung von Weiss (1984, S. 66 ff.), in

der nach dem subjektiven Meinungswechsel gefragt wurde. Auf die Frage: „Wenn Sie an früher denken, haben Sie da über Juden eine andere Meinung gehabt als heute?“ gaben 16,8 % an, „früher eine schlechtere Meinung“ gehabt zu haben, während 76,9 % bei sich keinen Meinungswandel konstatierten (3,6 % hatten früher eine bessere Meinung, 2,5 % machten keine Angaben). Es waren die Geburtsjahrgänge 1926 - 1930, die am stärksten einen späteren Meinungswechsel vollzogen haben. Diese Generation war zwar in Schulen und Jugendverbänden noch indoktriniert worden, konnte aber nach dem Krieg als nicht im selben Maß belastet und engagiert wie die älteren Jahrgänge den gelernten Antisemitismus leichter überwinden (ebd. S. 67).

6 Zur gesellschaftlichen Bekämpfung von Antisemitismus deutet sich damit eine doppelte Strategie an: bei den Jüngeren muß und kann das Entstehen von Vorurteilen durch eine liberale Schule und Öffentlichkeit bereits im Ansatz verhindert werden, die antijüdische Einstellung der Älteren muß an ihrer öffentlichen Bekundung gehindert werden, radikale Einstellungskonversionen sind bei ihnen nur schwer zu erreichen.

7 Die spontane Äußerung von Sympathie oder Antipathie gegenüber bestimmten Begriffen ist ein eher „weicher“ Indikator für die emotionale Einstellung. Man sollte die Sympathiewerte nicht nach ihrem absoluten Wert für sich allein betrachten, sondern aussagekräftiger sind die Abstände zwischen den abgefragten Begriffen. Sie geben Auskunft über die ungefähre Position von Begriffen auf einer gedachten Sympathieskala.

8 Die hohe Korrelation (.43) zwischen dem Index AS-DISTANZ, mit dem die emotionale Komponente des antisemitischen Vorurteils gemessen wird, und dem Index PAST, der die Haltung zur Vergangenheitsbewältigung mißt, bestätigt diese Beziehung. Vgl. zur Einführung der genannten Indices: Kap. III bzw. das Ende dieses Kapitels.

9 In seiner Umfrage unter amerikanischen High School-Studenten kam Galtung zu dem Ergebnis, daß die Haltungen der antisemitisch Eingestellten „to a large extend form parts of a general syndrome of attitudes toward minorities“. Diese Personen lehnten auch Schwarze, Katholiken und Deutsche überdurchschnittlich oft ab, richteten sich aber vor allem gegen Juden -“but they specialize in Jews“ (Galtung 1960, S. 64).

10 Vgl. die Zusammenstellung der Ergebnisse von 1964 bis 1982 bei Rosenfield 1982, S. 433 ff. Ca. 30 % der Befragten stimmten in diesem Zeitraum dem Statement zu: „Most American Jews are more loyal to Israel than to the United States“. Vgl. auch Weil 1987, S. 176.

11 Galtung hat 1960 den empirischen Nachweis erbracht, daß antisemitisch Eingestelle den Juden komplementär Gefühle von Haß, Verachtung und Überlegenheit unterstellten. Er interpretiert dies als ein typisches Konfliktphänomen: diejenigen, die sich selber als im Konflikt mit einer anderen Gruppe sehen, brauchen eine Reziprozität der negativen Gefühle und müssen deshalb dieser Gruppe die gleichen negativen Gefühle unterstellen, die sie selbst für sie empfinden (Galtung 1960, S. 64). Diese Projektion hat für die Antisemiten die Funktion, Inkonsistenz und Dissonanz zu vermeiden.

12 Im Jahre 1974 wurde die Einschätzung der nationalen Orientierung der Juden in einer Projektionsfrage erhoben: „Juden fühlen sich in erster Linie mit Israel verbunden. Sie interessieren sich nur am Rande für die Angelegenheiten des Landes, in dem sie leben.“ 55 % der befragten deutschen Bevölkerung äußerte dazu starke bzw. schwache Zustimmung, 30 % starke bzw. schwache Ablehnung und 15 % waren ohne Meinung (vgl. Sallen 1977, S. 281). In dieser Zustimmung mag sich einerseits das Wissen um die große Bedeutung spiegeln, die der Staat Israel für die Juden in aller Welt hat, andererseits aber auch ein Vorbehalt gegen die Loyalität

der einheimischen Juden, da die Frage in ihrem zweiten Teil einen polemischen Unterton besitzt.

13 Andererseits bleibt richtig, daß die Zurechnung eines in Deutschland lebenden Juden zu den Juden und nicht zu den Deutschen nicht auf eine antisemitisch motivierte Ausgrenzung schließen läßt. Denn von den 424 Befragten (20 %), die ihn eher als Juden sehen, sind nur 37 % als deutlich antisemitisch einzustufen.

14 Im Jahre 1949 war es noch die jüngste Kohorte der unter 30jährigen, die in einer Befragung im Auftrag der HICOG den deutschen Juden die nationale Zugehörigkeit bestritt. Auf die Frage: „In your opinion, is a Jew whose parents and grandparents were born and grew up in Germany a real German or not?" antworteten 38 % von ihnen mit Nein, gegenüber 26 % der 30-49jährigen und 22 % der über 50jährigen. Die Tatsache, daß 1949 nur 28 % aller Befragten mit Nein antworteten, während 68 % Juden als „richtige Deutsche" bezeichneten, deutet für die damalige Zeit auf eine starke Anpassung in Richtung sozialer Erwünschtheit hin. Mit diesem Antwortverhalten wurde zugleich die nationalsozialistische Definition der Juden als Rasse abgelehnt (HICOG-Report Nr. 1, Dez. 1949, S. 13, Daten repräsentativ für die US-Zone).

15 Der Zweifel an der nationalen Zuverlässigkeit der in Deutschland lebenden Juden scheint eher gering zu sein. 1979, vor Ausstrahlung der Fernsehserie „Holocaust" lehnten nur 2 % der Befragten das Statement ab: „Die Juden in Deutschland sind genauso gute Staatsbürger wie andere auch"; 80 % stimmten ihm zu und 19 % waren unentschieden (Ernst 1979, S. 239). Interessante Einblicke in die Akzeptanz der Juden könnte eine Frage erbringen, die z.B. ihren Rechtsstatus mit der allgemeinen Wehrpflicht in Beziehung setzt.

16 In Frankreich lebten 1986 535000 Juden, in den USA wird die Zahl auf 5814000 geschätzt (vgl. American Jewish Yearbook 1987, S. 221 und 167).

17 12 % der Befragten geben in unserer Umfrage an, einen oder mehrere Juden im Bekanntenkreis zu haben.

18 Für die osteuropäischen Länder Polen, Ungarn, Tschechoslowakei und Rumänien gibt es nur die methodisch angreifbaren Ergebnisse der RFE-RL-Studie von 1980, die in allen diesen Ländern eine große soziale Distanz zu Juden sichtbar macht. Die Differenzen zwischen dem Autostereotyp dieser Nationen und dem Heterostereotyp der Juden sind größer als zu den anderen abgefragten Gruppen (Zigeuner, Amerikaner und Schwarze — 1980, S. 20ff.).

19 Die vom Wickert-Institut 1988 ermittelte Zahl ist aus dem Kontext dieser Umfrage kritisch zu bewerten und signalisiert unserer Meinung nach keine Trendumkehr.

20 Der HICOG-Report zum „State of German Nationalism" von 1949 zeigt für die US-Zone einen Fortbestand des Rassismus. Von Dezember 1946 bis Oktober 1949 stimmten zwischen 42 % und 54 % der Befragten dem Statement zu: „Do you think that some human races are more fit to rule than others?" und zwischen 34 % und 43 % glaubten an die Inferiorität einiger „Rassen" (Report No. 1, 1949, S. 10ff.).

21 In unserem Pretest geben noch 13 % der Befragten an, von Juden als einer Rasse zu sprechen. Zur religiös begründeten Ablehnung der Juden vgl. Kap. IV.

22 Eine international vergleichende Momentaufnahme gibt EMNID für das Jahr 1968: Tabelle siehe nächste Seite.

23 Jeweils der Hälfte des Samples wurde die Frage mit der Formulierung: „mit Juden" bzw. „mit deutschen Juden" nicht näher zu tun haben wollen — vorgelegt.

24 Für 1988 ermittelte Wickert 12 %, die eine jüdische Familie als Nachbarn ablehnten (bei den 18-29jährigen waren es nur noch 3 %, bei den 30-49jährigen 10 % und bei den 50-69jährigen 17 %). Eine türkische Familie wurde von 20 % abgelehnt, wobei der Alterseffekt weniger stark ausgeprägt war. Die jüngste Kohorte lehnte sie zu 17 %, die mittlere zu 15 % und die älteste zu 27 % ab (Wiener 1988, S. 4).

25 Auf den starken Einfluß, den die Antwortvorgabe auf das Ergebnis hat, macht Gal-

Tabelle zu Anmerkung 22:
Frage: „Sind Sie für oder gegen eine Heirat zwischen:" (in %)

	Katholiken/Protestanten		Juden/Nicht-Juden		Weißen/Farbigen	
Länder	dafür	dagegen	dafür	dagegen	dafür	dagegen
BRD	72	18	53	29	35	47
Österreich	78	14	51	40	39	53
Niederlande	48	25	44	19	51	23
Frankreich	74	14	64	16	62	25
Großbritannien	61	24	50	23	29	57
Schweiz	67	23	53	29	50	35
USA	63	22	59	21	20	72

Quelle: EMNID-Info 11/12, 1968).

tung aufmerksam. So gab es 1956 zwei Frageversionen: die oben zitierte mit der doppelten Antwortvorgabe „weiß nicht" = 17% und „unentschieden" = 33%, die in der Quelle zu 50% zusammengezogen sind, und eine weitere ohne die Antwortkategorie „unentschieden". Die Antwortverteilung fiel dann so aus: „besser" = 29%, „nicht besser" = 35% und „weiß nicht" = 36% (Galtung 1960, S. 3). D.h. wer auf die Kategorie „unentschieden" auswich, gehörte nur in den seltensten Fällen zum Kreis der Judengegner. Diese Aufschlüsselung ist für unser Thema insofern von allgemeiner Bedeutung, als sie die These widerlegt, daß viele ihre wahre antijüdische Meinung hinter Indifferenz und Unwissenheit versteckten.

26 Vergleichbare Zahlen für Frankreich zeigen 1966 ein Ergebnis, das dem deutschen von 1965 gleicht. Etwa 20% der Franzosen wünschten, daß möglichst viele Juden nach Israel gingen, 63% waren indifferent und 3% wollten, daß möglichst viele Juden in Frankreich bleiben sollten (Bensimon/Verdes-Leroux 1970, S. 71).

27 Diese Beobachtung wird durch Ergebnisse der Umfrageforschung in Österreich gestützt. Dort wurde die Frage: „Würden Sie sagen, es ist für Österreich besser, keine Juden im Land zu haben?" mehrmals gestellt (in %).

	1973	1986	1987	1988	1989
Ja	21	15	11	8	13
Nein	47	58	71	83	68
Sonstige	32	26	18	10	19

Quelle: Haerpfer 1989, S. 37.

Der Vergleich der Antwortverteilung auf diese Frage für 1986 mit der auf die Frage „wenn alle Juden nach Israel gingen" für das gleiche Jahr zeigt (s.o. Tab.), daß in der Tat die Frageformulierung eine entscheidende Rolle spielt.

28 Generell ist ein klarer Zusammenhang zwischen den drei Dimensionen des antijüdischen Vorurteils festzustellen. Die Korrelation zwischen AS-DISTANZ und AS-STEREOTYP beträgt .55, die zwischen AS-DISTANZ und AS-DISKRIMINIERUNG .57 (sign. auf dem 1% Niveau).

VII. Diskriminierungsbereitschaft und Intoleranz

Mit Meinungsumfragen ist das tatsächliche Handeln von Menschen nicht zu erfassen. Man kann nur verbale Aussagen über die *Handlungsbereitschaft* erheben. Insofern ist die gemessene Diskriminierungsbereitschaft eine Dimension der Einstellung. Wieweit Einstellungen auf faktisches Verhalten einwirken, ist in der Vorurteilsforschung umstritten, da sich Handlungen in einem normativ bestimmten Kontext vollziehen, in dem vielfältige soziale Faktoren wirksam sind (Benninghaus 1976; Frey 1972). Es ist aber davon auszugehen, daß die Zustimmung zu diskriminierenden Forderungen eine Brücke zum realen Handeln bildet und daß sie ein Zeichen dafür ist, daß der Betreffende sich bewußt und emotional engagiert. Die Unterstützung antijüdischer Forderungen ist deshalb ein weit besserer Indikator für einen ausgeprägten Antisemitismus als die Zustimmung zu kognitiven Stereotypen und als soziale Distanz.[1] Dies zeigt sich im Pretest von 1987 in der großen Differenz zwischen dem Bevölkerungsquerschnitt und den „tendenziell antisemitisch Eingestellten", deren Diskriminierungsbereitschaft 4-5mal so groß ist.

Dieser diskriminierungsbereiten Minderheit steht die große Bevölkerungsmehrheit gegenüber, die Rechtsgleichheit und Gleichbehandlung unterstützt. 70% sind der Meinung, daß „Juden und Nichtjuden vom Recht und einfach in allem genau gleichbehandelt werden sollen" (Frage 16/15). Von den 16-59jährigen unterstützen 73% diese Meinung, von den über 60jährigen sind es 63%. Dieser Rechtsgrundsatz wird gelegentlich von juristischen Laien zu einer formalen Argumentationskrücke gemacht, wenn Gleichheitsgrundsätze auf Ungleiches angewendet werden. So wird mit dem Grundsatz der Rechtsgleichheit auch eine historisch entstandene und begründete Herausgehobenheit abgelehnt. Das Statement: „Den Juden soll bei uns in jeder Weise geholfen werden, denn sie haben sehr viel gelitten" (Frage 16/1) findet nur noch 26% Zustimmung.

Wir haben die Gleichbehandlung von Ungleichem auch im Kontext jüdischer Forderungen, ihre Religion und ihre Erziehung in einer christlichen Umwelt zu praktizieren, geprüft. Die Zustimmung von 69 % zum Statement: „Kinder von Juden sollten auf die gleichen Schulen gehen wie andere Kinder auch" (Frage 16/6) ist ambivalent. Einerseits drückt sie Integrationsbereitschaft aus, andererseits enthält sie ein Konfliktpotential gegenüber autonomen jüdischen Erziehungs- und Kultusansprüchen.

In unserer Umfrage haben wir die Dimension der Diskriminierungsbereitschaft in dreifacher Weise berücksichtigt:

- in der Bereitschaft, sich persönlich gegen Juden zu wenden
- in Forderungen nach staatlich-gesetzlicher Diskriminierung
- in der Bereitschaft, die antijüdischen Äußerungen und Aktivitäten anderer Personen oder Gruppen zu tolerieren.

Persönliche Diskriminierungsbereitschaft

Zunächst ist festzuhalten, daß sehr viel weniger Personen bereit sind, sich persönlich antijüdisch zu engagieren, als antijüdischen Stereotypen zuzustimmen oder soziale Distanz und Ablehnung zu äußern. Eine Diskriminierungsbereitschaft läßt sich bei 2 %-7 % der Befragten feststellen. 2 % sind der Meinung, „man sollte nicht zu jüdischen Ärzten gehen" (Frage 16/10), 5 % wollen in Leserbriefen die Wiedergutmachungszahlungen an Israel heftig angreifen (Frage 16/16) und 7 % äußern die Bereitschaft, „jemandem im Gespräch beizustehen, der etwas gegen Juden gesagt hat" (Frage 16/14).[2] Insgesamt werden derartige Forderungen weit stärker von den Älteren unterstützt. Dies zeigt sich besonders kraß am Beispiel des Arztbesuchs. Während noch 5 % der über 60jährigen den Besuch bei einem jüdischen Arzt ablehnen und damit offenbar den Boykott der Juden im Dritten Reich erinnernd reproduzieren, haben die jüngeren Jahrgänge, so etwa die 30-44jährigen mit 0,4 % Zustimmung, kein Verständnis mehr dafür. Dieses Verhalten, das in den 50er und 60er Jahren durchaus noch im Alltagsbewußtsein vieler Deutscher präsent war, ist heute insbesondere für die Jüngeren weitgehend irreal geworden. In den Jahren 1961 und 1965 äußerten noch 14 % der Befragten Bedenken, sich von einem jüdischen Arzt behandeln zu lassen. Die 16-29jährigen äußerten diese Bedenken unterdurchschnittlich (10 % bzw 8 %), für sie scheint die Differenz von jüdisch/nichtjüdisch in dieser Hinsicht bereits damals irrelevant geworden zu sein, dagegen äußerten sie die Frauen noch überdurchschnittlich oft (18 % gegenüber 10 % der Männer, IfD 1964, S. 218). Die größeren Bedenken der Frauen reflektieren noch die rassistische NS-Propaganda, von der jeder nähere Kontakt zu Juden als „Beschmutzung" verteufelt und von der jüdische Männer als sexuell aggressiv dargestellt wurden. Die geschlechtsspezifischen Unterschiede in dieser Hinsicht gingen mit der Zeit zurück (1965: 12% der Männer und 15% der Frauen) und haben sich heute verloren (2,2% zu 1,9% im Jahre 1987). Ähnlich wie in der Frage des Arztbesuchs kann man in den ersten Nachkriegsjahren ein Fortwirken der nationalsozialistischen Boykottpolitik beobachten. Selbst bei einem preisgünstigeren Angebot wollten 1949 25% aller Befragten nicht in einem jüdischen Geschäft einkaufen (IfD 1949, S. 35). Damals waren es gerade die höher Gebildeten, die wider alle ökonomische Rationalität ein günstiges Angebot ausschlagen wollten (30% gegenüber 22% der Personen mit Volksschulabschluß). Diese Gruppe war, wie auch das „Gruppenexperiment" vom Anfang der 50er Jahre bestätigt (Pollock 1955), besonders stark von der NS-Propaganda beeinflußt worden und hielt an ihren Überzeugungen zunächst fest.[3] Wir haben eine ähnliche Frage 1987 nicht wieder gestellt, da sie uns eher über Ausläufer antijüdischer Tradition, die für die jüngeren Generationen keine realen sozialen Situationen mehr beschreibt, Auskunft geben kann als über die heute relevanten Konfliktfelder im deutsch-jüdischen Verhältnis. Unterstützung finden heute eher politische Forderungen, die sich gegen Ansprüche jüdischer Repräsentanten und Israels richten. D.h. auch für die Antisemiten geht es mehrheitlich nicht um einen aktiven Boykott in Deutschland lebender Juden, sondern um die Einstellung besonderer Hilfeleistungen und um die Verweigerung eines – ihrer Meinung nach bestehenden – Sonderstatus.[4]

Forderungen nach rechtlicher Diskriminierung

Im Unterschied zu dem nur sehr selten anzutreffenden persönlichen antisemitischen Engagement werden Diskriminierungen staatlicherseits häufiger gefordert. Besonders ausgeprägt ist immer noch die Abneigung, durch Juden verwaltet und regiert zu werden (Frage 16/2):

„Juden sollen bei uns nicht Minister oder hohe Beamte werden"

Bev. insg.	Altersgruppen			
	16-29	30-44	45-59	60 und älter
%	%	%	%	%
16,1	9,1	11,8	17,2	27

In dieser Ablehnung drückt sich einmal die Annahme einer doppelten oder unklaren jüdischen Loyalität, zum anderen die lange Tradition der Ausschließung der Juden von Staatsämtern aus. Man muß dabei nicht nur an den durch die Rassengesetzgebung „legalisierten" Ausschluß der Juden aus dem öffentlichen Dienst während des Dritten Reiches denken, sondern auch an die Idee des christlich-germanischen Staates, aus dem Nicht-Christen und Nicht-Deutsche *per se* ausgeschlossen blieben (Erb/Bergmann 1989). Der starke Generationseffekt weist auf die Virulenz dieser Ideologien hin. Während die jungen Generationen, die mit einem demokratisch-egalitären Staatsverständnis aufgewachsen sind, die genannte Forderung zu 11% unterstützen, stimmen ihr noch heute 27% der über 60jährigen zu.[5]

Der Widerstand gegen Juden in hohen politischen Ämtern wurde von der Umfrageforschung – mit jeweils voneinander abweichenden Frageformulierungen – einige Male zur Messung von Diskriminierung abgefragt. Das erste Mal wurde die Frage in einer Jugendstudie 1956 von DIVO den 16 bis 25jährigen gestellt und 1961 teilweise repliziert.[6]

„Was ist Ihre Meinung: Sollten Personen, die einer der folgenden Gruppen angehören, hohe Positionen in der deutschen Regierung einnehmen?"

	starke/einige Bedenken				keine Bedenken		keine Meinung	
	1956/61		1956/61		1956/61		1956/61	
	%	%	%	%	%	%	%	%
führende Industrielle	25	–	30	–	28	–	17	–
Kommunisten	63	–	17	–	7	–	13	–
Nazis	33	39	27	23	17	13	23	25
Juden	29	19	26	19	24	35	21	27
Emigranten	–	14	–	23	–	35	–	28

Quelle: DIVO-Pressedienst Juli 1961, S. 7ff.

Die Zahlen zeigen für 1956 die extrem starke Ablehnung von Juden in politischen Ämtern seitens der Jugendlichen, die mit 55% fast genauso hoch ausfällt wie die Ablehnung ehemals führender Nationalsozialisten. Täter und Opfer (Juden und Emigranten) erfahren gleichermaßen hohe Ablehnung. Letztere wurden – in gleicher Weise von den Erwachsenen – nicht als Opfer der NS-Politik und als Vertreter eines „besseren Deutschland" akzeptiert. Es überrascht deshalb nicht, daß von den 1960 ermittelten Tätern der antisemitischen Schmierwelle zwei Drittel zwischen 14 und 30 Jahre alt waren. Die antikommunistische Ideologie des Kalten Krieges, die man sicherlich zu recht als ein funktionales Äquivalent für den Antisemitismus und für die nationalsozialistische Ideologie ansehen kann (Galtung 1960, S. 5; Mitscherlich 1968, S. 42), hatte bei den Jugendlichen bereits zu einer fast totalen Ablehnung von Kommunisten geführt, ohne daß sie zu diesem Zeitpunkt die judenfeindliche Haltung vieler Deutscher schon ersetzt hätte. Antisemitismus und Antikommunismus koexistierten in den Köpfen vieler Deutscher in den 50er Jahren. – Die Zahlen von 1961 zeigen bei der nächstfolgenden Jugendgeneration einen relativ starken Abbau der antijüdischen Bedenken. Waren die 16 bis 25jährigen von 1956 (Jahrgänge 1931 bis 1940) zu einem Teil noch im Dritten Reich in die Schule gegangen und der rassenbiologischen Indoktrination ausgesetzt gewesen, so setzte sich diese Altersgruppe 1961 aus Jahrgängen zusammen (1936 bis 1945), die diesem Einfluß nur noch gebrochen und im Kontext anti-antisemitischer Haltungen erlebte. Das günstigere Ergebnis von 1961 mag zum Teil auch auf die tiefgreifende gesellschaftliche Wirkung der Schmierwelle zurückzuführen sein, die vor allem im Bereich der Pädagogik eine verstärkte Bekämpfung von Antisemitismus und eine Aufklärung über die nationalsozialistische Judenverfolgung in Gang setzte.[7] In ihren Bedenken gegen Juden in hohen Regierungsämtern unterschieden sich im Juni 1961 die Jugendlichen nicht von den Erwachsenen: von den Befragten insgesamt hatten 18 % starke, 23 % einige und 33 % keine Bedenken.[8] Die zweite Befragung zum Eichmann-Prozeß vom Februar 1962 (DIVO zit. nach Schmidt/Becker 1967, S. 132) kam zum selben Ergebnis wie die vom Juni 1961. Bedenken gegen Juden in „hohen Stellungen der Bundesregierung“ hatten ca. 45 % der Befragten, etwa 20 % hatten keine Meinung.

In den USA ist die Frage nach der Unterstützung eines jüdischen Präsidentschaftskandidaten seit Ende der dreißiger Jahre immer wieder gestellt worden und kann als guter Indikator für den Grad der politisch-gesellschaftlichen Diskriminierung einer Gruppe angesehen werden. Bis in die 50er Jahre hinein war die Ablehnung eines jüdischen Kandidaten mit knapp 50 % ebenso hoch wie in der Bundesrepublik im Jahre 1960. Im Jahre 1958 war sie in den USA bereits auf 28 % gesunken und nahm dann stetig (1963: 17 %; 1965: 15 %) bis auf 8 % im Jahre 1965 ab (EMNID-Informationen 46/1963 und 35/1965).[9] Dieser günstige Wert in einer Phase, in der die Bürgerrechtsbewegung ihren Höhepunkt erlebte, ist später offenbar nicht wieder erreicht worden. Bei leicht veränderter Fragestellung nahm die Ablehnung von jüdischen Kandidaten in den 70er Jahren wieder zu: 1974 hielten 32 % einen jüdischen Kandidaten für „bad for the country“, 24 % waren sich nicht sicher. 1981 gaben 21 % an, sich durch die Nominierung eines jüdischen Präsidentschaftskandidaten sehr bzw. etwas gestört zu fühlen (vgl. Rosenfield 1982, S. 442, Weil 1987, S. 176).

Für Frankreich läßt sich ein ähnlicher Trend in einer vergleichbarer Größenordnung wie in der Bundesrepublik beobachten. Lehnten 1966 noch 50 % der Franzosen die Stimmabgabe für einen jüdischen Kandidaten ab, so waren es 1978 nur noch 24 % (Weil 1987, S. 176). Mit einer deutlichen Zeitverschiebung gilt für Österreich der gleiche Trend. Waren noch 1976 45 % der Wiener der Meinung, „es sollte darauf geachtet werden, daß Juden keine einflußreiche Stellung in unserem Land einnehmen“, so waren es 1987 noch 23 % aller Österreicher (Weiss 1984, S. 46 u. Journal für Sozialforschung 1988, S. 84).

Trotz der von Land zu Land verschiedenen ethnischen, religiösen und historischen Voraussetzungen kann man in den westlichen Demokratien einen starken Rückgang der politischen Diskriminierung von

Juden feststellen, wenn sie auch nicht völlig verschwunden ist. Der Individualisierungsschub der Modernisierung hat auch im Politischen zu einer Lockerung traditioneller religiöser und anderer Gruppenbindungen geführt, so daß der jüdische Kandidat nicht mehr primär als Exponent seiner Gruppe gilt. Gegenüber den USA zeigen die west- und mitteleuropäischen Länder eine gewisse „Verspätung", bei ihnen geht die politische Diskriminierung der Juden erst seit den 70er Jahren zurück, in Österreich sogar noch etwas später.

Im Kontext der Diskriminierungsbereitschaft muß für die Bundesrepublik und Österreich die Haltung der Bevölkerung zur Rückkehr von Emigranten bzw. zur Einwanderung von Juden gesehen werden.[10] Wie die Konflikte mit den *Displaced Persons* und die Auseinandersetzungen um die Rückgabe jüdischen Eigentums nach Kriegsende zeigen, war die Haltung der deutschen Bevölkerung gegenüber jüdischen Remigranten und Flüchtlingen äußerst negativ. Für die Bundesrepublik haben wir kein entsprechendes Umfrageergebnis, doch in Österreich waren 1946 46% der Befragten der Meinung, „die Juden sollten nicht zurückkehren". Diese Meinung dürfte in den Westzonen Deutschlands ähnlich weit verbreitet gewesen sein. Zeitgenössische Quellen, wie die Stimmungsberichte der alliierten Militärverwaltungen, sprechen von einem virulenten Antisemitismus und einer starken Ablehnung der anwesenden Juden (Dinnerstein 1980). Die Zustimmung zum Verbot einer weiteren Rück- oder Einwanderung von Juden wurde erst wieder 1987 erhoben (Frage 16/13).

„Es soll verboten werden, daß weitere Juden nach Deutschland einwandern oder zurückkehren."

Bev. insg.	Altersgruppen 16-29 %	30-44 %	45-59 %	60 und älter %
6,4	2,8	3,6	7,2	12,6

Diesem Verbot stimmt heute nur noch ein erkennbarer harter Kern von Antisemiten zu. In größerem Umfang unterstützen die über 60jährigen diese Forderung, während sie bei den jüngeren Jahrgängen eine geringe Rolle spielt. Damit findet eine alte Option zur „Lösung der Judenfrage" (vgl. Erb/Bergmann 1989), nämlich eine territoriale Scheidung durch die Verhinderung von Zuwanderung und durch Auswanderung, heute bei den jüngeren Jahrgängen keine Zustimmung mehr. Das Verblassen dieser Form von Diskriminierung zeigt an, daß das deutsch-jüdische Verhältnis heute nicht mehr in der traditionellen Perspektive eines Mehrheit/Minderheit-Konflikts gesehen wird, der durch Landesverweisung der Minderheit zu lösen wäre.[11]

Ebenso wie die persönliche Diskriminierungsbereitschaft ist auch die Forderung nach staatlichen Diskriminierungen nur noch bei einer kleinen Minderheit anzutreffen. Die höhere Ablehnung gegenüber der Besetzung einer repräsentativen staatlichen Position mit einem Juden, die wir in mehreren westlichen Staaten in ähnlichem Umfang beobachten konnten, hat neben der traditionellen Zurückweisung von Juden eine weitere Ursache in der Existenz eines jüdischen Staates und der deshalb unterstellten doppelten Loyalitätsverpflichtung (s.o. Kap. VI).

Nachdem wir die persönliche Diskriminierungsbreitschaft und die Forderung nach staatlicher Diskriminierung getrennt analysiert haben, sei hier abschließend das Zusammenwirken dieser Dimensionen in ihrer Größenordnung dargestellt. Wir haben aus fünf diskriminierenden Forderungen einen Index gebildet (AS-DISKRIMINIERUNG, vgl. dazu im einzelnen Kap. III) und mit diesem Instrument einen Anteil von 13,4 % mit hoher Diskriminierungsbereitschaft ermittelt (2-5 Zustimmungen auf dem Index). Eine extrem feindselige Gruppe von 5 % unterstützt mehr als die Hälfte der diskriminierenden Forderungen.

Toleranz gegen Intoleranz

Für die Haltung gegenüber einer Minderheit ist mitentscheidend, ob die Bevölkerung und die öffentliche Meinung Diskriminierungen toleriert oder ablehnt. Deshalb ist in Umfragen immer wieder auch die Einstellung zu antijüdischen Äußerungen und Aktionen erhoben worden.

Eine Frage dazu ist seit 1949 wiederholt identisch gestellt worden, so daß hier die Möglichkeit besteht, die Entwicklung über vier Jahrzehnte zu verfolgen.

„Sollten Personen, die sich judenfeindlich betätigen, von den Gerichten bestraft werden oder nicht?“

	1949 %	1958 %	1960 %	1987 %
Ja, bestimmt bzw. ja, in schweren Fällen	41	50	82	82
Nein, prinzipiell nicht bzw. nein, wäre undemokratisch	43	20	8	10
Unentschieden	16	30	10	8

Quelle: IfD 1949 u. 1987[12].

Während 1949 die Bevölkerung in zwei gleichgroße Meinungslager zerfiel, hat heute das Lager derjenigen, die antijüdische Aktionen bestraft sehen wollen, die klare Majorität gewonnen. Das soziale Klima hat sich in dieser Beziehung vollständig gewandelt. Die strafrechtliche Verfolgung von Vandalismus und Beleidigungen findet breite Unterstützung in der Bevölkerung und die Diskriminierung von Juden stößt auf allgemeine Ablehnung. Der kollektive Lernprozeß verlief allerdings schleppender als es die Tabelle suggeriert. Dieser Eindruck entsteht durch den „Ausreißer“ von 1960, der gegenüber 1958 einen abrupten Meinungsumschwung anzuzeigen scheint. Dieser Eindruck täuscht jedoch, da die Umfrage von 1960 in einer Phase öffentlicher Empörung über die antisemitische Schmierwelle vom Winter 1959/60 stattfand (Schönbach 1960, Bergmann 1990). Man muß deshalb annehmen, daß es sich hier nicht um einen stabilen Trend, sondern nur um einen temporären Meinungsausschlag handelt[13], da diese günstige Verteilung selbst im Jahre 1987 noch nicht wieder voll erreicht worden ist (so liegen die Antworten „Ja, bestimmt“ mit 39% heute niedriger als 1960 mit 55%). In den 60er und 70er Jahren ist die Frage nicht wieder gestellt worden, so daß wir diese Vermutung nicht demoskopisch untermauern können. Wie die Veränderung von 1949 bis 1958 zeigt, verlief der Einstellungswandel recht langsam, hielt sich aber auch in den 60er Jahren durch, wie die Antworten auf die Frage nach der jüdischen Auswanderung nach Israel gezeigt haben. D.h. wir können annehmen, daß es sich bei der Reaktion auf die Schmierwelle um einen kurzfristigen Effekt gehandelt hat.[14]

Diese heute recht einmütige Ablehnung antijüdischer Aktionen bedeutet jedoch nicht, daß derartige Übergriffe in der Bevölkerung oder in den Medien besonders aufmerksam registriert und sanktioniert würden.[15] Im lokalen und alltäglichen Rahmen besteht eher die Tendenz, Schmierereien und die in Wellen auftauchenden „Judenwitze“ zu verharmlosen oder nicht darüber zu reden. Zwischen der sozial erwünschten Ablehnung antijüdischer Aktionen und dem faktischen Handeln im konkreten Fall scheint also ein Widerspruch zu bestehen. Dies ist allerdings eine generell zu beobachtende Erscheinung, da die konkrete Situation immer eine Reihe zusätzlicher Bedingungen enthält, die ein Abgehen von der prinzipiellen Haltung nahelegen. Man kann sehr wohl prinzipiell gegen antisemitische Diskriminierung sein und doch im Einzelfall, beeinflußt durch Personen und Umstände, auf Sanktionen verzichten und das Ereignis herunterspielen oder ganz ignorieren. In dem vorherrschenden Meinungsklima, das antijüdische Vorkommnisse negativ sanktioniert, greifen allerdings vor allem antisemitisch eingestellte Personen zu dieser Strategie. — Um diese Vermutungen zu prüfen, haben wir im Pretest danach gefragt, wie man am besten auf antijüdische Vorkommnisse reagieren sollte. Für eine Veröffentlichung stimmten 69% der Befragten. Von den tendenziell projüdisch Eingestellten waren es sogar 85%, während nur 39% der tendenziell antijüdisch Eingestellten dafür stimmten. Sie wollten auch überdurchschnittlich oft derartige Vorkommnisse „mit Schweigen übergehen“ (16% gegenüber 9% in der Bev.insg.). Diese Zahlen bestätigen unsere Vermutung, daß vor allem die Antisemiten ein Gefühl für das ihnen entgegenstehende Meinungsklima haben und deshalb versuchen, die öffentliche Thematisierung antijüdischer Aktionen zu vermeiden.[16]

Die Kohärenz des projüdischen Meinungsklimas bemißt sich auch danach, wieweit nicht nur kriminelle Aktionen abgelehnt werden, sondern auch antijüdische Äußerungen von Personen des öffentlichen Lebens. Entsprechende Fragen sind allerdings erst anläßlich der Häufung von Konflikten um Politikeräußerungen 1986 gestellt worden (vgl. Schwinghammer 1986). Judenfeindliche Äußerungen von Politikern werden überwiegend abgelehnt. 1986 hielten 55% derartige Äußerungen für „sehr schlimm", weitere 28% für „schlimm". Für 16% waren sie „nicht der Rede wert" (EMNID 1986, Tab. 5). Die Bagatellisierung entspringt zum Teil antisemitischen Einstellungen, überwiegend ist die Einschätzung aber davon abhängig, wie der Befragte sich zur NS-Vergangenheit stellt. Von denen, die immer wieder an die NS-Vergangenheit erinnert wissen wollen, stufen nur 3% derartige Äußerungen als Bagatelle ein, während diejenigen, die für einen Schlußstrich plädieren, dies zu 25% tun. Wer judenfeindliche Äußerungen für „nicht der Rede wert" hält, tendiert auch sehr viel stärker dazu, die Existenz von Judenfeindlichkeit in der Bundesrepublik überhaupt zu leugnen (35%)[17].

Veranlaßt durch die Konflikte um die Präsidentschaftskandidatur Kurt Waldheims in Österreich legte das IfD Allensbach seine Antisemitismusstudie von 1986 in diesem Punkt international vergleichend an, und auch von österreichischen Meinungsforschungsinstituten wurden Umfragen durchgeführt, so daß wir über einige international vergleichbare Daten zu diesem Thema verfügen. In der IfD-Umfrage vom Februar-März 1986 (IfD 1986, Tab. 32) wurde in vier Ländern die Frage gestellt, ob ein hoher Politiker zurücktreten oder seine Aussage zurücknehmen müsse, der fordert, „Juden sollten hier im Land keine wichtigen Posten bekommen". In Deutschland, Frankreich und den USA ist eine deutliche Mehrheit (über 70%) für einen Rücktritt oder die Rücknahme der Aussage.[18] In Österreich ist die Sanktionsbereitschaft geringer (56%), und 40% meinen dort, der Politiker „kann das ruhig sagen". Im Unterschied zu den anderen drei Ländern ist die österreichische Bevölkerung in zwei fast gleich große Meinungslager geteilt, so daß es nicht überrascht, wenn antisemitische Ressentiments in politischen Auseinandersetzungen benutzt werden (vgl. Gottschlich/Obermair 1988). Die in allen Medien äußerst heftig geführte Debatte um den Antisemitismus in Österreich sowie die internationale Kritik haben das Meinungsklima im Land beeinflußt. Eine Umfrage vom Februar 1987 erbrachte eine deutlich veränderte, eher der Verteilung in anderen westlichen Ländern angeglichene Meinungslage. Daß österreichische Politiker aus antisemitischen Bemerkungen politisches Kapital schlagen wollen, finden nun

71 % sehr bzw. eher schlecht. Nur 1 % finden das in Ordnung und 25 % ist es egal (Journal für Sozialforschung 1988, S. 86). Auch die Benachteiligung bzw. öffentlichen Beleidigung von Juden wird von 74 % der Österreicher abgelehnt. Allerdings wird der Presse gegenüber ein größeres Maß an Verständnis geäußert, wenn diese „über Juden herzieht". Nur 38 % nehmen daran starken Anstoß, weitere 35 % nur wenig und 24 % gar keinen Anstoß. Diese Differenz in dem, was man Politikern und was man der Presse zugesteht, erklärt sich vermutlich aus dem besonderen Charakter der „Waldheim-Diskussion". Gegenüber externen Einmischungen kann man den Wert der Meinungs- und Pressefreiheit ins Feld führen, während die staatlichen Repräsentanten außenpolitische Rücksicht zu üben haben. Die Veränderungen im Meinungsbild innerhalb eines Jahres deuten eher auf eine „opportunistische" Reaktion auf die interne und internationale Kritik hin als auf einen verbreiteten Wandel in der persönlichen Einstellung zu Juden. Richard Költringer und Ernst Gehmacher stellen eher eine Trendumkehr in Richtung eines höheren Antisemitismus fest, da besonders Personen mit einem vagen antisemitischen Vorurteil ihre Einstellung geändert haben (1989, S. 559ff.).

Auf der Ebene der öffentlichen Meinung werden antisemitische Äußerungen in der Bundesrepublik überwiegend abgelehnt, und es werden Sanktionen gefordert. Die jahrzehntelange Politik, antijüdische Diskriminierung in der Öffentlichkeit nicht zuzulassen und das Thema moralisch eindeutig zu besetzen, hat zu einem relativ breiten anti-antisemitischen Konsens in der Bundesrepublik geführt. Es stellt sich die Frage, ob diese Tabuisierung Auswirkungen auch auf der Ebene privater Kommunikation hat. 1986 wurde in vier Ländern nach der Toleranz gegenüber antisemitischen Äußerungen im privaten Kreis gefragt.

„Einmal angenommen, ein Bekannter von Ihnen sagt, die Juden sollten alle aus unserem Land ausgewiesen werden. Wenn der das wirklich ernst meint, könnten Sie sich vorstellen, weiterhin mit ihm befreundet zu sein, oder wäre das kaum möglich?"

	Deutschland %	Österreich %	Frankreich %	USA %
Könnte ich mir vorstellen	40	40	54	68
Kaum möglich	26	18	23	26
Unmöglich zu sagen	34	42	23	6
Summe	100	100	100	100

Quelle: IfD 1986, Tab. 31.

Die Antworten zeigen für Deutschland und Österreich im Vergleich zu Frankreich und den USA ein anderes Muster, das sich durch die je spezifische Beziehung zum Nationalsozialismus und dem daraus folgenden Verhältnis zu Juden und Antisemitismus erklären dürfte. In Deutschland und Österreich erstreckt sich die Tabuisierung offenbar stärker bis in die privaten Beziehungen hinein, so daß weniger Menschen bereit sind, antisemitische Äußerungen im Bekanntenkreis zu tolerieren.[19] Der Anteil von Personen, die deswegen eine Freundschaft aufkündigen würden, ist allerdings in den beiden Ländern nicht höher (in Österreich sogar etwas niedriger) als in Frankreich und den USA. Der sehr hohe Anteil an Unentschiedenen deutet in Deutschland wie in Österreich auf eine Verhaltensunsicherheit in dieser Frage hin. Die Umsetzung der öffentlichen Norm des Anti-Antisemitismus im Privaten scheint für viele problematisch zu sein. Einerseits will man den Antisemitismus auch dort nicht tolerieren, andererseits erscheint ein derartiger Verstoß jedoch nicht schwerwiegend genug, um scharfe persönliche Konsequenzen zu ziehen. Personen, die eine explizit projüdische Einstellung haben, reagieren auf die Verletzung der Norm schärfer und halten eine Fortsetzung der Freundschaft zu zwei Dritteln für „kaum möglich", nur 12% würden sie fortsetzen wollen. Bei den explizit antijüdisch Eingestellten ist das Verhältnis genau umgekehrt (Pretest 1987). In dieser hypothetischen Frageform findet die Norm große Anerkennung. Ob sie allerdings alltägliches Verhalten steuert, bleibt fraglich, denn immerhin geben 43% der Befragten an, daß man hauptsächlich von den „schlechten" Eigenschaften spricht, wenn das Gespräch auf die Juden kommt (sogar die projüdisch Eingestellten sagen dies zu 29% — Pretest).

Die Diskriminierung der Juden wird in der Bundesrepublik mehrheitlich abgelehnt. Allerdings fällt die Ablehnung unterschiedlich stark aus, je nach Art der Diskriminierung und der Kommunikationsebene. Die Bestrafung antijüdischer Aktionen, etwa gegen religiöse Einrichtungen oder gegen Personen, wird von fast allen gefordert. Wer hier nicht zustimmt, muß zum harten Kern der Antisemiten gerechnet werden. Verbale „Entgleisungen" von politischen Repräsentanten werden nicht ganz so durchgängig geächtet. Was allerdings im Einzelfall als „Entgleisung" oder als vorsätzliche Schmähung gilt, ist in der Bevölkerung strittig, so daß sich hier Definitionskonflikte ergeben (vgl. die Einschätzung der Äußerung des Korschenbroicher Bürgermeisters Graf Spee, die für die einen eine klare Beleidigung, für die anderen eine nicht ernst gemeinte Floskel darstellte, IfD 1986, Tab.35, und die Diskussion um das Faßbinder-Stück im Jahre 1985). Auf öffentliche antisemitische Äußerungen reagiert die Bevölkerung empfindlicher als auf solche, die im privaten Kreis gemacht werden. Allerdings weist die geringere Toleranz gegenüber derartigen Äußerungen in Deutschland und Österreich darauf hin, daß die soziale Norm des Anti-Antisemitismus hier bis in die privaten Beziehungen hineinwirkt. Diese Norm gerät allerdings in Konflikt mit der Wertschätzung freundschaftlicher Beziehungen, dem die Befragten durch die recht häufige Wahl der unentschiedenen Antwort ausweichen.

Anmerkungen

1 Umso mehr überrascht es, daß etwa die bisher vor allem von Laien als grundlegend in diesem Bereich geltende Antisemitismusstudie von A. Silbermann diese Dimension des Vorurteils außer acht läßt und sich ganz auf die kognitive Dimension und die soziale Distanz beschränkt.

2 Die 7 % Zustimmung zur letztgenannten Frage sind mit Vorbehalt zu lesen, da ein Teil der Befragten sie offenbar in projüdischer Richtung mißverstanden hat. Die Frageformulierung mag in der Befragungssituation so aufgefaßt worden sein, als ob es um die Unterstützung der angegriffenen Juden und nicht des Angreifers ging.

3 Die starke Diskriminierungsbereitschaft führte in der antisemitischen Schmierwelle im Winter 1959/60 zu einem Ausbruch von Gewalt. Im Unterschied zu den USA, wo es sich hauptsächlich um jugendlichen Vandalismus von High School-Studenten handelte (nur 6 % der ermittelten Täter waren über 23 Jahre alt), waren in der Bundesrepublik in größerem Umfang auch Erwachsene beteiligt (44 % der Täter waren über 20 Jahre alt — vgl. Galtung 1960, S. 8). Die höhere Resonanz bei den Erwachsenen in Deutschland deutet auf ein Potential hin, bei dem eine Handlungsbereitschaft noch aktivierbar war.

4 Ob sich gegen die Verbrechen der nationalsozialistischen Judenverfolgung heute eine neue Norm etabliert hat, bleibt dahingestellt. Auf die 1988 vom Wickert-Institut gestellte Frage: „Gesetzt den Fall, ein neuer Hitler hätte die Macht und würde zum Kampf gegen die jüdische Weltverschwörung aufrufen. Würden Sie einen Juden bei sich zuhause verstecken?“ antworteten 93 % mit Ja (Wiener 1988, S. 6).

5 In einer 1988er Umfrage des Wickert-Instituts, deren Konzept und Methode uns nicht vorlag, wollten 30 % der Befragten „nicht von einem jüdischen Bundeskanzler regiert werden“. Bei den unter 30jährigen waren es 14 %, bei den Älteren etwa 35 % — Wiener 1988, S. 5.

6 Für die demokratische Erneuerung Deutschlands nach 1945 wurden in die Jugendlichen besondere Hoffnungen gesetzt, aber es bestanden auch starke Befürchtungen. Die Jugendforschung hat sich dieser Fragen in zahlreichen empirischen Arbeiten besonders angenommen (vgl. Hübner-Funk 1990, S. 218 ff.).

7 Die öffentliche und politische Empörung über die Schmierwelle führte zu Reaktionen in vielen gesellschaftlichen Institutionen: in Fachtagungen und Konferenzen wurden die Ursachen des Antisemitismus diskutiert, die Kultusministerkonferenz beschloß 1960 Lehrplanänderungen und pädagogische Maßnahmen, Umfragen wurden durchgeführt, und es erfolgte der Anstoß zur Kölner Ausstellung „Germania Judaica“ 1964 (vgl. Bergmann 1990, S. 253 ff.).

8 Dieses Ergebnis entspricht den Daten, die das IfD 1960 ermittelt hatte. Damals erklärten 45 % der Befragten sich nicht damit einverstanden, „daß ein Jude Bundeskanzler wird“, 24 % waren unentschieden (IfD Bd. III, S. 218).

9 Die allgemeine Liberalisierung der amerikanischen Gesellschaft drückt sich auch darin aus, daß von der Bevölkerung anderen diskriminierten Gruppen in den Jahren 1958 bis 1965 größere politische Partizipationsrechte eingeräumt wurden. Allerdings ist der Rückgang der Vorbehalte gegen Frauen in politischen Ämtern minimal (1958: 43 % Ablehnung; 1963: 41 %), und auch die Vorbehalte gegen Schwarze bleiben auch einem höheren Niveau (Rückgang von 53 % auf 34 % — EMNID-Informationen 46/1963 und 35/1965).

10 Die geringe Bereitschaft der Bevölkerung, in der Nachkriegszeit Emigranten zur

Rückkehr nach Deutschland zu bewegen, wurde von diesen als nachträgliche Zustimmung zu ihrer Vertreibung aufgefaßt (vgl. Friedrich Torberg, zit. nach: Ruth Beckermann, 1990, S. 362).

11 Die höhere Zustimmung zu dem Statement (Frage 10): „Für uns Deutsche wäre es am besten, wenn alle Juden nach Israel gingen" (13 %) kombiniert zwei Motive: das klassische Motiv der Ausweisung mit proisraelischen, nationalstaatlichen Absichten. Deshalb kann die genannte Zustimmung auch nicht ohne weiteres als eine neue Form des alten Austreibungsgedankens interpretiert werden.

12 In den Jahren 1965/66 blieb trotz der politischen Erfolge der NPD und einer neuerlichen Welle von Schändungen jüdischer Friedhöfe die öffentliche Reaktion aus. Von Seiten der Demoskopie wurde die aktuelle Meinung der Bevölkerung zur Bestrafung der Täter in diesem Falle nicht erhoben.

13 Dafür spricht auch die einhellige Verurteilung der Schmierwelle von 1959/60 (80 % verurteilen sie, 10 % bagatellisieren sie), die nur von einem Prozent der Bevölkerung offen gutgeheißen wurde. Zu dieser Einhelligkeit trug der starke Meinungsdruck in dieser Situation bei. EMNID schätzt deshalb den Kreis, der gegen die Juden eingestellt ist bzw. der die Aktionen gutheißt, mit ca. 4 %, maximal jedoch auf weniger als 10 %, größer ein (EMNID-Information 9/1960). Für das Ausmaß der Sympathisanten eines offenen Antisemitismus mag diese Größenordnung für 1960 zutreffen, die Zahl der antijüdisch Eingestellten ist damit sicherlich unterschätzt worden.

14 Unsere Vermutung findet eine indirekte Bestätigung durch die Studie von Boynton/Loewenberg (1974, S. 461), die für die Unterstützung des „Hitler-Regimes" durch die Bundesbürger für das Jahr 1960 ebenfalls einen starken negativen Meinungsausschlag feststellten. Bereits 1961/62 stieg die Unterstützung wieder an, so daß sich die Daten von 1960 als nur temporäre Abweichung herausstellten. Über den Zeitraum von 1955 bis 1967 gesehen fällt die Kurve der Unterstützung Hitlers *kontinuierlich* ab.

15 Nach der Häufigkeit von „Ausschreitungen gegen jüdische Einrichtungen" gefragt, geben nur 9 % der Befragten an, daß dies oft passiere. Von den projüdisch eingestellten Beobachtern sind 17 %, von den antijüdisch Eingestellten 3 % dieser Meinung (Pretest 1987). Die Wahrnehmung der Antisemiten wird offenbar durch ihr Interesse gesteuert, Publizität für Aktionen zu vermeiden, von denen sie wissen, daß diese in der Bevölkerung und in den Medien auf negative Resonanz stoßen. Unter den Bedingungen von Tabuisierung und Vorurteilsrepression ziehen sie soziale Unauffälligkeit vor.

16 Da es keine verläßliche Statistik über die Art und Zahl antisemitischer Übergriffe gibt, soll die folgende Tabelle (Antisemitische Vorfälle in den Jahren 1981 - 1983 s.S. 172) davon — einschließlich des mutmaßlichen arabischen Terrorismus in Europa — eine Vorstellung geben. Die Statistik wurde von Michael May (Institut of Jewish Affairs, London) einem Untersuchungsausschuß des Europäischen Parlaments vorlegt. Inwieweit die Meldung nach einheitlichen Kriterien erfolgte, ist uns nicht bekannt.

17 Die Toleranz gegen Intoleranz variiert stark mit der Bildung. Befragte mit Abitur und Studium wenden sich fast einmütig gegen derartige Äußerungen („sehr schlimm" 76 %, „etwas schlimm" 20 %), während von den weniger Gebildeten die Normen der liberalen Kultur schwächer vertreten werden („sehr schlimm" 49 %, „etwas schlimm" 31 % der Befragten mit Volksschulabschluß).

18 Eine weitere Frage zu einem aktuellen Fall erbrachte das gleiche Ergebnis. 70 % der Befragten waren der Meinung, daß ein Bürgermeister unbedingt zurücktreten müsse und nicht sagen dürfe: „Um den Ausgleich des Gemeindehaushaltes zu schaffen, müßte man schon einige reiche Juden erschlagen". 16 % waren der An-

sicht, dies sei „nur so dahin gesagt" und deshalb hätte er nicht zurücktreten müssen (IfD 1986, Tab. 35).

19 Eine weitere Frage zur Toleranz gegenüber extremistischen Anschauungen im Freundeskreis ergibt für „überzeugte Nationalsozialisten" die höchste Ablehnung. 90% der Befragten aller Bildungs- und Altersstufen lehnen diese ab (Frage 1b/8). Da der Antisemitismus zu den Grundüberzeugungen des Nationalsozialismus gehört hat, ist anzunehmen, daß in die Ablehnung seiner heutigen Anhänger auch der extreme Antisemitismus eingeschlossen ist.

Tabelle zu Anmerkung 16: Antisemitische Vorfälle 1981-1983

	1981	1982	1983
Österreich	28	32	23
Belgien	28	26	19
Großbritannien	314	312	221
Zypern	—	1	—
Dänemark	2	11	9
Finnland	7	5	2
Frankreich	100	116	93
Bundesrepublik	88	120	88
Griechenland	20	34	17
Irland	—	1	1
Italien	70	95	28
Luxemburg	—	—	1
Niederlande	8	52	20
Norwegen	1	7	7
Portugal	—	3	1
Spanien	16	10	10
Schweden	11	8	7
Schweiz	6	22	7
Insgesamt	699	855	554

Quelle: Europäisches Parlament 1985-86, Dokument A2-160/85, Anlage S. 120.

VIII. Die Einstellung der Deutschen zu Israel

Das Israelbild der Deutschen

Mit der Gründung des Staates Israel 1948 besitzen die Juden erstmals seit fast 2000 Jahren wieder eine eigene staatliche Organisation. Diese Tatsache ist ein einschneidendes Ereignis auch in der Geschichte der Judenfeindschaft, und man muß damit rechnen, daß es auch die Wahrnehmung von Juden und Judentum beeinflußt.[1] Für die Antisemitismusforschung stellt sich die Aufgabe zu untersuchen, wieweit Israel zu einem neuen Objekt des Antisemitismus wird (Antizionismus = Antisemitismus?) und wieweit die staatliche Existenz und die Leistungen Israels eine Veränderung des Judenbildes bewirkt haben. Außerdem hat der enge Bezug vieler in der Diaspora lebender Juden zu Israel dem traditionellen Vorbehalt der doppelten Loyalität und starken Binnensolidarität („Staat im Staate") eine neue Form gegeben. Die aus der jüngsten Geschichte herrührende besondere Beziehung der Juden in aller Welt zu Israel verlangt eine differenzierte Analyse, die aber oft nicht geleistet wird, so daß entweder die Diaspora-Juden kollektiv für die Politik Israels verantwortlich gemacht werden oder ihnen eine größere Loyalität gegenüber Israel als gegenüber ihrem Heimatland unterstellt wird. Willy Guggenheim sieht hier eine neue Quelle für Antisemitismus (1989).

Will man die Wirkung Israels auf das Judenbild untersuchen, so muß die kategoriale Differenz zwischen der Einstellung gegenüber einem Staat und gegenüber einer ethnischen Gruppe im Auge behalten werden. Die Gegnerschaft zur Politik eines Staates ist nicht identisch mit der Haltung gegenüber seiner Bevölkerung. Die Meinung über die staatliche Politik ist sehr viel ereignisbezogener als die Haltung gegenüber Völkern, die sich historisch langfristig aufgebaut hat und gegenüber einzelnen Ereignissen stabiler ist. Die Wahrnehmung Israels wird also vor allem von seiner Rolle in der internationalen Politik bestimmt und in außenpolitische Zusammenhänge eingeordnet. In dieser Perspektive gibt es in der Wahrnehmung und der Bewertung durch die Bevölkerungen verschiedener westeuropäischer Staaten eine hohe Übereinstimmung (Wolffsohn 1984).

Das deutsch-israelische Verhältnis besitzt durch den Holocaust eine ausgeprägte historische Dimension. Es ist einerseits durch eine besondere Empfindlichkeit und Konflikthaftigkeit und andererseits durch eine besondere Verantwortung seitens der Deutschen gekennzeichnet. Deligdisch hat in seiner Analyse der Einstellung der Bundesrepublik zum Staate Israel diesen moralisch-politischen Doppelcharakter herausgearbeitet (1974). Auf Grund dieses Verhältnisses beobachten sich „Deutsche" und „Israelis" in einer stark moralisch bestimmten Perspektive, so daß Konflikte nahezu unausweichlich erscheinen, da Moral bekanntermaßen einen „polemogenen Charakter" besitzt.[2]

Um die verschiedenen Facetten der Beziehungen zu Israel und den Israelis zu erfassen, haben wir Fragen zur Sympathie und zur sozialen Distanz parallel zu der gegenüber Juden, zur Einschätzung der gegenwärtigen Politik Israels, zur Wiedergutmachung und zu den Erwartungen der deutschen Bevölkerung hinsichtlich der Einstellungen der Juden/Israelis ihnen gegenüber gestellt. Wir haben dieses Fragenbündel einer Faktorenanalyse unterzogen, die sieben Faktoren ergeben hat: drei ergeben ein positives, einer ein neutrales und drei ein negatives Israelbild (siehe Anhang 2).

Auf dem Faktor 1 laden mit der höchsten Varianzaufklärung diejenigen Variablen, die *Israel als Aggressor im Nahen Osten* sehen („Sie beginnen Kriege und geben anderen die Schuld daran; Israel betreibt eine rücksichtslose und engstirnige Politik; Ein Land, das einfach keinen Frieden will; Ein Staat, der über Leichen geht"; usw.). Das Bild geht ausschließlich auf Israels Rolle im Nahost-Konflikt zurück, die ganz und gar negativ beurteilt wird. Israel wird als aggressiv, rücksichtslos, unfriedlich und expansiv gesehen. Die Rolle Israels wird dabei isoliert betrachtet, weder wird Partei für die Gegner Israels ergriffen (keine Unterstützung für die Palästinenser) noch wird die äußere Bedrohung als politische Ursache oder Entlastung berücksichtigt. Eine Erklärung für das Verhalten Israels wird teils schicksalshaft und unbestimmt in einem Fluch gesucht, der auf dem Volk laste, teils in dem Einfluß religiöser Fanatiker gesehen. Dieser Faktor hat zwar die größte Varianzaufklärung, die Zustimmung für die einzelnen Statements liegt aber nicht höher als 21 % (im Durchschnitt 17%).

Die Variablen des Faktors 1 weisen insgesamt keinen wesentlichen Alters- und Bildungseffekt auf, ausgenommen die Variablen, in denen ein Rest des traditionellen antijüdischen Feindbildes enthalten ist. Dem Statement „Die Israelis beginnen Kriege und geben anderen die Schuld daran" stimmen 11% der 16-29jährigen, aber 21% der über 60jährigen zu; höhere Bildung verringert die Zustimmung zu dieser Aussage. Das gleiche Muster zeigen die Antworten auf das Statement „Auf diesem Volk lastet ein Fluch". In diesen beiden Statements werden alte antijüdische Vorwürfe angesprochen. Die „Verfluchung" der Juden stammt aus der religiösen Judenfeindschaft, während die NS-Propaganda sehr stark betont hatte, die Juden würden die Völker gegeneinander aufhetzen und den anderen die Schuld daran zuschieben. Findet bei der ältesten Kohorte und bei den weniger Gebildeten bei diesen Fragen offensichtlich eine Übertragung traditioneller antijüdischer Urteile auf Israel statt, so ist dies bei den „politischen" Statements nicht der Fall, hier unterscheiden sich die Generationen kaum.

Der Faktor 2 enthält das Bild eines *starken Israels,* das als ein von außen bedrohtes, aber militärisch und landwirtschaftlich starkes Land gesehen wird, das über Verbündete und über internationalen politischen Einfluß verfügt. Die konstatierte Abhängigkeit von den USA und der „versteckte Einfluß" bringen eine leicht kritische Note in das ansonsten positive Bild. Die Fragen, die auf diesem Faktor laden, erhalten die höchste Zustimmung. Sie liegt zwischen 21 % und 48 %. In der Bevölkerung ist also ein weitgehend positives Israel-Klischee vorherrschend.

Die Altersverteilung weicht von der gewohnten „Antisemitismus-Verteilung" ab. Es sind hier die mittleren Jahrgänge, insbesondere die Kohorte der 45-59jährigen, die die höchste Zustimmung bei den positiven und den ambivalenten Stereotypen zeigt, während die jüngste und älteste Kohorte in ihrer Meinung näher beieinander liegen: bei der jüngsten Kohorte ist die niedrigere Zustimmung einmal darauf zurückzuführen, daß sie generell weniger bereit ist, Völkern allgemeine Kennzeichen zuzuschreiben, zum anderen, daß sie eine besondere Verpflichtung gegenüber Israel weniger stark verspürt und sich mit ihrem Urteil an der aktuellen politischen Situation orientiert. Bei der ältesten Kohorte, die pro-israelischer ist als die jüngste, mag bei der geringeren Zustimmung die Skepsis eine Rolle spielen, die aus dem traditionellen Judenbild dieser Generation herrührt. Die israelfreundliche Einstellung der mittleren Generationen beruht vermutlich auf deren positiver Rezeption der Gründungsphase Israels, seiner Erfolge bei der landwirtschaftlichen Kultivierung der Wüste, seines Idealismus in den Kibbuzim und seiner militärischen Selbstbehauptung. Auch das Bewußtsein einer besonderen historischen Verantwortung Deutschlands für Israel mag zu diesem positiven Bild beigetragen haben.

Bei den realpolitischen Aussagen (gute Armee, US-Abhängigkeit und Bedrohung von außen) ist die Zustimmung bei Befragten mit höheren Bildungsabschlüssen größer, während bei den stark wertenden Aussagen (Fleiß, Israel kann stolz auf sich sein) kein Bildungseinfluß nachweisbar ist.

Eine klar abgegrenzte Gruppe sieht den Staat *Israel als Nutznießer der deutschen Schuld* (Faktor 3). Diese Gruppe sieht das deutsch-israelische Verhältnis ganz von der NS-Vergangenheit und deren finanziellen Folgelasten her: da Israel angeblich aus dieser Vergangenheit seinen Vorteil zieht und von den deutschen Wiedergutmachungszahlungen lebt, werden letztere stark abgelehnt. Eine kleine Minderheit wäre sogar bereit, für diese Meinung öffentlich einzutreten (Leserbriefe schreiben: 5 %). Dieses Israelbild wird komplettiert durch die Annahme seines weltweiten, versteckten Einflusses und seiner nationalen Überheblichkeit. Alter und Bildung wirken bei diesem Faktor gemäß dem Antisemitismus-Muster, Jugend und höhere Bildung führen zu einer größeren Akzeptanz der Folgelasten der Dritten Reiches.

Das positivste Bild enthält der Faktor 4. Hier sind diejenigen Items versammelt, die *Israel als Vorbild* hinstellen. Dieses durchgängig positive Israelbild umfaßt zwei Komponenten:

1. die Pflicht der Bundesrepublik, Israel politisch zu unterstützen;
2. die Anerkennung der Leistungen Israels verbunden mit der Aufforderung, davon zu lernen.

Der Alters- und Bildungseinfluß ist für die Komponenten jeweils verschieden. Die politische zwischenstaatliche Unterstützung findet in allen Alters- und Bildungsgruppen eine gleichermaßen geringe Zustimmung (zwischen 21 % und 24 %). Israel wird als Vorbild besonders von den mittleren Jahrgängen anerkannt, während die Jüngeren und die Älteren — wie im Faktor 2 — hier teils weniger enthusiastisch, teils skeptischer sind.

Der Faktor 5 umfaßt den Wunsch nach *persönlichen Kontakten zu Israelis und zur Unterstützung Israels.* Bei diesem eher unpolitischen Bild steht das Streben nach persönlichen Beziehungen zu Israelis im Vordergrund. Sie werden im Freundeskreis gewünscht, und man tritt für eine Intensivierung der Kontakte durch eine öffentliche Förderung von Tourismus und politischen Partnerschaften auf kommunaler Ebene ein. Alle Kontaktformen werden sehr viel stärker von den Jüngeren (16-44 Jahre) begrüßt. Hier mögen Effekte des Tourismus und der internationalen Verständigung wirksam sein. Die Vorstellung von Israel als einem von außen bedrohten Land, das besondere Unterstützung verdient, lädt auf diesem Faktor deutlich schwächer (unter .35).

Im Unterschied zu Faktor 1 wird Israel im sechsten Teilbild nicht nur als Aggressor verurteilt, sondern es wird eine aktive Unterstützung seiner Gegner / „Opfer“ gefordert. Die Forderung nach *Unterstützung der Palästinenser* (16 % Zustimmung) dominiert diesen Faktor. Offensichtlich findet hier eine starke Identifikation mit den Hauptleidtragenden des Nahostkonflikts statt. Die schwache Ladung (.20) auf die Frage nach der US-Abhängigkeit Israels läßt sich als antiimperialistische Aussage werten, da der Konflikt als Resultat politischer Konstellationen und nicht als Verhängnis interpretiert wird (Ablehnung des Items „auf dem Volk lastet ein Fluch“).

Der Alters- und Bildungseffekt ist bei den Variablen dieses Faktors gering. Tendenziell sind die jüngsten und ältesten Jahrgänge sowie die höher Gebildeten eher für die Unterstützung der Palästinenser.

Der Faktor 7 zeigt ein *neutrales Israelbild.* Die politische Normalität wird betont, wenn auch eine gewisse Ähnlichkeit mit dem positiven Selbstbild zugestanden („Deutsche des Nahen Ostens“) und der Vergleich der israelischen Besatzungspolitik mit den Judenverfolgungen des Dritten Reiches abgelehnt wird.

Die Generationen stimmen hier in ihrem Urteil überein, allerdings kann die jüngste Kohorte mit dem Israel/Deutschland-Vergleich nichts mehr anfangen. Personen mit längerer Schulbildung kommen in der Beurteilung der politischen Normalität Israels zu einem skeptischeren Urteil.

Wir haben eine weitere Faktorenanalyse für die verschiedenen Altersgruppen (16-29, 30-44, 45-59, 60 Jahre und älter) vorgenommen, um zu prüfen, ob sich das Bild Israels bei ihnen unterscheidet. Dabei haben wir die Anzahl der Faktoren auf sechs begrenzt. Bei allen Altersgruppen stehen drei negativen Bildern drei positive bzw. neutrale Bilder gegenüber: Alle Gruppen haben das Bild eines starken Israels, eines aggressiven Israels, eines Israels, das von deutscher Wiedergutmachung lebt und alle befürworten institutionelle und persönliche Kontakte zu diesem Land und seinen Bewohnern.

Das am stärksten abweichende Bild bieten die über 60jährigen. Bei ihnen stehen zwei positive Faktoren (1+2) an der Spitze, die allein 2/3 der aufgeklärten Varianz auf sich vereinigen. Ein Hauptunterschied zu den anderen Altersgruppen liegt darin, daß die Älteren in ihrem positiven Israelbild alle Komponenten in einem Faktor verknüpfen. In diesem dominiert der Wunsch nach einer besonderen Unterstützung Israels, es werden aber auch private und öffentliche Kontakte gewünscht und Israel wird teils als Vorbild hingestellt, teils mit dem deutschen Autostereotyp identifiziert. Alle anderen Altersgruppen spalten diese Komponenten auf verschiedene Faktoren auf, d.h. politische Unterstützung, Kontaktwünsche und die Anerkennung der Leistungen Israels werden voneinander getrennt gesehen. In diesen Altersgruppen errreichen die Eigenwerte dieser Faktoren zusammengenommen nicht die Höhe des Eigenwerts von Faktor 1 der ältesten Kohorte (10 % gegenüber 17,6 %).

Das negative Israelbild ist am stärksten bei den 30-44jährigen akzentuiert (Jg. 1943-1957). Den höchsten Eigenwert (13,2 %) hat bei ihnen im Gegensatz zu allen anderen Gruppen (ca. 5 %) die Ablehnung der Wiedergutmachung an Israel, die sich mit dem Bild eines aggressiven und einflußreichen Israel verbindet. Mit dem deutlich konturierten Teilbild „Israel als Aggressor“ unterscheidet sich diese Altersgruppe nicht von den benachbarten (Eigenwerte 10-12 %). Sie unterscheiden sich aber klar von der ältesten Kohorte, in der dieser Faktor mit einem Eigenwert von 5,4 % erst an dritter Stelle rangiert.

Dieses antizionistische Bild eines aggressiven Israels ist bei zwei Altersgruppen (16-29 und 45-59 Jahre) mit einer pro-palästinensischen

Haltung verbunden („Kampf der Palästinenser unterstützen"). Die 30-44jährigen bilden die Unterstützung der Palästinenser als eigenen Faktor aus, der aber zugleich die Bereitschaft zu engen persönlichen Kontakten mit Israelis umschließt. Bei der ältesten Gruppe ist eine pro-palästinensische Forderung mit der Ablehnung der Wiedergutmachung an Israel verbunden. Hier scheinen generationsspezifische Werthaltungen ausschlaggebend zu sein: Bei Älteren ist die Parteinahme für die Palästinenser, für die man ansonsten keine besondere Sympathie hegt (11% finden die „Palästinenser sympathisch"), das Spiegelbild einer antiisraelischen Einstellung, die mit der NS-Vergangenheit verbunden ist. Bei den Jüngeren ist die pro-palästinensische Haltung Ausdruck einer pazifistischen und völker- und menschenrechtlichen Orientierung sowie der Solidarität mit der Dritten Welt.

Emotionale Ablehnung und soziale Distanz zu Israel(is)

Die Sicht Israels ist in der deutschen Bevölkerung vor allem durch seine *Position im Nahostkonflikt* bestimmt.

Wortsympathietest (Frage 5):

			Altersgruppen		
	Bev.insg.	16-29	30-44	45-59	60 u. älter
	%	%	%	%	%
Sympathisch					
Israel	44,1	44,7	50,7	46,1	35,0
Palästinenser	15,9	20,8	15,8	15,4	11,0
Zionist	8,9	7,5	11,5	10,6	6,3
Unsympathisch					
Israel	16,9	14,4	13,0	16,3	23,9
Palästinenser	51,7	44,0	51,3	55,2	57,2
Zionist	41,0	36,8	39,9	40,9	46,9

n = 2102

Israel besitzt sehr viel mehr Sympathie als sein palästinensischer Widerpart, der von der Hälfte der Befragten als „unsympathisch" bezeichnet wird. Israel finden dagegen nur wenige unsympathisch und sogar der Begriff „Zionist", der im Verständnis der deutschen Bevölkerung für israelische Expansion steht, findet mit 41% immer noch weniger Ablehnung als der Begriff „Palästinenser". Die Altersverteilung der Sympathie/Antipathie-Urteile unterscheidet sich von der typischen Verteilung bei den Antisemitismus-Items. Die größte Sympathie genießt Israel bei den mittleren Jahrgängen, während bei der jüngsten Altersgruppe die Sympathie leicht absinkt und bei der ältesten nur 35% beträgt. Auch den Begriff „Zionist" finden die mittleren Jahrgänge, wenn auch auf sehr viel niedrigerem Niveau, sympathischer. Die Palästinenser finden besondere Sympathie bei den 16-29jährigen, bei den Älteren ist die Sympathie geringer.

Die jüngsten Daten des EMNID-Instituts von 1989 zeigen in der jüngeren Generation jedoch keine Trendwende. Zwar werden von ihr die Palästinenser auf einer 11stufigen Sympathieskala (von —5 über einen Nullwert bis +5) weniger oft als „unsympathisch" eingestuft (32 % der 18-29jährigen gegenüber 41 % der über 45jährigen, EMNID 1989, Tab. 61), insgesamt erreichen die Palästinenser mit ihrem leicht negativen Sympathiewert von —0.1 jedoch nicht den leicht positiven Wert der Israelis +0.5. Was die Generationen unterscheidet, ist nicht die Einstellung zu den Israelis, die sich über alle Alterstufen relativ wenig ändert (bzw. bei den Jüngeren auch eher in die positive Richtung weist), sondern die positivere Bewertung der Palästinenser durch die unter 30jährigen. In dieser Bewertung drückt sich sowohl eine besondere politische Haltung aus als auch die allgemeine Tendenz der Jüngeren zu einer größeren Offenheit und Sympathie gegenüber anderen Völkern. Die Tatsache, daß nur die Wähler der Grünen im Durchschnitt eine leicht positive Bewertung der Palästinenser zeigen, ergibt sich aus dieser Kombination einer spezifischen Alterstruktur und politischen Grundorientierung.

Auf der genannten 11-Punkte-Skala erreichen die Israelis im Durchschnitt der Bevölkerung einen schwach positiven Wert von +0.4, der zwischen dem für die Amerikaner +1.7 und dem für die Palästinenser —0.4 liegt.

Israel wird zweitens als *jüdischer* Staat wahrgenommen und damit in den Kontext der durch die NS-Vergangenheit geprägten deutsch-jüdischen Beziehungen gestellt. Vor dem Hintergrund des Antisemitismus hat das Wort „Jude" einen negativen Beiklang gewonnen und wird heute noch als weniger sympathisch bzw. stärker als unsympathisch empfunden als das Wort „Israel" (sympathisch: 38 % zu 44 %; unsympathisch: 20 % zu 17 %). Erwartungsgemäß gibt es eine recht hohe Korrelation (0.48) in der Bewertung beider Begriffe.

Fast zwei Drittel derjenigen, die das Wort „Israel" unsympathisch finden, sagen das gleiche vom Wort „Jude", während umgekehrt nur die Hälfte der letzteren auch das Wort „Israel" für unsympathisch erklärt. D.h. die Ablehnung der Juden bzw. die höhere Sympathie für Israel überträgt sich nicht in vollem Umfang (vgl. Tab. S. 180).

Eine Bestätigung dafür, daß die höhere Sympathie für Israel abgespalten von einer negativen Einstellung gegenüber den Juden existieren kann, gibt die Untersuchung von Hilde Weiss über die Einstellungen der Wiener Bevölkerung (1978, S. 13). Personen, die auf einer Antisemitismusskala einen hohen Wert erreichten, hatten dennoch zu 80 % eine positive Einstellung zu Israel (gegenüber 92 % aller Befragten). Nur

Wortsympathietest: „Jude" unsympathisch / „Israel" unsympathisch

n Reihenprozent Spaltenprozent	Israel unsympathisch nein	 ja	n Summe
Jude unsympathisch	1559	139	1694
nein	92,0%	8,0%	80,6%
	89,0%	38,5%	
Jude unsympathisch	192	216	408
ja	47,1%	52,9%	19,4%
	11,0%	61,5%	
n	1751	351	2102
Summe in %	83,3	16,7	100,0

(chi^2 474.8, df.=1, p <.001)

bei 20% von ihnen bestand eine Einstellungskongruenz zwischen Antisemitismus und der Ablehnung Israels. Fragte man nach dem Einfluß des Israelbildes auf die eigene Meinung über Juden, so bestritten ihn 47% der Antisemiten. Hilde Weiss deutet dieses Phänomen als einen Abwehrmechanismus, der die drohende kognitive Verunsicherung des Einstellungssystems verhindern soll. Bildet der Antisemitismus ein weniger starkes Vorurteil, so ist auch die Abwehr deutlich geringer (31% bei den „mittleren Antisemiten") und der Übertragungseffekt eines positiven Israelbildes auf die Meinung über Juden sehr viel größer (67% im Vergleich zu 48% bei den vehementen Antisemiten).

Durch die Politik Israels, insbesondere seit Beginn der Intifada scheint sich das Bild der Israelis so zu verschlechtern, daß es negativer wird als das Bild vom (deutschen) Juden. Daß es sich hier um einen politisch motivierten Meinungswandel handelt, zeigt sich darin, daß die Wähler von CDU/CSU und FDP keine nennenswerte Sympathiedifferenz zwischen „deutschen Juden" und Israelis aufweisen (CDU/CSU: 0.6 zu 0.5; FDP: 0.9 zu 0.7), während die weiter links stehenden Wähler von SPD und Grünen die Israelis heute deutlich weniger sympathisch finden als die „deutschen Juden" (SPD: 1.0 zu 0.6, Grüne: 1.3 zu 0.5 – EMNID 1989, Tab. 61). Noch in unserer Umfrage von 1987 wurde von den Wählern aller Parteien das Wort „Israel" häufiger als sympathisch eingestuft als das Wort „Jude".[3]

Neben der Sympathie/Antipathie-Dimension haben wir auch nach der sozialen Distanz gegenüber Israelis gefragt. 11% der Befragten geben an, „nicht näher mit Israelis zu tun haben zu wollen". Damit ist die Distanz ihnen gegenüber weit geringer als gegenüber allen anderen Fremdgruppen und sozial stigmatisierten Personen in der vorgelegten Liste (Frage 1a). Die Akzeptanz der Israelis entspricht der der Juden, wobei die „deutschen Juden" mit 8% etwas geringere Ablehnung erfahren als „die Juden" mit 13%. Die Korrelation in der Distanz zu Israelis und Juden ist mit .56 recht hoch. Fast jeder Zweite (44 %), der mit „Israelis nicht näher zu tun haben will“, will auch „nichts mit Juden zu tun haben“, während jeweils ein gutes Viertel den Kontakt nur entweder zu Juden oder Israelis ablehnt. Bei der Frage nach der Akzeptanz im Freundeskreis schneiden die Israelis mit 39 % dagegen etwas schlechter ab als Juden/deutsche Juden mit 49 %. Auch hier ist die Korrelation zwischen beiden Variablen hoch (.62). Für diese Differenz ist ein allgemeiner Vorbehalt gegen Ausländer verantwortlich zu machen (Sprachprobleme, kulturelle Fremdheit etc.). Wieder zeigt sich die größere Kontaktbereitschaft der jüngeren Jahrgänge, die sich in gleicher Weise auch gegenüber Türken, Asylbewerbern, Arabern usw. äußert (Frage 1b). Die Akzeptanz von Israelis im Freundeskreis ist mit 49 % bei den 16-29jährigen doppelt so hoch wie bei den über 60jährigen (25 %).

Die Förderung von Kontakten durch Besuchsreisen nach Israel bzw. durch Städtepartnerschaften findet bei 26 % bzw. 37 % der Befragten Zustimmung. Die Zustimmung erscheint relativ hoch, doch ist eine Bewertung aufgrund fehlender Vergleichsdaten für andere Länder sowie aus älteren Umfragen unsicher. Die Altersstruktur der Zustimmung zu öffentlich geförderten Kontakten weist dasselbe Muster auf wie bei den persönlichen Kontakten.

Die deutsch-israelischen Beziehungen im Spiegel der öffentlichen Meinung

Die persönliche Einstellung zu Israelis ist abzuheben von der Haltung gegenüber dem Staat Israel. Die Gründung des Staates Israel im Jahre 1948 erschien in Deutschland, das damals mit den materiellen und politischen Folgen des Krieges beschäftigt war, weitgehend als ein entferntes Ereignis im Nahen Osten.[4] Erst ab 1951 fand Israel im Zusammenhang mit seinen Wiedergutmachungsforderungen nähere Beachtung in der politischen Öffentlichkeit. Neben diesem Thema, das bis heute die Einstellung vieler Deutscher zu Israel mitbestimmt (s.u.), sind es der Nahostkonflikt und die Frage einer besonderen politischen Beziehung der Bundesrepublik zu Israel, die die Meinungen über Israel prägen.

Der Nahostkonflikt

Die Sympathie und Antipathie gegenüber Israel wird wesentlich durch seine Rolle im Nahostkonflikt beeinflußt. Generell läßt sich sagen, daß in den Kriegen, in denen Israel als „David“ wahrgenommen wurde, der sich gegen eine arabische Übermacht zu wehren hatte, die Sympathie der Deutschen auf seiten Israels war. Michael Wolffsohn hat den Sympathieverlauf im arabisch-israelischen Konflikt anhand der vorhandenen Umfragedaten mehrfach dargestellt (vgl. 1988, Tab. 2). Seit dem Suez-Krieg von 1956 wurden immer dann Umfragen zur Einstellung gegenüber den Konfliktparteien gemacht, wenn kriegerische Ereignisse oder deutsch-israelisch-arabische Themen auf der Tagesordnung standen.

Sympathien im Nahostkonflikt

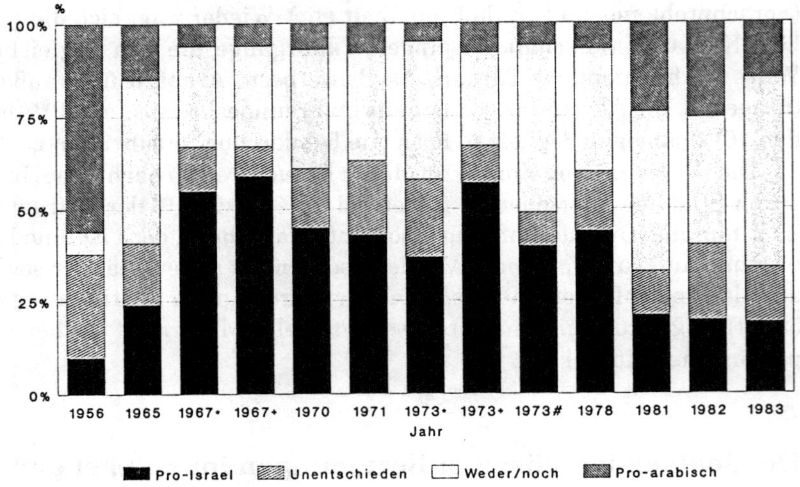

•Juni 1967 +Juli 1967
•April 1973 +Okt. 1973 #Ende Okt.1973

Sympathien im arabisch-israelischen Konflikt 1956-1983

Jahr	Ereignis	Sympathie Israel %	Sympathie Araber %	Weder/noch %	Unentschieden %
1956	Suez-Krieg*	10	56	6	28
1965		24	15	44	17
1967	Juni 6-Tage-Krieg	55	6	27	12
1967	Juli/Aug.	59	6	27	8
1970		45	7	32	16
1971		43	8	29	20
1973	April	37	5	37	21
1973	Okt. Yom Kippur Krieg	57	8	25	10
1973	Okt. nach Kriegsende	40	6	45	9
1978	Israel im Libanon	44	7	33	16
1981	Begin greift Schmidt an	21	24	43	12
1982	Beirut Massaker	20	26	39	21
1983		19	15	51	15

Quellen: IfD Jahrbücher; Allensbacher Berichte No.41/1973, EMNID-Informationen No.11-12/1973;

* In der Umfrage von 1956 war nach den Sympathien für Ägypten einerseits und Frankreich/England andererseits gefragt worden, d.h. die 10% sind hier auf Israel als dem Verbündeten der beiden Westmächte übertragen worden (IfD, Jb I, S. 355).

Aus den Daten läßt sich ablesen, daß die Sympathieverteilung ereignisbezogen starken Schwankungen unterlag. Bis zum Sechs-Tage-Krieg von 1967 ergriff nur eine Minderheit für eine der beiden Seiten Partei, die Mehrheit hatte für beide keine besondere Sympathie oder war unentschieden. Eine international vergleichende Umfrage zur Bewertung des Suez-Kriegs von 1956 zeigt, daß Israel im Vergleich zu den anderen Ländern nur geringe Sympathien bei den Bundesbürgern genoß. Die Blitzumfrage der Gallup-Institute in neun Hauptstädten der westlichen Welt erbrachte für die Bundesrepublik ein stark abweichendes Meinungsprofil (ähnlich nur dem der skandinavischen Länder), dem Kriegsfurcht und die Ablehnung militärischer Aggression generell zugrunde lagen.

„Halten Sie das Vorgehen Israels in Ägypten für richtig oder nicht richtig?"

	richtig %	nicht richtig %	ohne Meinung %
Australien	31	43	26
Bundesrepublik	9	60	31
Dänemark	28	44	28
Finnland	12	70	18
Italien	20	55	25
Kanada	25	43	32
Niederlande	42	24	34
Norwegen	11	89	—
USA	23	43	34

Quelle: EMNID-Informationen 45/1956, S. 1f.

Daß die hohe Ablehnung des israelischen Vorgehens nicht als Zeichen für eine grundsätzlich antijüdische oder antiisraelische Haltung gedeutet werden darf, zeigt sich in der noch stärkeren Ablehnung der militärischen Aktionen Frankreichs und Englands (richtig: 2%, nicht richtig: 74%) sowie in der großen Furcht, vom Suez-Konflikt könnte ein größerer Krieg ausgehen (Kriegsgefahr – ja: 46%, nein: 33%). Insgesamt genoß Israel in den 50er Jahren bei den Westdeutschen wenig Sympathien. Nur 5% beurteilten Israel sehr günstig, weitere 14% bedingt günstig, neutral 38%, bedingt ungünstig 20% und sehr ungünstig 23%.[5] Damit lag der Sympathiewert für Israel auf dem durch den Kalten Krieg bestimmten niedrigen Niveau gegenüber den Ostblockländern (EMNID-Informationen 15/1957, S. 3).

Der Krieg von 1967 polarisierte die Meinungen zugunsten Israels. Die Bundesregierung verfolgte eine neutrale Nichteinmischungspolitik, doch ergriffen die deutsche Öffentlichkeit, die Medien und bestimmte Organisationen (etwa der DGB) Partei für Israel, was sich in der Unterstützung durch Spenden und medizinische Hilfsmittel ausdrückte (vgl. Deligdisch 1974, S. 137ff.). Auch eine EMNID-Umfrage vom Juni/Juli 1967 belegt, daß die Hälfte der Bundesbürger die moralische Unterstützung der Israelis für richtig hielt (für falsch hielten sie 24%), sie unterschieden sich damit nicht von den Bürgern anderer westlicher Staaten.[6] Ihre Unterstützungsbereitschaft variierte mit Schulbildung und Parteipräferenz.[7] Gegenüber Personen mit Volksschulabschluß, die zu 49% zustimmten, genossen die Israelis bei Personen mit mittlerer und höherer Schulbildung zu 58% bzw. 62% Unterstützung.[8] Das Ergebnis fiel für Israel desto ungünstiger aus, je weiter rechts die präferierte Partei stand, wobei man im Auge behalten muß, daß die FDP-Wähler bis Mitte der 60er Jahre eher dem nationalkonservativen Lager angehörten. Emanuel de Kadt betont für Deutschland und Österreich zu Recht, daß hier die antiisraelische Reaktion eher noch mit einer generellen *Weltanschauung* verbunden war, die antisemitische Elemente enthielt (1967, S. 11).[9]

„Halten Sie moralische Unterstützung der Israelis für richtig oder falsch?" (1967)

	richtig %	falsch %	keine Antwort %
SPD	55	25	20
CDU/CSU	58	20	22
FDP	44	39	17
NPD	24	58	18
Nichtwähler bzw. keine Angabe	42	20	38

Quelle: EMNID-Informationen 8/1967, S. 5ff.

Ähnlich wie in der Einstellung zu Juden, galt auch in der Unterstützung Israels das Links/Rechts-Schema für die Wähler der beiden Volksparteien nicht. Insbesondere in der außenpolitischen Haltung zu Israel bestand ein breiter Konsens. Die moralische Unterstützung Israels basierte auf der Annahme, daß nicht Israel, sondern die arabischen Staaten zusammen mit der Sowjetunion für den Konflikt verantwortlich seien (52% sahen die Schuld bei den Arabern, 22% bei der UdSSR und 8% bei Israel; die Franzosen sahen dagegen zu 17% die Schuld bei Israel). Die Wähler von NPD und FDP waren deutlich antiisraelischer: sie sahen zu 31% bzw. 18% die Schuld bei Israel. Das moralische Urteil der Bundesbürger wirkte sich, von privaten Hilfsangeboten abgesehen, allerdings nicht handlungsleitend aus. Sie wollten in diesem Konflikt zu 77% eine strenge politische Neutralität gewahrt wissen. Trotz der Sympathie für Israel wollte man sich eine Beobachterposition reservieren und nicht aktiv für Israel Partei ergreifen.

Dieser Sympathiebonus schmolz bis zum Yom-Kippur-Krieg von 1973 langsam ab, ohne daß der arabischen Seite dadurch höhere Sympathien zugewachsen wären. Der Krieg selbst ließ die Sympathiekurve für Israel wieder nach oben schnellen.[10] Erst nach dem Libanon-Krieg von 1978 trat ein grundlegender Meinungswandel hinsichtlich des Nahostkonflikts ein. Die Sympathie für Israel halbierte sich und gleichzeitig stieg sie für die arabische Seite auf das Niveau der Sympathien für Israel an. Der lang anhaltende Konflikt, der zunehmend als unlösbar empfunden wird, führte in der Bevölkerung zu einer Distanzierung von beiden Konfliktparteien bzw. zu einer unentschiedenen Haltung.[11] Diese Sympathieverteilung fand sich in ähnlicher Form auch in den anderen westeuropäischen Ländern, d.h. sie spiegelt nicht die besonderen deutsch-israelischen Beziehungen.[12] Der beobachtete Meinungswandel vollzog sich gleichmäßig in der gesamten Bevölkerung und ist somit nicht auf eine besondere antiisraelische oder proarabische Wendung der jüngeren Altersgruppen zurückzuführen. Eine anläßlich des 30. Jahrestags der Gründung Israels im Mai 1978 – kurz nach dem Beginn des Libanonfeldzuges – durchgeführte Umfrage zur Einschätzung der israelischen Politik im Nahen Osten erbrachte ein geteiltes Meinungsbild. 52% der Befragten hielten Israels Politik für eher ausgleichend, 41% für eher aggressiv. Dieses Meinungsbild wird etwas düsterer, wenn man sieht, daß es die politisch Interessierten (die höher Gebildeten und die Bewohner der Großstädte) und damit die Meinungsführer waren, die Israel mehrheitlich eine aggressive Politik attestierten (Volkschulabschluß: 36%, Abitur und Studium: 53% – EMNID-Informationen 6/1978, S. 12).

Besonders negativ war das internationale Echo auf die Libanon-Invasion Israels und die Massaker von Sabra und Shatila. In der Bundesrepublik war die Sympathie für die arabische Seite erstmals größer als für Israel (s.o.), und auch in anderen westlichen Staaten ließen diese Ereignisse die Sympathie für die Palästinenser steil ansteigen (vgl. de Boer 1983, S. 123ff.), während Israel sich vehementer Kritik ausgesetzt sah.

Über die Auswirkungen der israelischen Besatzungspolitik seit Ausbruch der Intifada im Dezember 1987 liegen uns bisher keine Daten vor, man wird jedoch mit einem weiteren Absinken der Sympathien für Israel rechnen müssen.[13] Die Tatsache, daß 1989 40% der Befragten vermuten, die Besatzungspolitik Israels in den besetzten Gebieten sei Ursache für eine kritische Meinung gegenüber Juden, kann diese Annahme stützen (EMNID 1989, Tab. 83).[14] Auch Niels Hansen, der ehemalige deutsche Botschafter in Israel, nimmt an, daß Israel, trotz eines durchgängigen Sympathiebonus vom Sechs-Tage-Krieg an, seit Ausbruch der Intifada wachsende Imageprobleme hat. Dies dürfte vor allem für die jüngere Generation und für den rechten und linken Rand des politischen Spektrums gelten (1990, S. 17).

Die politisch-moralischen Beziehungen zwischen Israel und der Bundesrepublik

Die Einstellung zu Israel wird stark durch die besonderen *bilateralen Beziehungen* zur Bundesrepublik beeinflußt. Abgesehen von der Wiedergutmachung, auf die wir weiter unten zu sprechen kommen, war das deutsch-israelische Verhältnis vor allem durch Fragen der militärisch-wirtschaftlichen Zusammenarbeit in Meinungsumfragen repräsentiert.

In der Bevölkerung wurde der Wunsch nach einer besonders engen Zusammenarbeit mit Israel Anfang der 50er Jahre relativ deutlich abgelehnt (von 37%; im Vergleich lehnten 12% eine enge Zusammenarbeit mit Frankreich und 60% mit Polen ab). Bis 1959 halbierte sich die Quote der Ablehnung (IfD Bd. III, 1964, S. 187). Eine relativ dicht besetzte Zeitreihe haben wir für die Frage:

„Mit welchen von diesen Ländern sollten wir möglichst eng zusammenarbeiten?"

	1954 %	1959 %	1963 %	1968 %	1972 %	1974 %	1975 %	1980 %	1983 %
Frankreich	46	48	70	68	63	69	63	69	66
Israel	13	19	17	24	25	27	19	18	18
Rußland	22	31	27	35	49	42	38	20	38
Ägypten								16	14

Quelle: IfD Bd. V, 1974, S. 533; Bd. VI, 1977, S. 291; Bd. VIII, 1983, S. 596.

Der Ausschlag in der Sympathiekurve zugunsten Israels in den Kriegen von 1967 und 1973 zeigt sich auch in dem Wunsch nach enger Zusammenarbeit. Hatten sich vor dem Sechs-Tage-Krieg jeweils nur 13% bis 19% dafür ausgesprochen, so waren es im Oktober 1968 und in den nachfolgenden Jahren jeweils 24% und 1974 sogar 27%. Die Befürwortung einer engen Zusammenarbeit erreichte damit nicht einmal die Hälfte der Sympathiewerte für Israel. Wirtschaftliche Zusammenarbeit wird bedeutend häufiger mit den westeuropäischen Nachbarn und den Welthandelsnationen angestrebt. Aber im Blick auf wirtschaftlich vergleichbare Länder ist der Wunsch nach enger Zusammenarbeit mit Israel relativ hoch und spiegelt die besondere Beziehung.

Die Bereitschaft einer engen politischen und militärischen Zusammenarbeit mit Israel mußte in der Meinung der Öffentlichkeit balancieren zwischen der Berücksichtigung der deutschen Interessen gegenüber den arabischen Ländern und den besonderen Verpflichtungen gegenüber Israel. Bereits die Diskussion um die Aufnahme diplomatischer Beziehungen zeigte diesen Doppelcharakter. Israel lehnte bis Mitte der 50er Jahre jegliche offiziellen Kontakte zur Bundesrepublik als der Rechtsnachfolgerin des Dritten Reiches ab. Als dann Israel seine Haltung in dieser Frage änderte, verzögerte die Bundesregierung mit Rücksicht auf die guten Beziehungen zu den arabischen Staaten und zur Aufrechterhaltung ihres Alleinvertretungsanspruches (Hallstein-Doktrin) den Austausch von Botschaftern. Die Bundesrepublik betrieb damit nach 1955 eine Außenpolitik, die in steigendem Maße mit den Prinzipien der moralischen Verantwortung kollidierte (Deligdisch 1974, S. 10). Innenpolitisch übten seit 1962 der DGB, die Aktion Sühnezeichen und andere Organisationen Druck aus, diplomatische Beziehungen zu Israel aufzunehmen.

Erst als 1965 der Staatsratsvorsitzende der DDR, Walter Ulbricht, zum Staatsbesuch nach Ägypten reiste, und damit die Rücksicht auf die Hallstein-Doktrin hinfällig war, wurde dieser Schritt in großer Eile vollzogen.[15] Deligdisch spricht von einer radikalen Wendung in der deutschen Nahostpolitik zur Zeit der Nahostkrise von 1964-65 (1974, S. 11). In der Bevölkerung war die Meinung geteilt: 1963 waren 27% vorerst gegen die Aufnahme diplomatischer Beziehungen (38% dafür, 35% unentschieden). Die Zahl der Gegner nahm während der öffentlichen Auseinandersetzung um diese Entscheidung bis Februar 1965 noch um 10 Prozentpunkte zu.[16] Das Votum der Bevölkerung gegen die Aufnahme war nicht prinzipieller, geschichtspolitischer Natur, sondern orientierte sich pragmatisch an außenpolitischen Interessen (IfD 1967, S. 470). Die Befürworter der sofortigen Aufnahme diplomatischer Beziehungen zu Israel dagegen stellten politische Bedenken zurück und dachten geschichtspolitisch: von den Befürwortern blieben 81% bei ihrem Votum, auch als ihnen die Nachteile — nämlich die Aufnahme diplomatischer Beziehungen zwischen der DDR und Ägypten — eigens vor Augen geführt wurden (EMNID-Informationen 17/1965, S. 2f.).

Auch in dieser Phase wollte die Bevölkerung eine besondere Verantwortung für ein von den arabischen Staaten bedrohtes Israel nicht akzeptieren. 75 % stimmten dafür, neutral zu bleiben, falls Israel „von Ägypten oder anderen arabischen Staaten angegriffen und zerschlagen würde". Nur 10% wollten Israel in dieser Lage helfen (IfD Bd. IV, 1967, S. 471). Im gleichen Jahr wurde in diesem Sinne die Einstellung von Waffenlieferungen an Israel von einer Zweidrittelmehrheit gutgeheißen (11% waren für Lieferungen). Damit hatte die Politik der Bundesregierung, die sich stärker an den Interessen Israels orientierte, nicht die Unterstützung durch die Bevölkerungsmehrheit.

Als 1983 im Zuge der Diskussion um die Ölversorgung der westlichen Industriestaaten erneut zwischen einer pragmatischen Interessenpolitik und der historischen Verantwortung gegenüber Israel entschieden werden sollte, wurde wiederum deutlich für die Interessenpolitik votiert. 52% der Befragten wollten den guten Beziehungen zu Israel angesichts des arabischen Öls nicht die Priorität geben. Nur 18%

waren aus Gründen der historischen Schuld für ein besonders freundschaftliches Verhältnis zu Israel (IfD, Bd. VIII, 1983, S. 648).

Wie irritierbar die deutsch-israelischen Beziehungen waren und sind und welchen Konfliktstoff die Vergangenheit birgt, wurde an der Kontroverse zwischen Bundeskanzler Helmut Schmidt, der sich 1981 für das Selbstbestimmungsrecht der Palästinenser ausgesprochen hatte, und dem israelischen Ministerpräsidenten Menachem Begin deutlich, der sich geweigert hatte, einem deutschen Soldaten des Zweiten Weltkriegs die Hand zu geben. Die Westdeutschen bescheinigten daraufhin Begin ein Eigenschaftsprofil, in dem die Züge Rücksichtslosigkeit, Aggressivität und Unberechenbarkeit dominierten (EMNID-Informationen 5-6/1982, S. 17). Während sich die Israelis zur Hälfte mit der Weigerung Begins identifizierten, ergriffen die Deutschen mehrheitlich für Schmidt Partei (57%), nur 18% wollten bei ihm eine Mitschuld an der Kontroverse sehen. Wie schnell in dem sensiblen deutsch-israelischen Verhältnis politische Kritik und Polemik zur Ursache eines neuerlichen Anwachsens von alten Ressentiments werden können, zeigt eine IfD-Umfrage. Immerhin 41% der Bundesbürger glaubten, daß nach den Angriffen Begins die „Vorurteile gegenüber den Juden bei uns wieder zunehmen werden" (IfD Bd. VIII, S. 651). Die Tatsache, daß diese Befürchtung insbesondere von den Älteren geäußert wurde (16-29 Jahre: 33%; 45 Jahre und älter: 47%), die ja überdurchschnittlich antisemitisch eingestellt sind, deutet darauf hin, daß es sich nicht um unrealistische Befürchtungen, sondern zum Teil um ein tatsächliches, momentanes Aufwallen antijüdischer Gefühle handelte.

Die Haltung der Deutschen zur Wiedergutmachung an Israel

Bereits in den explorativen Interviews (Kap. II) ist häufig der Komplex der „Wiedergutmachung" zu Sprache gekommen, dem die Interviewpartner zumeist ablehnend gegenüberstehen. Es scheint, daß sich diese Frage sehr eng mit dem Israelbild verknüpft hat, obwohl die Wiedergutmachung an Israel nur einen Bruchteil des gesamten Volumens der Entschädigungszahlungen ausmacht (3 Milliarden DM von 80,5 Milliarden DM zum 1.1.1988, vgl. zur finanziellen Dimension Heßdörfer 1989).[17]

Die Faktorenanalyse des Israelbildes (s.o.) hat ein negatives Teilbild ergeben, das Israel als Nutznießer deutscher Schuld zeichnet. Bildet man additiv eine neue Variable aus allen fünf die Wiedergutmachung betreffenden Items unserer Umfrage, so äußert sich nur ein Drittel der Befragten niemals negativ zur Wiedergutmachung. D.h. bei zwei Dritteln der Bevölkerung ist in der einen oder anderen Weise eine Ablehnung der Wiedergutmachung festzustellen. Eine derartig hohe negative Übereinstimmung ergab sich bei keiner anderen Dimension unserer Auswertung.[18] Dies bestätigt unsere Hypothese, daß das Verhältnis der Deutschen zu Israel und zu den Juden allgemein stark durch die Vergangenheit und aus ihr erwachsenen finanziellen wie politisch-moralischen Verpflichtungen bestimmt wird. Israel und seine Repräsentanten werden als „lästige Mahner" empfunden, die immer wieder an die von den Deutschen lieber vergessene Vergangenheit erinnern und deren Ansprüche und Forderungen nicht mehr als Folge des NS-Unrechts akzeptiert werden, sondern als „Budgetposten" des israelischen Staatshaushaltes angesehen werden. Die Ablehnung der Wiedergutmachung bündelt die innenpolitisch motivierte negative Sicht Israels seitens der Deutschen. Dieser Vorbehalt verbindet sich nicht sehr stark mit einer antizionistischen Haltung und einer Unterstützung der Gegner Israels. Für die Tatsache, daß es sich bei der scharfen Ablehnung der israelischen Politik im Nahen Osten und bei der geschichtspolitisch motivierten Kritik an seiner Haltung gegenüber Deutschland um zwei, nur partiell verknüpfte Einstellungskomplexe handelt, spricht die relativ niedrige Korrelation (maximal .36) zwischen den Items zur Wiedergutmachung und dem ANTIZIONISMUS-Index (s.u.).

Welche zentrale Bedeutung der Abweis der Forderungen Israels nach materieller und moralischer Wiedergutmachung für die Antisemiten hat, zeigt der signifikante Zusammenhang zwischen der abgelehnten Wiedergutmachung und den drei Antisemitismusmaßen.

Israel lebt von Wiedergutmachung / WAS, SAS, VAS

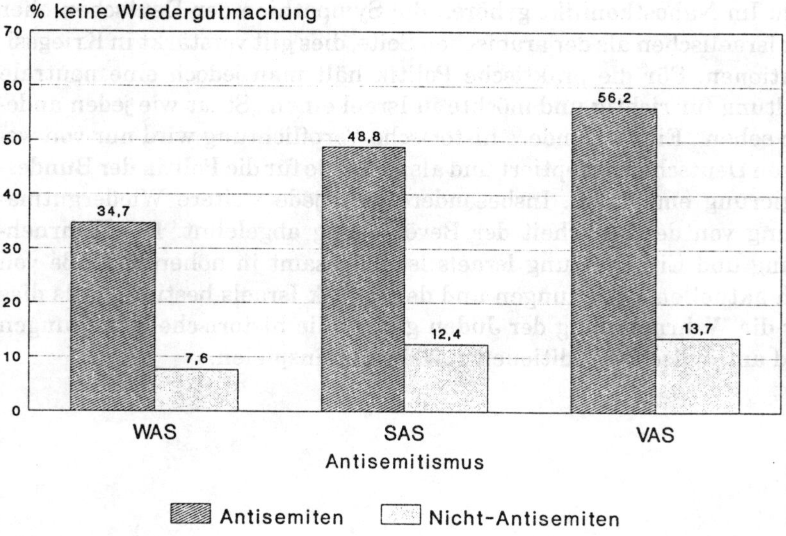

93% der als „vehement antisemitisch“ eingestuften Personen behaupten, daß Israel Vorteile aus der NS-Vergangenheit ziehe (SAS: 91%, WAS 79%). Dieser Befund bestätigt unsere Hypothese, daß der gegenwärtige Antisemitismus der Deutschen seinen Zündstoff in der „unbewältigten Vergangenheit“ hat.

Die Wiedergutmachungszahlungen und ihr „Mißbrauch durch einzelne Juden“ stellen für die Antisemiten die vorrangigen Ursachen für kritische Meinungen über Juden dar (vgl. die Tabelle in Kap. XI), während als nicht-antisemitisch eingestufte Personen diesem Komplex viel seltener Bedeutung zumessen.

Die Haltung zur Wiedergutmachung zeigt den üblichen Generationseffekt: etwa ein Viertel der 16-59jährigen ist überhaupt gegen Wiedergutmachungsleistungen an Israel, während es bei den über 60-jährigen 37% sind. Fragt man jedoch nicht nach der Berechtigung von Wiedergutmachung überhaupt, sondern nach der Angemessenheit der Zahlungen, dann ist die Zahl derjenigen in allen Generationen, die die Zahlungen für „zu hoch“ halten deutlich größer: 35% der 18-29jährigen, 42% der 30-44jährigen, 49% der 45-59jährigen und 56% der über 60jährigen (EMNID 1989, Tab. 81). Der Faktor Bildung wirkt sich offenbar erst mit hohen Bildungsabschlüssen aus. Während Personen mit Volksschulabschluß die Wiedergutmachungszahlungen zu 54% für zu hoch halten, tun dies immer noch 46% mit mittleren Bildungsabschlüssen. Mit dem Abitur/Universitätsabschluß sinkt die Zustimmung drastisch auf 22% ab (ebd.).

Betrachtet man rückblickend die 40jährigen Beziehungen zu Israel im Spiegel der Meinungsumfragen, dann wird folgendes Muster deutlich: Im Nahostkonflikt gehören die Sympathien der Deutschen eher der israelischen als der arabischen Seite, dies gilt verstärkt in Kriegssituationen. Für die praktische Politik hält man jedoch eine neutrale Haltung für richtig und möchte in Israel einen „Staat wie jeden anderen sehen“. Eine besondere historische Verpflichtung wird nur von wenigen Deutschen akzeptiert und als Leitlinie für die Politik der Bundesregierung empfohlen. Insbesondere wird jede weitere Wiedergutmachung von der Mehrheit der Bevölkerung abgelehnt. Die Wahrnehmung und Einschätzung Israels ist insgesamt in höherem Maße von den aktuellen Beziehungen und der Politik Israels bestimmt, als dies für die Wahrnehmung der Juden gilt, in die historische Beziehungen und antijüdische Traditionen stärker hineinspielen.

Antizionismus und Antisemitismus

Eine viel diskutierte Frage in der Antisemitismusforschung und in der politischen Öffentlichkeit betrifft das Verhältnis von Antisemitismus und Antizionismus. Eine These besagt, der Antizionismus sei nichts anderes als ein verkappter Antisemitismus. Da letzterer nicht mehr offen geäußert werden könne, nehme die Judenfeindschaft die Form der überharten Israelkritik an, die in der Öffentlichkeit eher zugelassen werde. Eine andere, gegenläufige These besagt, daß die Kritik an der Politik Israels als Antizionismus diskreditiert und damit in die Nähe des Antisemitismus gerückt würde, um diese Kritik zu unterbinden.[19]

Zionismus und Antizionismus sind politische Kampfbegriffe, deren präzise Sinnbestimmung für eine demoskopische Befragung erhebliche Schwierigkeiten bereitet. Es ist auch nicht möglich, an Operationalisierungen in älteren oder ausländischen Studien anzuknüpfen, da bis heute kein Antizionismus-Indikator entwickelt worden ist.[20] In der Literatur zu diesem Thema (vgl.Broder 1976 und 1986, Bauer 1983, Heinsohn 1988, Volkov 1990, Wistrich 1990) werden gewöhnlich einzelne Texte und Äußerungen als antizionistisch kritisiert, ohne daß die Kriterien dafür explizit und generalisierbar angegeben werden. Eindeutig als antizionistisch werden Äußerungen markiert, die Israel sein Existenzrecht absprechen und den Zionismus als eine imperialistische und rassistische Ideologie bezeichnen.[21] Bei anderen Punkten der Israelkritik ist die Einschätzung als „antizionistisch" vom politischen Standort abhängig. Die genannten Kriterien greifen wohl bei der Israelkritik der extremen Linken, sie können jedoch einer allgemeinen Bevölkerungsumfrage nicht zugrundegelegt werden, da die Bevölkerung nicht in den Kategorien des Rassismus und einer linken Imperialismustheorie denkt. Die Ablehnung Israels in der Bevölkerung wird sich eher an durch die Massenmedien vermittelte Ereignisse anschließen, die im Kontext bestehender antijüdischer Vorstellungen bewertet werden. Für unsere Auffassung spricht, daß die 1975 verabschiedete UNO-Resolution Nr. 3379, wonach „der Zionismus eine Form von Rassismus und rassistischer Diskriminierung" sei, bei einer Emnid-Umfrage im Jahre 1975 bei den Westdeutschen keine große Zustimmung fand: 17% hielten diese Gleichsetzung für richtig (in England: 27%, in Frankreich: 28% und in der Schweiz: 13%), 41% lehnten sie ab, 42% hatten keine Meinung (Emnid-Informationen 12/1975, S. 4f.). Der hohe Anteil an Meinungslosen deutet darauf hin, daß die Bevölkerung Zionismus nicht in den abgefragten Kategorien beurteilt.

Wir haben in unseren Fragenkatalog zum Israelbild Statements aufgenommen, die eine extrem scharfe und überzogene Kritik an der Politik Israels formulieren. Aus den Statements, die bei der Faktorenanalyse des Israelbildes auf dem Faktor („Aggressives Israel") laden und hoch miteinander korrelieren, haben wir einen ANTIZIONISMUS-Index gebildet. Er besteht aus den Variablen: „Sie nehmen ihren Nachbarn Land weg ohne jedes Recht" (Frage 14/16); „Sie beginnen Kriege und geben dann anderen die Schuld daran" (Frage 14/19); „Ein Staat, der über Leichen geht" (Frage 14/8); „Ein Land, das einfach keinen Frieden will" (Frage 14/18) und „Was der Staat Israel heute mit den Palästinensern macht, ist im Prinzip auch nichts anderes als das, was die Nazis im Dritten Reich mit den Juden gemacht haben" (Frage 15). Die ebenfalls erhobene Meinung zur „Unterstützung des Kampfes der Palästinenser" (Frage 16/5), die inhaltlich zum Komplex Antizionismus gehört, wurde nicht in den Index aufgenommen, da sie nicht auf dem Faktor „Aggressives Israel" lädt und nur geringe Korrelationen mit den entsprechenden Items aufweist. Die Ablehnung Israels ist offenbar nicht sehr stark mit der Unterstützung seiner Gegner verbunden, eine Ausnahme bildet nur eine Gruppe junger und gebildeter Befragter (s.o).

Index: ANTIZIONISMUS

Zustimmungen	n	%	kumulierte %
0	1216	57,8	57,8
1	431	20,5	78,4
2	238	11,3	89,7
3	101	4,8	94,5
4	80	3,8	98,3
5	36	1,7	100,0
Summe	2102	100,0	100,0

(Reliabilität — alpha=.67)

Die Entscheidung darüber, ab wieviel negativen Aussagen man jemanden als „antizionistisch" klassifizieren kann, ist wie jede Grenzziehung nicht zwingend den Daten selbst zu entnehmen, sondern muß durch zusätzliche Gesichtspunkte begründet werden. Wir haben uns an folgenden Kriterien orientiert: Bevor man von einem ideologischen Einstellungskomplex sprechen kann, sollte die Zustimmung zu antiisraelischen Statements *wiederholt* auftauchen. Insofern zählen wir die Gruppe, die nur einmal zugestimmt hat, noch nicht zu den „Antizionisten". Zum anderen ergibt die Korrelation des ANTIZIONISMUS-Index mit weiteren antiisraelischen Statements ein klares Muster: Wer einmal auf dem AZ-Index zugestimmt hat, liegt bei der Zustimmung zu diesen Aussagen noch im Bevölkerungsdurchschnitt, die Zustimmung steigt erst bei der Entscheidung für zwei und mehr Aussagen des Index deutlich an. Z.B. unterstützen erst die eindeutigen Antizionisten „den Kampf der Palästinenser" überdurchschnittlich oft (45 % gegenüber 16 % im Bevölkerungsdurchschnitt), ebenso sehen sie häufiger keine Bedrohung Israels (ca.65 % zu 52 %).

Nach diesen Überlegungen müssen knapp 22 % der Befragten als antizionistisch eingestuft werden.

Sind die Antizionisten zugleich auch Antisemiten? Die Korrelation zwischen dem ANTIZIONISMUS-Index und dem ANTISEMITISMUS-Index fällt mit .56 ($p < .001$) recht deutlich aus. Die Überschneidung von Antisemitismus und Antizionismus ist desto größer, je radikaler der Antisemitismus wird.

Antisemitismus und Antizionismus

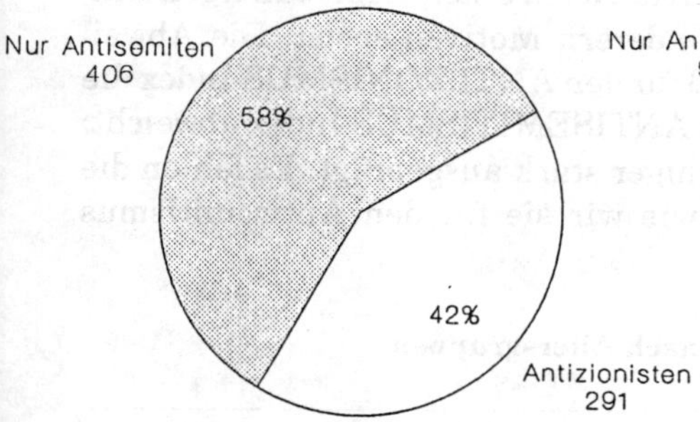

Antisemiten nach WAS (n = 697)

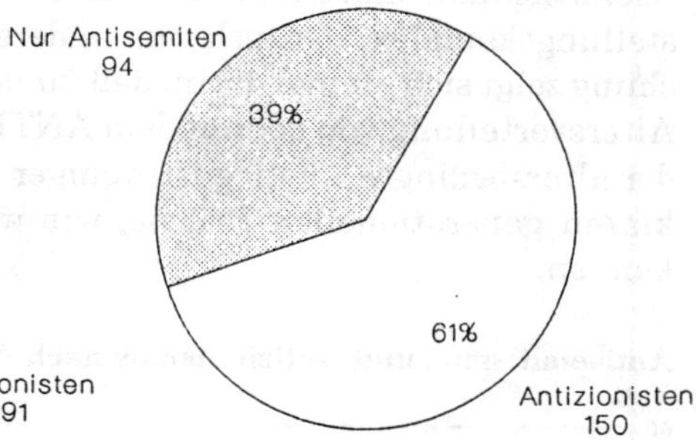

Antisemiten nach SAS (n = 244)

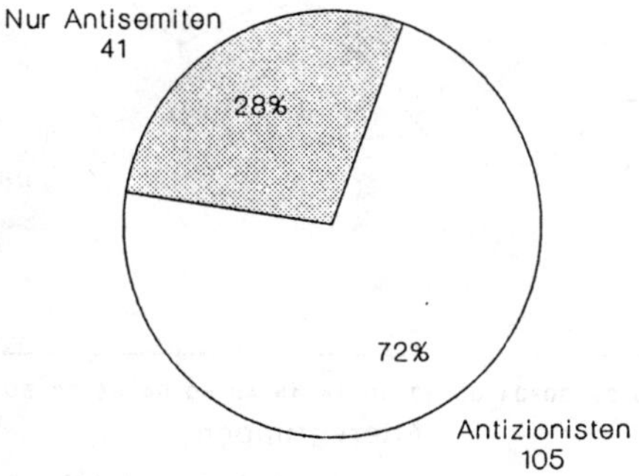

Antisemiten nach VAS (n = 146)

Es gilt also: je stärker die antisemitische Überzeugung, desto wahrscheinlicher schließt sie auch eine antizionistische Einstellung ein. Das Gleiche gilt umgekehrt, wenn man vom Antizionismus ausgeht: isoliert man in der Gruppe der Antizionisten (21,6 % der Befragten) einen harten Kern (10,3 % = 3-5 Zustimmungen auf dem ANTIZIONISMUS-Index), dann steigt mit der Stärke antizionistischer Überzeugung auch der Antisemitismus an. Die von der Publizistik immer wieder vorgenommene Identifikation von Antizionismus mit Antisemitismus hat in diesem Ergebnis eine gewisse Bestätigung gefunden.

Andererseits läßt sich auch eine große Gruppe von Antizionisten erkennen, die keine antisemitischen Überzeugungen geäußert hat. Selbst wenn man den Begriff Antisemitismus (über die Bedingungen WAS) sehr weit faßt, müssen jeweils noch 36% der Antizionisten bzw. 22% der „harten Antizionisten" als nicht-antisemitisch eingestuft werden.[22]

Die negative Haltung zu Israel wird also nur zu einem Teil über Antisemitismus erklärt, sie bildet partiell auch einen eigenständigen Einstellungskomplex, der sich aus anderern Motiven speist. Die Abweichung zeigt sich einmal darin, daß für den ANTIZIONISMUS-Index die Altersverteilung von der auf dem ANTISEMITISMUS-Index abweicht: der altersbedingte Anstieg ist weniger stark ausgeprägt. Es fehlen die klaren generationellen Brüche, wie wir sie für den Antisemitismus kennen.

Antisemitismus und Antizionismus nach Altersgruppen

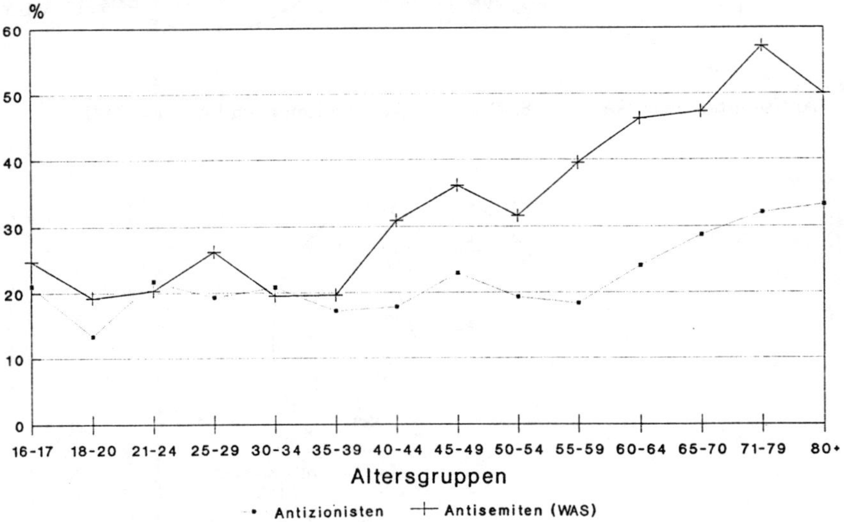

Anders als im Fall des Antisemitismus unterscheiden sich die Wähler der vier im Bundestag vertretenen Parteien in der scharfen Ablehnung Israels kaum. In dieser Frage gleicht sich das Meinungsbild der Grünen zum ersten Mal dem der anderen Parteien an.

Die bis 1967 zu beobachtende besondere Sympathie, die Israel auf der „Linken" entgegengebracht wurde, hat seither stetig abgenommen und sich dem Bevölkerungsdurchschnitt angenähert. Was der Index als antizionistischen Komplex zusammenfaßt, könnte unterschiedlichen

Antizionismus nach Parteipräferenz

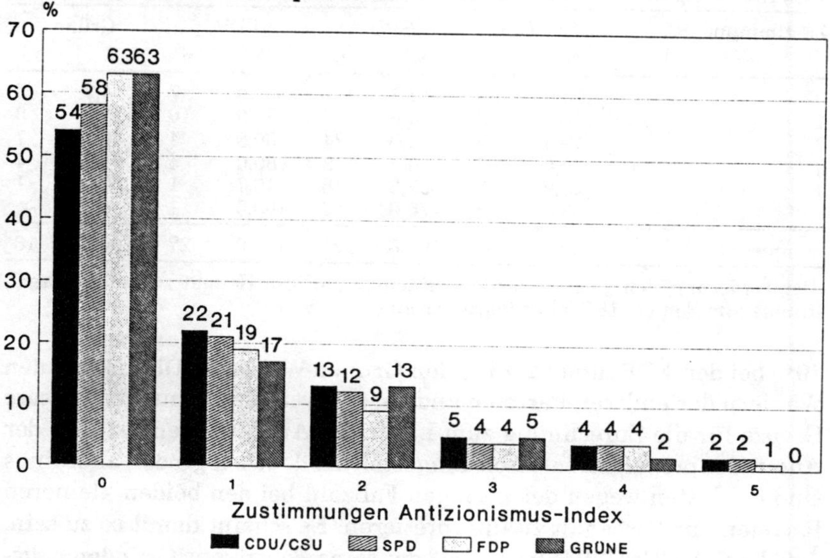

politischen Motiven entspringen. Für die Ablehnung Israels auf der „Rechten" ist wahrscheinlich (was etwa auch die Tatsache zeigt, daß alle sieben NPD-Wähler des Samples mehr als zweimal zugestimmt haben) der traditionelle Antisemitismus verantwortlich, d.h. Israel wird als „jüdischer Staat" identifiziert und entsprechend negativ besetzt. Antisemitismus und Antizionismus fallen hier zusammen. Für die liberalen und linken Wähler ist zu prüfen, inwieweit ihre Israel-Kritik aus der geringeren Einschätzung der Bedrohung Israels [23], dessen Militär- und Besatzungspolitik oder auch aus pazifistischen Motiven stammt. Hier hätte man es mit einer Ablehnung der israelischen Politik zu tun, die kaum antisemitische Beimischungen enthält. Eine totale Ablehnung (4 und 5 Zustimmungen auf den ANTIZIONISMUS-Index) ist bei diesen Wählern mit 2% bis 5 % nur ganz gering verbreitet.

Unsere Annahme, daß es zur Begründung einer antiisraelischen Haltung zwei unterschiedliche Motivkomplexe gibt, wird bestätigt, wenn man den Zusammenhang von Antizionismus mit der „Unterstützung der Palästinenser beim Kampf um ihre Heimat" (Frage 16/5) nach Parteipräferenzen aufschlüsselt.

Bei den Wählern der CDU/CSU steigt mit dem Antizionismus die Bereitschaft zur Unterstützung der Palästinenser nur geringfügig an und ist erst bei der Gruppe mit 5-Zustimmungen sehr stark ausgeprägt. D.h. eine negative Einstellung zu Israel verbindet sich hier nur bei einem kleinen Teil mit einer pro-palästinensischen Haltung (insgesamt will nur ein Viertel der Antizionisten unter den CDU/CSU-Wählern den Kampf der Palästinenser unterstützen gegenüber 33% bei den SPD-,

Unterstützung der Palästinenser / ANTIZIONISMUS-Index / Parteipräferenz

Zustimmungen	CDU/CSU		SPD		FDP		Grüne	
	%	n	%	n	%	n	%	n
0	10,0	35	12,7	51	8,0	7	4,2	3
1	16,5	23	15,6	23	37,0	10	15,0	3
2	19,5	16	30,0	24	30,8	4	46,7	7
3	20,0	7	30,8	8	80,0	4	66,7	4
4	25,9	7	33,3	8	16,7	1	50,0	1
5	53,8	7	70,0	7	100,0	1	–	–
Summe	100,0	95	100,0	121	100,0	27	100,0	18

(Der Forderung, den „Kampf der Palästinenser um ihre Heimat zu unterstützen", stimmen im Sample 16% aller Befragten zu.)

40% bei den FDP- und 52% bei den Grünen-Wählern). Dies ist bei den Wählern der anderen Parteien anders: ab zwei Zustimmungen (unsere Grenze für die Zurechnung zum Lager der Antizionisten) ist hier der Anteil der propalästinensisch Eingestellten deutlich größer, allerdings sind die Daten wegen der geringen Fallzahl bei den beiden kleineren Parteien mit Vorbehalt zu interpretieren. Es scheint damit so zu sein, daß die CDU/CSU-Wähler Israel bzw. seine Politik aus Gründen negativ beurteilen, die überwiegend nicht im Nahostkonflikt, sondern in einer generellen antijüdischen Einstellung ihre Basis haben, während bei den Wählern der anderen Parteien – vor allem der Grünen und der FDP – die Ablehnung eher auf einer kritischen Wahrnehmung der israelischen Politik gegenüber den Palästinensern und auf einer Parteinahme für die letzteren beruht. Diese Parteinahme seitens der Personen, die wir als antizionistisch eingestuft haben, geht jedoch nicht so weit, daß sie signifikant häufiger „Waffenlieferungen an die Araber" billigen.[24]

Daß Israel von den Wählern der beiden Volksparteien stärker im Kontext antijüdischer Klischees beurteilt wird als von denen der kleineren Bundestagsparteien, zeigt sich an der signifikant höheren Zustimmung der antizionistischen Wähler von CDU/CSU und SPD zu dem Statement „Auf diesem Volk lastet ein Fluch" (Frage 14/2). Jeweils ein Drittel von ihnen stimmt hier zu, bei den „FDP-Antizionisten" sind es ein Viertel, bei denen der Grünen-Wähler ein Achtel (Bevölkerungsdurchschnitt: 21%).

Für die Splitterparteien kann aufgrund der geringen Fallzahlen keine Auswertung vorgenommen werden. Von den sieben NPD-Wählern im Sample müssen alle als antizionistisch eingestuft werden und sie gehören alle auch zu den geschichtspolitischen Gegnern Israels.[25] Auffällig ist, daß im Gegensatz zur bürgerlichen Rechten die militante Rechte den Kampf der Palästinenser in hohem Maße unterstützt. Diejenigen, die bei der Frage nach ihrer Parteipräferenz die Kategorien „Weiß nicht" und „Keine Auskunft" gewählt haben, unterscheiden sich in ihrer Haltung zu Israel nicht vom Bevölkerungsdurchschnitt. Anders ist dies bei den Nichtwählern. In dieser Gruppe (n = 117) ist ein „harter Kern“ von Antisemiten enthalten, der auch klar antizionistisch ist.

Die Haltung zu Israel ist insgesamt stärker von aktuellen Ereignissen und von der politischen Einstellung bestimmt als die gegenüber Juden. Entsprechend ist auch die Einstellungsdifferenz zwischen den Generationen geringer. Die Ablehnung Israels nimmt zwar auch bei den älteren Jahrgängen zu, doch ist die Abfolge politischer Generationen nicht so deutlich konturiert. Dieses Muster findet sich bei Männern und Frauen gleichermaßen, bei den Frauen liegt das Niveau der Ablehnung insgesamt niedriger und steigt mit dem Alter langsamer an. Auf dem ANTIZIONISMUS-Index erreichen die Männer einen Mittelwert von 0.9, die Frauen von 0.7. Betrachtet man die Gruppe der Antizionisten, dann sind die Männer hier leicht überrepräsentiert: 25 % aller Männer und 19 % aller Frauen fallen in diese Kategorie (signifikant auf dem 10 % Niveau). Die Geschlechter zeigen auch in ihrer kritischen Haltung zu Israel aufgrund der belasteten deutsch-jüdischen Geschichte nur einen geringen Unterschied. Während 72 % der Männer Wiedergutmachung und Erinnerung an deutsche Schuld ablehnen, sind dies bei den Frauen 64 % (signifikant auf dem 5 % Niveau).[26]

Unsere Vermutung, daß es sich beim politischen Antizionismus und bei der Ablehnung Israels aus dem Wunsch, einen Schlußstrich unter die Vergangenheit zu ziehen, um zwei unterscheidbare Motivkomplexe handelt, wird noch einmal dadurch bestätigt, daß Bildung sich bei beiden jeweils anders auswirkt. Die Gebildeteren stehen den Ansprüchen Israels auf Wiedergutmachung und Erinnerung positiver gegenüber, weil sie durch ihre längere Ausbildung und durch die Übernahme politischer Leitbilder den historischen Hintergrund kennen, auf dem diese Ansprüche als berechtigt erscheinen müssen. Es besteht hier ein signifikanter Zusammenhang zwischen der Höhe des Bildungsabschlusses und der Haltung zu Israels Ansprüchen: Während von Personen mit oder ohne Hauptschulabschluß ca. 70 % eine kritische Haltung einnehmen, sind es von denen mit mittleren Schulabschlüssen ca. 62 % und von den Akademikern ca. 55 %. In der Ablehnung der Ansprüche Israels besteht jedoch in der Bevölkerung ein derartig hoher Konsens, daß auch noch unter den Akademikern mehr als die Hälfte eine negative Position einnimmt. — In der Ablehnung der Politik Israels wirkt sich der Bildungseinfluß in anderer Weise aus. Bei Haupt- und Mittelschülern zeigt sich das bekannte Muster eines positiven Bildungseinflusses (34 % Ablehnung bei Hauptschülern ohne Abschluß, 25 % bei Hauptschulabgängern und 18 % bei Mittelschulabsolventen). Mit dem Abitur sinkt die Ablehnung nicht — wie man erwarten würde — weiter ab, sondern bleibt auf dem Niveau der Mittelschulabsolventen und steigt bei Personen mit abgeschlossenem Studium sogar wieder auf das Niveau der Personen mit Hauptschulabschluß an (22%). Eine Ausnahme bilden hier nur die Studenten, die mit 13% den geringsten Anteil an Antizionisten aufweisen.[27]

Hinsichtlich der Gründe für die unterschiedliche Haltung der Akademiker in bezug auf Israels Ansprüche, die aus der deutschen NS-Vergangenheit stammen, und auf seine Politik im Nahostkonflikt läßt sich folgendes vermuten. Hohes politisches Interesse mag im ersten Fall zu einem historischen Lernprozeß und zu einem sachgerechten politischen Urteil geführt haben. Der politisch-liberale Konsens in dieser Frage wird gerade von den besser Gebildeten und beruflich Exponierteren als Verpflichtung gespürt und vertreten. In der Beurteilung der aktuellen Politik Israels gibt es einen solchen Konsens nicht, und eine antiisraelische Meinungsäußerung ist entsprechend weniger tabuisiert. Antizionismus *kann* also die Form sein, in der sich latente antisemitische Ressentiments Ausdruck verschaffen. Nicht auszuschließen ist aber, daß Israel von den Gebildeten scharf beobachtet und seine Politik an hohen politisch-moralischen Ansprüchen gemessen wird.[28] Im Hintergrund stehen dabei liberale Werte wie Gewaltfreiheit, Schutz von Minderheiten, Selbstbestimmung etc. ebenso wie Imperialismuskritik und die Unterstützung nationaler Befreiungsbewegungen in der Dritten Welt. Die intensive Beobachtung Israels und das Anlegen besonders scharfer Maßstäbe resultiert wohl daher, daß man die moralische Kritik Israels an Deutschland auf Israel zurückwendet und vorgibt, Israel an seinen eigenen strengen moralischen Ansprüchen zu messen.[29] Diese negative Beurteilung kann zur moralischen Aufrechnung, zur Relativierung der jüdisch-israelischen Kritik an den Deutschen und zur Entlastung eingesetzt werden; etwa wenn man die Politik Israels gegenüber den Palästinensern mit der nationalsozialistischen Judenverfolgung vergleicht (vgl. Frage 15: Zustimmung 17%, Unentschieden 33%, Ablehnung 50%). Wie die überaus heftige Kritik an den Massakern in den Flüchtlingslagern von Sabra und Shatila im Libanonkrieg von 1982 gezeigt hat, die als Holocaust an den Palästinensern angeprangert wurden, wird Israels Verhalten mit dem des nationalsozialistischen Deutschlands verglichen. Für die Kommentierung israelischer Politik durch die deutsche Öffentlichkeit ist es ein Problem, die Urteile — seien sie pro oder contra — von geschichtspolitischen Interessen freizuhalten.

Anmerkungen:

1 Vgl. dazu die Überlegungen von Strauss 1990.
2 Vgl. dazu Luhmann 1978, S. 43ff.
3 Die Haltung der extremen Rechten gegenüber den Juden und Israelis ist wenig differenziert. Die aktuelle Politik Israels spielt gegenüber einer *generell* judenfeindlichen Haltung eine geringere Rolle. Die Wähler der „Republikaner" und der NPD beurteilen die „deutschen Juden" und die Israelis gleichermaßen negativ, die ersteren sogar noch etwas negativer (—1.1 zu —0.9 – EMNID 1989, Tab. 61).
4 In der ersten demoskopischen Erhebung wurden Meinungen über Israel noch ganz aus der deutschen Perspektive, d.h. im Kontext der „Judenfrage" erhoben: Zwei Drittel der Befragten hielten die „Bildung des Staates Israel für eine Lösung der Judenfrage", nur für 14 % war sie es nicht (IfD 1949, S. 47). Daß hierbei primär an eine Entfernung der Juden aus dem eigenen Land (dieser Wunsch der Abwanderung muß im Zusammenhang mit dem Problem der *Displaced Persons* in den Nachkriegsjahren gesehen werden, vgl. Wetzel 1987) und nicht an die Nationalstaatlichkeit der Juden gedacht war, zeigen spätere Erhebungen. 1952 erklärten 37 %, „Es wäre für Deutschland besser, keine Juden im Land zu haben", 44 % waren in dieser Frage unentschieden oder hatten keine Meinung (IfD Bd. II, 1957, S. 126). Im Laufe der Jahre verblaßte bei den Befragten die „Hoffnung", daß alle Juden Deutschland verlassen und nach Israel gehen würden. Heute stimmen nur noch 13 % dem genannten Statement zu, und deutsche Juden werden zu 65 % eher als Deutsche betrachtet (Fragen 10 und 2).
5 Zum Vergleich die Zahlen für die USA aus dem gleichen Jahr: sehr günstig beurteilten Israel 12 %, bedingt günstig 21 %, neutral 53 %, bedingt ungünstig 8 % und sehr ungünstig 6 % (Emnid-Informationen 15/1957, S. 3).
6 Die verschiedenen Gallup-Institute haben in den betreffenden Ländern folgendes Meinungsbild erhoben:

<table>
<tr><th>Sympathie</th><th>Argentinien %</th><th>Österreich %</th><th>Frankreich %</th><th>Großbritannien %</th><th>USA %</th><th>Niederlande %</th></tr>
<tr><td>Israel</td><td>31</td><td>54</td><td>56</td><td>56</td><td>55</td><td>67</td></tr>
<tr><td>Araber</td><td>11</td><td>11</td><td>2</td><td>2</td><td>4</td><td>0</td></tr>
<tr><td>Indifferent</td><td>18</td><td rowspan="2">35</td><td rowspan="2">42</td><td>34</td><td rowspan="2">41</td><td>25</td></tr>
<tr><td>Keine Meinung</td><td>40</td><td>7</td><td>7</td></tr>
</table>

Quelle: de Kadt 1967, S. 11.

7 Die Differenzen zwischen den Alterskohorten waren relativ gering. Es waren die 21-30jährigen, gefolgt von den 30-50jährigen, die eine moralische Unterstützung Israels für richtig hielten (55 % bzw. 53 %) und Ägypten die Schuld am Krieg zuschrieben (57 % bzw. 51 %). Die 50-65jährigen bzw. die über 65jährigen unterstützten Israel zu 49 % bzw. 48 %, hielten allerdings Ägypten in geringerem Maße für verantwortlich: 47 % bzw. 43 % (de Kadt 1967, S. 13). Ob man an diese relativ geringen Differenzen weitreichende Interpretationen über die historische Lagerung der Generationen knüpfen kann, etwa die Identitätsprobleme der 21-30jährigen angesichts der NS-Vergangenheit oder das Festhalten der Älteren an den „Geistern der Vergangenheit", wie de Kadt es tut (ebd.), möchten wir bezweifeln.
8 Die Zahlen für Frankreich zeigen ebenfalls einen Bildungseinfluß: 76 % der am höchsten Gebildeten gegenüber 50 % mit der niedrigsten Bildung stimmten für eine Unterstützung Israels, während in Argentinien die Zugehörigkeit zu sozialen

Schichten den gleichen Effekt aufwies: in der oberen sozialen Schicht waren 60 % für eine Unterstützung Israels, in der mittleren Schicht 39 %, in der Unterschicht 17 % (de Kadt 1967, S. 12, Tab.3).

9 In Österreich war das Links / rechts-Schema noch deutlicher, allerdings mit Ausnahme der Wähler der KPÖ, die der „antizionistischen" Linie der Ostblockstaaten folgten: den Sieg wünschten Israel 1967 66 % der SPÖ-Wähler, 52 % der ÖVP-Wähler, 30 % der FPÖ- und nur 11 % der KPÖ-Wähler. Für einen arabischen Sieg votierten 4 % der SPÖ-Wähler, 10 % der ÖVP-Wähler, 43 % der FPÖ-Wähler und 57 % der KPÖ-Wähler (Emnid-Informationen 3 / 1967, S. 6).

10 Die auffällige Differenz zwischen den Ergebnissen von Allensbach und EMNID für den Okt. 1973 wird von Wolffsohn nicht problematisiert. Die Differenz in der Frageformulierung ist gering, so daß sie für diese große Abweichung nicht allein verantwortlich zu machen sein dürfte. Wir vermuten, daß diese Differenz dadurch zu erklären ist, daß das IfD Allensbach seine Frage noch während des Yom-Kippur-Krieges (6. - 23. Okt. 1973) gestellt hat (der Allensbacher-Bericht trägt die Nr. 41 / 1973, d.h. ca. Mitte Oktober), während EMNID seine Frage im Rückblick auf den beendeten Krieg formulierte: „Auf welcher Seite waren Ihre Sympathien..." (EMNID-Information 11 - 12 / 1973, S. 8). Der starke Sympathieausschlag für Israel während des Kampfes und der erhebliche Rückgang (um 17 %) nach dem Sieg Israels zeigt die große Ereignisabhängigkeit der Meinungen.

11 Die Bundesbürger äußerten sich gegenüber den Friedensbemühungen im Nahen Osten in den 70er Jahren wiederholt sehr skeptisch. Für das Jahr 1974 erwarteten 68 % neue Unruhen und nur 11 % ein friedliches Jahr (Emnid-Informationen 1 /2 / 1974, S. 6). Daß die Friedensbemühungen des ägyptischen Präsidenten Sadat zu einem dauerhaften Frieden führen würden, nahmen 1978 nur 33 % der Befragten an (Emnid-Informationen 1 / 1978, S. 11). Vgl. die ähnlichen Antwortverteilungen bei dieser Frage für die Jahre 1977 und 1978 in IfD, Bd. VIII, 1983, S. 649.

12 Vgl. für die Entwicklung von 1967 bis 1983 in den USA, Großbritannien, Dänemark, den Niederlanden und der Bundesrepublik Connie de Boer 1983.

13 Nach dem Beginn der Unruhen sank in den USA die Zustimmung zu einem positiven Israelbild auf den niedrigsten Wert seit 15 Jahren. 1988 beurteilten 55 % Israel positiv gegenüber 67 % im Jahre 1986. Damit ist das Israelbild heute schlechter als nach den Massakern des Jahres 1982. Dennoch bleibt Israels Image in den USA insgesamt positiver als das der arabischen Staaten (mit Ausnahme Ägyptens — Richman 1989, S. 417).

14 Von allen sechs abgefragten Ursachen für Antisemitismus nennen die Befragten die israelische Besatzungspolitik deutlich am häufigsten.
Ein krasser Meinungsumschwung wurde in Österreich durch die Ereignisse infolge des Libanon-Feldzuges von 1982 festgestellt (Massaker in den palästinensischen Flüchtlingslagern Sabra und Shatila). 46 % der Befragten gaben an, daß sich ihre Meinung über Israel verschlechtert habe (Bunzl / Marin 1983). Auch in Deutschland scheint durch die Intifada ein ähnlicher Meinungsumschwung stattgefunden zu haben, wie die jüngsten Zahlen von Emnid (1989, Tab. 61) zeigen. Die Israelis werden von den Wählern aller Parteien, besonders deutlich jedoch von denen der SPD und der Grünen als weniger sympathisch eingestuft als die „deutschen Juden".

15 Die deutsch-arabische Krise anläßlich des Ulbricht-Besuchs in Ägypten (Febr. 1965) und wegen deutscher Waffenlieferungen an Israel führte nicht zu einer Projektion dieser Komplikationen auf Israel, sondern die Ursachen wurden mehrheitlich im Verhalten der Bundesregierung gesehen (49 % — sowie zu 13 % in der Hallstein-Doktrin). Nur ganz wenige sahen in den Waffenlieferungen und in den Bemühungen um diplomatische Beziehungen zu Israel die Ursachen für die Krise

(jeweils 6 %). Lediglich eine Minderheit von 2 % schrieb Israel / den Juden offen die Schuld zu (EMNID-Informationen 16/1965, S. 4f.).

16 Ein günstigeres Ergebnis hinsichtlich der sofortigen Aufnahme diplomatischer Beziehungen zu Israel ermittelte EMNID im März 1965. 31 % sprachen sich dafür aus, 30 % für die Aufnahme zu einem späteren Zeitpunkt und 17 % waren prinzipiell dagegen. Bei den FDP-Wählern waren sogar 28 % dagegen (EMNID-Informationen 17/1965, S. 2ff.).

17 Im Bewußtsein der Bevölkerung wird nicht zwischen den verschiedenen Arten von Entschädigungszahlungen unterschieden. Es ist offenbar jedoch die einmalige, umstrittene Wiedergutmachungszahlung an Israel gewesen, die hier meinungsbildend gewirkt hat. Wir zielen mit unseren Fragen sowohl auf diesen speziellen Fall wie auch allgemeiner auf die Entschädigung der Juden in Form von Rückgabe des geraubten Besitzes (Restitution), Rentenzahlungen u.ä.

18 Damit haben sich die Erwartungen Adenauers, die Wiedergutmachung an Israel als erzieherisches Mittel gegenüber einer sich ablehnend verhaltenden Bevölkerung in einer ungesicherten politischen Situation einsetzen zu können, nicht ganz erfüllt. Zwar gab es keinen offenen Widerstand dagegen, doch sind diese Zahlungen an Israel bis heute kaum akzeptiert. Vgl. dazu bestätigend Deligdisch 1974, S. 20f.

19 Vgl. geradezu paradigmatisch für beide Positionen: Jean Amery, der in jeder Israelkritik einen Ausdruck von Antisemitismus sieht, während Erich Fried Amerys Position im selben Heft der Zeitschrift Merkur als eine Immunisierungsstrategie auffaßt, die jede Kritik an Israel mit dem Bann des Antisemitismus belegen möchte (1976).

20 Auch Operationalisierungen, wie sie von amerikanischen Umfragen vorgenommen werden, können hier nicht übernommen werden, da die innenpolitische Situation in den USA mit ihrer großen und aktiven jüdischen Minderheit nicht mit der in der BRD vergleichbar ist (vgl. Richman 1989). Der von Martire / Clark entwickelte „Index of Attitudes toward Israel" enthält vier Items, von denen zwei die Fortsetzung der amerikanischen Hilfe für Israel betreffen, ein weiterer die Sympathie für Israel im Nahostkonflikt, während nur die Frage, ob der Fortbestand des Staates Israel als jüdischer Staat wichtig sei, bei einer negativen Antwort als Antizionismus gewertet werden kann (1982, S. 82ff.). D.h. auch dieser Index ist auf die westdeutsche Situation nicht übertragbar. — Zur Größenordnung: 27 % der Amerikaner erwiesen sich nach diesem Index als israelkritisch, 41 % als teilweise proisraelisch und 32 % als sehr proisraelisch (ebd.).

21 Michael May schlägt ein vergleichendes Vorgehen vor. Er spricht dann von Antizionismus, wenn die Entscheidungen und Unterlassungen der israelischen Politiker nach anderen Kriterien beurteilt werden als das Vorgehen der arabischen Politiker (Europäisches Parlamant 1985/86, Dokument A 2-160, L.20; vgl. ähnlich Guggenheim 1990, s.u. Anm. 29). Für die Operationalisierung in einer empirischen Untersuchung eignet sich dieses „relativistische" Definitionsverfahren schlecht.

22 Einen Hinweis in dieser Richtung enthält auch die EMNID-Umfrage von 1989 (Tab. 83). Neben den als sehr antisemitisch eingestuften Personen, die zu 47 % in der Besatzungspolitik Israels eine mögliche Ursache für Antisemitismus sehen, sind es gerade die als nicht-antisemitisch Eingestuften, die diesem Punkt die höchste Bedeutung beimessen (43 %). Sicherlich kann man von der Meinung über die Einstellung anderer nicht auf die eigene Meinung zurückschließen, dennoch wissen wir aus der Sozialpsychologie, daß in derartigen projektiven Fragen die eigene Meinung immer auch eine wichtige Rolle spielt. D.h. wir können annehmen, daß für viele nicht-antisemitisch Eingestellte die Politik Israels Anlaß für eine kritische Einstellung gegenüber den Juden bildet.

23 Der Aussage, Israel sei „ein Land, dessen Verhalten durch ständige Bedrohung von außen geprägt wird", stimmen 48 % der Befragten zu. Bei den Antizionisten nimmt mit steigendem Index-Wert die Zustimmung von 41 % auf 28 % ab.

24 Eine Ausnahme machen nur einige der Antizionisten mit einer Parteipräferenz für die Grünen. Während die nicht-antizionistischen Wähler der Grünen diese Lieferungen nur zu 40 % billigen (gegenüber 56 % im Bevölkerungsdurchschnitt), unterstützt diese militante Gruppe zu 65 % Waffenlieferungen an die Araber. Allerdings ist der Zusammenhang nicht signifikant.

25 Die zu einem großen Teil antisemitisch eingestellten Wähler der „Republikaner" nehmen ebenfalls sehr häufig an (43 %), daß die Besatzungspolitik Israels den Anstoß für kritische Meinungen über Juden bildet. Dieser Punkt wird neben der Kritik an „der Bereicherung einzelner Juden bei den Wiedergutmachungszahlungen" (67 %) am häufigsten genannt (EMNID 1989, Tab. 83).

26 Der Einfluß von Konfession und Kirchenbindung auf Antizionismus und Ablehnung von Wiedergutmachung ist nicht signifikant. Er entspricht in seiner Tendenz dem Zusammenhang zwischen den genannten Faktoren und dem Antisemitismus (siehe Kap. IV). Die Ablehnung Israels ist bei Katholiken etwas höher als bei Protestanten. Neben der Tatsache, daß sich die Haltung der katholischen Kirche zum Judentum später gewandelt hat als im Protestantismus, mögen die Konflikte zwischen Papst und Judentum um die diplomatische Anerkennung Israels dafür verantwortlich sein. Am größten ist jedoch der Anteil der Antizionisten in der Gruppe der Personen ohne Konfessionszugehörigkeit (27 % gegenüber 25 % bei den Katholiken und 18 % bei den Protestanten).

27 Unser Ergebnis findet eine Bestätigung in den Zahlen der EMNID-Umfrage von 1989. Während sich in bezug auf die Sympathie gegenüber „deutschen Juden" ein linearer Bildungseffekt zeigt und man von den Personen mit mittleren Bildungsabschlüssen zu denen mit Abitur und Studium noch einmal einen deutlichen Sympathieanstieg findet (von 0.8 auf 1.3), fehlt dieser Anstieg in der Sympathie gegenüber „israelischen Juden" (beide Gruppen erreichen hier den Wert 0.7). Hinzu kommt, daß die höher Gebildeten die höchste Sympathiedifferenz zwischen „deutschen und israelischen Juden" aufweisen (0.6 Punkte gegenüber 0.1 oder 0.2 Punkten bei den anderen Bildungsgruppen — Tab. 61).

28 Für die Gebildeten (Abitur/Universitätsabschluß) ist Israels Besatzungspolitik die bei weitem am häufigsten genannte Ursache für mögliche kritische Meinungen über Juden. Jeder zweite aus dieser Kategorie ist dieser Ansicht (51 %), während anderen Kritikpunkten (wirtschaftliche oder religiöse Macht, Wiedergutmachung) sehr viel weniger Bedeutung zugemessen wird (zwischen 9 % und 29 %). Personen mit niedrigeren Bildungsabschlüssen dagegen heben diese Punkte stärker hervor und messen Israels Politik weniger Bedeutung bei (Volksschüler ohne Lehre: 31 %, Mittlere Bildungsabschlüsse: 41 % — EMNID 1989, Tab. 83).

29 Willy Guggenheim, Generalsekretär des Schweizerischen Israelitischen Gemeindebundes, schlägt vor, immer dann von Antizionismus zu sprechen, wenn sich die Kritik an Israel durch historische Blindheit oder Einäugigkeit auszeichnet. Moralische Kritik erweist sich als „doppelte Moral", wenn im Falle Israels Kritik an Handlungsweisen geübt wird, die bei anderen Staaten gebilligt oder ignoriert werden: etwa die Grenzverschiebungen infolge von Kriegen und die dadurch verursachten Flüchtlingsprobleme, die religiös-national begründeten Gebietsansprüche Israels etc. (1989, S. 171). Nicht die legitime Kritik an der israelischen Politik möchte Guggenheim unter Antizionismus subsummieren, sondern die einseitige Anwendung und Verdichtung moralischer Forderungen im Falle Israels.

Historisch-soziologische Analysen

IX. Gruppenvorurteile und Antisemitismus

Seit den berühmten „Studies in Prejudice" von Theodor W. Adorno, Else Frenkel-Brunswik, Daniel J. Levinson, Nevitt R.Sanford et al. (1950) gehört es zum gesicherten Bestand der Vorurteilsforschung, daß die Ablehnung einer Outgroup, etwa der Juden, stets einhergeht mit der Ablehnung weiterer Gruppen, die aufgrund anderer Hautfarbe, Sprache, Kultur oder Religion oder aufgrund sozialer Abweichung nicht mit der Eigengruppe identifiziert werden. Diese Antipathie und Feindseligkeit gegen Fremdgruppen ist zudem verbunden mit einer besonderen Hochschätzung, ja Überschätzung der Eigengruppe (Ethnozentrismus, Nationalismus). Entsprechend werden wir den Antisemitismus im Kontext allgemeiner Fremdenfeindlichkeit, im Zusammenhang mit der negativen Einstellung gegenüber als sozial abweichend stigmatisierten Personengruppen und in Verbindung mit einer ausgeprägt nationalistischen Haltung untersuchen.

Da unsere Untersuchung sich auf die Verbreitung bestehender Vorurteile, ihre demographische Verteilung und ihren Zusammenhang mit historisch-politischen Entwicklungen konzentriert hat, befassen wir uns hier nicht mit Fragen der psychischen Genese von Vorurteilen, etwa der These von der „autoritären Persönlichkeit".

Fremdenfeindlichkeit und Antisemitismus

Die Ablehnung der jüdischen Minderheit durch die christlichen Mehrheitsgesellschaften unterlag einem historischen Wandel, in dem sich Formen und Motive der Judenfeindschaft veränderten. Religiöse Gegensätze, wirtschaftliche Konkurrenz und biologisch-rassistische Vorstellungen des „Rassenkampfes" folgten aufeinander und mischten sich in der Begründung der Judenfeindschaft. Der Holocaust stellt nun eine Epochenscheide dar (vgl. Strauss 1990). Zumindest in den westli-

chen Ländern, vor allem in der Bundesrepublik wird diese Form der Fremdenfeindschaft im öffentlich-politischen Leben nicht mehr zugelassen (Bergmann/Erb 1986). Damit ist der Antisemitismus aber nicht aus den Köpfen der Menschen verschwunden, und die Juden werden neben anderen Minderheiten von einem Teil der Bevölkerung weiterhin abgelehnt. Der Antisemitismus ist aufgrund seiner Geschichte ein singuläres Phänomen, er ist aber auch Teil einer allgemeinen xenophobischen Haltung, die sich heute in der Bundesrepublik primär gegen die Arbeitsmigranten und Asylbewerber richtet. Wir erwarten deshalb, daß der Antisemitismus als eigener Einstellungskomplex mit einer eigenen Motivstruktur fortbesteht, die im wesentlichen von den Folgen der nationalsozialistischen Verbrechen bestimmt wird. Aufgrund seiner öffentlichen Tabuisierung und politischen Bekämpfung dürfte er aber weniger stark ausgeprägt sein als die Ablehnung der in Deutschland neuzugewanderten Bevölkerungsgruppen. Neben den genannten historischen Gründen haben gegenüber den Juden in der Bundesrepublik die Motive sozialer Konkurrenz relativ an Bedeutung verloren. In Ländern wie den USA oder Frankreich, mit einer großen jüdischen Minorität, hingegen haben sich antijüdische Stereotypen und Konkurrenzmotive stärker erhalten (vgl. Kap. V; auch Weil 1990). Aus den genannten Gründen dürfte sich vor allem bei den jüngeren Generationen Fremdenfeindlichkeit seltener auf die Juden erstrecken.

Die Struktur der Fremdenfeindschaft und Ablehnung sozial stigmatisierter Gruppen haben wir faktoranalytisch ermittelt. Es ergaben sich sechs Faktoren (siehe Anhang 2).[1] Wir beschränken uns an dieser Stelle auf die Faktoren, auf denen die Ablehnung (umgangssprachlich bezeichneter) ethnischer Gruppen lädt. Der Faktor 1 *soziale Distanz gegen ethnische Gruppen* enthält alle vorgegebenen Gruppen: Neger, Araber, Israelis, Juden, Türken, Asylanten (und überraschenderweise auch Studenten). Der Faktor 2 umfaßt die *emotionale Xenophobie* gegen Türken, Asylanten, Gastarbeiter, Zigeuner, Palästinenser und Juden. Der *Antisemitismus* bildet einen eigenen Faktor 4, auf dem alle antijüdischen und antiisraelischen Items laden.

Die Tatsache, daß „Juden" sowohl auf den beiden ersten Faktoren als auch auf einem spezifischen Antisemitismusfaktor laden, bestätigt die oben geäußerte Erwartung, daß die soziale und emotionale Ablehnung von Juden Teil des generellen xenophobischen Einstellungskomplexes ist, daß der Antisemitismus aber auch einen eigenständigen Einstellungskomplex bildet (vgl. dazu unsere konfirmatorische Faktoranalyse im Anhang 2).[2]

Die Korrelationen zwischen den Ablehnungen der einzelnen Fremdgruppen einschließlich der Juden sind sehr hoch. Die Korrelationsmatrix (Frage 7: „Personengruppen, mit denen man nicht so gerne zu tun haben möchte") zeigt diesen Zusammenhang:

Korrelationsmatrix: Ablehnung ethnischer Minderheiten

	Juden	Türken	Neger	Israelis	Asylanten	Araber
Juden	1.00	.74	.79	.83	.66	.73
Türken		1.00	.83	.73	.73	.77
Neger			1.00	.75	.72	.78
Israelis				1.00	.67	.78
Asylanten					1.00	.70
Araber						1.00

(Tetrachorische Korrelation, signifikant auf dem 1 % Niveau)

Die hohen Korrelationen bestätigen die Annahme, daß es sich bei der Fremdenfeindlichkeit um einen generellen Einstellungskomplex handelt, wobei die „Objekte" der Ablehnung je nach der aktuellen Konfliktsituation wechseln können.[3]

Bereits die Auszählung der Sympathie/Antipathie-Werte und die Verbreitung der sozialen Distanz gegenüber ethnischen Gruppen zeigt, daß heute diejenigen Gruppen am häufigsten abgelehnt werden, deren Präsenz oder Zuwanderung im eigenen Land als ökonomische und soziale Bedrohung wahrgenommen wird. Weiter ist die Ablehnung auch für Angehörige derjenigen Völker sehr ausgeprägt, die in der öffentlichen Meinung heute als politisch und religiös radikal gelten oder in denen man potentielle Asylbewerber zu erkennen meint. Demgegenüber ist die Ablehnung von Juden und Israelis deutlich geringer.

Sympathie und Distanz gegenüber ethnischen Gruppen

	Sympathisch	Unsympathisch	Nicht näher zu tun	Im Freundeskreis
	%	%	%	%
Jude	38	20	13	48
Deutsche Juden	—	—	8	49
Israel(is)	44	17	11	39
Gastarbeiter	32	33	—	—
Türke	28	33	34	34
Zigeuner	19	51	—	—
Asylanten	18	52	33	28
Palästinenser	18	52	—	—
Araber	—	—	30	30
Neger	—	—	21	41

Spalte 1 und 2: Wortsympathietest — Frage 5;
Spalte 3: Personen, mit denen man nicht so gern näher zu tun haben möchte — Frage 1a;
Spalte 4: Personen, die es im engsten Freundeskreis geben könnte — Frage 1b.

Von allen Vergleichsgruppen, die wir ausgewählt haben, erreichen die Juden/Israelis die höchsten Sympathiewerte und werden am häufigsten im Freudeskreis akzeptiert. Gegenüber den anderen Gruppen ist die Bevölkerungsmeinung viel weniger eindeutig. Die Sympathie/Antipathie-Werte und die Akzeptanz von Türken im Freundeskreis halten sich ungefähr die Waage, während Asylbewerber, Zigeuner und Araber mehrheitlich als unsympathisch empfunden und abgelehnt werden. Sehen wir einmal von der hohen Ablehnung der Zigeuner ab, bei der es sich um einen traditionellen, gesellschaftlich nicht bearbeiteten Vorurteilskomplex handelt, so zeigt die folgende Übersicht ein bestimmtes Ablehnungsmuster:

Wer mit „Türken nicht näher zu tun haben will" (34%, n = 721), lehnt auch den Kontakt ab:

zu Asylanten mit	66%
zu Arabern mit	64%
zu Negern mit	50%
zu Juden mit	25%

Wer mit „Asylanten nicht näher zu tun haben will" (33%, n = 700), lehnt auch den Kontakt ab:

zu Arabern mit	67%
zu Negern mit	50%
zu Türken mit	32%
zu Juden mit	25%

Wer mit „Juden nicht näher zu tun haben will" (13%,n = 273), lehnt auch den Kontakt ab:

zu Türken mit	88%
zu Arabern mit	84%
zu Negern mit	80%
zu Asylanten mit	80%

Wer mit „Negern nicht näher zu tun haben will" (21% n = 443), lehnt auch den Kontakt ab:

zu Türken mit	85%
zu Arabern mit	76%
zu Asylanten mit	75%
zu Juden mit	38%

Die Ablehnung einer Gruppe aufgrund aktueller oder befürchteter sozialer Konflikte erstreckt sich in hohem Maße auch auf andere vermeintliche Konkurrenzgruppen, nicht so stark dagegen auf „klassische Fremdgruppen" wie Juden und Neger. Die Vorurteile gegen sie beruhen auf kultureller Tradierung und haben heute kaum einen „environmental support". Wer allerdings an diesen tradierten Vorurteilen festhält, die möglicherweise auch rassistische Beimengungen haben, und Juden und Neger heute deshalb noch ablehnt, der bezieht in seine Ablehnung auch die anderen Minoritäten und Völker mit ein.

Die relativ geringere Ablehnung der Juden erklären wir einerseits damit, daß mit der kleinen jüdischen Minderheit in Deutschland aktuell keine sozialen Gruppenkonflikte bestehen. Wichtiger ist allerdings die Wirkung der jahrzehntelangen Vorurteilsrepression gegenüber dem Antisemitismus, die Empathie mit dem Schicksal der verfolgten Juden sowie die Erfolge bei der Aufklärung über die historischen Hintergründe der Judenfeindschaft. Ähnliche Bemühungen gab und gibt es für keine andere Minorität.[4] Damit haben die Juden ihre klassische Rolle als Sündenbock verloren, während die Ablehnung gegenüber anderen Gruppen nicht oder nicht so sehr gegen die Normen der Toleranz und Vorurteilsfreiheit verstößt.

Von Ausländerfeindlichkeit, die auf gegenwärtigen sozialen Konflikten beruht, kann man nicht unbedingt auf Antisemitismus schließen. Dagegen sind antisemitisch Eingestellte fast alle auch fremdenfeindlich.

Das Ergebnis der Korrelation des ANTISEMITISMUS-Index mit einem Index „Xenophobie" (XENO) — bestehend aus den Items: Ablehnung von Arabern, Türken, Asylanten, Zigeunern, Gastarbeitern und Negern (Frage 1a) — bestätigt diesen Zusammenhang (r = 0.48).

Index XENO

Ablehnungen	n	Anteil in %	Kumul. %
0	630	30,0	30,0
1	436	20,7	50,7
2	326	15,5	66,2
3	202	9,6	75,8
4	196	9,3	85,4
5	158	7,5	92,7
6	154	7,3	100,0
Summe	2102	100,0	

(Reliabilitätskoeffizient alpha = .79)

Das Bild wird noch klarer, wenn man die unterschiedlich scharf abgegrenzten Gruppen von Antisemiten (gemessen über WAS, SAS und VAS) mit dem Index XENO in Beziehung setzt.[5] Es zeigt sich bei ausgeprägtem Antisemitismus (SAS, VAS) ein linearer Zusammenhang zur Ablehnung von Fremdgruppen (vgl. Schaubild S. 210).

Betrachtet man die Verteilung der Ablehnung in den Altersgruppen, dann wird zweierlei sichtbar: einmal ist Xenophobie keine anthropologische Konstante, sondern variiert mit den Normen der Gesellschaft und ihrer Fähigkeit, Verteilungskonflikte anders als über Ausschließungen und Sündenbock-Projektionen zu lösen; zum anderen wechseln die Objekte der Ablehnung und ältere Feindbilder können wieder verblassen.

Der Anteil der fremdenfeindlich Eingestellten steigt mit zunehmendem Alter linear an.[6] Zur Messung der Fremdenfeindlichkeit verwenden wir wieder den Index XENO. Als eindeutig xenophobisch eingestellt gilt, wer mindestens drei ethnische Gruppen abgelehnt hat (der Mittelwert aller Ablehnungen liegt bei 2.0). Das übernächste Schaubild zeigt den Anteil der eindeutig xenophobisch Eingestellten und zugleich die Ablehnung eines näheren Kontakts zu Juden pro Altersgruppe.

Fremdenfeindschaft und Antisemitismus

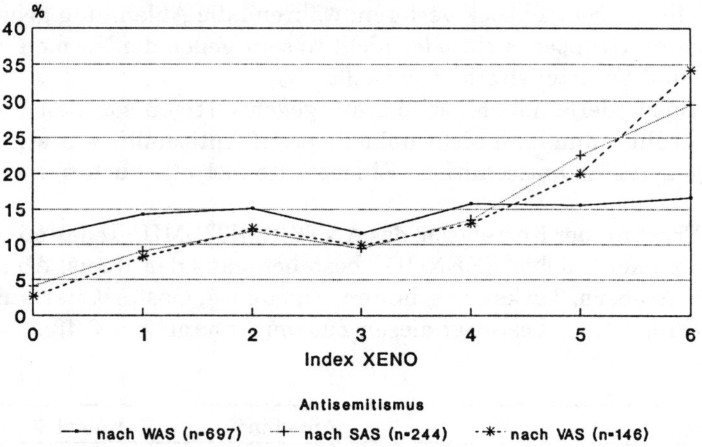

0 Zustimmungen = keine Fremdenfeind.
6 Zustimmungen = starke Fremdenfeind.

Soziale Distanz zu ethnischen Gruppen nach Altersgruppen

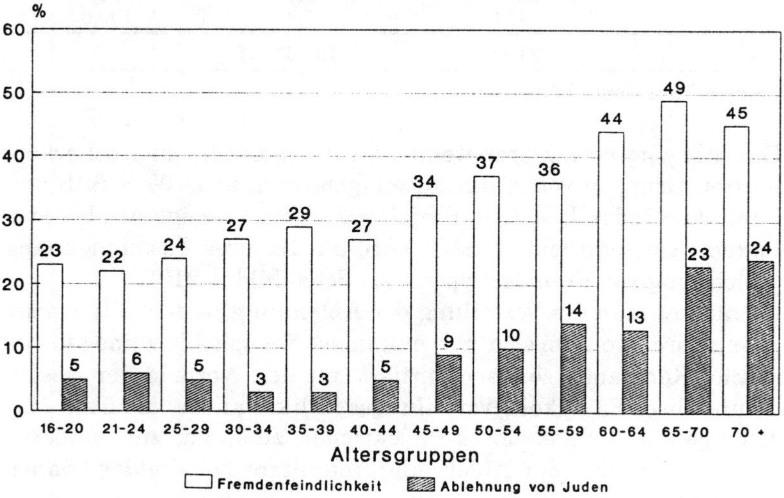

Für die stark xenophobisch Eingestellten in den jüngeren Altersgruppen läßt sich sagen, daß sie die Juden in relativ geringem Umfang in den Kreis der abgelehnten Gruppen einschließen. Jeweils nur ein Viertel bis ein Neuntel tun dies. Mit steigendem Alter werden die Juden zunehmend in die Ablehnung einbezogen. Bei den über 65jährigen ist jeder zweite Fremdenfeind auch Antisemit. In der Ablehnung der Juden lassen sich die politischen Generationen unterscheiden, d.h. einmal übernommene Feindbilder bleiben auch unter völlig gewandelten

Umständen erhalten. Die Ablehnung in den jüngeren Jahrgängen ist ein „Antisemitismus ohne Juden", der sowohl weitgehend einer persönlichen Erfahrung entbehrt als auch gegen öffentliche Normen erworben und durchgehalten wird. Der kontinuierliche Anstieg der Fremdenfeindlichkeit bei zunehmendem Alter ist sicher einerseits ein Effekt der gewandelten, liberalisierten politischen Kultur in der Bundesrepublik, er ist aber auch — worauf das Fehlen generationeller Brüche hinweist — ein Effekt des Lebenszyklus (vgl.Anm.6).

Der Zusammenhang zwischen Fremdenfeindlichkeit und den von uns untersuchten demographischen Variablen entspricht demjenigen, den wir auch für den Antisemitismus gefunden haben. Geschlecht, Wohnort und Wohnortgröße zeigen keinen signifikanten Zusammenhang mit der Ablehnung von Fremdgruppen. Die Dauer der Schulbildung und die berufliche Position wirken in die bereits bekannte Richtung: je besser die Schulbildung und je höher die berufliche Position, desto geringer ist der Anteil an den von uns als xenophobisch Klassifizierten.[7]

Der Anteil der Fremdenfeinde unter den Wählern der Bundestagsparteien verteilt sich wie folgt, wobei hier wieder Alters- und Bildungseffekte für den größten Teil der Unterschiede verantwortlich sind:

Fremdenfeindlichkeit nach Parteipräferenz

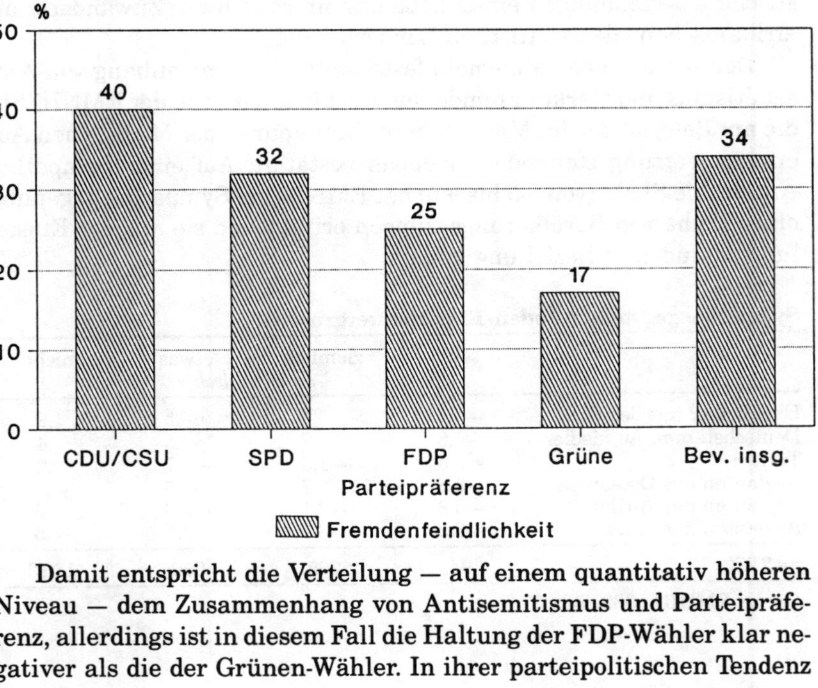

Damit entspricht die Verteilung — auf einem quantitativ höheren Niveau — dem Zusammenhang von Antisemitismus und Parteipräferenz, allerdings ist in diesem Fall die Haltung der FDP-Wähler klar negativer als die der Grünen-Wähler. In ihrer parteipolitischen Tendenz entsprechen die Ergebnisse von Just/Mülhens (1982) unserer Verteilung, wenn auch auf höherem Niveau: ausländerfeindlich waren 1982 von den Wählern der CDU/CSU: 54%, der SPD: 47% und der FDP: 37%.

Die Ergebnisse der EMNID-Studie von 1989 stimmen mit unserem Befund über den Zusammenhang von Parteipräferenz und Ablehnung von Fremden überein. Mit den Wählern der „Republikaner" hat man in dieser Umfrage erstmals eine ausreichend große Gruppe von Personen mit radikal rechten Überzeugungen identifiziert (n=104). Sie geben sich als ausländerfeindlicher und antisemitischer zu erkennen als die Wähler der anderen Parteien. Interessanterweise erstreckt sich die Ablehnung dieser extrem nationalistischen Personen nicht nur auf die Ablehnung von nicht-deutschen Ausländern, sondern sie zeigen auch die größte Antipathie gegen Übersiedler aus der DDR und deutschstämmige Aussiedler aus Osteuropa (vgl. EMNID 1989, Tab. 37). Angesichts dieser Tatsachen erscheint es uns angebracht, diesen Einstellungskomplex als Fremdenfeindschaft und nicht als Rassismus zu bezeichnen. Die Wähler der „Republikaner" reproduzieren ein Verhaltensmuster, das aus der Migrationsforschung bekannt ist: die jeweils jüngste Einwanderergruppe erfährt die stärkste Ablehnung, während früher eingewanderte Gruppen schon eher als zugehörig akzeptiert werden. Die Ablehnung, auf die größere Gruppen von Zuwanderern stoßen, deutet auf eine generelle Fremdenfeindlichkeit hin. Diese Ablehnung fällt schärfer aus und kann rassistische Überzeugungen einschließen, wenn es sich um Zuwanderer aus afrikanischen oder asiatischen Ländern handelt.

Der von uns oben allgemein festgestellte Zusammenhang von Antisemitismus und starker Fremdenfeindlichkeit wird von der EMNID-Studie am Beispiel der im März 1989 im Brennpunkt der öffentlichen Auseinandersetzung stehenden Gruppen bestätigt. Auf einer Sympathie/Antipathie-Skala (von −5 bis +5) hat EMNID die Sympathie gegenüber einer Reihe von Bevölkerungsgruppen erfragt und sie mit der Einstellung zu Juden in Beziehung gesetzt.

Sympathie gegenüber Juden/Einwanderergruppen

	sehr	ziemlich	etwas	nicht
		antisemitisch		
Übersiedler aus der DDR	− .1	.4	.5	1.2
Deutschstämm. Aussiedler	− .8	− .7	− .5	.4
Türken	−2.3	−1.8	− .7	.2
Asylanten aus Osteuropa	−3.5	−2.7	−1.5	−.2
Asylanten aus Afrika	−3.8	−3.1	−2.0	−.5
Asylanten aus Asien	−3.9	−3.1	−2.1	−.5
n=2272	94	205	960	1013

Quelle: EMNID 1989, Tab. 37.

Die von uns beobachtete Xenophobie der harten Antisemiten ist offenbar so umfassend, daß sie sogar auf Angehörige der eigenen Nation ausgedehnt wird. Da die Antisemiten andererseits besonders nationalistisch und völkisch orientiert sind (vgl. EMNID 1989, Tab. 75), zeigt sich hier die innere Widersprüchlichkeit dieser Ideologie. Im Falle sozialer und ökonomischer Konflikte greift man auf Ethnozentrismus zurück und definiert die Eigengruppe besonders restriktiv. Dennoch mildert die „nationale Nähe" die Ablehnung im Fall der Über- und Aussiedler, wohingegen Einwanderergruppen bzw. Flüchtlinge, die sich nach Hautfarbe, Religion und Kultur stärker von den Deutschen unterscheiden auch sehr viel stärker abgelehnt werden. Hier kommen auch rassistische Ideologeme zum Tragen, wenn etwa die „Mischung des deutschen Volkes mit anderen Völkern" abgelehnt wird.[8]

Die Ablehnung sozial abweichender Gruppen und Antisemitismus

In unsere Frage nach Bevölkerungsgruppen, mit denen man nicht näher zu tun haben möchte, sind von uns auch solche Gruppen einbezogen worden, die aufgrund sozial abweichenden Verhaltens, ansteckender Krankheiten, sozialer Herkunft usw. sozial diskriminiert werden. Die Faktorenanalyse (siehe Anhang 2: Antipathie und soziale Distanz) gruppiert die entsprechenden Variablen auf drei Faktoren. Der Faktor 3 umfaßt mit wegen Diebstahl Vorbestraften, Prostituierten und Aidskranken sozial relativ stark stigmatisierte Gruppen, während sich auf dem Faktor 6 mit Geschiedenen, Arbeitslosen und Studenten Personenkategorien finden, gegen die allenfalls noch in der älteren Generation Ressentiments bestehen. Auf einem weiteren Faktor 5 finden sich mit „überzeugten Kommunisten und Nazis" politisch sehr stark abgelehnte Kategorien von Personen. Die letzten beiden Faktoren lassen wir für unsere weitere Analyse des Zusammenhangs von Antisemitismus und Vorurteilen gegenüber sozial devianten Gruppen außer acht und beschränken uns auf die drei Personenkategorien des erstgenannten Faktors, die wir zu einem Index (DEVIANZ) zusammenfassen (vgl. S. 214), zu dem wir noch die Kategorie der „Arbeitslosen mit Arbeitslosenunterstützung, die sich nicht wirklich um einen Arbeitsplatz bemühen", hinzugenommen haben, da diese ebenfalls eine wichtige soziale Norm verletzen (dieses Item lädt mit .31 auch relativ hoch auf dem Faktor 3).

Der Mittelwert liegt mit durchschnittlich zwei Ablehnungen in der Bevölkerung insgesamt recht hoch. Wir haben deshalb zwischen zwei und drei Ablehnungen die Grenze gezogen und behandeln diejenigen, die drei- und viermal ablehnen, als Personen, die starke Ressentiments gegen sozial deviante Gruppen hegen (*Grodevis* = 38% der Befragten).

Index DEVIANZ

Zahl der Ablehnungen	n	Anteil in %	Kumul. %
0	348	16,6	16,6
1	462	22,0	38,5
2	495	23,5	62,1
3	496	23,6	85,7
4	301	14,3	100,0
Summe	2102	100,0	

$\bar{x}$ = 2 Ablehnungen, Reliabilitätskoeffizient alpha = .59)

Die Korrelationen des Index DEVIANZ mit dem Index ANTISEMITISMUS (.26) und mit dem Index für Fremdenfeindlichkeit XENO (.49) zeigen, daß die Ablehnung des Kontakts zu sozial abweichenden Personengruppen deutlich niedriger mit Antisemitismus korreliert als mit Fremdenfeindlichkeit.

Zwar lehnen Antisemiten sozial deviante Gruppen stärker ab als dies im Bevölkerungsdurchschnitt geschieht, doch erfahren diese Gruppen die stärkste Ablehnung durch stark fremdenfeindlich eingestellte Personen.

D.h. unsere Befunde bestätigen tendenziell die Annahme der „Theorie der autoritären Persönlichkeit“, daß sich die Intoleranz der Autoritären auf alle Outgroups erstreckt und sich besonders gegenüber sozial Schwachen und sozialen Außenseitern äußert. Die Korrelation mit genereller Xenophobie ist erwartungsgemäß recht hoch, dagegen fällt die mit Antisemitismus geringer aus. Von den 697 Befragten, die man im weiteren Sinne als antisemitisch bezeichnen kann, haben 51 % auch starke Vorurteile gegen sozial Deviante, bei den Fremdenfeinden liegt der Anteil bei 65 %.

Die Analyse des Zusammenhangs von Vorurteilen gegen sozial abweichende Gruppen mit demographischen Merkmalen kann einen Hinweis darauf geben, daß wir es trotz einiger klarer Übereinstimmungen – etwa in der Altersstruktur und der Parteipräferenz – doch mit einem Einstellungskomplex zu tun haben, der sich partiell nicht mit dem der Xenophobie und des Antisemitismus deckt. Dies gilt vor allem hinsichtlich des Einflusses von Bildung und Berufsposition. Höhere Bildung und höhere Berufspositionen führen hier anders als bei der Fremdenfeindlichkeit und beim Antisemitismus nicht zu einer Verminderung der sozialen Ablehnung: Personen ohne Hauptschulabschluß lehnen sozial Deviante genauso häufig ab wie solche mit Abitur (ohne Studium – eine Ausnahme machen nur die Studenten); höhere Beamte und Freiberufler unterscheiden sich nicht von Arbeitern und Facharbeitern, hier fallen nur die Landwirte und Landarbeiter mit weit überdurchschnittlich hohen Ablehnungsanteilen auf. Anders als beim Antisemitismus, wo die Männer häufiger in der Gruppe der Antisemiten vertreten sind, lehnen hier Frauen (mit 57% zu 43%) häufiger soziale Kontakte ab. Bei der sozialen Distanz zu devianten Personengruppen haben wir es offenbar eher mit einer bürgerlichen oder kleinbürgerlichen Haltung zu tun, aus der heraus die Abweichung von der gesellschaftlichen Normalität stigmatisiert und ein Kontakt vermieden wird. Diese Klassendifferenzen vermindern sich mit steigenden Bildungsabschlüssen und hohen beruflichen Positionen gerade nicht, da sich die soziale Distanz zu den genannten Gruppen und den mit ihnen assoziierten Milieus eher noch vergrößert. Dafür spricht, daß die Wähler der FDP kaum weniger Ablehnung zeigen als der Durchschnitt der Bevölkerung, während sie zusammen mit den Wählern der Grünen deutlich seltener Vorurteile gegen Juden oder andere Fremdgruppen äußern. Nur die Wähler der Grünen — hier dürfte vor allem auch das geringere Durchschnittsalter durchschlagen — liegen mit einer Ablehnung von 17% weit unter dem Durchschnitt (38%) und folgen damit der Linie der Partei, die sich generell gegen die Diskriminierung von Minderheiten, nicht nur der ethnischen, wendet.

Die Wahl der Vorurteilsobjekte erfolgt also nicht undifferenziert, sondern je nach Bildung, Berufsposition und politischer Orientierung scheiden bestimmte Gruppen aus bzw. werden gewählt. Zwar lassen sich wegen der geringen Fallzahl keine statistisch tragfähigen Aussagen machen, doch äußern sich nur drei der sieben NPD-Wähler gegen einen Kontakt mit sozial devianten Gruppen, dagegen sechs der sieben antisemitisch bzw. xenophobisch.

Nationalismus und Antisemitismus

Phasen nationalistischer Aufwallung waren in Deutschland meist mit einem Anwachsen der Diskriminierung von Minderheiten verbunden. Insbesondere die soziale und rechtliche Position der Juden war in solchen Phasen verstärkten Angriffen ausgesetzt. Dieser historische Befund, daß mit der Steigerung des sozialen Zusammenhalts der Ingroup die Abgrenzung gegenüber als nicht zugehörig definierten Outgroups zunimmt, wird von der Sozialpsychologie als ein generelles Beziehungsmuster zwischen Gruppen formuliert (Sherif et al. 1961).

In Deutschland ist der Nationalismus durch die Verbrechen während des Dritten Reiches und die Niederlage im Zweiten Weltkrieg tief und langanhaltend diskreditiert worden. International vergleichende Umfrageforschungen zeigen, daß in der Bundesrepublik ein unreflektierter nationaler Basiskonsens sehr viel weniger selbstverständlich ist als in allen anderen Staaten (Noelle-Neumann/Köcher 1987). Es ist vor allem „Auschwitz“, das einer ungebrochenen Identifikation mit der deutschen Geschichte und Nation entgegensteht. Wer sich heute völlig ungebrochen mit der deutschen Nation identifizieren will, wird auf dieses „Hindernis“ stoßen und häufig dazu tendieren, entweder die Fakten zu leugnen und Schuld nicht anzuerkennen oder mit Gegenangriffen und Schuldprojektionen zu antworten.[9] D.h. wir nehmen an, daß sich Nationalismus und Antisemitismus heute in einer neuen Weise verbinden. Es geht nicht mehr primär um den Ausschluß einer „undeutschen“ Minderheit aus dem nationalen Kollektiv, sondern die Juden werden wegen ihrer Mahnungen, den Holocaust und seine Ursachen nicht zu vergessen, für den prekären Zustand des nationalen Selbstbewußtseins mitverantwortlich gemacht.[10]

In Reaktion auf die deutschen Verbrechen entwickelte sich bei einem Teil der Bevölkerung ein prononcierter Antinationalismus, der ebenfalls die Schwierigkeiten im Umgang mit der deutschen Geschichte belegt. Wir haben versucht, auch diese Gruppe zu identifizieren, um zu prüfen, ob wir hier auf eine dezidierte Gegenposition auch in der Einstellung zu Juden stoßen.

Zur Erfassung der nationalistischen Einstellung haben wir den Index ETHNOZENTRISMUS gebildet, der folgende Variablen enthält: „Volk“ sympathisch (Frage 5/11), „Rasse“ sympathisch (Frage 5/8), „national“ sympathisch (Frage 5/10), „Deutsche anderen Völkern überlegen“ (Frage 6).

Index ETHNOZENTRISMUS

Zustimmungen	n	Anteil in %	kumul. %
0	492	23,4	23,4
1	529	25,2	48,6
2	584	27,8	76,4
3	383	18,2	94,6
4	114	5,4	100,0
Summe	2102	100,0	

(Reliabilitätskoeffizient alpha = 0.53)

Der Nationalismus *(Ethnozentrismus)* korreliert stärker mit Antisemitismus (AS-Index r = .33) als mit Fremdenfeindlichkeit (XENO r = .22, beide sign. auf dem 1 % Niveau). Dies deutet darauf hin, daß der Nationalismus heute weniger stark als Integrationsideologie zur Abgrenzung gegen die neuen Einwandererminoritäten dient, als vielmehr eine stark vergangenheitsbezogene Komponente aufweist.

Dieser Vergangenheitsbezug besteht in doppeltem Sinn: einmal halten die älteren Jahrgänge an ihrer deutsch-nationalen Orientierung fest, für die auch immer der Antisemitismus konstitutiv war, zum anderen fällt es ihnen als Zeitgenossen des Dritten Reiches schwerer, den Nationalsozialismus und chauvinistische Einstellungen zu verwerfen. Der Anstieg des Nationalismus über das Alter spricht ebenso dafür wie die Tatsache, daß Personen über 60 Jahre nur sehr selten eine antinationalistische Position beziehen, indem sie etwa die Begriffe „Deutschland“, „Volk“ oder „national“ unsympathisch finden. Das generationsspezifische Festhalten der Kriegsgeneration an rechtsextremen und antisemitischen Anschauungen ist bereits in der Sinus-Studie von 1980 nachgewiesen worden. Als wichtigste Ursache für das Überdauern derartiger Anschauungen wird dort das „positive Erleben einer nationalistisch eingestellten unmittelbaren Umwelt (Nachbarschaft, Verein, Dorf)“ genannt (Sinus 1981, S. 102).

Der signifikante Zusammenhang zwischen Nationalismus und der negativen Haltung zur „Vergangenheitsbewältigung“, etwa die Ablehnung von Wiedergutmachung, der Wunsch nach einem Schlußstrich, die Zuschreibung einer Mitschuld der Juden an ihrer Verfolgung, die Unterstellung, viele Juden würden einen Vorteil aus der NS-Zeit ziehen, sowie der ebenfalls signifikante Zusammenhang mit Antisemitismus ist jedoch nicht nur bei den älteren, den Zeitgenossen des Dritten Reiches festzustellen, sondern ist ein eigenständiger Faktor, der auch bei den jüngeren Jahrgängen auftritt. Daß der Anteil der Antisemiten bei den Nationalisten (definiert über drei und vier Zustimmungen auf dem Index ETHNOZENTRISMUS) wesentlich höher liegt, zeigt die folgende Tabelle:

Antisemitismus und Nationalismus

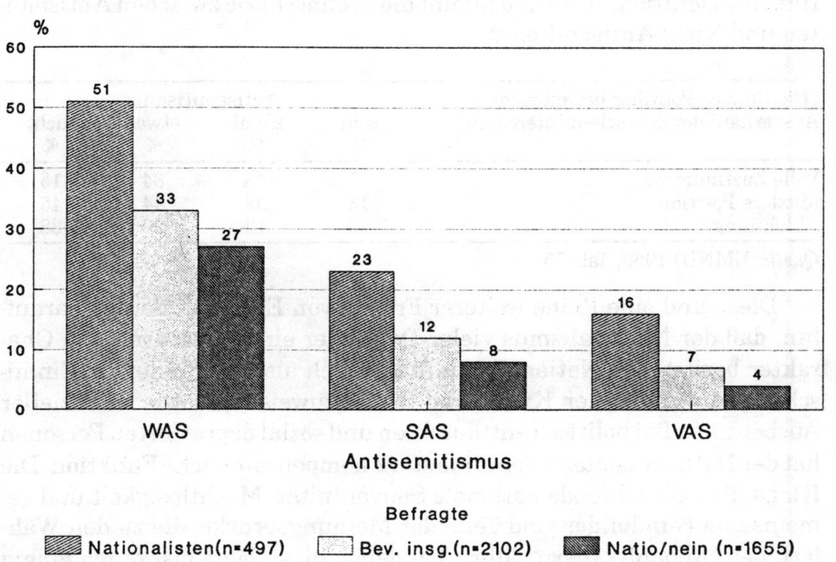

Eine ausgesprochen antinationale Haltung mindert den Antisemitismus nur noch geringfügig. Der Unterschied zwischen dieser Gruppe und denen, die über den Index ETHNOZENTRISMUS als nicht-nationalistisch eingestuft worden sind, fällt minimal aus (die Differenz liegt bei 4%).

Der Zusammenhang von Antisemitismus und Nationalismus ist auch in der EMNID-Umfrage von 1989 untersucht worden. Die Ergebnisse weisen in die gleiche Richtung wie die unseren. Der Einstellungskomplex Nationalismus wurde von EMNID über verschiedene Fragen operationalisiert. Bereits die Beziehung zwischen der Zustimmung zu der eher neutralen Formulierung: „Ich bin stolz ein Deutscher zu sein" und einer negativen Einstellung zu Juden zeigt, daß die hohe Identifikation mit dem eigenen Kollektiv zu einer überdurchschnittlichen Ablehnung von Juden und anderen Fremdgruppen führt.

Antisemitismus und Nationalismus

Nationalstolz	Antisemitismus sehr %	zieml. %	etwas %	nicht %	keine Ausländer-aufnahme %
Groß	82	76	61	43	61
Mittel	16	18	34	40	33
Gering	3	6	6	17	6
Summe	100	100	100	100	100

Quelle: EMNID 1989, Tab. 65.

Wird der Nationalismus in der Diktion rechtspopulistischen Ressentiments operationalisiert, so nimmt die Trennschärfe zwischen Antisemiten und Nicht-Antisemiten zu:

„Die Bonner Politiker betreiben den Ausverkauf der deutschen Interessen"	Antisemitismus sehr %	zieml. %	etwas %	nicht %
Volle Zustimmung	77	46	34	15
Mittlere Position	13	39	44	45
Ablehnung	8	13	20	38

Quelle: EMNID 1989, Tab. 75.

Diese und eine Reihe weiterer Fragen von EMNID[11] deuten daraufhin, daß der Nationalismus vieler Deutscher einen unsouveränen Charakter besitzt. Die Nationalisten fühlen sich als Opfer externer Einmischung, ausländischer Kritik und Schuldzuweisung sowie finanzieller Ausbeutung. Bei politisch enttäuschten und sozial depravierten Personen hat der Nationalismus zudem eine stark kompensatorische Funktion. Die Klage über die fehlende nationale Souveränität, Machtlosigkeit und gemeinsame Feindbilder sind Teile der Meinungsbrücke, die zu den Wählern der „Republikanern" führt, bei denen diese Züge fast durchgängig anzutreffen sind.

Nationalismus / Meinungsprofil der Wähler der „Republikaner"

	„Republikaner" %	Bev.insg. %
Stolz, ein Deutscher zu sein	80	55
Nationale Kräfte werden unterdrückt	63	19
Juden unsympathisch	37	8
Wiedergutmachung zu hoch	75	46
Deutsche sind Zahlmeister Europas	92	55
n	104	2272

Quelle: EMNID 1989, Tab. 65.

Resümierend läßt sich die These von der Koexistenz eines ausgeprägten Nationalismus mit der Tendenz zur Ablehnung und Diskriminierung von fremden Gruppen bestätigen. Im Verhältnis zu den Juden kommt zur xenophobischen Ablehnung noch die negative historische Symbiose von Deutschen und Juden hinzu. Dies gibt dem heutigen Antisemitismus eine neue Dimension, die ihn vom modernen Antisemitismus vor 1945 und auch von der generellen Fremdenfeindlichkeit unterscheidet.

Anmerkungen

1 Die restlichen drei Faktoren umfassen folgende Gruppen: sozial stark diskriminierte Personen, die Vertreter totalitärer Ideologien sowie sozial leicht diskriminierte Personen. Vgl. Kapitel IX.

2 Galtung kommt in seiner Studie von 1960 zum gleichen Resultat: die Einstellungen der Antisemiten gehörten zum größten Teil zu einem allgemeinen Einstellungskomplex gegenüber Minderheiten, d.h. der Antisemit lehnt Minderheiten generell ab, „but he specializes in Jews" (1960, S. 64).

3 Für die Annahme, daß es sich bei der Fremdenfeindlichkeit um eine gelernte generelle Haltung handelt, spricht ein Ergebnis aus unserem Pretest, in dem 43% der tendenziell antisemitisch Eingestellten angaben, daß ihre Eltern Fremden gegenüber immer sehr vorsichtig gewesen seien (gegenüber 28% im Bevölkerungsdurchschnitt).

4 Die Bürgerrechtsbewegung in den USA und der Kampf gegen die Apartheid in Südafrika wurden von der Öffentlichkeit und der politischen Bildung positiv aufgegriffen und führten zumindest partiell zu einem Abbau der traditionellen Geringschätzung der Schwarzen. Vor allem in den 60er Jahren folgte aus der Ablehnung des antijüdischen Rassismus der NS-Zeit bei der jüngeren Generation ein antirassistischer Lerneffekt (vgl. DIVO-Pressedienst März I 1965).
Obwohl die Sinti und Roma zu den Opfern der NS-Rassenpolitik gehörten, erfuhren sie wenig öffentliche Aufmerksamkeit und Sympathie. Über viele Jahre wurde ihr Schicksal nicht thematisiert und das Vorurteil gegen sie nicht eigens bekämpft, so daß dieser Vorurteilskomplex bis heute relativ unbearbeitet fortbesteht.

5 Vergleicht man den ausgeprägt fremdenfeindlichen Befragtenanteil (3-6 Zustimmungen auf dem Index XENO) mit den nicht bzw. nur schwach fremdenfeindlichen Befragten im Hinblick auf ihre antisemitische Einstellung, so wird der hohe Zusammenhang von starker Fremdenfeindlichkeit und Antisemitismus evident.

Von den ausgeprägt fremdenfeindlichen Personen gehören 15,8 % zum „harten Kern" der Antisemiten (VAS), von den nicht bzw. schwach fremdenfeindlichen sind es 2,4 % (Bev. insg. 6,9 %); nimmt man eine weite Definition des Antisemitismus vor (WAS), ist das Verhältnis 58,6 % zu 20,2 % (Bev. insg. 33,2 %).

6 Alle Umfragen zu Einstellungen in bezug auf Einwanderergruppen stimmen in diesem Befund überein (vgl. die Übersicht bei Geiger 1990, S. 31f.). Ob es sich hier um Generations- oder Lebenszykluseffekte handelt, ist noch offen. Die Tatsache, daß sich im letzten Jahrzehnt die Einstellungen gegenüber Einwanderergruppen nicht grundsätzlich verändert haben, spricht nach Geiger für einen Lebenszykluseffekt. Beim Älterwerden haben Menschen zum Teil ihre anfängliche Offenheit wieder verloren (ebd. S. 32). Hoskin hat für die *Allbus*-Umfrage von 1980 den Erklärungsfaktor „Alter" ebenfalls im Sinne der Lebenszyklusthese interpretiert (1985, S. 21). Im Fall des Antisemitismus glauben wir dagegen, die These von den politischen Generationen stützen zu können.

7 Auch hier bestätigen unsere Daten den Befund aller anderen Umfragen zu diesem Thema (vgl. Geiger 1990, S. 32 f.). Dieser Zusammenhang von Schulbildung und Diskriminierungshaltung ist etwa von van Dijk (1987, S. 350) als Artefakt hingestellt worden, da die Gebildeten gelernt hätten, in einer öffentlichen Situation wie einer Befragung (die wir nach unseren Ergebnissen zur Frage der Latenz eher als relativ anonym definierte Situation betrachten würden), mit „sozial erwünschten Antworten" zu reagieren. Die Widerlegung dieser Vermutung hat Wagner bereits 1982 versucht. Geiger schlägt vor, die Artefakt-Hypothese in modifizierter Form zu prüfen: erstens, indem man annimmt, daß so nur ein Teil des Unterschieds zu erklären ist; zweitens, indem sie inhaltlich dahingehend modifiziert wird, daß Menschen mit höherer Schulbildung gelernt hätten, Abneigung gegen grob undifferenzierte und aggressiv formulierte Meinungen zu zeigen (1990, S. 33 f.).

8 In der Emnid-Umfrage von 1989 (Tab. 75) stimmen die Antisemiten auf einer 6-stufigen Antwortskala, die von „stimme voll zu" (=6 Punkte) bis „lehne voll und ganz ab" (=1 Punkt) reicht, dem Statement „Wir sollten darauf achten, daß wir das deutsche Volk rein erhalten und Völkermischung verhindern" mit 4.9 Punkten sehr viel deutlicher zu als diejenigen, die von Antisemitismus frei sind (2.4).

9 Die besondere Fixierung des deutschen Rechtsextremismus und extremen Nationalismus auf den Nationalsozialismus spiegelt sich nach Herz in den Themen wider, die für die Wähler der NPD in den 60er Jahren wichtig waren: die Bekämpfung der „Kriegsschuldlüge", die verstohlene Bejahung des Antisemitismus und die Befürwortung von „Ruhe und Ordnung". Diese Fixierung auf die Vergangenheit in Form eines „Haß-Liebe'-Verhältnisses — Liebe, weil man sich positiv mit den Zielen des NS-Regimes identifiziert; Haß, weil diese Identifikation mit negativen Sanktionen verbunden ist — ist nach Auffassung von Herz typisch für den deutschen Rechtsextremismus und hat in dem der USA zum Beispiel keine Entsprechung (Herz 1975, S. 113).

10 So stimmen dem Statement: „Die nationalen Kräfte werden heute in der Bundesrepublik unterdrückt" antisemitisch Eingestellte in sehr hohem Maße zu. Auf einer 6-Punkte-Skala von „stimme überhaupt nicht zu" (1) bis „stimme voll und ganz zu" (6) erreichen die als sehr antisemitisch eingestuften Befragten den hohen Zustimmungswert von 5.0, während die als nicht-antisemitisch Eingestuften das Statement mit 2.4 eher ablehnen. 77 % der harten Antisemiten haben die Antwortkategorien 5-6 gewählt, bei den Nicht-Antisemiten sind es nur 5 % (Emnid 1989, Tab. 75).

11 Einige Beispiele: „Wenn im Ausland über die Schuld der Deutschen in der Vergangenheit immer wieder geredet wird, spricht daraus oft der Neid auf die Tüchtigkeit und den Wohlstand der Deutschen" (Zustimmung bei den Antisemiten 98 %, bei den Nicht-Antisemiten 20 %); „Die Bundesrepublik ist Prügelknabe und Zahlmeister für ganz Europa" (Zustimmung bei den Antisemiten 93 %, bei den Nicht-Antisemiten 35 %, Tab. 75).

X. Subjektive Deprivation und Antisemitismus

Die historische Antisemitismusforschung arbeitet in der Analyse des Kaiserreichs und der Weimarer Republik mit einem Krisenmodell, wonach es die sozial absteigenden bzw. die von einem Statusverlust bedrohten Gruppen waren, die sich für den politischen Antisemitismus empfänglich erwiesen. Dieses Modell hat seine Erklärungskraft für eine gesellschaftliche Umbruchphase mit einem raschen sozialen Wandel, in dem sich die moderne Berufsstruktur, das System sozialer Sicherung und politisch-demokratischer Interessenvertretung erst ausbildeten. Den Verwerfungen in der Wirtschafts- und Berufsstruktur stand noch kein wirtschafts- und sozialpolitisches Instrumentarium zum Krisenmanagement gegenüber, so daß politische Radikalisierung und der Rückgang auf vormoderne, ständische Gesellschaftsmodelle als plausible Lösungen für die Krise erscheinen konnten. Die Ursachen der Krise wurden in den Juden personalisiert, die als Gewinner der Modernisierung erschienen (Jochmann 1988, Stölzl 1975). Der Antisemitismus gewann eine Funktion als Integrationsideologie, in der völlig Widersprüchliches amalgamiert werden konnte: als moderne, internationalistische Gesellschaftsformen wurden Kapitalismus wie Sozialismus gleichermaßen als „jüdische Erfindungen" abgelehnt.

Auf der Basis dieser historischen Erfahrungen haben bereits die frühen empirischen Studien zum Antisemitismus den Zusammenhang von Statusverlust und sozialer Mobilität mit der Bereitschaft zur Übernahme antijüdischer Vorurteile untersucht (Massing 1949, Bettelheim/Janowitz 1950). Die darauf aufbauende umfangreiche Forschung der 50er und 60er Jahre kam zu äußerst differenzierten und teilweise widersprüchlichen Ergebnissen. In Gesellschaften, die durch ständige Modernisierungsprozesse und einen hohen Grad an sozialer Mobilität gekennzeichnet sind, führen nur extreme Statusverluste unter bestimmten Bedingungen zu ethnischen Vorurteilen (Bergmann 1988a, S. 155 ff.). In neueren Theorien der Mobilität wird außerdem die Unterschichtung des Arbeitsmarktes durch Arbeitsmigranten hervorgehoben, die für die einheimischen Arbeitnehmer einen sozialen Aufstieg ermöglicht und damit die Konkurrenz entschärft. Hilde Weiss konnte in ihrer Antisemitismus-Studie für Österreich Mitte der 70er Jahre keinen Zusammenhang von sozialer Mobilität und Antisemitismus feststellen (1984, S. 61f.).[1]

Die empirischen Ergebnisse und gesellschaftstheoretische Überlegungen lassen es wenig aussichtsreich erscheinen, dem Zusammenhang von Antisemitismus und Mobilität weiter nachzugehen, bzw. es wäre ein unverhältnismäßig großer empirischer Aufwand nötig, um hier kausale Zusammenhänge von objektiven Statuslagen und Vorurteil herauszuarbeiten. Hinzu kommt, daß es heute nur noch für wenige plausibel sein dürfte, die kleine jüdische Minderheit in der Bundesrepublik, die sich in ihrer Berufsstruktur nicht mehr von der Mehrheitsgesellschaft unterscheidet, für den Statusverlust von Individuen oder bestimmten Berufen verantwortlich zu machen. Hingegen wird in Phasen wirtschaftlicher Rezession die Forderung laut, die Zahl der Arbeitsmigranten zu reduzieren.

Wir haben deshalb in unserer Umfrage darauf verzichtet, die objektive soziale Lage, die Arbeitszufriedenheit, die soziale Mobilität etc. detailliert zu erheben und haben uns darauf beschränkt, die subjektive Einschätzung der eigenen gegenwärtigen Lebenssituation zu erfragen. In der Auswertung des Pretests ist uns deutlich geworden, daß sich gerade bei den Fragen, in denen eher nach einem diffusen Lebensgefühl gefragt wurde, ein Zusammenhang zur Ablehnung von Juden zeigte. Die antijüdisch Eingestellten sagen auf die Frage, ob „wir alles in allem in einer glücklichen Zeit leben" sehr viel häufiger nein (46%) als der Durchschnitt der Bevölkerung (29%) und sie glauben seltener, „daß man den meisten Menschen trauen kann" (21% gegenüber 33% im Durchschnitt der Bevölkerung).[2]

Mit den Fragen, ob man sich zur Gruppe der Benachteiligten (Frage 7/3) oder der Erfolgreichen/Aufsteiger (Frage 7/7) zählt, soll die Selbsteinschätzung des sozialen Schicksals erhoben werden, während die Frage, ob man sich zur Gruppe der politisch Enttäuschten (Frage 7/5) zählt, auf einen weiteren Aspekt der Unzufriedenheit zielt.

Subjektive Deprivation

Neben dem Zusammenhang von subjektiv empfundener Benachteiligung bzw. von individuellem Erfolg und Antisemitismus haben wir auch deren Wirkungen auf Fremdenfeindschaft und auf die starke Identifikation mit der Ingroup untersucht.

Generell läßt sich ein signifikanter Zusammenhang von subjektiver Deprivation und Antisemitismus feststellen. Dies gilt vor allem, wenn man den Antisemitismus (über WAS) weit faßt. In der Gruppe der „Benachteiligten" (n = 257) sind demnach 46% (n = 117) als antisemitisch einzustufen. Bei den Nicht-Benachteiligten (n = 1845) sind dies 31%. Definiert man den Antisemitismus enger und schärfer (über SAS und VAS), dann ist der Zusammenhang weniger ausgeprägt. Dies erklären wir damit, daß der harte Antisemitismus nicht primär auf soziale Frustration zurückgeht, sondern sich aus anderen Motiven speist.

Subjektiv empfundene Benachteiligung ist mit einer überdurchschnittlich hohen Ablehnung von Fremdgruppen verbunden.[3] Die Hälfte aller „Benachteiligten" muß, gemessen über den Index XENO, als fremdenfeindlich bezeichnet werden (Bevölkerungsdurchschnitt: 34%). Diese Ablehnung der Outgroups korrespondiert nicht, wie man nach der Gruppenpsychologie erwarten sollte, mit einer besonderen Wertschätzung der Ingroup. Die „Benachteiligten" erweisen sich nicht als signifikant nationalistischer im Vergleich mit den Nicht-Benachteiligten (die Korrelation zwischen Benachteiligung und Index ETHNOZENTRISMUS beträgt nur r = .04). Personen, die sich explizit als „Erfolgreiche/Aufsteiger" einstufen, erweisen sich dagegen als etwas nationalistischer (Korrelation mit dem Index ETHNOZENTRISMUS r = .11, sign. auf dem 1% Niveau).[4] Die mit ihrem Erfolg verbundene höhere Zufriedenheit wird dem eigenen nationalen Kollektiv „gutgeschrieben". Mit ihrer Wertschätzung der Ingroup geht keine Tendenz zur Herabsetzung der Fremdgruppen einher, allerdings auch keine tolerantere Haltung. Antisemitismus und Fremdenfeindlichkeit bei den Erfolgreichen und Aufsteigern entsprechen denen in der Gesamtbevölkerung. Allein die globale Feststellung der Aufwärtsmobilität und des Erfolgs in der Gesellschaft deutet noch nicht auf eine liberale Haltung hin. Erst wenn damit ein positives Lebensgefühl verbunden wird, zeigt sich eine erhöhte Tendenz, Juden und andere Minderheiten positiver zu beurteilen.

Die Benachteiligten stellen in allen Altersgruppen einen überdurchschnittlich hohen Anteil an Antisemiten und lehnen Ausländer überdurchschnittlich oft ab. Die Benachteiligung und die damit einhergehende Ablehnung von Fremdgruppen ist somit kein Altersphänomen, sondern ist verknüpft mit niedrigen Bildungsabschlüssen und entsprechend schlechten Berufspositionen und niedrigen Einkommen. Personen unterhalb des Realschulabschlusses äußern weit häufiger das Gefühl der Benachteiligung, besonders verbreitet ist es bei jenen ohne Hauptschulabschluß. Mit den höheren Bildungsabschlüssen (Realschule bis abgeschlossenes Studium) bleibt das Gefühl der Benachteiligung auf einem gleich niedrigen Niveau. Die Berufsauszählung bestätigt diesen Befund, es sind die ungelernten Arbeiter und die Landarbeiter, die sich weit überdurchschnittlich benachteiligt fühlen. Zwischen Einkommenshöhe und dem Gefühl der Benachteiligung findet sich ein linearer Zusammenhang: es sinkt mit steigendem Einkommen.

Dieses Ergebnis weist darauf hin, daß der in vielen Studien, so auch in unserer, festgestellte Zusammenhang von höherer Bildung und geringerer Ablehnung von Fremdgruppen nicht allein ein Resultat von schulischer Wissensvermittlung und historischer Bildung ist. Vielmehr eröffnet höhere Bildung den Zugang zu besseren Berufspositionen bzw. zu höherem Einkommen und damit zu größeren Partizipationsmöglichkeiten am kulturellen und politischen Leben. Auf diese Weise entsteht ein Gefühl des sozialen Erfolgs und Vertrauen in die Fähigkeit, seine Interessen zu behaupten, so daß weniger die Notwendigkeit besteht, den eigenen Mißerfolg auf soziale Konkurrenten oder andere externe Ursachen zurückzuführen.[5] Die Arbeitsplatz- und Ressourcenkonkurrenz mit den beruflich zunächst wenig qualifizierten Arbeitsmigranten trifft im wesentlichen die schlechter ausgebildeten Arbeitnehmer bzw. die Empfänger von Transfereinkommen. Die höhere Fremdenfeindlichkeit der sozial Benachteiligten ist sowohl das Resultat realer oder vermuteter Konkurrenz als auch das Ergebnis der Projektion des eigenen Mißerfolgs auf „Sündenböcke".

Die Erfahrung der sozialen Deklassierung führt zu Ressentiments gegenüber den Gruppen, die als nicht zum Solidarverband gehörig gesehen werden.[6] Weder sind mit dieser Ablehnung von Fremdgruppen ein erhöhter Nationalismus (s.o.) noch stärkere Vorurteile gegen sonstige sozial abweichende Gruppen verbunden.[7] Dies weist darauf hin, daß wir es hier nicht mit dem Typ der autoritären Persönlichkeit zu tun haben, dessen Xenophobie Bestandteil eines Vorurteilkomplexes ist, in dem neben den Fremdgruppen auch sozial schwache bzw. abweichende Gruppen abgelehnt werden und zu dem auch ein ausgeprägter Ethnozentrismus gehört.

In der EMNID-Studie von 1989 ist ebenfalls der Zusammenhang von sozialer Deprivation und Einstellung zu Juden, Gastarbeitern, Asylbewerbern und Aussiedlern erhoben worden. Zur Erfassung der sozialen Deprivation verwendete man verschiedene Indikatoren: die Einschätzung der eigenen Wirtschaftslage, die Betroffenheit durch Arbeitslosigkeit und Wohnungsmangel sowie die Selbstzurechnung zu dem Drittel der Gesellschaft, dem es – in Anspielung auf die Rede von der Zweidrittel-Gesellschaft – nicht so gut geht. Die Ergebnisse zusammengenommen ergeben kein eindeutiges Bild. Der Selbstzurechnung zum benachteiligten Drittel der Gesellschaft korrespondiert keine höhere Ablehnung der Ausländer und auch der Anteil unter den Antisemiten liegt nur unwesentlich über dem Anteil dieser Gruppe an der Gesamtbevölkerung (25 % Antisemiten gegenüber 20 % Nicht-Antisemiten; Anteil an der Bevölkerung: 22 % – EMNID 1989, Tab. 15).

Die Indikatoren „schlechte eigene Wirtschaftslage" und „soziale Betroffenheit" zeigen keinen Zusammenhang mit einer höheren Ablehnung bei der Frage des Nachzugs von Gastarbeiterfamilien, bei der Aufnahme von Asylbewerbern, beim Gesamturteil über den Nationalsozialismus und in der Bewertung der Wiedergutmachung an die Juden. Bei der Messung der Sympathie/Antipathie gegenüber bestimmten Bevölkerungsgruppen, etwa den Juden, Türken, Aussiedlern und Asylbewerbern hängen dagegen die Einschätzung der eigenen Wirtschaftslage als „schlecht" und die soziale Betroffenheit mit einer größeren Antipathie zusammen. Die Abweichung ist bei den Juden und den Türken mit einer Differenz von 0.5 Punkten (bei einer Skalenweite von 10 Punkten) gegenüber den sozial Gutsituierten allerdings gering, bei den Aussiedlern und vor allem bei den Asylbewerbern ist die Differenz größer. Jeweils 40% derjenigen, die ihre eigene Wirtschaftslage als schlecht einstufen, lehnen „Asylanten aus Afrika und Asien" total ab (Kategorien —5 und —4); von denen, die ihre Wirtschaftslage als gut bezeichnen, tun dies 26% bzw. 28% (EMNID 1989, Tab. 37). Die von Arbeitslosigkeit und Wohnungsmangel Betroffenen wählen zu 53% die beiden schärfsten Ablehnungskategorien im Vergleich zu 29% der Gesamtbevölkerung. Auch die Aussiedler aus Polen und der Sowjetunion werden von den „sozial Betroffenen" als viel weniger sympathisch eingeschätzt als von der Bevölkerung insgesamt.

Bei Fragen, ob die Gastarbeiter oder Asylbewerber als Verursacher sozialer Probleme (Arbeitslosigkeit, Wohnungsmangel, Belastung des Systems der sozialen Sicherung) anzusehen seien, ist die Zustimmung bei den sozial Benachteiligten ebenfalls höher. Wir finden hier — wie in unserer Untersuchung — einen hohen Bildungs- und Einkommenseffekt (EMNID 1989, Tab. 46). Bei der Frage, ob es „zu viele Ausländer in der Bundesrepublik" gäbe, zeigt sich ein extremer Bildungseffekt (87% der Volksschüler ohne Lehre bejahen diese Frage gegenüber 47% der Personen mit Abitur und Studium), allerdings besteht kein Zusammenhang mit der eigenen Wirtschaftslage und sozialen Betroffenheit.

Im Vergleich mit diesen Ergebnissen von Emnid hat sich unsere Messung von subjektiver Deprivation über die Selbsteinstufung als „Benachteiligter" als relativ aussagekräftig erwiesen. Dies gilt vor allem für die Ablehnung der „Ausländer", weniger stark, aber immer noch signifikant für einen weit gefaßten Antisemitismus. Wenn der Zusammenhang mit dem „härteren" Antisemitismus geringer ausfällt, dann entspricht dies unseren oben angeführten Überlegungen, daß die jüdische Minderheit heute ihren Status als Sündenbock für wirtschaftliche Probleme weitgehend verloren hat.

Hilde Weiss, die die subjektiven Deprivationen aus dem Beruf (Arbeitsplatzsicherheit, Berufsprestige, Konkurrenz, nervliche und körperliche Arbeitsbelastung) und die Zufriedenheit im Privatleben in ihren Wirkungen auf Antisemitismus einer gründlichen Untersuchung unterzogen hat, konnte keine signifikanten Zusammenhänge finden. „Die Hypothese, daß ein höheres subjektives Ausmaß nicht realisierter

Lebensansprüche zu höherem Vorurteil führt (im Sinne der Aggressionsverschiebungs- und Sündenbocktheorie), wird durch diese Daten nicht bestätigt" (Weiss 1984, S. 69ff.).

Angesichts der widersprüchlichen Ergebnisse muß genauer überlegt werden, welche Indikatoren zur Messung subjektiver Deprivation herangezogen werden sollen. Im Fall des Antisemitismus scheint die objektive soziale Lage (Arbeitslosigkeit, Wohnungsmangel, Stress, schlechte Wirtschaftslage), aber auch die subjektive Einschätzung von Arbeitszufriedenheit und Status keinen eindeutigen Einfluß auf die Einstellung zu Juden auszuüben. Unser unspezifischer Indikator, der eine sehr allgemeine, nicht auf besondere Lebenssituationen bezogene Benachteiligung erfaßt (Selbsteinstufung als „Benachteiligter"), scheint eher eine Dimension der subjektiven Deprivation zu erfassen, die mit antisemitischen Vorurteilen zusammenhängt. In die gleiche Richtung weist mit umgekehrtem Vorzeichen die Selbsteinstufung als jemand, „der Spaß am Leben hat".[8] Diejenigen, die nach eigener Aussage diese positive Lebenseinstellung nicht haben, sind signifikant häufiger antisemitisch und fremdenfeindlich als die „Lebenslustigen".[9] Ebenso sind im Pretest die antijüdisch Eingestellten seltener der Meinung, in einer glücklichen Zeit zu leben (s.o.).

Offenbar ist es das diffuse Gefühl von Unzufriedenheit und Benachteiligung, das sich in der erhöhten negativen Einstellung zu Fremdgruppen äußert. Eine objektiv gegebene schlechte soziale Lage scheint sich nur bedingt in subjektive Deprivation umzusetzen und wirkt so allenfalls vermittelt auf die Einstellung zu Fremdgruppen. Die einfache Gleichung von Arbeitslosigkeit und Wohnungsmangel gleich Ausländerfeindlichkeit oder Antisemitismus geht nicht auf.

Politische Enttäuschung und Antisemitismus

Die Selbstidentifikation als jemand, der von „Staat und Politik enttäuscht ist", fällt mit 22 % unerwartet hoch aus. Dabei muß man allerdings zwei Gruppen unterscheiden:

1) die Anhänger der gegenwärtigen politischen Opposition – Wähler der SPD und der Grünen –, deren Enttäuschung sich an den Entscheidungen der Regierungskoalition festmacht und nicht prinzipieller Natur ist;
2) eine kleinere Gruppe von politisch Enttäuschten, die politisch eher rechts anzusiedeln ist und dem demokratischen System prinzipiell ablehnend gegenübersteht. Politische Apathie äußert sich gleichfalls in Form politischer Enttäuschung („Weiß nicht", „Wähle nicht").[10]

Es besteht ein signifikanter Zusammenhang zwischen der Selbsteinstufung als „politisch enttäuscht" und Antisemitismus. Dieser Zusammenhang wird umso stärker, je enger und schärfer man die Gruppe der Antisemiten definiert. Der Zusammenhang von politischer Enttäuschung und Antisemitismus ist kein allgemeines Muster. So wirkt sich bei den Jüngeren und bei den Wählern der Grünen die politische Enttäuschung nicht in Richtung eines erhöhten Antisemitismus aus. Hingegen finden sich unter den politisch enttäuschten älteren Personen ein höherer Anteil an Antisemiten als bei den politisch zufriedenen.

Betrachten wir nun die Gruppe der ausgesprochenen Antisemiten (über SAS), dann wird deutlich, daß sie es sind, die in hohem Maße politisch enttäuscht sind (zu 35 %). Da diese Gruppe hauptsächlich aus Personen besteht, die über 60 Jahre alt sind, kann man annehmen, daß diese in der NS-Zeit politische Einstellungen erworben und nicht geändert haben, die sie nicht mit dem modernen, demokratischen Staat und seinen Leitbildern in Übereinstimmung bringen können.[11] Der Antisemitismus ist simultan mit den genannten, nun zur Enttäuschung führenden Vorstellungen erworben worden und ist damit nicht als ihr Resultat anzusehen. Heute verbindet sich politische Enttäuschung, die aus aktuellen Konflikten herrührt, nicht mehr mit antijüdischen Projektionen. Zwar bezeichnet sich die Hälfte der Grünen-Wähler als politisch enttäuscht, doch steigt die Neigung zum Antisemitismus bei diesen damit nicht an. Die Tatsache, daß die älteren politisch enttäuschten Wähler der beiden Volksparteien, unabhängig davon, ob diese in der Opposition oder in der Regierungsverantwortung stehen, gleichermaßen stärker antisemitisch sind, als die nicht-enttäuschten Wähler, weist darauf hin, daß die Verbindung von Antisemitismus und politischer Enttäuschung wohl nicht in der aktuellen Politik zu suchen ist, sondern auf eine gemeinsame historische Wurzel antidemokratischen und antijüdischen Denkens zurückgeht. Für diese historische Kongruenz spricht weiterhin, daß politische Enttäuschung nicht zu einer signifikant höheren Ablehnung von Fremdgruppen führt, d.h. im Fall aktueller Gruppenkonflikte hat die politische Enttäuschung keine zusätzliche Wirkung.[12]

Die politische Zufriedenheit wurde auch in der EMNID-Untersuchung erhoben. Die Ergebnisse stimmen mit den unsrigen, was die Alters- und Bildungsverteilung, die Parteipräferenz, die Ablehnung gegenüber der Aufnahme von Ausländern und die Einstellung gegenüber den Juden betrifft, weitgehend überein.[13] Bei denjenigen, die angeben, mit dem politischen System weniger zufrieden zu sein, gibt es kaum eine Differenz in der Einstellung zu Juden. Erst bei der starken Unzufriedenheit ist der Anteil von Antisemiten mit 12 % doppelt so hoch wie der der Nicht-Antisemiten (5 % — EMNID 1989, Tab. 2).

Politische Unzufriedenheit, die sich auf der linken und der extremen rechten Seite des politischen Spektrums besonders ausgeprägt zeigt, weist nur bei den Wählern der Rechtsparteien einen Zusammenhang mit stärkerem Antisemitismus auf. Die Wähler der Grünen zeigen sich zwar zu 51 % mit dem politischen System der Bundesrepublik weniger zufrieden (unzufrieden 7 %, weniger zufrieden 44 %), doch finden sich unter ihnen die wenigsten Antisemiten. Dagegen sind die Wähler der Republikaner sowohl extrem systemkritisch (unzufrieden 30 %, weniger zufrieden 35 %) als auch deutlich antisemitisch (vgl. EMNID 1989, Tab. 2 und 61).

Insgesamt hat sich gezeigt, daß die Identifikation der Befragten über die Vorgaben „politisch Enttäuschter", „Benachteiligter", „Erfolgreicher", „Spaß am Leben haben", usw. brauchbare Selbstaussagen liefern. Diese sind nicht ohne weiteres auf objektive soziale Lagen zurückzuführen, sondern scheinen bis zu einem gewissen Grade aus spezifischen persönlichen Lagen und Charaktereigenschaften zu resultieren. Dieser Zusammenhang von objektiver Lage und subjektiver Interpretation ist mit quantitativen Methoden schwer zu erfassen. Hier können qualitative Studien genauer Auskünfte über die subjektive Konstruktion von Lebensentwürfen geben.

Anmerkungen

1 Von Silbermann ist die Mobilitätshypothese nicht geprüft worden; vgl. dagegen Herz 1975, S. 134 ff.

2 „Den meisten Menschen kann man nicht vertrauen" sagen die antijüdisch Eingestellten im Pretest zu 51 %, der Bevölkerungsdurchschnitt zu 43 %. Besonders groß ist der Kontrast zur Gruppe der projüdisch Eingestellten: dort haben nur 28 % kein Vertrauen, hingegen meint fast die Hälfte von ihnen, „man kann den meisten Menschen vertrauen" (46 %).

3 Empirische Untersuchungen zur Ausländerfeindlichkeit betonen übereinstimmend, daß Abwehrhaltungen gegenüber Ausländern nicht so sehr konkreter Konkurrenzerfahrung entspringen, vielmehr geben Konkurrenzphantasien, rigides Sicherheitsdenken und Unzufriedenheit mit der eigenen Lebenssituation den Boden für mehr oder weniger vage Ängste ab, die sich an sichtbaren Fremdgruppen festmachen (Geiger 1990, S. 34 ff.). Der von uns gefundene Zusammenhang von Benachteiligungsgefühl und Ablehnung von Juden bestätigt ebenfalls die These, daß kein direkter Zusammenhang zwischen Konkurrenzerfahrung und der Ablehnung von Fremdgruppen besteht, da die Juden ja als Konkurrenten nicht in Erscheinung treten. Es sind Ängste und Phantasien, die dazu führen, daß Fremdgruppen als Bedrohung und als Urheber der eigenen Misere erscheinen.

4 Auch die EMNID-Umfrage von 1989 hat ergeben, daß diejenigen, die ihre wirtschaftliche Lage als schlecht einstufen, weniger Nationalstolz zeigen als die wirtschaftlich Zufriedenen (EMNID 1989, Tab. 65).

5 Die EMNID-Umfrage von 1989 (Tab. 62) zeigt diesen Attributionsvorgang sehr gut. Diejenigen, die ihre eigene Wirtschaftslage als „schlecht" einstufen, nehmen nur zu 16 % an, daß es in unserer Gesellschaftsordnung im „großen und ganzen gerecht zugeht" (54 % in der Bev. insg.), 30 % von ihnen halten sie für „im großen und ganzen ungerecht" (Bev. insg. 10 %).

6 Hoffmann/Even (1983) betonen in ihrem Entwurf einer Theorie der Ausländerfeindlichkeit diesen Aspekt des gesellschaftlich geteilten Wissens, das Vorent-

scheidungen darüber enthält, wer zum nationalen Kollektiv selbstverständlich dazugehört und wer nicht. Insofern ist ihrer Ansicht nach Ausländerfeindlichkeit integraler Bestandteil des Gesellschaftbildes der Deutschen.

7 Benachteiligte wie Nicht-Benachteiligte lehnen sozial abweichende Gruppen, gemessen über den Index DEVIANZ, gleich stark ab (vgl. Kap. IX).

8 Die Korrelation zwischen den Variablen „Benachteiligung" und „Spaß am Leben" fällt erwartungsgemäß negativ aus (—.15) und ist signifikant auf dem 1 % Niveau.

9 Von denen, die „Spaß am Leben" haben, sind in einem weiteren Sinne (WAS) 30 % als antisemitisch einzustufen (dies entspricht ungefähr dem Bevölkerungsdurchschnitt von 33 %). Von den Befragten, die nicht von sich sagen, „Spaß am Leben" zu haben, sind es 41 %. Beim härteren Antisemitismus sind letztere jeweils doppelt so häufig vertreten wie diejenigen, die Spaß am Leben haben (17,6 % zu 9,5 % nach SAS und 11 % zu 5,6 % nach VAS — noch stärker ist der Unterschied im Fall der Fremdenfeindlichkeit: 46 % gegenüber 29 %).

10 Die relativ hohe Korrelation zwischen politisch Enttäuschten und sozial Benachteiligten (.26) dürfte auf eine gewisse Überschneidung der letztgenannten mit der Gruppe der Rechtswähler und der politisch Apathischen zurückzuführen sein. Dafür, daß wir es mit zwei heterogenen Gruppen von politisch Enttäuschten zu tun haben, spricht auch die extreme Diskrepanz der Bildungsabschlüsse. Einerseits rechnen sich die Studenten überdurchschnittlich oft zu den politisch Enttäuschten, andererseits tun dies Personen mit oder ohne Hauptschulabschluß. Während die Studenten den geringsten Anteil an Antisemiten aufweisen, findet sich unter den letzteren der größte Anteil.

11 Diese These wird durch ein Ergebnis aus der EMNID-Umfrage von 1989 (Tab. 2) untermauert. Die 17 % der Befragten, die eine moderat positive Einstellung zum Nationalsozialismus haben, äußern sich als mit dem politischen System der Bundesrepublik unzufrieden. Im Vergleich: wer den Nationalsozialismus deutlich ablehnt, ist nur zu 4 % unzufrieden — Bevölkerungsdurchschnitt 6 %.

12 Mit 38 % Ablehnung liegen die politisch Enttäuschten nur geringfügig über dem Anteil von 34 % an Fremdenfeinden in der Gesamtbevölkerung und 33 % bei den politisch Zufriedenen (gemessen über Index XENO).

13 Die von EMNID 1989 festgestellte politische Unzufriedenheit von 33 % ist höher als die von uns gemessene (22 %). Die Differenz erklärt sich wohl daraus, daß EMNID eine weichere Frageformulierung gewählt hat — es fragte nach der Zufriedenheit/Unzufriedenheit, wir nach der Enttäuschung — und mit den Kategorien „weniger zufrieden" und „unzufrieden" differenzierte Antwortvorgaben machte. Die Zustimmung zu der weicheren Kategorie fiel mit 27 % sehr viel höher aus (vgl. EMNID 1989, Tab. 2).

XI. Antisemitismus im Kontext der „Bewältigung des Nationalsozialismus“

Seit dem Ende des Krieges ist der Antisemitismus und die Geschichte der Juden dermaßen eng mit der Judenverfolgung des Nationalsozialismus verbunden, daß diese im Bewußtsein der Bevölkerung das dominante Thema ist, demgegenüber die deutsch-jüdische Geschichte vor 1933 kaum noch erinnert wird. In der jahrzehntelangen politischen, juristischen und wissenschaftlichen Auseinandersetzung mit der Geschichte und den Verbrechen des Dritten Reiches bildeten der Mord an den Juden und der Antisemitismus einen Kernpunkt. In der Schulddebatte, in der Frage der nationalen Identität und in den öffentlichen Diskussionen um das deutsche Geschichtsbewußtsein nach 1945 erwies sich Auschwitz als in ein ungebrochen positives Nationalbewußtsein bis heute nicht integrierbares Geschehen. Diese Diskussion, die sich immer wieder an politischen Entscheidungen etwa zur Wiedergutmachung, zur Verfolgung nationalsozialistischer Gewaltverbrecher und zur Verjährung von NS-Verbrechen entzündete, war ständig begleitet vom Ruf nach einem Schlußstrich unter die Vergangenheit, von Verleugnungen, Relativierungen, Aufrechnungen und Gegenvorwürfen. Umso erstaunlicher ist es, daß seit den frühen 60er Jahren keine Umfrage die Meinung der Bevölkerung zu Juden und Antisemitismus im Kontext der Vergangenheitsbewältigung erhoben hat.[1]

In den Studien, die in der frühen Nachkriegszeit durchgeführt wurden, waren Antisemitismus und Nationalsozialismus noch eng aufeinander bezogen. In der Forschung zum „autoritären Charakter“ und den daran anschließenden empirischen Studien am Frankfurter Institut für Sozialforschung (Pollock 1955, Schmidt/Becker 1967, v. Freyhold 1971) wurden antisemitische und nazistische Einstellungen als Ausdruck einer tiefer liegenden Persönlichkeitsstruktur gesehen, und in den frühen Meinungsumfragen der Besatzungsmächte und des IfD Allensbach (1949) wurden die Auswirkungen der nationalsozialistischen Politik und Propaganda auf die Einstellung zu Juden untersucht. Hier ging es noch um die Erfahrungen und Prägungen aus der NS-Zeit und ihr direktes Fortwirken bei den Zeitgenossen. Demgegenüber muß heute aufgrund der zeitlichen Distanz eine andere Fragestellung im Vordergrund stehen: Es geht nicht mehr um die direkten Wirkungen, sondern um die sekundären Effekte, die aus dem privaten und öffentlichen Diskurs über die nationalsozialistische Vergangenheit resultieren. Statt der selbst erlebten Vergangenheit, rückt die Auseinandersetzung über ihren Charakter und ihre Folgen in den Mittelpunkt. Wegen dieser Verschiebung der Perspektive kann man heute nicht mehr an die Untersuchungskonzepte und Frageformulierungen der frühen Umfragen anknüpfen.

Die Fragen von Schuld und Verantwortung der Deutschen blieben politisch aktuell, fanden aber in den Studien der 60er und 70er Jahre als eigenständiges Motiv für Antisemitismus keine Berücksichtigung. Dies, obwohl die EMNID-Studie zum Antisemitismus von 1954 gezeigt hatte, wie sehr die projüdische Haltung von Schuldgefühlen bestimmt war und wie stark die Judenverfolgung mit dem Begriff „Jude" assoziiert wurde (vgl. EMNID 1954, S. 56f.). Während Tumin (1963) seine vergleichende Studie im Kontext von Gruppenbeziehungen und Rassismus ansiedelte, fehlt bei Silbermann (1976, 1982, auch Sallen 1977) der NS-Kontext völlig. Panahi (1980) knüpft an die Konzeption von Tumin an, dessen Daten er auch mit heranzieht, und untersucht den Antisemitismus im Rahmen der Beziehungen zwischen Völkern. Er konzentriert sich auf die Themenkomplexe Rassismus, Nationalismus und Autoritarismus.[2] Die empirischen Arbeiten zum Rechtsextremismus, in denen das Weiterwirken der NS-Ideologie großen Raum einnimmt, räumen wiederum dem Antisemitismus nur einen untergeordneten Stellenwert ein (Herz 1975, Sinus 1981).

Erst als 1985/86 eine Reihe von Konflikten um antijüdische Äußerungen und Vorkommnisse im Zusammenhang mit der unbewältigten Vergangenheit die Öffentlichkeit erregte (Bitburg-Affäre, Faßbinder-Kontroverse, antijüdische Äußerungen von Politikern), wurde die Demoskopie wieder auf dieses Thema gestoßen. In der IfD-Umfrage „Deutsche und Juden vier Jahrzehnte danach" wurde 1986 die Haltung zu Juden mit der deutschen Schuld und Verantwortung sowie der Bereitschaft, sich mit der jüngsten Vergangenheit auseinanderzusetzen, in Beziehung gesetzt. Mit der hier ausgewerteten Antisemitismusstudie von 1987, in der wir dem Aspekt „Vergangenheitsbewältigung" breiten Raum geben, und der jüngsten EMNID-Umfrage zu diesem Thema (1989) liegen jetzt genügend empirische Daten vor, um unsere These vom „sekundären Antisemitismus" zu prüfen. Wir vermuten, daß das Verhältnis von Deutschen und Juden heute außer von fortwirkenden traditionellen Vorurteilen zunehmend davon bestimmt wird, wie sich die Deutschen der NS-Vergangenheit und der daraus erwachsenen Verantwortung für die Juden stellen. Aus der Diskrepanz zwischen dem

Wunsch zu vergessen bzw. nicht erinnert zu werden und der beständigen Konfrontation mit den deutschen Verbrechen ergibt sich u.E. ein neues Vorurteilsmotiv, das sich zum Teil in der Form revitalisierter traditioneller Vorwürfe an die Juden äußert (Rachsucht, Geldgier, Machtstreben).[3]

Um unsere These zu prüfen, haben wir vorrangig folgende Aspekte der Vergangenheitsbewältigung untersucht:

1. Schuldfrage und Schlußstrich
2. Einstellung zum Dritten Reich und zur Wahrheit des Holocaust
3. Wiedergutmachung und Verantwortung für die Opfer.

Schuldfrage, Schlußstrich und Einstellung zu Juden

Der Zusammenhang zwischen den Problemen der „Vergangenheitsbewältigung" (Schuldfrage, Schlußstrichtendenz, Wiedergutmachungskritik) und dem Antisemitismus wird in der vorliegenden Untersuchung erstmals systematisch geprüft. Zwar sind seit den frühen OMGUS-Umfragen immer wieder Fragen zur Einstellung der Deutschen zur NS-Vergangenheit gestellt worden, jedoch sind diese nicht mit der Einstellung zu Juden verknüpft worden. Diese Fragen bezogen sich meist auf aktuelle innenpolitische Vorgänge, wie die Auseinandersetzung um die Wiedergutmachung, die großen KZ-Prozesse, die Verjährungsdebatten bis hin zur Ausstrahlung des Fernsehfilms „Holocaust", oder sie bezogen sich ganz allgemein auf die Einstellung zu Hitler und zum Nationalsozialismus. Dabei wurde häufig gerade der Bezug zu den Juden ausgeklammert. Mehrfach wurde die Bevölkerung um eine Meinungsäußerung zu dem Statement:„ Wenn man einmal von Krieg und Judenverfolgung absieht, war das Dritte Reich gar nicht so schlecht" gebeten (IfD seit 1975, vgl. Bd. VIII, S. 191). Diese Vorgabe reflektiert bereits ein verändertes Bewußtsein, in dem der Holocaust als *das* Verbrechen des Nationalsozialismus anerkannnt wurde. In den Jahren zuvor wurde die Frage nach Hitlers Bedeutung stets nur mit der Einschränkung: „er wäre ohne den Krieg einer der größten Staatsmänner gewesen" gestellt (IfD, Bd. II, S. 277 und die folgenden Jahre).

In der unmittelbaren Nachkriegszeit, als die Enthüllungen über das Ausmaß der Verbrechen des Dritten Reiches an den Juden noch frisch nachwirkten, wurde zwar eine Kollektivschuld der Deutschen überwiegend abgelehnt — insbesondere von den Antisemiten —, aber dennoch bestand bei der Mehrheit der Befragten in der US-Zone (63%) die Bereitschaft, eine gewisse Verantwortung für die Verbrechen des Hitlerregimes anzuerkennen und Hilfe für die Opfer zu leisten. Immerhin 59% erkannten an, daß Deutschland Millionen hilfloser Menschen in Europa gefoltert und ermordet hatte (Merritt/Merritt 1970, Report No. 51, Dez. 1946).

Verglichen mit diesen Zahlen, deuten die Umfragen, die von 1949 bis 1955 im Auftrag der US-High Commission for Germany durchgeführt wurden, auf eine Verhärtung der Haltung: nur 4 % identifizierten sich mit dem generellen Kollektivschuld-Vorwurf, 21 % erkannten eine gewisse Verantwortung zur Wiedergutmachung an, während 63 % sowohl die Kollektivschuld wie die kollektive Verantwortung ablehnten (Merritt 1977, S. 99). In bezug auf die Juden wurde eine Kollektivschuld ebenfalls abgelehnt (95 %), mit 29 % war die Bereitschaft, eine Verantwortung zur Wiedergutmachung vergangenen Unrechts zu übernehmen, jedoch etwas höher. Schuld und Verantwortung wurden von 59 % nur für die Täter selbst akzeptiert. Zur Begrenzung der Verantwortung bediente man sich des antisemitischen Gegenvorwurfs einer Mitschuld der Juden an ihrer Verfolgung (21 % der Befragten). Unehrliche Geschäftspraktiken, Machtstreben und Agitation gegen das Dritte Reich wurden als die Hauptgründe für die Verfolgung angeführt (ebd. S. 101 f.). Bis 1951/52 nahm die Wertschätzung des Nationalsozialismus eher wieder zu (44 % glaubten, daß es mehr Gutes denn Schlechtes im Nationalsozialismus gegeben hat – Merritt/Merritt 1980, Report Nr. 167), während der Anteil der Deutschen, die eine Schuld für die Verbrechen an den Juden generell nicht akzeptierten und entsprechende Wiedergutmachung ablehnten, auf 54 % anstieg. Diese Haltung stand nach Meinung des genannten Reports in einem signifikanten Zusammenhang mit einer pronazistischen Einstellung. – Es ist schwer zu entscheiden, ob sich in dieser Verhärtung der Ablehnung von Schuld und Verantwortung ein faktischer Meinungswandel zeigt oder ob sie ein Resultat der veränderten politischen Umstände war. Die frühen Umfragen wurden von den alliierten Militärbehörden in Auftrag gegeben und trafen auf eine ängstlich-vorsichtige Bevölkerung, so daß eine Beantwortung der Fragen in Richtung auf die politische Erwünschtheit nicht auszuschließen ist.[4] Andererseits hat die zeitgeschichtliche Forschung herausgearbeitet, daß die Praxis der Entnazifizierung und der Kriegsverbrecherprozesse in den Augen der Bevölkerung und vor allem der deutschen Eliten zunehmend als untauglich und ungerecht erschien. Mit Beginn der 50er Jahre wurde die Fairness der Prozesse und die Gerechtigkeit der Urteile immer stärker in Zweifel gezogen, sie erschienen angesichts der ausbleibenden Bestrafung des alliierten Bombenkriegs gegen die deutschen Städte, der Vertreibung aus den Ostgebieten usw. als Ausdruck der Siegerwillkür (vgl. Merritt 1977, S. 105 ff.). Die anfängliche Zustimmung zu den Nürnberger Prozessen und zum Prinzip der Entnazifizierung wich einer zunehmenden Desillusionierung und einem Zynismus, die in eine Aufrechnungshaltung mündeten: Im Oktober 1946 hatten 78 % der Bewohner der US-Zone den Nürnberger Prozeß für fair, 6% für unfair gehalten; vier Jahre später waren es 38% bzw. 30% (ebd. S. 105). Im Oktober 1951 hielten 11% der Befragten die „Diffamierung und ungerechtfertigte Beschuldigung der Deutschen“ für den größten Fehler der Besatzungsmächte, 8% nannten die Kriegsverbrecherprozesse und weitere 6% die Entnazifizierung (IfD, Bd. I, 1956, S. 140). War für die Not der Bevölkerung in den ersten Nachkriegsmonaten noch der nationalsozialistische Staat und dessen Kriegsführung verantwortlich gemacht worden, so verschlechterte sich ab Herbst 1945 die Grundstimmung, und die kritische Versorgungslage wurde von da an zunehmend der Unfähigkeit bzw. dem politischen Willen der Besatzungsmächte angelastet. Dieses Stimmungstief hielt bis zur Währungsreform 1948 an. Diese drei entbehrungsreichen Jahre wurden als ausreichende Sühneleistung verstanden, und die Tendenz zur Aufrechnung nahm im Laufe dieser Jahre immer mehr zu (Holtmann 1989, S. 138ff.).

Die intensive demoskopische Erforschung der Haltung der Deutschen zur Bestrafung der Täter sowie zur Frage der Schuld generell und ihrer Bereitschaft, sich mit dem Nationalsozialismus und seinen Folgen auseinanderzusetzen, zeigt die gesellschaftspolitische Virulenz dieser Themen und das starke Informationsbedürfnis der amerikanischen und britischen Besatzungsmacht in den ersten Nachkriegsjahren (vgl. Allerbeck 1976, S. 7ff.).

Mit der Gründung der Bundesrepublik, dem wirtschaftlichen Wiederaufbau und dem Kalten Krieg traten diese Themen in den 50er Jahren zurück. Der große politische und gesellschaftliche Konsens, die nationalsozialistischen Verbrechen ruhen zu lassen, wurde nur gelegentlich gestört und die demoskopischen Institute erhoben für diese Zeit fast keine diesbezüglichen Daten. Erst ab 1958 war es die Eröffnung einer Serie von Kriegsverbrecher- und KZ-Prozessen (Ulmer Einsatzgruppen-, Eichmann- und Auschwitzprozeß), die das Interesse der Demoskopie fanden. In den 60er und 70er Jahren waren es dann die Debatten über die Verjährung nationalsozialistischer Gewaltverbrechen, die demoskopisch begleitet wurden. Im Zusammenhang damit wurde nach der Akzeptanz der Strafverfolgung und nach dem Wunsch, einen Schlußstrich unter die Vergangenheit zu setzen, gefragt.

Mit zunehmendem Abstand von der Zeit des Dritten Reichs wuchs bei der Bevölkerung in den 60er und 70er Jahren zunächst der Wunsch, einen Schlußstrich unter die verbrecherische Vergangenheit zu ziehen. Seit 1979, möglicherweise auch in Zusammenhang mit der Ausstrahlung der Fernsehserie „Holocaust“, scheint sich ein Trendwechsel abzuzeichnen.[7]

Man kann wohl von dieser Entwicklung sprechen, auch wenn man im Auge behalten muß, daß die Umfragen vor dem Hintergrund unterschiedlicher tagespolitischer Ereignisse durchgeführt wurden. In den Fällen, wo im Kontext eines Prozesses gegen einen namhaften Kriegs-

„Ich finde, man sollte aufhören, Menschen für Taten, die Sie vor vielen Jahren begangen haben, jetzt vor Gericht zu stellen. Ich meine, es wäre gut, endlich einen Schlußstrich unter die Vergangenheit zu ziehen."

	NS-Verbrechen[5] weiter verfolgen	Schlußstrich	unentschieden
	%	%	%
1958	54	34	12
1963	34	54	12
1964*	53	39	8
1965	38	52	10
1966	–	46	–
1969	23	67	10
1974**	25	60	15
1978**	34	64	2
1979**	50	46	4
1979	40	47	13
1983	55	31	14
1988**	47	51	2

Quellen: IfD Allensbach, Jahrbücher III-VIII;
* DIVO-Pressedienst Juli 1964;
** Emnid Informationen 1/2 1974; 2/1979; 4/1988[6].

verbrecher nach der Fortsetzung der Strafverfolgung gefragt wurde, fiel die Zustimmung höher aus, als wenn es in den Verjährungsdebatten um rechtspolitische Entscheidungen ging, die sich auf alle Tötungsverbrechen erstreckten. 67 % waren 1961 für eine sehr harte Bestrafung Eichmanns, 55 % waren im Zusammenhang mit dem Barbie-Prozeß 1983 für die weitere Verfolgung von NS-Verbrechen (IfD, Bd. III, S. 225 und IfD, Bd. VIII, S. 194). Bezogen auf die Frage der Verjährung hatten dagegen 1979 nur 40 % für eine weitere Verfolgung plädiert. Der von uns festgestellte allgemeine Trend wird indirekt bestätigt durch die Untersuchungen von EMNID und DIVO, die nach der starken Aufmerksamkeit, die 1961 der Eichmann-Prozeß in der westdeutschen Bevölkerung gefunden hatte[8], einen merklichen Abfall des Interesses am Auschwitz-Prozeß 1964 feststellten. 1964 waren nur 60 % der Befragten über den noch laufenden Auschwitz-Prozeß informiert, während dies 95 % beim Eichmann-Prozeß 1961 von sich behauptet hatten (DIVO-Pressedienst Juli 1961 und Juli 1964). Das Thema begann jedoch die Öffentlichkeit nicht nur zu ermüden, es nahm auch die Ablehnung derartiger Prozesse zu. Waren beim Eichmann-Prozeß nur 15 % dafür, auf den Prozeß zu verzichten und nach so vielen Jahren diese Dinge nicht wieder aufzurühren, so stieg ihr Anteil während des Auschwitz-Prozesses auf 39 % an (vgl. Schmidt/Becker 1967, S. 114ff.). Schmidt/Becker nehmen sogar an, daß die in der Verjährungsdebatte aufdämmernde Erkenntnis über die Masse der noch anstehenden Prozesse in der Bevölkerung den Wunsch nach einem Schlußstrich verstärkt habe (ebd. S. 117). Nach den

Gründen für ihre Forderung gefragt, einen Schlußstrich unter die Verfolgung von NS-Verbrechen zu ziehen, gaben die 52 % der Schlußstrichbefürworter auf einer vorgelegten Liste folgendes an:

„Warum sind Sie dafür, einen Schlußstrich zu ziehen?“

Weil die anderen auch Kriegsverbrechen begangen haben, und diese Verbrechen nicht verfolgt wurden	66 %
Weil wir als Deutsche endlich aufhören sollten, unser eigenes Nest zu beschmutzen	57 %
Weil inzwischen soviel Zeit verstrichen ist und es für die Gerichte meistens unmöglich ist, die Schuld einwandfrei zu beweisen	54 %
Weil das Strafgesetz eine Verjährungsfrist von 20 Jahren vorsieht, von dieser Vorschrift darf man nicht abgehen	40 %
Weil man mit den Naziverbrechern Mitleid haben sollte	6 %
Andere bzw. keine Antwort	2 %
Basis N=196	

(Mehrfachnennungen waren möglich)

Quelle: IfD 1965, zit. nach Schmidt/Becker 1967, S. 118.[9]

Neben den die Täter entlastenden formalen Argumente der Beweisnot und der verfassungsrechtlichen Bedenken, die zum Teil den Eindruck erwecken, man wollte mit juristischen Argumenten seine politische Absichten durchsetzen, überwog die Tendenz zur Aufrechnung und zur Kritik der nationalen Kritiker. D.h. man leugnete nicht die Tatsache der NS-Verbrechen, sondern versuchte das Thema zu neutralisieren, indem man zum Gegenangriff überging und diejenigen anklagte, die diesen Komplex nicht verjähren lassen wollten. Schmidt/Becker sehen in einem wenig gefestigten Selbstwertgefühl die Ursache dafür, daß man der Vergangenheit nicht unverstellt ins Auge blicken konnte und deshalb die Forderung nach Aburteilung von Kriegsverbrechern stets als Angriff auf die Nation und damit auf sich selbst empfand. Im Extremfall wurde vermutet, daß die Prozesse zur Propagandahetze gegen Deutschland ausgenutzt werden sollten (15 % waren anläßlich des Eichmann-Prozesses dieser Meinung, Schmidt/Becker 1967, S. 118 u. 113).

Generell kann man sagen, daß bis Ende der 70er Jahre nur eine Minderheit die Meinung vertrat, die NS-Verbrechen sollten weiter verfolgt werden.[10]

Die ab Ende der 70er Jahre sichtbar werdende höhere Zustimmung zur Weiterverfolgung geht auf einen Generationseffekt zurück. 1979 stimmte fast die Hälfte der jüngsten Kohorte (16-29 Jahre) für weitere Verfolgung, während es von den älteren (45 Jahre und älter) nur ein knappes Drittel war (IfD, Bd. VIII, S. 194). In den 60er Jahren gab es entweder gar keinen Generationseffekt, die Ablehnung der Verfolgung schwankte in den Altersgruppen 1969 nur um maximal 5 % (IfD

Bd. V, S. 232), oder aber ein Meinungswandel deutete sich schwach nur in der jüngsten Altersgruppe an (DIVO-Pressedienst, Juli 1964). Für eine ausreichend genaue, sekundäre Kohortenanalyse fehlen uns die Daten, da viele der vorhandenen Auswertungen nicht nach Altersgruppen aufgebrochen sind. Daß hier eine Parallelität zwischen dem von uns festgestellten Rückgang des Antisemitismus in den nachwachsenden Generationen und deren höherer Zustimmung zur weiteren strafrechtlichen Verfolgung besteht, ist wahrscheinlich, kann aber aufgrund der Datenlage nicht zweifelsfrei belegt werden.

Die „Schlußstrichfrage" ist in den Umfragen noch in anderer Form wiederholt gestellt worden, nämlich im Sinne eines allgemeinen Ruhenlassens der NS-Vergangenheit. Diese Fragestellung ist für unser Thema insofern interessanter, als sie stärker die persönliche Abwehr der „Vergangenheitsbewältigung" thematisiert und nicht nach der Verfolgung einzelner Straftäter fragt, von deren Verbrechen man sich leicht distanzieren kann. So ist die Ablehnung von jeder persönlichen Mitschuld an der Judenverfolgung im Dritten Reich über die Jahrzehnte fast einmütig — 1951 waren es 95 %, 1961 88 % und 1987 waren es 83 % (Merritt/Merritt, Report Nr. 113; IfD Bd. III, S. 229; unsere Frage 12).[11] Mit der zeitlichen Distanz verliert die Frage nach der Bestrafung von NS-Tätern allmählich ihre Relevanz, statt dessen gewinnt der Nationalsozialismus als belastete Epoche deutscher Geschichte heute an Gewicht und wird zu einer beständigen Herausforderung an die politische Kultur der Bundesrepublik. Insofern ist es heute sinnvoll, der Frage nach dem Schlußstrich eine andere Fassung zu geben als in den 60er Jahren.

„Heute, 40 Jahre nach Kriegsende, sollten wir nicht mehr soviel über die Nazivergangenheit (bzw. über die Judenverfolgung) reden, sondern endlich einen Schlußstrich ziehen."

	1986 %	1987 %	1989* %
Hat recht	66	67	68
Nicht recht	24	21	32
Unentschieden	10	12	—
Summe	100	100	100

Quellen: IfD 1986, 1987;
* EMNID 1989, Tab. 75, andere Frageformulierung und Antwortvorgabe.[12]

Die Zahlen zeigen, daß es noch eine gewisse Bereitschaft gibt, die Verbrechen zu verfolgen, daß aber der Überdruß weit verbreitet ist, sich noch weiterhin mit der NS-Vergangenheit und dem Holocaust zu befassen.[13] Dieses Bedürfnis nach einem Schlußstrich steht im Konflikt mit der in Wissenschaft und Öffentlichkeit zunehmenden Auseinandersetzung mit dem Nationalsozialismus, der Judenverfolgung und ihrer Bearbeitung in der Geschichte der Bundesrepublik.

Unsere Studie wird zum ersten Mal den Zusammenhang von Schuldabwehr, Schlußstrichtendenz und Antisemitismus offenlegen.[14]

Die persönliche Schuldzurechnung gegenüber allen Deutschen, wie sie seit der frühen Kollektivschulddebatte hartnäckig im Bewußtsein der Bevölkerung weiterlebt — obwohl dieser Vorwurf eigentlich seit dem Nürnberger Prozeß von kaum jemandem mehr explizit erhoben wurde[15] — wird in dieser Form von der überwältigenden Mehrheit abgelehnt.

„Ich persönlich bin mir keiner Schuld gegenüber Juden bewußt" (Frage 19/1)

	Bevölkerung insgesamt	Altersgruppen			
		16-29	30-44	45-59	60 und älter
	%	%	%	%	%
Zustimmung	83,4	83,3	85,0	84,6	80,9

Im Vergleich mit älteren Umfrageergebnissen ist es erstaunlich, daß heute diese Frage weniger deutlich abgelehnt wird als in der unmittelbaren Nachkriegszeit (1951: 95%; 1961: 88%). Weiterhin ist es überraschend, daß es so gut wie keine Altersdifferenz gibt. Diese breite Ablehnung eines sehr konkreten Schuldvorwurfs bedeutet jedoch nicht, daß kein kollektives Gefühl der Verantwortung und des Bedauerns über den Holocaust existiert.[16]

„Mich beschämt, daß Deutsche so viele Verbrechen an Juden begangen haben" (Frage 19/5)

	Bevölkerung insgesamt	Altersgruppen			
		16-29	30-44	45-59	60 und älter
	%	%	%	%	%
Zustimmung	61,2	59,1	63,7	62,0	59,4

Der von Bundespräsident Theodor Heuss 1949 in die öffentliche Debatte gebrachte Begriff der „Kollektivscham" (Heuss 1964, S. 121ff.), der den in der Bevölkerung abgelehnten Begriff Kollektivschuld — bereits die Zugehörigkeit zur Nation mache schuldig — ersetzen sollte, beschreibt heute gut ein weit verbreitetes Gefühl bei der Erinnerung an die Judenverfolgung. Die Tatsache, daß Bildung und die Berufsposition des Befragten einen gewissen Effekt haben, deutet darauf hin, daß es auch vom historischen Wissen und von der politischen Urteilsfähigkeit abhängt, dieses Gefühl von Scham und Verantwortung zu entwickeln.[17] Interpretationsbedürftig ist der ausbleibende Generationseffekt, denn man kann davon ausgehen, daß die Älteren als Zeitgenossen des Nationalsozialismus ein höheres Maß an persönlicher Scham äußern sollten. Andererseits sind die Jüngeren besser über das Dritte Reich und seine im geheimen durchgeführten „Endlösungspolitik" informiert bzw. eher bereit, diese als Tatsache zu akzeptieren.[18] Die Wahrheit des Holocaust wird von den jüngeren Generationen in höherem Maße anerkannt, ohne daß es alle in ein Schamgefühl umsetzen.

„Glauben Sie, das meiste, was über Konzentrationslager und Judenverfolgung berichtet wird, ist wahr, oder ist da vieles übertrieben dargestellt worden?"
(Frage 11)

	Bevölkerung insgesamt %	(n)	Altersgruppen 16-29 %	30-44 %	45-59 %	60 u. älter %
Das meiste wahr	79,8	(1676)	83,6	86,3	79,1	67,4
Vieles übertrieben	13,0	(270)	7,9	7,8	13,5	24,4
Unentschieden	7,2	(151)	8,5	5,9	7,4	8,1
Summe	100,0	(2097)	100,0	100,0	100,0	100,0

(5 missings)

Hier ist der erwartete Generationseffekt deutlich ausgeprägt. Bei den Älteren liegt offensichtlich ein blockierter Lernprozeß vor, d.h. als Zeitgenosse kann man die eigene Verantwortung dadurch vermindern, daß man die Tatsachen leugnet, herabmindert oder das Opfer zum Schuldigen erklärt.[19] Bei den Jüngeren ist die Anerkennung der Wahrheit deutlich mit dem Bildungsgrad verbunden: 92 % der 16-29 jährigen mit höherer Schulbildung glauben an die Wahrheit der Berichte, von denen mit Hauptschulabschluß tun dies 74 %. Die Bedeutung von Bildung zeigt sich auch darin, daß bei den Hauptschulabsolventen 13,3 %, bei den höheren Schülern nur 4,4 % unentschieden sind. Zwischen der Anerkennung der Wahrheit der KZ-Berichte und der Äußerung von Scham über die Verbrechen besteht ein signifikanter Zusammenhang: zwei Drittel derjenigen, die die Wahrheit anerkennen, erklären auch, daß sie beschämt seien. Bei den Personen, die die Berichte als übertrieben ansehen oder aber unentschieden sind, ist es dagegen nur ein Drittel.

Die Akzeptanz der Berichte über das Ausmaß der NS-Verbrechen und die Scham darüber bedeutet nicht, daß man diesen Themen- und Gefühlskomplex wachhalten möchte. Der Wunsch, mit der Vergangenheit abzuschließen, findet mehrheitlich Zustimmung auch bei denen, die über die Verbrechen der Deutschen an den Juden Scham empfinden. Der Wunsch nach einem Schlußstrich bedeutet also nicht *per se* die Verleugnung der verbrecherischen Periode der deutschen Geschichte. Dennoch unterscheidet sich die Gruppe der Schlußstrichbefürworter von der kleineren der Schlußstrichgegner. Das Antwortverhalten der letzteren ist kohärent und leicht zu beschreiben:

Wer sich bewußt *gegen* einen Schlußstrich entscheidet, tut dies gegen die Mehrheitsmeinung und hat eine dezidiert kritische Haltung zur NS-Vergangenheit und zur Judenverfolgung (vgl. Schaubild S. 241).

Die Befürworter eines Schlußstrichs sind in den verschiedenen Alters-, Bildungs- und Wählergruppen nicht gleich verteilt (Vgl. Tab. S. 241).

Es handelt sich überwiegend um jüngere Leute mit höherer Schulbildung und einer politisch links-ökologischen Einstellung, die sich gegen einen Schlußstrich aussprechen.[20] Die politische Orientierung der

Schlußstrichbefürworter und -gegner/Einstellung zur NS-Vergangenheit

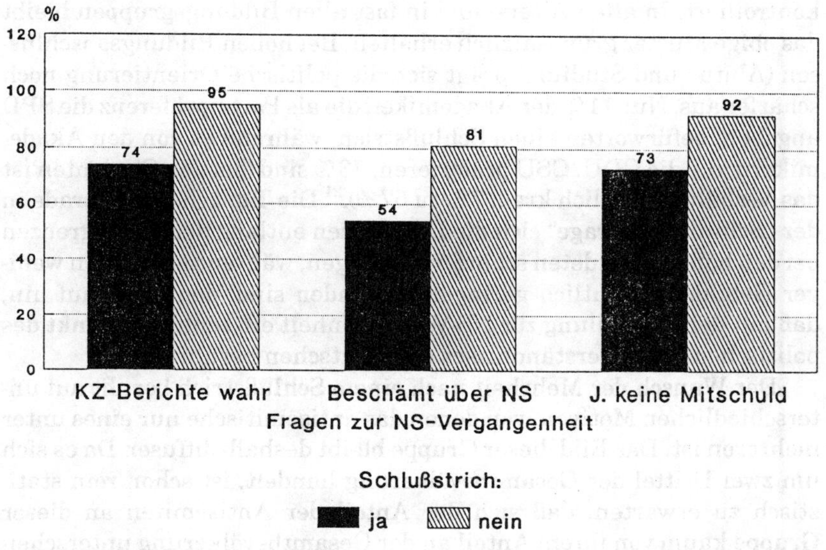

„Kürzlich sagte jemand: ‚Heute, vierzig Jahre nach Kriegsende, sollten wir nicht mehr so viel über die Judenverfolgung reden, sondern endlich einen Schlußstrich ziehen.'" (Frage 12)

	Bev. insg.		Altersgruppen			Parteipräferenz			
			16-34	35-54	55+	CDU	SPD	FDP	Grüne
	%	(n)	%	%	%	%	%	%	%
Dafür	66	(1394)	58	66	76	78	61	60	41
Dagegen	22	(463)	29	22	15	12	27	25	44
Unentschieden	12	(244)	13	12	9	10	12	15	15
Summe	100	(2101)	100	100	100	100	100	100	100

(1 missing)

Schlußstrich/Bildungsabschluß

Bildungsabschluß	1	2	3	4	5
	%	%	%	%	%
Dafür	76	61	53	22	37
Dagegen	14	26	36	59	51
Unentschieden	10	13	14	19	12
Summe	100	100	100	100	100

(n = 2102)

Legende: 1 = kein Hauptschulabschluß, Hauptschulabschluß und Realschule ohne Abschluß
2 = Realschule und höhere Schule ohne Abitur
3 = Abitur ohne Studium
4 = nicht abgeschlossenes Studium/Studenten
5 = abgeschlossenes Studium

Befragten hat hier einen eigenständigen Einfluß, der auch erhalten bleibt, wenn man die wichtigen Einflußfaktoren Alter und Bildung kontrolliert. In allen Alters- und in fast allen Bildungsgruppen bleibt das obige Muster grundsätzlich erhalten. Bei hohen Bildungsabschlüssen (Abitur und Studium) prägt sich die politische Orientierung noch schärfer aus. Nur 11 % der Akademiker, die als Parteipräferenz die SPD angeben, befürworten einen Schlußstrich, während es von den Akademikern, die die CDU/CSU präferieren, 73 % sind (bei den Studenten ist das Verhältnis ähnlich kraß: 7 % zu 57 %).[21] Die Tatsache, daß gerade in der „Schlußstrichfrage" sich die Differenzen entlang der Parteigrenzen bei den höher Gebildeten schärfer ausprägen, während sie bei den weniger Gebildeten deutlich geringer vorhanden sind, deutet darauf hin, daß mit der Einstellung zur NS-Vergangenheit ein zentraler Punkt des politischen Selbstverständnisses der Deutschen berührt ist.

Der Wunsch der Mehrheit nach einem Schlußstrich beruht auf unterschiedlichen Motiven, von denen das antisemitische nur eines unter mehreren ist. Das Bild dieser Gruppe bleibt deshalb diffuser. Da es sich um zwei Drittel der Gesamtbevölkerung handelt, ist schon rein statistisch zu erwarten, daß sich der Anteil der Antisemiten an dieser Gruppe kaum von ihrem Anteil an der Gesamtbevölkerung unterscheidet. Dennoch gibt es einen signifikanten Zusammenhang zwischen antisemitischer Einstellung und der Forderung nach einem Schlußstrich.

Schlußstrich und Antisemitismus

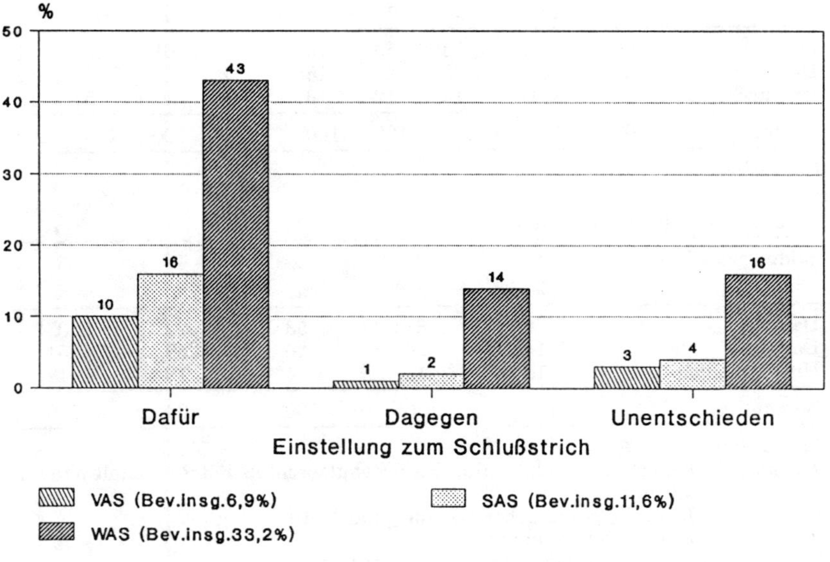

Der Vergleich zwischen den Befürwortern und den Gegnern eines Schlußstrichs zeigt klar, daß sich bei den Gegnern ein nennenswerter Anteil an Antisemiten nur noch feststellen läßt, wenn man den Antisemitismus über WAS sehr weit definiert. Wechselt man die Perspektive und fragt vom Antisemitismus her, dann zeigt sich ein annähernd perfekter Zusammenhang zwischen einer antisemitischen Einstellung und der Forderung, einen Schlußstrich zu ziehen. Zwischen 85 % und 93 % der Antisemiten (je nach Schärfe der Definition) stimmen dieser Forderung zu. Es ist fast überflüssig zu sagen, daß die Antisemiten in ihrer übergroßen Mehrheit keine Scham empfinden und daß die Hälfte von ihnen auch die Wahrheit der KZ-Berichte leugnet (nach SAS 47 %).

Nahezu alle Antisemiten lehnen es ab, sich mit der NS-Vergangenheit weiter zu beschäftigen. Sie lehnen auch in ihrer großen Mehrheit die strafrechtliche Verfolgung von KZ-Aufsehern ab (zwei Drittel bis drei Viertel). In diesem speziellen Fall, wo es sich um eine genau definierte, eingeschränkte Tätergruppe handelt, anerkennt ein Teil der Antisemiten die Notwendigkeit einer gerichtlichen Bestrafung. Auch bei der Frage nach der Wahrheit der KZ-Berichte fällt die Leugnung seitens der Antisemiten schwächer als erwartet aus: erst beim „harten Kern“ sind es 56 %, die die Berichte für „übertrieben“ halten, während es bei den Antisemiten in einem weiteren Sinne nur 27 % (WAS) tun (die Werte für SAS liegen mit 47 % dazwischen).

Wie bereits die explorativen Interviews gezeigt haben (vgl. Kap. II), können sich viele der Befragten die Verfolgung der Juden nur dadurch erklären, daß diese aufgrund unehrlicher Geschäftspraktiken und politischer Macht einen Anlaß dazu geboten hätten. Mit 21 % ist diese Meinung von einer „Mitschuld der Juden an Haß und Verfolgung“ heute in der Bevölkerung noch weit verbreitet, sogar unter Personen, die nicht als antisemitisch einzustufen sind (immerhin bei 20 % derjenigen, die auch nach der weiten Antisemitismusdefinition (WAS) nicht antisemitisch sind). Der Zusammenhang von Antisemitismus und Mitschuld-Projektion ist jedoch signifikant: vom „harten Kern“ unterstellen 84 % den Juden eine Mitschuld und versuchen damit, die Deutschen von den Verbrechen teilweise zu entlasten. Definiert man den Kreis der Antisemiten weniger scharf, dann sinkt auch die Neigung zur Schuldprojektion ab (SAS: 71 %, WAS 50 %), bleibt aber dennoch sehr ausgeprägt.[22]

Die Juden für ihre Verfolgung mitverantwortlich zu machen, ist ein weit verbreitetes Erklärungsmuster, das sich prononciert bei Vertretern des rechtsextremen Revisionismus findet. Im Pretest haben wir die Frage nach den Schuldigen gestellt (s. Tab. S. 244).

Die tendenziell antijüdisch Eingestellten sehen die Schuld sehr viel weniger beim Nationalsozialismus generell als die Kontrollgruppen, dagegen ist ihre Neigung zur Schuldprojektion auf die Juden bzw. die Gegner des Ersten Weltkriegs (Versailler Vertrag) wesentlich stärker

„Woran liegt es denn vor allem, daß es zu Judenverfolgungen im Dritten Reich gekommen ist, wer hat schuld daran?"

Antwortvorgaben	Bev. insg. %	Tendenziell antijüdisch Eingestellte %	Tendenziell projüdisch Eingestellte %
Naziführer wie Hitler, Himmler und Goebbels	92	77	96
Die nationalsozialistische Partei NSDAP	77	52	82
Die ganze Gedankenwelt des Nationalsozialismus	72	53	82
Die Großindustrie von damals, ihre Haltung zum Nationalsozialismus	16	20	35
Die meisten Deutschen, die damals gelebt haben	10	2	18
Die Juden in Deutschland selbst	10	35	2
Das Weltjudentum, das gegen Deutschland war	10	59	5
Der Versailler Vertrag	2	25	6
Anderes	1	–	3
Weiß nicht	3	1	–

n = 344

ausgeprägt. In der Projektion auf das „Weltjudentum" lebt bei den Antisemiten neben dem Klischee von der jüdischen Weltverschwörung noch die Erinnerung an die von der NS-Propaganda konstruierte Behauptung weiter, die Juden würden Deutschland wirtschaftlich boykottieren und hätten ihm den Krieg erklärt.[23] Es ist vor allem die ältere Generation, die an dieser Überzeugung festhält (35% der über 60jährigen), während sie bei den jüngeren Altersgruppen nur mehr von 13% vertreten wird.

Das Eingeständnis von Scham über die Verbrechen der Deutschen an den Juden ist in allen Altersgruppen gleich häufig anzutreffen, weist aber einen gewissen Bildungseffekt auf. Auch die politische Orientierung scheint in dieser Frage keinen Einfluß zu haben. Der zeitliche Abstand und das bekannte Ausmaß der Verbrechen hat dazu geführt, daß die Judenverfolgung als beschämende Tatsache mehrheitlich akzeptiert wird. Diese Akzeptanz bleibt auf der Ebene der persönlichen Stellungnahme und mag auch mitmenschlichen Gefühlen Ausdruck geben[24], sie bleibt aber passiv, unpolitisch und bildet kein Motiv, dieses Ereignis und seine bis in die Gegenwart hineinwirkenden Folgen zu erinnern. Hingegen ist die Forderung nach einem Schlußstrich, die ja stärker ein Thema der öffentlichen Auseinandersetzung ist, in größerem Maße durch die politische Orientierung, die Zugehörigkeit zu politischen Generationen und durch die Bildung beeinflußt. Die Verteilung der Antworten ähnelt dem Muster, dem wir in unserer Antisemitismusanalyse schon mehrfach begegnet sind. Es sind die Älteren, die weniger Gebildeten und die stärker konservativ Orientierten, die hier überdurchschnittlich zustimmen. In der Bevölkerungsmeinung zeigt sich eine Diskrepanz zwischen der persönlich geäußerten Scham über die

Verbrechen der Deutschen und der geringen Neigung, sich heute öffentlich und politisch verantwortlich (z.B. in bezug auf Israel) damit auseinanderzusetzen. In dieser Neigung zum Beschweigen der Vergangenheit mischt sich das Gefühl des Scheiterns angesichts einer nicht wirklich zu „bewältigenden" Vergangenheit mit Abwehr- und Aufrechnungsstrategien.

Die EMNID-Umfrage von 1989 bestätigt sowohl im Umfang der Zustimmung zum „Schlußstrich" als auch in der Antwortverteilung nach den soziodemographischen Merkmalen unser Ergebnis. Es sind 32% der Befragten, die der Frage: „Wir sollten unter unsere Vergangenheit einen Schlußstrich ziehen; bei den anderen sind genauso schlimme Dinge vorgekommen" nicht zustimmen und damit zugleich die Aufrechnungsstrategie ablehnen. Bei den Wählern der „Republikaner" findet die Schlußstrichforderung nahezu einhellige Zustimmung (92%), das gilt auch in hohem Maße für die Wähler der CDU/CSU (75%). Der Abstand zu den Wählern der SPD und der FDP ist nicht besonders groß (jeweils zwei Drittel stimmen eher zu), nur bei den Grünen-Wählern kehrt sich die Antworttendenz um: von ihnen lehnen 61% diese Forderung ab. Hier spielt neben der besonderen Alters- und Bildungsstruktur der Grünen-Wähler deren politisch-historische Überzeugung eine ausschlaggebende Rolle. Die Zustimmungstendenz ist bei den Jüngeren und bei den höher Gebildeten geringer, wobei der Schnitt hier — abweichend zu der von uns festgestellten Bildungsverteilung — zwischen den mittleren Bildungsabschlüssen und dem Abitur/Studium liegt. Daß mit der Schlußstrichforderung das schrecklichste Kapitel der deutschen Geschichte aus der öffentlichen Diskussion genommen werden soll, zeigt sich daran, daß nur Personen, die eine sehr negative Haltung gegenüber Hitler und dem Nationalsozialismus einnehmen, dem Wunsch der Mehrheit nach einem Schlußstrich widerstehen. Vermutlich führt erst die volle Kenntnis über den verbrecherischen Charakter des Nationalsozialismus zu dieser Einstellung, wofür auch der genannte Bildungseffekt spricht. Erwartungsgemäß fordern Personen, die Hitler und dem Nationalsozialismus positiv bzw. unentschieden gegenüberstehen, fast einhellig einen Schlußstrich. Doch zeigen auch diejenigen, die diesem Komplex „eher negativ" gegenüberstehen, nur ein geringfügig abweichendes Meinungsbild (ca. 80% Zustimmung). Der Wunsch nach einem Schlußstrich muß nicht eine positive Haltung zum Nationalsozialismus einschließen, bleibt seine Ablehnung allgemein-diffus gehalten, dann wird auch die Beschäftigung mit seinen Folgen als unangenehmes Thema abgelehnt. Erst wenn die volle Bedeutung des Holocaust begriffen worden ist, sieht man die Notwendigkeit, sich zu erinnern und sich mit der Vergangenheit weiterhin auseinanderzusetzen. Dieses Wissen führt bei den Betreffenden zu Identifikationsproblemen mit dem nationalen Kollektiv. Schlußstrichgegner sind vor allem diejenigen, die angeben, geringen Nationalstolz zu besitzen (gegen Schlußstrich 66%). Umgekehrt scheint eine hohe Identifikation nur möglich zu sein, wenn man die deutschen Verbrechen mit den „schlimmen Dingen der anderen" aufrechnet und einen Schlußstrich unter die Vergangenheit zieht (für Schlußstrich 81% – EMNID 1989, Tab. 75). Unsere Daten zeigen im wesentlichen den gleichen Zusammenhang zwischen starkem Nationalismus und der Schlußstrichforderung. Personen, die den Schlußstrich ablehnen bzw. in dieser Frage unentschieden sind, sind selten national eingestellt (jeder Achte), während es bei den Schlußstrichbefürwortern jeder Dritte ist.

Die Antizipation der jüdischen Haltung zu den Deutschen

Die bisher durchgeführten Analysen zur Einstellung der Bundesbürger gegenüber der NS-Vergangenheit und der Judenverfolgung waren alle einseitig, indem sie nur berücksichtigten, was die Deutschen über die Juden denken, und nicht die Vorstellungen einbezogen, die sich die Deutschen über die Haltungen der Juden zu den Deutschen machen. Nur wenn man diese Erwartungserwartung in die Analyse einbezieht, kann man dem Konflikt auf die Spur kommen, der zwischen dem Wunsch der Deutschen nach einem Schlußstrich unter die Vergangenheit und ihrem gleichzeitigen „Wissen", daß die Juden den Deutschen kritisch und reserviert gegenüberstehen, besteht.

Den Befragten wurde eine Liste mit zwölf projektiven Aussagen vorgelegt, „wie die Juden über uns Deutsche denken" (Frage 9). Wir haben diese Aussagen in zwei Richtungen formuliert:

1. welche Haltungen nehmen die Juden in bezug auf die Deutschen ein („Wir Juden müssen..");
2. welche Gefühle und Absichten unterstellen die Juden den Deutschen in bezug auf Fragen, die die deutsch-jüdische Vergangenheit und Gegenwart betreffen („Die Deutschen...").

In beiden Fällen handelt es sich natürlich um die Vorstellungen in den Köpfen der Deutschen.

Die Erwartungen der Deutschen an die Erwartungen der Juden sind von Befangenheit und Skepsis geprägt, und es zeigen sich Differenzen zwischen den Haltungen, die man von den Juden erwartet und den Erwartungen, die man den Juden in bezug auf die Deutschen unterstellt. Nur jeweils ein knappes Drittel nimmt an, daß die Juden jetzt „den Deutschen die Hand zur Versöhnung reichen wollen" und daß die Juden dasselbe von den Deutschen glauben. Die Mehrheit ist eher davon überzeugt, daß eine „Normalität" zwischen Deutschen und Juden heute noch nicht erreichbar ist. Im Gegenteil, es überwiegt das Gefühl der Befangenheit („nie mehr unbefangen“ 34%, Frage 9/4; „die Deutschen schämen sich“ 48%, Frage 9/3) und man erwartet sogar, daß die Juden den Deutschen weiterhin mißtrauen („Trauen kann man den Deutschen nie“ 21%, Frage 9/7) und ihnen sogar weiterbestehenden Judenhaß unterstellen („Viele Deutsche hassen uns Juden immer noch“ 41%, Frage 9/8). Nur 19% nehmen an, daß die Juden die Deutschen wie alle anderen Völker ansehen und glauben, daß diese „nicht mehr und nicht weniger“ (Frage 9/11) gegen sie hätten. Überwiegend nehmen die Deutschen an, daß die Juden sie auch weiterhin an ihre Schuld erinnern wollen („Wir müssen die Deutschen immer an ihre Schuld erinnern“ 47%, Frage 9/5) und den Deutschen immer wieder sagen werden, daß „es mit Wiedergutmachungszahlungen allein nicht getan ist“ (40%, Frage 9/6). Demgegenüber geht nur ein Viertel der Deutschen davon aus, daß die Juden den Deutschen heute keine weiteren Vorwürfe machen würden. Damit ergibt sich ein Konflikt mit der Erwartung an die Juden, daß diese zumindest von den jüngeren Deutschen annehmen, diese wollten „mit ihrer Vergangenheit nichts mehr zu tun haben“ (64%, Frage 9/1).

Im Kontakt mit Juden rechnen die Deutschen mit einem gestörten Verhältnis, das mit starken emotionalen Hypotheken belastet ist. Von den Juden wird angenommen, daß sie die Vergangenheit nicht ruhen lassen und damit keine Versöhnung wollen, daß sie den Deutschen nicht trauen und sich von diesen nach wie vor stark abgelehnt, ja gehaßt fühlen. In der anderen Richtung gesehen, nimmt man an, daß die Juden zwar annehmen, daß sich die Deutschen für die Judenverfolgung schämen, daß sie aber dennoch nicht von den Deutschen erwarten, daß diese sich mehrheitlich schuldig fühlen und sich um Aussöhnung mit ihnen bemühen. D.h. man ist selber skeptisch und unterstellt den Juden, den Deutschen ebenfalls skeptisch und mißtrauisch gegenüberzustehen. Damit klafft zwischen dem Anspruch auf Normalität und dem Wunsch nach einem Schlußstrich auf der einen Seite und den genannten Erwartungen ein Widerspruch, der Reizbarkeit, Vorurteile und Ablehnung produziert.

Zusätzlich kann man auch die beiden Stereotypen, die Juden seien „nachtragend/unversöhnlich“ und „empfindlich“ (26% bzw. 32% Zustimmung), in den Kontext der Erwartungen über die Haltungen der Juden zu den Deutschen einbeziehen. Zwar mag in dem Stereotyp des „nachtragenden, unversöhnlichen Juden“ bei den Älteren noch die alte Vorstellung von der „Rachsucht der Juden“ anklingen, doch nehmen wir an, daß diese Eigenschaftszuschreibung stärker die aktuelle Situation reflektiert, in der bei vielen Deutschen das Gefühl vorherrscht, von den Juden immer wieder an etwas erinnert zu werden, was sie lieber dem Vergessen anheim fallen lassen möchten.

In der Zustimmung zu den genannten Erwartungserwartungen zeigen sich zwischen den von uns als antisemitisch Eingestuften (nach

SAS) und den übrigen Befragten charakteristische Unterschiede. Die folgende Tabelle zeigt die Verteilung:

Projektive Aussagen über die Haltung der Juden zu den Deutschen (Frage 9)

		Antisemiten %	Nicht-Antisemiten %
nachtragend	ja	66	20
	nein	34	80
nicht schuldig	ja	39	20
	nein	61	80
schämen sich	ja	30	50
	nein	70	50
Schuld erinnern	ja	70	44
	nein	30	56
Wiedergutmachung	ja	56	37
	nein	44	63
nicht trauen	ja	41	18
	nein	59	82
Deutsche hassen	ja	59	38
	nein	41	62
Aussöhnung	ja	15	34
	nein	85	66
n		244	1858

Es gibt bei all diesen aufgeführten Fragen einen signifikanten Zusammenhang zwischen antisemitischer Einstellung und projizierter Erwartung. Die Antisemiten nehmen die Juden besonders stark als eine Gruppe wahr, die nachtragend die Vergangenheit zu ihrem eigenen Vorteil wachhalten will und die nicht an Versöhnung denkt. Sie unterstellen den Juden ein besonders negatives Deutschenbild, das von Mißtrauen gekennzeichnet ist. Dieser Unterstellung liegt kein negatives Selbstbild der Deutschen zugrunde, sondern das Mißtrauen der Juden gegenüber den Deutschen ist dem „schlechten Charakter der Juden“ zuzuschreiben. Für die Antisemiten ist ein negatives Deutschenbild bei anderen Völkern nicht dadurch erklärbar, daß diese Wahrnehmung die historische Erfahrung reflektiert, sondern nur dadurch, daß die anderen ein gehässiges, verzerrtes Bild entwerfen.

Diese Unterstellung, die Juden hätten ein negatives Deutschenbild, ist aber nicht in jedem Fall Ausdruck von Antisemitismus, denn die Wähler der Grünen, die ja weit unterdurchschnittlich antisemitisch sind, haben ihrerseits ein kritisches Selbstbild als Deutsche und unterstellen den Juden, daß diese Deutschland ebenfalls skeptisch gegenüberstehen. Negatives Selbstbild und die projizierte Außenwahrnehmung fallen hier zusammen, so daß das negative Deutschenbild der Juden als realitätsgerechte Wahrnehmung bewertet wird. Sieht man sich den Zusammenhang von projiziertem Deutschenbild und der Parteienpräferenz an, so zeigen sich einige charakteristische Differenzen. Die Wähler der FDP zeichnen sich durch besonders positive Erwartungen sowohl an die Aussöhnungsbereitschaft der Deutschen wie der Juden aus. Ihr liberales Bild der Juden schließt bei ihnen in hohem Maße aus, daß die Völker sich noch mit Mißtrauen oder Haß gegenüberstehen („Viele Deutsche hassen uns Juden immer noch“: FDP-Wähler 28%; Bev. insg. 44%). Hingegen wird diese Aussöhnungsbereitschaft von den Wählern der Grünen besonders selten angenommen („Die Deutschen sind um Aussöhnung bemüht“: Grüne 25%, zum Vergleich FDP 42%, Bev. insg. 36%). Die beiden Items, die den Juden ein Interesse am Wachhalten der deutschen Schuldverpflichtungen unterstellen, finden bei den Wählern der beiden Volksparteien die höchste Unterstützung, während die Grünen- und die FDP-Wähler seltener zustimmen.

Projektive Aussagen:
„Wir müssen die Deutschen immer an ihre Schuld erinnern“ (Frage 9/5).
„Wir müssen den Deutschen immer wieder sagen, daß es mit Wiedergutmachungszahlungen allein nicht getan ist“ (Frage 9/6).

	Wähler der			
	CDU/CSU %	SPD %	FDP %	Grünen %
An Schuld erinnern	52	49	47	32
Mit Wiedergutmachung nicht getan	44	42	34	34

Während die Wähler der Grünen eher negative Aussagen über die Deutschen treffen und sich mit negativen Urteilen über die Juden zurückhalten, ist das Meinungsbild bei den Wählern der großen Parteien umgekehrt. Sie haben von den Deutschen eine hohe Meinung und schieben stärker den Juden die Verantwortung dafür zu, daß es zwischen den beiden Völkern nicht zu der von ihnen gewünschten Normalisierung kommt. Die Wähler der FDP nehmen eine Zwischenposition ein, d.h. sie gehen von einer größeren Versöhnungsbereitschaft beider Seiten aus und sind weniger bereit, die Juden verantwortlich zu machen.

Die Tatsache, daß weder Bildung noch Alter bei den Projektionsfragen einen meßbaren Einfluß haben (mit Ausnahme der beiden Fragen zur Schulderinnerung), spricht dafür, daß hier politische Einstellungen wirksam werden, in denen je spezifische Sichtweisen der eigenen Nation und ihrer Geschichte impliziert sind. Allerdings sind in den politischen Einstellungen wiederum Alters- und Bildungseffekte wirksam, die sich in ihren Effekten möglichweise aufheben und deshalb nicht meßbar sind.

Die Einstellung zum Nationalsozialismus und zur Wahrheit des Holocausts

Der vom Nationalsozialismus zur Staatsdoktrin gemachte Rassenantisemitismus konnte von den OMGUS-Studien 1947 noch in der Bevölkerungsmeinung festgestellt werden. In den Studien zum „autoritären Charakter“ wurde diese Beziehung von pronazistischer und antisemitischer Einstellung immer wieder bestätigt (Pollock 1955; v. Freyhold 1971, S. 96f.). Freyhold, die in ihrer Studie einen deutlichen Zusammenhang zwischen NS-freundlichen und antisemitischen Antworten feststellt, geht sogar soweit, den Antisemitismus in der Bundesrepublik eher als einen Bestandteil der Rechtfertigung des Nationalsozialismus, denn als ein davon abgelöstes Ressentiment zu betrachten (ebd. S. 97).

In den demoskopischen Untersuchungen hat man genau diesen Zusammenhang bisher außer acht gelassen: die Studien zur Einstellung zum Nationalsozialismus oder zum Rechtsextremismus haben den Antisemitismus nur am Rande behandelt (Herz 1975; Sinus 1981; Noelle-Neumann/Ring 1985), und in den Studien zum Antisemitismus blieben rechtsextreme und pronazistische Haltungen ausgespart (Tumin 1963; Silbermann 1982; Panahi 1980; Weiss 1984). Auftragsarbeiten kommerzieller Umfrage-Institute haben den Nationalsozialismus nur als diktatorische Herrschaftsform der Demokratie gegenübergestellt und in dieser Operationalisierung mit dem Antisemitismus verknüpft. Dabei blieben die Widerstände gegen die rechtliche und materielle Wiedergutmachung und der moralische Schuldzusammenhang unberücksichtigt. Silbermann benutzt antisemitische, rechtsextreme und pronazistische Vorfälle nur in seiner Einleitung, um die Brisanz seines Untersuchungsgegenstandes zu illustrieren (1982, S. 9f.), während er und Sallen in ihrem Forschungsdesign den Bezug auf die NS-Vergangenheit explizit ausschließen (1977, S. 10). Die Autoren haben insoweit recht, daß die heutigen Erscheinungsformen und Auswirkungen antisemitischer Vorurteile sich von dem NS-Antisemitismus unterscheiden, sie schütten aber das Kind mit dem Bade aus, wenn sie so tun, als hätte der Antisemitismus heute immer noch die Form, die er im späten 19. und frühen 20. Jahrhundert besaß, und übersehen, welche tiefgreifenden Auswirkungen der Holocaust auf Form, Inhalt und Motive des Nachkriegsantisemitismus hat.

Mit dem wirtschaftlichen und politischen Erfolg der Bundesrepublik nahm auch die Bindung und positive Bewertung einer offenen, demokratisch-pluralistischen Gesellschaft zu, demgegenüber verminderte sich die Wertschätzung von Diktatur und nationalsozialistischer Idee über die Jahrzehnte hin nur langsam und diskontinuierlich und ist auch heute noch bei einer Bevölkerungsminderheit anzutreffen.[25] Über längere Zeit scheinen beide Haltungen in der Bevölkerung koexistiert zu haben. Die empirischen Daten zur Veränderung der antisemitischen Einstellung lassen eine gewisse Parallelität mit diesem politischen Wandel vermuten. Um diesen Wandlungsprozeß in der Einstellung zum Nationalsozialismus zu belegen, haben wir vier Zeitreihen ausgewählt, in denen die subjektive Einschätzung der Lage der Nation, die Idee und Praxis des Nationalsozialismus und die Rolle Hitlers in der deutschen Geschichte bewertet werden.

„Wann in diesem Jahrhundert ist es nach Ihrem Gefühl Deutschland am besten gegangen?"

	1951 %	1959 %	1963 %	1970 %
In der Gegenwart, heute	2	42	62	81
Im Zweiten Weltkrieg	—	—	1	—
Zwischen 1933 und 1939	42	18	10	5
Zwischen 1920 und 1933	7	4	5	2
Vor 1914	45	28	16	5
Weiß nicht	4	8	6	7

Quelle: IfD Bd. V, S. 209.

„Würden Sie sagen, daß Hitler ohne den Krieg einer der größten deutschen Staatsmänner gewesen wäre?"

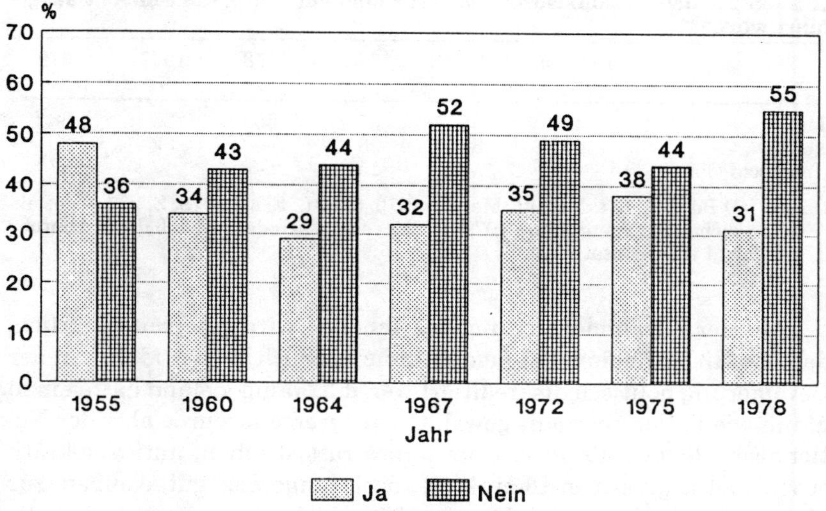

Quelle: IfD Bd. V, S. 204, Bd. VIII, S. 191.

„Wenn es jetzt – wie 1933 – wieder eine Gelegenheit gäbe, in einer Wahl für oder gegen einen Mann wie Hitler zu stimmen, wie würden Sie sich dann entscheiden?“

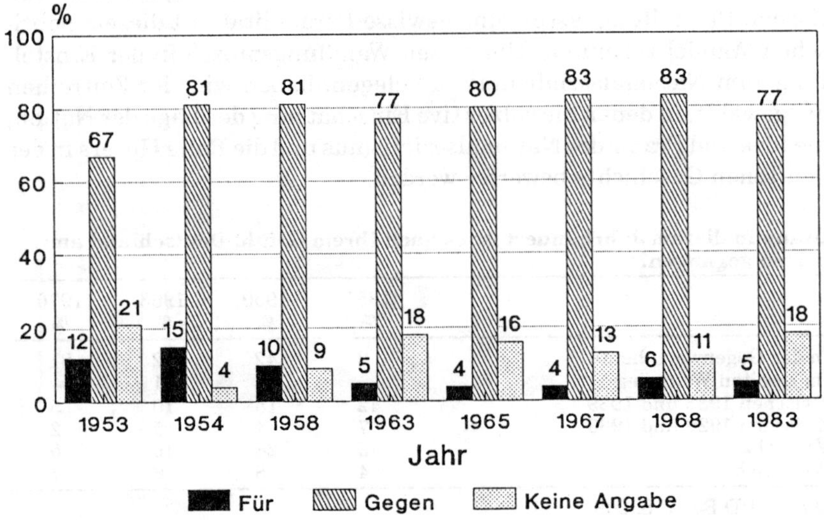

Quelle: EMNID-Informationen 3/1967, 10/1983, zit nach Stöss, 1989, S. 44.

„Halten Sie den Nationalsozialismus für eine gute Idee, die schlecht ausgeführt wurde?“

	1945/46 %	1947/48 %	1948 %	1968 %	1977 %	1979 %
Ja	47	55	57	55	26	36
Nein	41	30	28	–	72	30
Unentschieden	–	–	15	–	2	37

Quelle: IfD Bd. I, S. 134; Merritt/Merritt 1970, S. 32f.; Ernst 1979, S. 237 – das abweichende Ergebnis von 1979 beruht vermutlich darauf, daß die Stichprobe nicht repräsentativ war.[26]

Aus der Zusammenstellung der Tabellen wird einerseits deutlich, daß das Hitler-Regime mit dem Zusammenbruch bei der Mehrheit der Bevölkerung politisch diskreditiert war, d.h. kaum jemand hätte einen Mann wie Hitler abermals gewählt[27], andererseits wurde aber der Nationalsozialismus als Idee, trotz seines rassistischen, antidemokratischen und aggressiven Charakters, noch lange Zeit gutgeheißen (zur gleichen Beobachtung vgl. Merritt 1977, S. 96). Es waren vor allem die Angehörigen der jüngeren Generation (Jahrgänge von 1915 bis 1930), die 1947 dieser Idee noch zustimmten (Holtmann 1989, S. 255). Weder wurde die volle Bedeutung des Nationalsozialismus erfaßt noch wurden demokratische und rechtsstaatliche Werte vertreten. Die Tatsache, daß man die Zeit von 1933 bis 1939 in der frühen Nachkriegszeit positiv sah, zeigt, daß die genannten Züge des Dritten Reiches kaum in Rechnung gestellt wurden, und erst im Krieg begann man dem Nationalsozialismus die Legitimation zu entziehen (vgl. Niethammer/v. Plato 1985). So traten die politische Verfolgung nach 1933, die Emigration von Juden und Regimegegnern in ihrem Unrechtscharakter kaum ins Bewußtsein. Die unpolitische, stark am eigenen Schicksal orientierte Beurteilung des Nationalsozialismus läßt sich an den Aspekten ablesen, die jeweils als gut oder schlecht eingestuft wurden. Vollbeschäftigung, Sozialpolitik, Sicherheit und Disziplin wurden 1951 sowohl von denen als positive Aspekte am Nationalsozialismus gesehen, die ihm eher positiv (41 % der Befragten), als auch von jenen, die ihm eher kritisch gegenüberstanden (36 %). Auch die Rangfolge der schlechten Aspekte war in beiden Gruppen ähnlich, wobei die Kritiker die Kriegsvorbereitungen und den Krieg sowie die eingeschränkte Freiheit durch die Diktatur stärker betonten, während diejenigen, die mehr positive Züge am Nationalsozialismus sahen, häufiger die Rassenpolitik, die Judenverfolgung und die Konzentrationslager als schlechte Züge am Nationalsozialismus hervorhoben (Merritt 1977, S. 97 ff.). Aufgrund der zeitlichen Nähe dominierte der persönliche Blickwinkel, so daß eine Unterscheidung der wichtigen von den peripheren Zügen der NS-Diktatur für viele noch nicht möglich war. Erst als durch die zeitliche Distanz und die breite Information eine objektivere Gesamteinschätzung möglich wurde, kam es zu einer scharfen Polarisierung zwischen denen, die den Nationalsozialismus als Ganzes ablehnten, und denen, die an ihm gute und schlechte Seiten wahrnahmen. In der genannten Umfrage stufte niemand die Rassenpolitik und Judenverfolgung als einen guten Aspekt ein. Daß aber jeweils nur 37 % bzw. 32 % die Judenverfolgung als schlechten Aspekt des NS nannten, macht deutlich wie wenig der Holocaust damals als das zentrale Verbrechen begriffen wurde (ebd.).[28] Die mit 37 % höhere Ablehnung seitens derer, die im Nationalsozialismus mehr gute als schlechte Aspekte sahen, kommt unerwartet. Zur Erklärung läßt sich ein Argumentationsmuster heranziehen, das versucht, den NS als Idee zu retten, indem es die Judenverfolgung als Kardinalfehler des Regimes abspaltet, ohne die er — wenn man einmal vom Krieg absieht — für sie akzeptabel gewesen wäre. Krieg und Judenverfolgung wurden nicht als originäre Intention des Regimes und seiner Ideologie betrachtet, sondern als die „schlechte Praxis“ einer an sich „guten Idee“. An der inneren Unterdrückung im NS-Staat störte sich dieser Teil der Bevölkerung weit weniger.[29]

Aus diesen Gründen ist der kontinuierliche Rückgang der Unterstützung des Hitler-Regimes, den G.R. Boynton und Gerhard Loewenberg anhand von Umfragedaten zwischen 1951 und 1967 feststellten

(1974), kritischer einzuschätzen, vor allem wenn man auch berücksichtigt, daß der politische Einstellungswandel in der Bevölkerung weniger auf einem individuellen Lernprozeß als vielmehr auf dem Nachwachsen unbelasteter Generationen beruhte. Bis heute hat in der älteren Generation und in der extremen Rechten eine Sichtweise überlebt, die zwar die konkrete politische Praxis des Nationalsozialismus zum Teil ablehnt, die aber den NS und Teile seiner Ideologie nicht verwerfen möchte (vgl. dazu Sinus 1981). Es überrascht also nicht, daß bis heute das Ausmaß der Verbrechen verkleinert, die Mitschuld der Juden an ihrer Verfolgung betont und die Kriegspolitik der Alliierten mit den deutschen Verbrechen aufgerechnet wird.[30]

Im folgenden Auswertungsschritt geht es um den Teil der Bevölkerung, der heute in einem „Wortsympathietest" das Dritte Reich noch überwiegend positiv bewertet. Wie die Studien zum Rechtsextremismus übereinstimmend zeigen, ist mit dieser Bewertung ein bestimmtes Geschichtsbild verbunden, das die Leugnung oder Relativierung des Holocausts sowie Rassismus und Antisemitismus einschließt. Im Wortsympathietest erklären 5% (n=106) den Begriff „Drittes Reich" für sympathisch. Das Sympathiegefühl gegenüber dem Begriff „Drittes Reich" ist stark mit Antisemitismus verbunden, aber der Antisemitismus geht nicht notwendig mit Sympathie gegenüber dem Dritten Reich einher.

Drittes Reich	n	Antisemitismus nach WAS %	 SAS %	 VAS %
sympathisch	106	69,0	41,0	28,0
Bev. insg.	2102	33,2	11,6	6,9

Antisemitismus nach	n	Drittes Reich sympathisch %	 n
WAS	697	11	73
SAS	247	18	43
VAS	146	21	30
Bev. insg.	2102	5	106

Sympathie mit dem Dritten Reich ist überdurchschnittlich stark mit Antisemitismus verbunden[31], erklärt aber die Verbreitung antisemitischer Einstellungen heute nur teilweise. Die These, daß der Antisemitismus die Haltung einer kleinen Gruppe ewig Gestriger sei, ist deshalb falsch.

Die Einstellung derjenigen, für die der Begriff „Drittes Reich" eine positive Bedeutung hat, ist allerdings eindeutig: nur die Hälfte von ihnen erkennt die Wahrheit der KZ-Berichte an (Bev. insg. 80%) und gut die Hälfte von ihnen gibt den Juden eine Mitschuld an ihrer Verfolgung (Bev. insg. 21%). Besonders extrem ist bei ihnen die Abwehr der Wiedergutmachung: drei Viertel sind der Meinung, die Juden zögen einen Vorteil aus der NS-Vergangenheit (Bev.insg. 48%). Wie sehr in diesem nazistischen Bewußtsein Widersprüchliches nebeneinander existieren kann, ist daran zu erkennen, daß trotz Hochschätzung des Dritten Reiches 39% von ihnen den Israelis vorwerfen, gegenüber den Palästinensern eine Politik ähnlich der NS-Judenverfolgung zu betreiben (Bev. insg. 17%).

Interessant ist, daß diese Wertschätzung des Dritten Reiches auch bei den Zeitgenossen nicht auf positiven Lebenserfahrungen in dieser Zeit beruht, sondern offenbar rein ideologisch bestimmt ist. Nur 16%, die angeben, es sei ihnen „im Dritten Reich gut gegangen", äußern auch Sympathie für das Dritte Reich. Auch diese Gruppe ist überdurchschnittlich antisemitisch, bestreitet die Wahrheit der KZ-Berichte und schreibt den Juden eine Mitschuld zu. Es handelt sich bei ihr um ältere Menschen, die den generell verbreiteten Antisemitismus ihrer Jugendzeit übernommen haben, ohne daß sie in jedem Falle dem Dritten Reich und seiner Ideologie besonders nahe gestanden hätten. Diese Ideologie dominiert dagegen bei den Nazi-Sympathisanten, die sich etwa je zur Hälfte aus Zeitgenossen des Nationalsozialismus (über 60 Jahre) und aus Jüngeren zusammensetzen.

Unsere dichotome Fragestellung hat nur einen Kern von 5% Sympathisanten des Dritten Reichs ergeben. D.h. aber nicht, daß 95% das Dritte Reich ablehnen. Die EMNID-Umfrage von 1989 enthielt eine ähnliche Frage mit differenzierten Antwortvorgaben, die auch ein ambivalentes Urteil zuließen.

„Wenn Sie heute an die Zeit des Dritten Reiches denken, was würden Sie sagen: Hatte der Nationalsozialismus im Ganzen gesehen..."

		Einstellung zu Juden			
	Bev.insg.	sehr /	ziemlich / antisemitisch	etwas /	nicht /
	%	%	%	%	%
Nur schlechte Seiten	16	4	3	11	24
Mehr schlechte Seiten	38	6	23	35	46
Gute und schlechte Seiten	43	68	67	50	29
Mehr gute Seiten	3	22	7	3	–
Summe	100	100	100	100	100
n	2272	94	205	960	1013

Quelle: EMNID 1989, Tab. 78.[32]

Wie in unserem Sample ist eine klare Bejahung des Nationalsozialismus nur bei einer winzigen Minderheit gegeben; diese ist durchgängig auch antisemitisch. Allerdings wird bei dieser differenzierten Antwortvorgabe deutlich, daß nur etwa die Hälfte der Befragten ein überwiegend negatives Bild des Nationalsozialismus hat. Unter denen, die ihm gegenüber eine ambivalente Position einnehmen, findet sich jeweils auch die Mehrheit derjenigen, die als „sehr, ziemlich und etwas" antisemitisch eingestuft werden. Auch hier gilt allerdings der Umkehrschluß nicht: wer dem Nationalsozialismus ambivalent gegenübersteht, muß nicht auch antisemitisch sein.

Das gleiche Grundmuster stellte bereits v. Freyhold auf der Basis der Daten der Eichmann-Umfrage von 1961 fest. Eine geringe NS-freundliche Haltung war schwach mit Antisemitismus verbunden; dagegen war etwa die Hälfte derer, die sich schwach antisemitisch äußerten, für NS-freundliche Argumente anfällig. Der Zusammenhang mit Antisemitismus stieg mit einer größeren Zustimmung zum Nationalsozialismus an (v. Freyhold 1971, S. 97).

Neben einer relativ engen Verbindung zwischen der positiven Einstellung zum Nationalsozialismus und Antisemitismus ist zu erwarten, daß heute die Leugnung bzw. die Relativierung des Holocausts ein deutliches Indiz für eine antijüdische Haltung ist. Im Vergleich zu den 50er Jahren wird heute die Wahrheit des Holocausts akzeptiert (79,2%; 13,3% halten vieles für übertrieben dargestellt; vgl. oben). 1954 war die Meinungsverteilung noch nahezu umgekehrt. Nur 29% hielten die Behauptung, „daß während der Hitler-Zeit mehr als 5 Millionen Juden getötet wurden" für ungefähr richtig bzw. für zu niedrig. 26% hielten sie für etwas und 37% für stark übertrieben (EMNID 1954, S. 40). Diese hohe Konsonanz in der Ablehnung und das Fehlen von Altersdifferenzen und Bildungseinflüssen deutet darauf hin, daß es sich damals nicht bei allen um eine revisionistisch-antisemitische Einstellung handelte, die gegen besseres Wissen aufrechterhalten wurde. Vielmehr ist anzunehmen, daß für diese Meinungen eine ganze Reihe von Einflüssen bestimmend waren, so etwa das Mißtrauen in die Informationspolitik der „Sieger", die unfaßbar große Zahl der Opfer, ein noch geringes Wissen über den Völkermord, der im Erleben hinter der Erinnerung an die „Reichskristallnacht" und die beobachteten Mißhandlungen und Boykottmaßnahmen gegen die Juden in Deutschland noch zurücktrat.[33] Die Ergebnisse heute zeigen, daß die von der historischen Forschung ermittelten Fakten und ihre Vermittlung durch Medien und politische Bildung weitgehend akzeptiert werden. Für den Erfolg dieser historischen Aufklärung spricht vor allem die Alters- und Bildungsstruktur: von den Befragten unter 45 Jahren halten 85% die Berichte über die Judenvernichtung für wahr, von den über 60jährigen sind es nur 67%; bei den Volksschulabsolventen sind es 74%, bei denen mit höherem Schulabschluß 87%. Wer allerdings heute noch „vieles für übertrieben hält", der ist mit hoher Wahrscheinlichkeit auch Antisemit: 71% von ihnen müssen (gemessen über WAS) so eingestuft werden. Vom harten Kern der Antisemiten halten 56% die KZ-Berichte für übertrieben.

Personen, die Zweifel an der Wahrheit der Berichte haben, sind auch in hohem Maße davon überzeugt, daß die Juden eine Mitschuld an ihrer Verfolgung tragen (57% im Vergleich zu 15% von denen, die die Berichte akzeptieren) und versuchten, einen Vorteil aus der NS-Vergangenheit zu ziehen (79% im Vergleich zu 42%). Die Versuche, den Holocaust zu relativieren und zugleich den Juden eine Mitschuld zu geben, stellen ein zentrales Anliegen des NS-Revisionismus und Rechtsextremismus dar, weil vor allem der Holocaust ihre Ideologie delegitimiert (für die NPD vgl. Herz 1975, S. 113).

Wiedergutmachung und Verantwortung für die Opfer

Mit dem Kriegsende und der Befreiung der Gefangenen aus den Lagern stellte sich sofort das Problem ihrer Versorgung, der Entschädigung und der kollektiven Wiedergutmachungsansprüche der Juden. In der Bevölkerung herrschte eine gespaltene Meinung vor: einerseits wurden die Ansprüche der Opfer mehrheitlich anerkannt, andererseits aber war man bestrebt, den Kreis der Anspruchsberechtigten klein zu halten. Auf die bereits sehr eingeschränkt formulierte Frage: „Glauben Sie, daß Deutschland gegenüber den noch lebenden deutschen Juden die Pflicht zu Wiedergutmachung hat?“ antworteten im Herbst 1949 54% mit Ja, 31% mit Nein und 15% waren unentschieden (IfD 1949, S. 23). Die Restitution, die Rückgabe geraubten oder vor der Auswanderung unter politischem Druck unter Wert verkauften jüdischen Besitzes, war besonders oft mit Konflikten verbunden (vgl. Erb 1990). Diese Ansprüche fanden noch weniger Unterstützung. Auf die Frage: „Wenn ein Nicht-Jude nach 1933 ein jüdisches Geschäft gekauft hat und der frühere Besitzer verlangt nun die Rückgabe unter den gleichen Bedingungen: Würden Sie sagen, seine Ansprüche bestehen zu Recht oder zu Unrecht?“ erkannten nur 39% dieses Recht an, „falls das NS-Regime eindeutig die Ursache des Verkaufs war“. 28% hielten diese Ansprüche für nicht gerechtfertigt, der Rest war unentschieden (IfD 1949, S. 21). 1951, zu einem Zeitpunkt als die Wiedergutmachungsdiskussion mit Israel begonnen hatte, waren immerhin 68% der Meinung, den Juden, die gelitten hätten, sollte geholfen werden.[34] Man muß allerdings sehen, daß die Juden in einer Rangfolge von Kriegs- und Verfolgungsopfern an letzter Stelle hinter Kriegerwitwen und -waisen, Ausgebombten, Flüchtlingen und Vertriebenen und den Angehörigen der Opfer des 20. Juli rangierten (Merritt/Merritt 1980, Report Nr. 113).

Angesichts des verlorenen Krieges und der Nachkriegsnot fühlte sich die Bevölkerung selbst als Opfer und brachte wenig Verständnis für die besondere Situation der Verfolgungsopfer auf. Im Gegensatz zur

Auffassung der Westalliierten und des westlichen Auslandes, die in der Wiedergutmachung vor allem eine Frage des Rechts, der moralischen Pflicht und der Politik sahen, reduzierte die Bevölkerung den Komplex auf seine materiell-finanziellen Aspekte. Eine weitergehende politisch-moralische Verantwortung wurde eher von den demokratischen Parteien und von der Bundesregierung als von der Bevölkerung akzeptiert (Vogel 1987, Band 1; Herbst/Goschler 1989).[35]

Insbesondere einer kollektiven Wiedergutmachung, wie sie Anfang der 50er Jahre vom Staat Israel und von den in der Jewish Claims Conference zusammengeschlossenen Organisationen von der Bundesrepublik gefordert wurden, stand die Bevölkerung überwiegend ablehnend gegenüber. Im Vergleich zu den Zahlen von 1949 und 1951 scheint die Bereitschaft der Bevölkerung zur Hilfe angesichts der nun konkreter werdenden Größenordnung der Wiedergutmachung weiter abgenommen zu haben. Im Dezember 1952 gaben 54% der Deutschen an, sich weder für die Judenverfolgung schuldig zu fühlen noch eine Pflicht zu erkennen, dieses Unrecht wiedergutzumachen (Merritt/Merritt 1980, Report Nr. 167). Das Ergebnis der Wiedergutmachungsverhandlungen zwischen Israel und der Bundesregierung, bei denen sich die Bundesrepublik verpflichtete, eine Summe von drei Milliarden DM an Israel und 450 Millionen DM an die Claims Conference zu zahlen, wurde noch stärker abgelehnt. Im August 1952 hielten 44% die Wiedergutmachung für überflüssig, 24% für grundsätzlich richtig, aber zu hoch und nur 11% stimmten zu, 21% waren unentschieden (IfD Bd. I, S. 130). Der bereits genannte Report Nr. 167 vom Dezember 1952 kam zu einer ähnlich hohen Ablehnungsquote: 49% lehnten die Ratifizierung des Abkommens durch den Bundestag ab, nur 26% akzeptierten sie (25% unentschieden). Die Argumente der Wiedergutmachungsgegner betrafen die Höhe der Zahlungen (24%), die Tatsache, daß Israel während des Zweiten Weltkrieges nicht gelitten habe (11%) und die Ablehnung einer Gesamtschuld durch den Staat, nur die Täter sollten bezahlen (7%). Die Opposition gegen die Wiedergutmachung war in einem signifikanten Ausmaß mit pronazistischen Einstellungen, zu denen ja auch der Antisemitismus gehört, verbunden. Bei den Befragten, die im Nationalsozialismus mehr Gutes als Schlechtes sahen, lag die Ablehnung um 20 Prozentpunkte höher als bei denen, die in ihm mehr Schlechtes als Gutes sahen.

Das Thema verschwand bis 1966 aus Meinungsumfragen, aber die Ablehnung blieb offenbar erhalten. Ein Indiz dafür ist, daß dieser Punkt 1966 in eine lange Liste von Themen aufgenommen wurde, die den Bürgern damals Unbehagen bereiteten. Der Forderung: „Mit der Wiedergutmachung an die Juden sollte endlich Schluß gemacht werden, die haben schon zuviel bekommen“ schlossen sich 46% der Befragten an (IfD Bd. IV, S. 204).

In der Begleitforschung zur Fernsehserie „Holocaust“ wurde 1979 gefragt:

„Ist Deutschland moralisch verpflichtet, Wiedergutmachung zu leisten?“

	Vor Ausstrahlung n = 824 %	„Holocaust“ Seher n = 1018 %	„Holocaust“ Nicht-Seher n = 404 %
Ja, stimmt	45	54	40
Unentschieden	38	31	45
Nein, stimmt nicht	17	15	15
Summe	100	100	100

Quelle: Ernst 1979, S. 237.

Mit 17 % Ablehnung scheint der Widerstand gegen die Wiedergutmachung seit 1966 stark abgenommen zu haben. Berücksichtigt man jedoch die hohe Zahl der Unentschiedenen, die in ihrer überwiegenden Mehrheit auch nicht durch den emotional aufwühlenden Film zu einer Meinungsänderung bewegt wurden, dann zeigt sich auch hier, daß die Ablehnungsquote nach wie vor recht hoch ist. Man sieht, daß die emotionale Konfrontation mit dem Holocaust, an Einzelschicksalen näher gebracht, sensibilisieren und zu einer höheren Anerkennung einer moralischen Verpflichtung führen kann. Das Ausmaß der Einstellungsänderung aufgrund dieses Lerneffekts ist jedoch gering und bleibt auch wohl nur kurzfristig erhalten, denn unsere Umfrage ergibt wieder eine breite Ablehnungsfront.

Wir haben dem Komplex der Wiedergutmachung großen Raum gegeben, weil sich bereits in den explorativen Interviews gezeigt hat, daß viele Gesprächspartner speziell dieses Thema in negativer Weise mit Israel und den Juden assoziieren (vgl. Kap. VIII). In diesen Gesprächen wird deutlich zum Ausdruck gebracht, daß die Bereitschaft, weitere Wiedergutmachung zu leisten, langsam erschöpft sei, daß insbesondere Leistungen für neue Gruppen von Opfern noch „vierzig Jahre nach Kriegsende“ als Zumutung empfunden würden. Ein nicht unerheblicher Teil ist der Ansicht, daß der Schuldvorwurf zum Zwecke des finanziellen Vorteils instrumentalisiert werde und stellt eine Verbindung mit dem alten Vorurteilskomplex von der „jüdischen Geschäftstüchtigkeit“, vom „jüdischen Einfluß“ und von der „Rachsucht“ her (vgl. Kap. II). Die im Zusammenhang von Entschädigungsforderungen für Flick-Zwangsarbeiter öffentlich verbreitete Äußerung eines Bundestagsabgeordneten der CSU, es würde der Eindruck erweckt, „daß die Juden sich schnell zu Wort melden, wenn in deutschen Kassen Geld klimpert“, ist ein Ausdruck für dieses weit verbreitete Ressentiment.[36]

Wir haben eine Reihe von Fragen zum Komplex der Wiedergutmachung gestellt, die von der Form der Tatsachenbehauptung „Israel lebt von unseren Wiedergutmachungszahlungen“ (Frage 14/13) bis hin zum aktiven konventionellen Protest „Man sollte Leserbriefe schreiben, in denen die Wiedergutmachungszahlungen an Israel heftig angegriffen werden“ (Frage 16/16) reichen. Je nach Schärfe der Fragestellung ist natürlich der Anteil der Befragten, der jeweils zustimmt, verschieden. Der Frage, die das Ressentiment am deutlichsten formuliert, stimmt fast die Hälfte der Bevölkerung zu.

„Viele Juden versuchen, aus der Vergangenheit des Dritten Reiches heute ihren Vorteil zu ziehen und die Deutschen dafür zahlen zu lassen“ (Frage 21).

	Bev. insg.	Altersgruppen			
		16-29	30-44	45-59	60 +
	%	%	%	%	%
Ist genau richtig	11,4	6,5	7,0	12,9	19,7
Ist was Wahres dran	37,1	32,0	33,0	41,6	42,4
Stimmt nicht	29,0	36,1	36,4	25,1	17,7
Unmöglich zu sagen	22,6	25,6	23,7	20,5	20,3
Summe	100	100	100	100	100
n	2102	577	508	498	519

Diese hohe Zustimmung spiegelt ein zentrales Konfliktthema in den deutsch-jüdischen Beziehungen wider, nämlich die mißtrauische Erwartung der Deutschen, sie würden finanziell ausgenutzt.[37] Dies ist ein genereller Vorbehalt, der sich pauschal gegen alle Verpflichtungen aus der NS-Geschichte richtet und unabhängig von konkreten Forderungen existiert. Bei 39% der Befragten besteht zudem die Erwartung, daß die Juden der Meinung seien, „den Deutschen immer wieder sagen zu müssen, daß es mit Wiedergutmachungszahlungen allein nicht getan ist“.[38] Fast die Hälfte der Deutschen unterstellt den Juden, daß diese beabsichtigten, „die Deutschen immer an ihre Schuld zu erinnern“. In diesen Erwartungen drückt sich die Befürchtung aus, daß die moralische Schuld fortwährt, materiell nicht abzutragen ist und von den Juden bzw. Israel schon längst für politische Zwecke ausgenutzt wird.[39] In dieser Haltung erkennen wir einen Mangel an Wissen über das Verfolgungsschicksal und das bis heute fortdauernde Leiden der Opfer. Es fehlt vielfach an Einfühlungsvermögen und an Einsicht in die komplexen, bis in die Gegenwart reichenden Folgen der Zerstörung jüdischen Lebens in Mitteleuropa. Entsprechend gering ist auch die Bereitschaft, den Juden in Deutschland zu helfen, „weil diese viel gelitten haben“ (26%, Frage 16/1). Je geschlossener das antisemitische Weltbild ist, desto konsequenter wird eine Hilfe abgelehnt. Beim harten Kern der Antisemiten wird diese Ablehnung total.[40]

Die Antipathie gegen die Wiedergutmachung führt nicht notwendig zur Unterstützung der Forderung, „keine Wiedergutmachungszahlungen an Israel zu leisten", die von 28 % der Bevölkerung unterstützt wird. Ein aktives Eintreten für diese Forderung, etwa indem man in Leserbriefen die Wiedergutmachung heftig angreift, ist auf eine kleine Minderheit von 5 % beschränkt. Dennoch gibt es einen Zusammenhang zwischen der Antipathie gegen die Wiedergutmachung und den Forderungen, sie zu beenden. Etwa die Hälfte würde ihre Antipathie in Forderungen umsetzen.

Um unsere These zu prüfen, daß der heutige Antisemitismus seinen Nährboden nicht in der Tradition, sondern in der Gegenwart der „unbewältigten Vergangenheit" hat, wobei die Fragen der Wiedergutmachung und der moralischen Schuld eine herausragende Rolle spielen, haben wir einen Index PAST gebildet[41], der aus folgenden Variablen besteht: „Wir sollten keine Wiedergutmachungszahlungen an Israel leisten" (Frage 16/8), „Viele Juden versuchen, aus der Vergangenheit ihren Vorteil zu ziehen" (Frage 21), „Israel lebt von unseren Wiedergutmachungszahlungen" (Frage 14/13), „Wir müssen die Deutschen immer an ihre Schuld erinnern" (Frage 9/5) und (Frage 16/16) „Man sollte Leserbriefe gegen die Wiedergutmachung schreiben".

Index: PAST (= Einstellung zur NS-Vergangenheit)

Zustimmungen	n	%	kum. %
0	610	29,0	29,0
1	613	29,2	58,2
2	452	21,5	79,7
3	244	11,6	91,3
4	147	7,0	98,3
5	35	1,7	100,0
missing	1		
Summe	2102	100,0	

(Reliabilitätskoeffizient alpha = .59)

Die Ablehnung der Folgen aus der NS-Vergangenheit geht mit einer emotionalen Ablehnung der Juden einher (gemessen über den Index AS-DISTANZ, Korrelation PAST/AS-DISTANZ 0.43).[42] Mit der steigenden Zahl an Zustimmungen auf dem Index PAST steigt auch der Anteil der Antisemiten an (vgl. Schaubild S. 262).

Wir können aufgrund unserer Daten nicht entscheiden, ob die Antipathie gegen die Juden zur Ablehnung der Wiedergutmachung führt oder umgekehrt, ob der Wiedergutmachungskomplex eine Ursache für das Entstehen bzw. Weiterbestehen des Antisemitismus ist. Wenn man allerdings fragt, welche Motive heute noch für ein antijüdisches Ressentiment, besonders bei jüngeren Leuten, vorliegen können, dann spricht vieles dafür, in der Ablehnung der Konsequenzen aus der materiellen und historischen Verantwortung der Deutschen eine Ursache für den heutigen Antisemitismus zu sehen. Wer die moralische und ma-

Einstellung zur NS-Vergangenheit und Distanz zu Juden

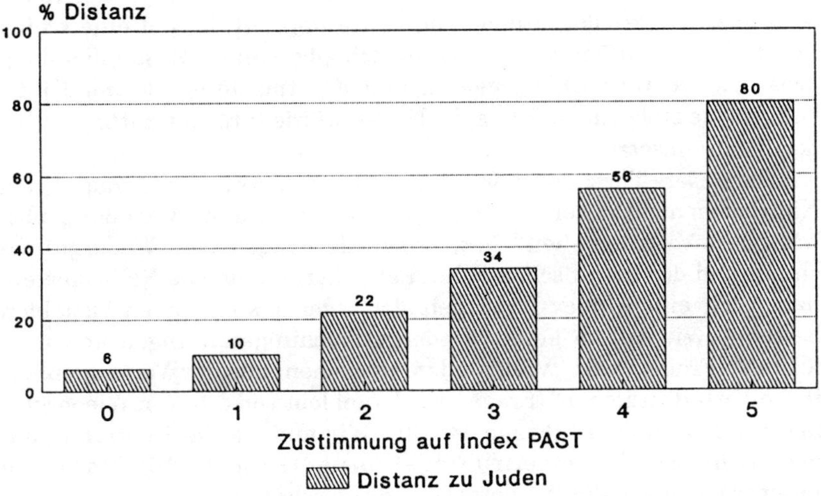

terielle Verantwortung akzeptiert, ist nur in den seltensten Fällen antisemitisch eingestellt (bei null Zustimmungen auf dem Index PAST sind 94% frei von emotionaler Ablehnung der Juden).

Daß die Wiedergutmachungsleistungen ein Kristallisationspunkt für die Ablehnung der Juden sind, wird durch die Selbstaussage der Befragten bestätigt. EMNID hat 1989 anhand einer vorgegebenen Liste nach den Ursachen für Antisemitismus gefragt.[43]

Die Interpretation dieser Tabelle ist schwierig, weil die Befragten ja eine Meinung über die Motive des Antisemitismus bei anderen abge-

„Es gibt bei uns ja auch kritische Meinungen über die Juden. Woran nehmen diese wohl Anstoß?"

	Bev. insg.	Einstellung zu Juden sehr	zieml. antisemitisch	etwas	nicht
	%	%	%	%	%
Am jüdischen Glauben	8	14	6	7	9
Am gesellschaftlichen Einfluß	14	23	16	11	14
An der wirtschaftlichen Macht	27	31	28	27	27
An den Wiedergutmachungsleistungen	29	45	53	32	19
An Bereicherungen einzelner Juden bei den Wiedergutmachungsleistungen	28	67	45	32	17
An der Politik Israels in den besetzten Gebieten	40	47	32	38	43
Keine Angabe	1	1	1	1	2
Summe in %	147	228	181	148	132
n	2272	94	205	960	1013

Quelle: EMNID 1989, Tab. 83.

ben sollen. Bei den als stark antisemitisch Identifizierten nehmen wir an, daß sie im wesentlichen das angeben, woran sie persönlich Anstoß nehmen, während die Nicht-Antisemiten stärker Vermutungen über mögliche Motive anderer äußern. Das wird darin sichtbar, daß sie die traditionellen Kritikpunkte für wichtig halten, nämlich den jüdischen Glauben und die wirtschaftliche Macht der Juden, während sie dem Komplex Wiedergutmachung nicht die überragende Bedeutung zumessen, die dieser bei den Antisemiten einnimmt. Personen, die keine antijüdische Einstellung zeigen, halten in ihrer Ursachenvermutung an traditionellen Kritikpunkten fest, die heute in der Bundesrepublik im Zusammenleben von jüdischen und nicht-jüdischen Deutschen keine Basis haben.[44] Die Antisemiten nehmen an allen vorgegebenen Kritikpunkten Anstoß, so auch überdurchschnittlich häufig an den traditionellen Klischees. Aber eindeutig den größten Anstoß erregt bei ihnen der zeitgeschichtliche Komplex, d.h. sie bestätigen und verstärken ihre Vorurteile an aktuellen Konflikten und Skandalen. Auch die Tatsache, daß die Antisemiten in der Wiedergutmachung den vorrangigen Kritikpunkt erblicken, kann die Frage, ob sie dies tun, weil sie bereits aus antisemitischer Perspektive urteilen, oder ob sich ihr Antisemitismus erst an diesem Komplex herausgebildet hat, nicht entscheiden. Das Faktum spricht immerhin dafür, daß dieses Problembündel für die Aufrechterhaltung ihres Vorurteils eine wichtige Funktion besitzt.

Im Kapitel V haben wir noch offengelassen, inwieweit die Zuschreibung von bestimmten stereotypen Eigenschaften mit der Auffassung zusammenhängt, die Juden würden aus der NS-Vergangenheit Vorteile ziehen. Wir haben vermutet, daß sich vor allem die traditionellen Vorwürfe, die Juden seien „nachtragend/unversöhnlich, empfindlich, geldgierig, gerissen und machthungrig", an den jüdischen Mahnungen, an politischen und materiellen Forderungen immer neu „bestätigten". Auch hier können wir keine Aussagen über die Richtung der Kausalität machen, sondern nur den Grad des Zusammenhangs bestimmen, der für die genannten Stereotypen in hohem Maße besteht.

Einstellung zur NS-Vergangenheit (Index PAST)/Antijüdische Stereotypen

PAST	Antijüdische Stereotypen nachtragend %	empfindlich %	geldgierig %	gerissen %	machthungrig %
0	5,1	18,5	8,9	22,3	4,3
1	16,2	29,7	17,5	35,1	11,6
2	29,0	34,3	32,7	49,8	20,6
3	52,9	42,6	52,9	67,6	35,7
4	74,8	56,5	72,8	76,2	49,0
5	88,6	62,9	85,7	85,7	68,6
Bev.insg.	25,3	31,4	27,4	42,0	17,8

n = 2102

Diejenigen, die die jüdischen Forderungen und ein Wachhalten der Erinnerung als Zumutung ablehnen, tendieren in sehr hohem Maße dazu, die Ursache für diese Forderungen in negativen Charaktereigenschaften der Juden zu sehen. Die älteren unter den antijüdisch Eingestellten sehen ihre alten Vorurteile bestätigt, die jüngeren erklären sich mit den unterstellten negativen Eigenschaften derartige Zumutungen. Nicht die Tatsache der Ablehnung, die ja im Einzelfall mit sachlichen Argumenten begründet werden könnte, ist hier problematisch, sondern die hohe Bereitschaft, die Forderungen projektiv als Ausdruck böswilliger Absichten und negativer Eigenschaften der Juden zu interpretieren.[45]

Differenziert man die Ablehnung gegen die „Vergangenheitsbewältigung" nach soziodemographischen Merkmalen, so zeigt sich das bereits aus der Antisemitismusanalyse bekannte Muster. Die Ablehnung, sich kritisch mit der Vergangenheit zu beschäftigen, nimmt mit steigendem Alter zu. Es treten zwei „Generationssprünge" auf: bis zu den 44jährigen steigt sie geringfügig an, von den 45 bis 64jährigen ab steigt sie auf etwas höherem Niveau weiter und bei den über 65jährigen liegt sie am höchsten.

Bricht man die Daten nach dem Schulabschluß der Befragten auf, dann ist die Ablehnung der „Vergangenheitsbewältigung" bei niedrigen und mittleren Schulabschlüssen relativ gleich stark, sie wird erst schwächer bei Personen mit Abitur oder Studium.

In der Parteienpräferenz ist das erwartete Links/rechts-Schema sichtbar. Während nur 20 % der CDU/CSU-Wähler keinmal auf dem Index PAST zustimmen, sind es bei denen der SPD und FDP knappe 30 % und von den Wählern der Grünen etwa die Hälfte. Der Anteil derjenigen, der die Wiedergutmachung besonders heftig ablehnt (ab drei Zustimmungen auf dem Index PAST), ist umgekehrt unter den CDU/CSU-Wählern mit 27 % am höchsten, gefolgt von 18 % SPD-Wählern, 15 % FDP- und 7 % Grünen-Wählern. Unabhängig vom Einfluß der unterschiedlichen Alters- und Bildungsstruktur der Wählerschichten der genannten Parteien tritt ein selbständiges politisch-ideologisches Moment auf. Besonders die nationale Orientierung, die bei der CDU/CSU betont wird, erklärt die relativ starke Ablehnung der „Vergangenheitsbewältigung" bei ihren Wählern. Zwischen Nationalismus (gemessen über den Index NATIO) und der Ablehnung besteht ein signifikanter Zusammenhang. Nur 15 % derjenigen, die auf dem Index PAST keinmal zustimmen, haben eine starke nationalistische Orientierung. Von denen, die mehr als zweimal zustimmen, sind es 40 %.

Die EMNID-Umfrage von 1989 findet ebenfalls einen hohen Zusammenhang zwischen großem Nationalstolz und der Meinung, die Wiedergutmachungsleistungen an die Juden seien zu hoch.

„Was halten Sie von den Wiedergutmachungsleistungen, die wir an die bei uns lebenden Juden zahlen?"

	Bev. insg.	Nationalstolz		
		groß	mittel	gering
	%	%	%	%
Zu hoch	46	56	38	19
Angemessen	47	40	54	66
Zu niedrig	5	3	6	13
Keine Angabe	2	2	3	3
n	2272	1249	782	233

Quelle: EMNID 1989, Tab. 81.

Da die große Mehrheit der Aussage: „Ich bin stolz ein Deutscher zu sein" zustimmt (auf einer Sechs-Punkte-Skala von „voll und ganz" bis „überhaupt nicht" liegen 79% in den Kategorien 1 bis 3), ist die Abweichung der starken Nationalisten vom Bevölkerungsdurchschnitt aus statistischen Gründen nicht sehr ausgeprägt. Gemessen an der Differenz zu den wenig national Eingestellten wird allerdings der große Einfluß nationaler Orientierung auf die Haltung zur Wiedergutmachung deutlich. Es bedarf offenbar der Fähigkeit und Bereitschaft zur kritischen Distanzierung von der Eigengruppe, um die Ansprüche, die sich aus der Vergangenheit der eigenen Nation ergeben, voll einzulösen.

„Was halten Sie von den Wiedergutmachungsleistungen, die wir an die bei uns lebenden Juden zahlen?"

	NS-Einstellung			
	sehr neg.	mod. neg.	teils/teils	mod. posit.
	%	%	%	%
Zu hoch	25	38	59	80
Angemessen	61	55	38	15
Zu niedrig	12	4	3	4
Keine Angabe	2	3	1	–
Summe	100	100	100	100
n	368	855	973	69

Quelle: EMNID 1989, Tab. 81.

Nur diejenigen, die dieser Vergangenheit sehr kritisch gegenüberstehen und den Nationalsozialismus als durch und durch negativ bewerten, sind im hohen Maße auch bereit, die Wiedergutmachungsleistungen als angemessen bzw. als zu niedrig anzuerkennen. Bereits bei denen, die eine *moderat kritische* Haltung zum NS einnehmen, sinkt die Bereitschaft ab. Wer dem NS *moderat positiv* gegenübersteht, ist kaum bereit, die Wiedergutmachung als angemessen anzuerkennen.

Die Auswertung über die Parteienpräferenz der EMNID-Umfrage gleicht dem von uns oben festgestellten Muster. Wieder sind es die CDU/CSU-Wähler, die die Wiedergutmachungsleistungen mit 51%

stärker ablehnen als die der SPD (42 %), der FDP (44 %) und der Grünen (25 % – EMNID ebd.). Erstmals sind in dieser Umfrage die Wähler der „Republikaner“ statistisch in Erscheinung getreten, die mit 74 % Ablehnung die Extremposition besetzen.

Die Akzeptanz der Wiedergutmachung und die Bereitschaft, eine besondere Verantwortung für die Opfer der NS-Judenverfolgung zu übernehmen, ist nur bei einem Viertel der Bevölkerung vorhanden. Die Forderung, einen Schlußstrich unter die Vergangenheit zu ziehen und damit auch eine besondere Verantwortung für die Opfer und den Staat Israel abzulehnen, ist populärer. Während der Wunsch, mit der NS-Vergangenheit nicht mehr konfrontiert zu werden, in den jüngeren Generationen weniger stark verbreitet ist, gibt es zwischen den Generationen in der Frage der Hilfe für die Juden keine Differenzen. Es herrscht in der Bevölkerung der Eindruck vor, daß vierzig Jahre nach Kriegsende dieses Kapitel abgeschlossen sei. Da diese Hypothek historisch nicht abgetragen ist, sich immer wieder von neuem unaufgearbeitete historische Tatbestände finden und bereits die Versäumnisse im Umgang mit der NS-Vergangenheit kritisiert werden (das Wort von „der zweiten Schuld“ hat kürzlich diesen Sachverhalt bündig formuliert – Giordano 1988), kollidiert dieser Wunsch nach einem „Schlußstrich“ mit der Fortdauer der konflikthaften Diskrepanz. Die Bereitschaft vieler Deutscher, mit der Vergangenheit „ihren Frieden zu machen“, führt dazu, das Wachhalten der Erinnerung als eine von außen kommende Störung dieses Friedens zu empfinden. Letztere stellt man sich als Interessenpolitik bestimmter Störenfriede vor, die aus materiellen Motiven die Erinnerung auszubeuten versuchten. In dieser Projektion werden Ursache und Wirkung vertauscht und anstelle einer rationalen Betrachtung der auftauchenden Probleme treten vielfach sekundäre Ressentiments.

Anmerkungen

1 Eine gewisse Ausnahme bildet die empirische Begleitforschung zur Fernsehserie „Holocaust“ von 1979, in der die Judenverfolgung ganz im Kontext der Einstellung zum Nationalsozialismus und zum Umgang mit den NS-Verbrechen untersucht worden ist (Magnus 1979, Ernst 1979). Diese Evaluation leistet jedoch nur einen geringen Beitrag zur Antisemitismusforschung, da sie nicht untersucht, ob sich antisemitisch von nicht-antisemitisch Eingestellten im Hinblick auf die Einstellung zum Nationalsozialismus und seiner Bewältigung unterscheiden. Es wird hier gerade nicht der für die Antisemitismusforschung zentralen Frage nachgegangen, wieweit die Konfrontation mit den Folgen des Nationalsozialismus einen negativen Einfluß auf die Einstellung zu Juden hat.

2 Auch Hilde Weiss konzentriert sich bei ihrer äußerst knappen Analyse des „Antisemitismus im Kontext politisch-ideologischer Einstellungen“ auf einige wenige Aspekte des politischen Verhaltens und der Einstellung zu Demokratie, Gewerkschaften usw. D.h. sie versucht, Einstellungen aus dem Kontext der „autoritären Persönlichkeit“ zu operationalisieren, untersucht aber nicht die Haltung zur Vergangenheitsbewältigung und zum Nationalsozialismus (1984, Kap. 8).

3 In der Tradition der Kritischen Theorie ist der Begriff des sekundären Antisemitismus in anderer Weise, als wir ihn hier definieren, verwendet worden. Für Claussen ist der Antisemitismus der nachfaschistischen Ära insofern sekundär, als er nicht mehr die Juden als Repräsentanten von Geld und Geist anprangert, sondern alle, die mit Geld und Geist in Verbindung zu bringen sind (1987, S. 48). Ob für Antiintellektualismus und irrationalen Chauvinismus hier noch der Begriff Antisemitismus sinnvoll benutzt werden kann, erscheint uns fraglich. Unserem Begriff näher kommt Schönbach (1961, S. 80), der mit Sekundärantisemitismus eine Trotzreaktion bezeichnet, die antisemitische Vorstellungen nach dem Krieg am Leben erhält, um die eigene Einstellung oder die der Eltern zu rechtfertigen. Man hält an antisemitischen Überzeugungen fest oder verstärkt sie sogar, um die eigene Identität und die der Eltern zu wahren, die durch die Kritik am Nationalsozialismus entwertet zu werden droht. Damit sieht er den sekundären Antisemitismus, ähnlich wie wir, als Reaktionsbildung auf die Probleme im Umgang mit der NS-Vergangenheit.

4 Die in Österreich von den amerikanischen Militärbehörden durchgeführten Befragungen zeigen ebenfalls diesen negativen Trend hin zu antisemitischen und antidemokratischen Antworten. Hiller deutet diesen Befund sowie die hohe Zahl der Meinungslosen dahingehend, daß man sich zunächst vorsichtig äußerte und seine Meinung nicht offen sagte. Im Laufe der Zeit wich die Angst vor Sanktionen, und die „wahren" Meinungen wurden ungeschminkter zu Protokoll gegeben (Hiller 1974, S. 152). Einen ausgeprägten Argwohn gegen Umfragen beobachteten auch Sodhi/Bergius 1951 bei ihren Untersuchungen nationaler Vorurteile. Die Deutschen vermuteten in solchen Fragen eine politische Falle und waren wenig geneigt, Bekenntnisse abzulegen, die ihnen in Zukunft Schaden könnten (1953, S. 29f.).

5 Bei der Interpretation dieser Daten ist zu berücksichtigen, daß die Frageformulierungen voneinander abweichen. Das IfD benutzte 1958, 1963 und 1965 dieselbe Fragestellung, verkürzte sie dann 1969/79, veränderte aber den Sinngehalt dabei kaum. EMNID bezog seine dreimal identisch gestellte Frage („In der letzten Zeit diskutiert man in der Öffentlichkeit wieder verstärkt über das Problem der Weiterverfolgung von Verbrechen, die während der Zeit des Nationalsozialismus begangen wurden. Wie ist Ihre persönliche Meinung dazu: Sollten während der NS-Zeit begangene Verbrechen weiter verfolgt werden — oder sollte man einen Strich unter die Vergangenheit ziehen?") stärker auf den Kontext der Verjährungsdebatten, bleibt jedoch relativ nahe an den Formulierungen des IfD. Die DIVO-Umfrage von 1964 zum Auschwitz-Prozeß enthält vergleichbare Antwortvorgaben („Ich halte es für richtig, daß dieser Massenmordprozeß gegen Verbrechen aus der Zeit des Nationalsozialismus heute noch geführt wird, um der deutschen Öffentlichkeit die Schrecken und Leiden vor Augen zu führen, die von Deutschen verursacht wurden." / „Ich halte es für richtig, daß diese Gerichtsverhandlungen jetzt noch durchgeführt werden, damit die Schuldigen am Massenmord in Auschwitz verurteilt und bestraft werden." / „Es wäre besser, auf solche Prozesse zu verzichten, jetzt nach so vielen Jahren sollte man nicht immer wieder diese Dinge aufrühren."), während die Frage von 1961 zum Eichmann-Prozeß völlig anders ansetzt und deshalb nicht in unsere Tabelle aufgenommen wurde.

6 Die starke Zunahme der Zustimmung zur weiteren Verfolgung von NS-Verbrechen von 1978 auf 1979 war nach Meinung von EMNID ausschließlich durch die Rezeption der Fernsehserie „Holocaust" bedingt. Die „Holocaust-Seher" waren zu 60% für eine weitere Verfolgung, während die „Nicht-Seher" nur zu 39% dafür waren (EMNID-Informationen 2/1979). Vgl. auch die Zahlen für die Seher und Nicht-Seher in der Begleituntersuchung: 39% der Seher und 25% der Nicht-Seher plädierten für die weitere Verfolgung (Ernst 1979, S. 236). Zur Frage der

Stabilität der Einstellungsänderung vgl. die folgende Anmerkung.

7 Ob es sich um einen Trendwechsel oder nur um einen kurzfristigen Effekt der Fernsehserie „Holocaust" handelt, ist nicht eindeutig zu klären. Die Umfragedaten des Sample-Instituts sprechen für einen kurzlebigen Effekt: auf die identisch gestellte Frage nach der Verjährung von NS-Verbrechen sprachen sich im November 1978, im Februar 1979 und im Januar 1980 jeweils 53%, 45% und 57% für Verjährung, und 31%, 51% und 34% dagegen aus (Sample-Telegramm Jan. 1980). Spricht dies gegen eine Trendwende, so deuten die oben genannten Daten von 1983 und die vom IfD ermittelte Altersverteilung, wonach die jüngeren Altersgruppen eine weitere Verfolgung seltener ablehnen, eher dafür (IfD, Bd. VIII, S. 194).

8 Trotz dieser Aufmerksamkeit hat der Eichmann-Prozeß die Meinungsverteilung in der Bevölkerung nicht verändert. Umfragen vor Beginn (1961) und nach Abschluß des Prozesses (1962) kommen zu einem fast identischen Ergebnis (Schmidt/Becker 1967, S. 113).

9 Es handelt sich hier um die Ergebnisse einer nicht-repräsentativen Schnellumfrage des IfD Allensbach vom Januar 1965, die jedoch die vorherrschenden Argumente für einen Schlußstrich angemessen erfaßt haben dürfte.

10 Die Ablehnung weiterer strafrechtlicher Ermittlungen gegen NS-Täter hatte immer auch eine außenpolitische Begründung. Man wollte nicht, daß die Welt an die Schrecken der nationalsozialistischen Konzentrationslager erinnert würde, da man eine negative Auswirkung auf die Weltmeinung über die Deutschen und Deutschland befürchtete. Während international die Erinnerung mehrheitlich begrüßt wurde (in der Schweiz mit 70%, in den USA mit 62% und in Großbritannien mit 56%), waren es in Deutschland nur 35%; 45% empfanden die Erinnerung als schädlich (EMNID-Informationen 24/1961). Zur tatsächlich geringen Wirkung auf die Meinungen in den genannten Ländern vgl. EMNID-Informationen 30/1961: Nur jeweils 16%-18% der Amerikaner und Engländer fanden die Deutschen wegen des Eichmann-Prozesses weniger sympathisch.

11 Die Bereitschaft, den Zeitgenossen des Nationalsozialismus eine Kollektivschuld zuschreiben, ist dagegen größer. In der Begleitforschung zur Fernsehserie „Holocaust" lehnten nur 53% das Statement: „Alle Deutschen, die während der Zeit des Nationalsozialismus erwachsen waren, tragen Mitschuld an dem, was damals geschah" ab, 16% stimmten ihm zu, der Rest war unentschieden (Ernst 1979, S. 238). Es ist zu vermuten, daß es vor allem die jüngeren, nicht mehr betroffenen Jahrgänge sind, die hier eine Mitschuld sehen.

12 In der EMNID-Umfrage zum Antisemitismus von 1986 plädierte mit 60% ein ähnlich großer Anteil der Befragten für einen Schlußstrich, 40% waren dafür, immer wieder an die nationalsozialistische Vergangenheit zu erinnern, damit so etwas nicht wieder passiert (EMNID 1986, Tab. 3). Diese höhere Ablehnung eines Schlußstrichs im Vergleich zum IfD-Ergebnis von 1986 erklärt sich aus dem Fehlen einer neutralen Antwortkategorie in der EMNID-Umfrage.

13 Dieser Überdruß scheint mit den Jahren zugenommen zu haben. Anläßlich des Eichmann-Prozesses 1961 wollten 53% sich ausschließlich mit der Gegenwart und der Zukunft beschäftigen und von der NS-Vergangenheit nichts mehr wissen (IfD Bd. III, S. 227).

14 Wir verwenden in unserer Untersuchung den Begriff Schuld in dem diffusen Sinn und glauben, damit an den allgemein verbreiteten Wortgebrauch anzuknüpfen. Zwar haben vor allem in der Schulddebatte der frühen Nachkriegszeit Philosophen, Kirchenmänner und auch Politiker Differenzierungen und Präzisierungen des Schuldbegriffs vorgenommen (man denke an die Unterscheidung von krimineller, politischer, moralischer und metaphysischer Schuld bei Karl Jaspers, 1946), doch ist bis heute in der Alltagskommunikation eine Begriffsverwendung

zu beobachten, in der die Aspekte der politischen Verantwortung im Sinne einer Pflicht zur Wiedergutmachung und der persönlich moralischen Schuld oder Scham nicht scharf getrennt werden. Vgl. für eine interessante Neuaufnahme des Versuchs, politische Kriterien der Schuld an der NS-Herrschaft und deren Verbrechen zu definieren, Buchheim 1988.

15 Günther Anders weist mit Recht darauf hin, daß der Kollektivschuldvorwurf zwar ursprünglich von den Alliierten erhoben worden war, aber von ihnen und von namhaften deutschen Publizisten schon bald fallengelassen worden ist. Es sind vielmehr die „Schuldigen", die ihn am Leben erhalten, um mit ihm zugleich jede Form von Schuld und Verantwortung zurückzuweisen. „In keiner Zeitung taucht er (der Begriff Kollektivschuld) mit solcher Zähigkeit, um nicht zu sagen: Anhänglichkeit, auf wie in der ‚Deutschen National- und Soldatenzeitung'" (Anders 1985, S. 195 ff.).

16 Bei der Frage nach der persönlichen Schuld haben wir im Fragebogen nur die Kategorie der Ablehnung vorgesehen, so daß man Nicht-Ablehnung nicht als Schuldanerkenntnis verstehen darf. Die große Ablehnung einer persönlichen Schuld umfaßt ein so weites Einstellungsspektrum, daß sich bei der weiteren Auswertung keine signifikanten Zusammenhänge zum Antisemitimus, zu den KZ-Verbrechen und zur Anerkennung der KZ-Berichte ergeben haben.

17 Inwiefern der verbalen Äußerung einer Scham, besonders seitens der Gebildeten, ein entsprechendes Gefühl zugrunde liegt, ist in der Forschung grundsätzlich umstritten. Die Tatsache, daß besonders die Gebildeten zustimmen, kann darauf zurückgeführt werden, daß diese die Norm der Scham und des Mitgefühls angesichts der NS-Verbrechen öffentlich zu befolgen gelernt haben (van Dijk 1987). Die Analyse von Schuld- und Schamerfahrung und die daraus abgeleiteten Handlungsdirektiven und Selbstbilder weisen darauf hin, daß beide Gefühle in Deutschland eher selten waren, d.h. die Äußerung der Scham könnte rein verbal sein und kein Äquivalent im Erleben haben (vgl. Lindsay-Hartz 1984).

18 Der Erfolg der politischen Bildung und öffentlichen Aufklärung zeigt sich in aller Klarheit im historischen Rückblick. In der Antisemitismus-Studie von EMNID (1954), hielten noch ca. 37 % die Zahl von mehr als 5 Millionen ermordeter Juden für „stark übertrieben" und ein weiteres Viertel für „etwas übertrieben". D.h., nur ein Drittel akzeptierte die Berichte über das Ausmaß des Holocaust als der Wirklichkeit entsprechend (EMNID 1954, S. 40). Im Gegensatz zu heute fand sich 1954 kein Alters- und Bildungseffekt.

19 35 % der über 60jährigen glauben, daß die Juden „mitschuldig sind, wenn sie gehaßt und verfolgt werden". Bei den 16 - 29jährigen glauben dies nur noch 13 %. Die Qualifizierung der KZ-Berichte als übertrieben ist signifikant mit der Projektion einer Mitschuld der Juden an ihrer Verfolgung verbunden. Von denen, die eine Übertreibung unterstellen, geben 57 % den Juden eine Mitschuld, von denen, die die Berichte für wahr halten, dagegen nur 15 %.

20 Schon in der IfD-Umfrage von 1979 waren es die unter 44jährigen, die es mehrheitlich gut fanden, „daß Filme über die NS-Zeit gezeigt werden". Von den 45 bis 59jährigen waren es 32 % und von den über 60jährigen noch 28 % (zit. nach Zinnecker 1985, S. 341). 1984 fanden es 74 % der 16 - 24jährigen wichtig oder sehr wichtig, „daß wir uns in der heutigen Zeit mit dem Nationalsozialismus und Hitler auseinandersetzen". In der Altersgruppe der 45 - 54jährigen sagten dies nur 54 %. Nach Zinnecker zeigt sich, „daß die Schnittstelle bei den Altersgruppen bzw. Jahrgängen liegt, die als Zeitgenossen den Faschismus bewußt wahrgenommen und die handelnd beteiligt waren" (ebd.). Die Auswertung der spontanen Leserbriefreaktionen auf den Fernsehfilm „Holocaust" ergibt das gleiche Bild. Es waren die Älteren, die die geringste Bereitschaft zu einer Auseinandersetzung mit dem Thema zu erkennen gaben (Gast 1982, S. 360).

21 Die Antwortverteilung für die Merkmale Alter, Bildung und Parteipräferenz bei der entsprechenden „Schlußstrichfrage" in der EMNID-Erhebung von 1986 zeigt im wesentlichen das von uns hier beschriebene Muster (EMNID 1986, Tab. 3).

22 Da die Variable „Mitschuld" als Bestandteil in den ANTISEMITISMUS-Index eingegangen ist, war es nötig, den Zusammenhang noch einmal über die Teilindices AS-DISTANZ und AS-DISKRIMINIERUNG zu prüfen. Emotionale Ablehnung der Juden und Bereitschaft zu ihrer Diskriminierung sind in hohem Maße mit der Projektion einer Mitschuld verbunden. Bereits bei leichter emotionaler Ablehnung und Diskriminierungsbereitschaft liegt die Behauptung einer Mitschuld überdurchschnittlich hoch und erreicht bei starker Ausprägung in diesen beiden Dimensionen Werte von über 80%.

23 In einer DIVO-Umfrage ist 1965 im Kontext der Rassenunruhen in den USA danach gefragt worden, „warum es im Dritten Reich zu Ausschreitungen gegen Juden gekommen sei". Die Schuld dafür wurde nur zu 9% bei den Juden gesehen („beste Positionen", „arbeitsscheu", „Halsabschneider"), wobei sogar Mehrfachnennungen möglich waren. Überwiegend wurde das NS-Regime verantwortlich gemacht (DIVO-Pressedienst März 1965). Die Differenz zu unseren Ergebnissen läßt sich auf zweierlei zurückführen: einmal hat DIVO die internationale Dimension der Schuldprojektion (Verschwörungstheorie) in seinen Antwortvorgaben nicht berücksichtigt, zum anderen ist die Bereitschaft, den Juden eine Mitschuld einzuräumen, weiter verbreitet, als in ihnen die Alleinschuldigen zu sehen. Selbst die Antisemiten bestreiten im Pretest nicht die Hauptschuld der NS-Führung.

24 Auch die Tatsache, daß die Frauen sich häufiger als „beschämt" bezeichnen (65%) als die Männer (56%) deutet in diese Richtung. Die Frauen äußern bei allen Statements in unserem Fragebogen, in denen es um mitmenschliche Hilfe und persönliches Mitgefühl geht, größere Zustimmung.

25 Im Gegensatz zur NS-Ideologie, deren zentralen Elementen man sehr bald „abschwor", blieb die damit verbundene Mentalität noch lange erhalten. Ein Beispiel dafür ist die Diskussion um die Integration der Ausländer. Hier wird der soziale Wandel mit konservativen Entwürfen, was normal und rechtens sei, behindert und verzögert.

26 Der wachsende Anteil der Befragten, der zwischen 1946 und 1947/48 den Nationalsozialismus als Idee guthieß, läßt sich auch in den Umfragedaten für Österreich finden. Er stieg zwischen August 1947 und Dezember 1947 von 39% auf 51%. Ein großer Teil der Meinungslosen änderte in den harten Wintermonaten ihre Auffassung (Hiller 1974, S. 155). Dieser Anstieg speiste sich nach zeitgeschichtlicher Kenntnis aus zwei Quellen: einerseits wagte man, sich mit dem Abstand vom Kriegsende offener in den Umfrageinterviews zu äußern, andererseits wurde die amerikanische Besatzungsmacht für die wirtschaftliche Notlage verantwortlich gemacht. Diese Beobachtung gilt sowohl für die Besatzungszonen in Österreich als auch in Deutschland.

27 Nach Kriegsende war das Vertrauen und die Sympathie für Hitler und seine engsten Gefolgsleute in der Bevölkerung gering. Nur 12% erinnerten sich, Hitler als Führer bis zum Ende vertraut zu haben, 35% wollten ihm nie getraut haben oder hatten ihr Vertrauen bei Kriegsausbruch 1939 verloren (16%). Die große Mehrheit hielt auch die Anklagen des Nürnberger Prozesses für gerechtfertigt (vgl. Merritt 1977, S. 96). Dennoch hatte der Nationalsozialismus nicht völlig an Unterstützung verloren: Anhand von Umfrageergebnissen aus dem Sommer/Herbst 1947 schätzten die britischen Militärbehören den „harten Kern" der NS-Anhänger in der britischen Zone auf ca. 10% der Bevölkerung über 17 Jahre (PORO, Rep. 111 A, zit. nach Holtmann 1989, S. 373).

28 Eine Bestätigung für eine Akzentverschiebung enthält die Auswertung von Ju-

gendstudien durch Zinnecker (1985, Tab. 5). Während 1955 die Jugendlichen (15-24 Jahre) nur zu 9% die Judenverfolgung als negatives Merkmal des Nationalsozialismus nannten, waren es 1984 in der gleichen Altersgruppe 74%. Damit wurden Rassenhaß und Judenverfolgung am häufigsten als negatives Merkmal genannt, während Diktatur und Unfreiheit, die 1955 noch mit 39% an der Spitze der Nennungen gelegen hatten, an die zweite Stelle rückten (64%). Die Alterskohorte von 1955 wurde 1984 ebenfalls befragt (45-54jährige). Sie gab mit 41% Rassenhaß und Judenverfolgung eine höhere Bedeutung als 1955, allerdings behauptete bei ihnen Diktatur/Unfreiheit mit 48% die Spitzenstellung bei den negativen Merkmalen. Zinnecker schreibt diese Akzentverschiebung im Bild des Nationalsozialismus einmal „eindrücklichen Thematisierungen durch die Medien zu", betont zum anderen jedoch den langfristigen Meinungswandel hin zur Verurteilung der Diskriminierung und Verfolgung von Minderheiten (ebd. S. 346f.). Zu einem ähnlichen Ergebnis kommt Heitmeyer (1988, S. 149ff.).

29 Vor allem die Jugend blieb bis Ende der 50er Jahre autoritär fixiert und muß als konservativ-rechts eingestuft werden. Insbesondere das Ansehen Hitlers blieb lange Zeit recht hoch und verlor sich erst Ende der 50er Jahre. 1951 stuften ihn 30% der Jugendlichen als positiv ein, 1953 17%, 1955 10% und 1961 3% (Zinnecker 1985, S. 331). In der Jugendforschung wird die Zeit um 1960/61 allgemein als Wendepunkt hin zu einer kritischen Haltung zum NS angesehen.

30 Nach Heitmeyer (1988, S. 151) findet bei Jugendlichen mit einer unentschiedenen Haltung zum Nationalsozialismus die Relativierungsposition eine Grenze bei der Judenverfolgung, während andere faschistische Vorgehensweisen — mit Abstrichen der Krieg — nicht zur Geltung kommen, sondern durch positive Legendenbildung überdeckt werden.

31 Bei vielen von denen, die heute noch Sympathie für das Dritte Reich bekunden, können auch noch rassistische Überzeugungen wirksam sein: 57% von ihnen finden das Wort „Rasse" sympathisch (Bev. insg. 20%).

32 Im Zusammenhang mit dem Eichmann-Prozeß in Jerusalem wurde im Mai 1961 eine fast gleichlautende Frage gestellt: „Wenn Sie heute auf die Zeit des „Dritten Reiches" zurückblicken, was würden Sie sagen: Hatte der Nationalsozialismus im ganzen gesehen..."

Nur schlechte Seiten	7%
Mehr schlechte Seiten	41%
Ebensoviel gute wie schlechte Seiten	28%
Mehr gute Seiten	5%
Nur gute Seiten	—%
Keine Angabe	19%

(Quelle: Freyhold 1971, S. 94).

Vergleicht man die Ergebnisse von 1961 und 1989, so gleicht sich das Bild weitgehend. Die klare Ablehnung hat bis heute kaum zugenommen (von 48% auf 54%), dagegen ist die ambivalente Position heute erstaunlicherweise stärker besetzt als damals. Allerdings ist zu vermuten, daß die vielen Antwortverweigerer im Jahr 1961 eher aus Scheu, ihre positive Einstellung zum NS preiszugeben, nicht geantwortet haben.

33 In der EMNID-Umfrage von 1954 (S. 27ff.) sind die in Deutschland selbst beobachteten judenfeindlichen Maßnahmen („Boykott, Kristallnacht, Plünderungen, Verhaftungen" usw.) für etwa 40% der Befragten die Erlebnisse gewesen, die am stärksten im Gedächtnis haften geblieben sind. Nur 10% erinnern primär Aktionen, die in Zusammenhang mit dem Holocaust standen („Vertreibung, Erschießungen, Konzentrationslager, Massenmord"). Generell kann man sagen, daß der Holocaust erst relativ spät als das zentrale Verbrechen in das Bewußtsein der Deutschen gerückt ist, während zunächst die Schuld am Krieg und die Diktatur

die wichtigeren Gründe für eine Verurteilung des Nationalsozialismus bildeten.

34 Jahrzehnte später wurde abermals nach der Begrenzung der Verantwortung gefragt. 1986 anerkannten 23% eine generelle Verantwortung und Hilfsverpflichtung für alle Juden, 57% wollten sie auf die direkt Verfolgten und deren Angehörigen beschränkt wissen und 20% waren unentschieden (IfD 1986, S. 71). Weder von der Frageformulierung noch vom zeitgeschichtlichen Kontext ist dieses Statement mit dem von 1951 vergleichbar. Hier fehlt die Alternative zur Ablehnung von Verantwortung, und die Ablehnung, die Verantwortung auf alle Juden auszudehnen, muß ja nicht als Kritik an der Wiedergutmachung verstanden werden.

35 Nach der Absicht Bundeskanzlers Adenauers und seines zuständigen Mitarbeiters, Franz Böhm, sollte die Wiedergutmachung angesichts der politisch unsicheren Situation und der starken Präsenz rechtsradikaler Anschauungen in vielen Parteien eine erzieherische Rolle spielen (Deligdisch 1974, S. 20). Diese Strategie Adenauers ging nicht auf. Im Wahlkampf 1953 war das Thema Wiedergutmachung so unpopulär, daß man sich einigte, es besser nicht anzusprechen. Nicht auszuschließen ist, daß die vom IfD 1952 erhobenen Zahlen über die starke Ablehnung der Wiedergutmachung, diese Entscheidung beeinflußt haben.

36 Das Bemühen der bundesdeutschen Medien, den „Fall Nachmann" – in dem es um die Veruntreuung von Zinsen aus Wiedergutmachungsgeldern ging – diskret und zurückhaltend zu behandeln, zeigt *ex negativo*, daß man fürchtete, in der Bevölkerung Ressentiments gegen weitere Wiedergutmachungszahlungen und letztlich auch gegen die Juden zu wecken.

37 Folgerichtig empfinden dann auch 36% die Begriffe „Wiedergutmachung" und 42% „Vergangenheitsbewältigung" als unsympathisch. Dem steht ein ungefähr gleich großes Meinungslager gegenüber, das die Begriffe für sympathisch hält (38% bzw. 28%).

38 Diese generelle Erwartung ist überwiegend eine negative Unterstellung, sie wird aber auch von etwa 40% der Befragten affirmativ geäußert, die nicht der Meinung sind, daß die Juden aus der NS-Zeit ihren Vorteil ziehen. Hier werden die erwarteten jüdischen Ansprüche nicht als ungerechtfertigt abgelehnt.

39 Eine derartige Befürchtung wurde vom ersten deutschen Botschafter in Israel, Dr. Rolf Pauls, in seiner ersten Rede ebenfalls angesprochen: „Nur mit großer Sorge kann man verfolgen, wie aus politischen und Zweckgründen und egoistischen Motiven das Leid der Vergangenheit immer neu und furchtbar aufgeregt wird, um die Gegenwart zu stören, daß sie der Zukunft nicht zu dienen vermag. Diese aus politischen Gründen dem heutigen Deutschland feindlich gesonnen Kräfte leisten auch ihrem eigenen Land mit der Agitation, die sie betreiben, einen schlechten Dienst" (zit. nach Vogel, 1967, S. 203ff.). Diese Äußerungen lösten in der israelischen Öffentlichkeit eine heftige Reaktion aus. Die wenig sensible Rede, so der SPD-Abgeordnete Jahn in einem Rundfunkinterview, und die israelische Reaktion zeigen die zentrale Perspektivendifferenz in diesem Punkt. Die Deutschen wünschen eine Begrenzung und Beendigung der Forderungen und der Beschäftigung mit der NS-Vergangenheit, während für die israelische Öffentlichkeit Deutschland nicht abgelöst von seiner Vergangenheit wahrgenommen werden kann. Aus Sicht der Deutschen erscheint dies allzu leicht als politisches oder ökonomisches Kalkül.

40 Von den Antisemiten, gemessen über WAS, befürworten nur 13%, daß „Juden bei uns in jeder Weise geholfen werden sollte, da sie sehr viel gelitten haben"; gemessen über SAS sind es 4% und über VAS gar nur 1%.

41 Frage 11 (KZ-Berichte wahr), Frage 12 (Schlußstrich) und Frage 15 (NS-Vergleich) blieben auf Grund zu geringer Korrelationen unberücksichtigt.

42 Wir benutzen diesen Teilindex des emotionalen Antisemitismus, weil im Gesamtindex ANTISEMITISMUS Variablen enthalten sind, die wir auch für den Index PAST benutzt haben.

Die zweimalige Verwendung der Variablen „Wiedergutmachung zu hoch“ als Einzelfrage und als Teil des Antisemitismus-Index in der EMNID-Umfrage (1989, Tab. 81) entwertet den dort gefundenen hohen Zusammenhang zwischen starkem Antisemitismus und der negativen Einschätzung der Wiedergutmachungsleistungen.

43 Bereits 1954 hatte EMNID (S. 31 ff.) einmal nach den Ursachen gefragt: „Auf welche Ursachen würden Sie das Entstehen des Antisemitismus, ich meine die Feindschaft gegen die Juden, vor allem zurückführen?“ Die Frageformulierung zielte mehr auf eine historische als eine gegenwartsbezogene Erklärung und ist deshalb nicht genau mit der EMNID-Frage von 1989 zu vergleichen. In den Antworten überwogen wirtschaftliche Gründe (ca. 25 %) vor der antisemitischen Propaganda des Dritten Reiches (12 %). Es folgten rassische (8 %), politische, religiöse Gründe und soziales Verhalten (zwischen 7 % und 4 %). In diesem geschichtsbezogenen Kontext wurde 1954 die Wiedergutmachung noch nicht genannt.

44 Diese rückwärts gewandte Beschreibung der vermuteten Ursachen für den gegenwärtigen Antisemitismus bei den Nicht-Antisemiten wirft die Frage auf, ob die Bekämpfung des Antisemitismus auch in allen Fällen wirklich an seinen heute virulenten Ursachen ansetzt. So ist der Antijudaismus nur noch in Spuren festzustellen, während die Weigerung, aus dem Holocaust angemessene Konsequenzen zu ziehen, heute als ein wesentliches Konfliktfeld im deutsch-jüdischen Verhältnis und als Triebfeder des Antisemitismus und auch des Antizionismus anzusehen ist.

45 In der Auseinandersetzung um den Holocaust mußte der Einzelne vielfach seine oberflächliche Kenntnis um die Zusammenhänge, seine Unreflektiertheit und sein Unvermögen gegen das breite Wissen und die reflektierte Erinnerung der Juden erkennen. Diese Auseinandersetzung, der man nicht gewachsen war, brachte einen in die kommunikative Defensive und begünstigte die Stereotypisierung von Verhaltensweisen. Die Juden gelten erneut — ähnlich wie in den christlich-jüdischen Disputationen — als spitzfindig, uneinsichtig, gewitzt, rechthaberisch und unbelehrbar.

XII. Latenter Antisemitismus

Kein Begriff ist in der Beschreibung des Antisemitismus seit 1945 so häufig gebraucht und doch nie richtig geklärt worden wie der des „latenten Antisemitismus“. Er wird seit Mitte der 50er Jahre benutzt (Pross 1956) und reflektiert eine neue Erscheinungsweise des Antisemitismus, die sich von dem offenen, politisch instrumentalisierten Gebrauch der vorherigen Jahrzehnte unterscheidet. Harry Pross und andere beobachteten das Verschwinden des Antisemitismus aus der Öffentlichkeit, stellten aber sein Fortleben in der privaten Meinung fest. Hier wurde der Begriff der Latenz auf der Ebene des Sozialsystems angesiedelt und meinte den Ausschluß bestimmter Themen und Anschauungen aus der öffentlichen Kommunikation. Sehr viel öfter aber wird der Latenzbegriff im Sinne von unbekannt, unbewußt oder verdrängt benutzt. Damit soll angedeutet werden, daß viele Menschen von sich gar nicht wüßten, daß sie antijüdisch eingestellt sind und daß die relative Beruhigung auf der gesellschaftlichen Oberfläche über das wahre Ausmaß an Antisemitismus hinwegtäuschte. Die Tabuisierung des Antisemitismus in der Öffentlichkeit hat in dieser Sicht keinen Rückgang der antijüdischen Einstellung in der Bevölkerung bewirkt, diese bestehe vielmehr in Form latenter Dispositionen weiter. Folgt man dieser These, dann ist eine realistische Schätzung der Verbreitung von Antisemitismus in der Bevölkerung kaum möglich, da empirische Forschung schwer an latente psychische Inhalte herankommen kann, von denen die Befragten ja selbst nichts wissen sollen – es sei denn auf dem Wege einer bevölkerungsweiten Tiefenanalyse. Von dieser Position her, die sich selbst gegen eine empirische Widerlegung immunisiert hat (vgl. zu dieser Strategie Luhmann/Fuchs 1989, S. 178ff.), stellen Meinungsbefragungen ein völlig unzureichendes Instrument dar, um das wahre Ausmaß des latenten Antisemitismus zu erfassen.

Wir haben gegen diese Psychologisierung und Personalisierung von Latenz das soziologische Konzept der *Kommunikationslatenz* gesetzt, das stärker an die oben beschriebene Beobachtung der Abdrängung von

Antisemitismus aus der öffentlichen Kommunikation anschließt (Bergmann/Erb 1986).

Im Rahmen der allgemeinen Systemtheorie unterscheidet man zwischen psychischen und sozialen Systemen. Je nach Referenz auf psychische oder soziale Systeme kann man zwischen Bewußtseinslatenz (Unkenntnis, Unbewußtheit) und Kommunikationslatenz (das Fehlen bestimmter Themen zur Ermöglichung und Steuerung von Kommunikation — Luhmann 1984, S. 458) unterscheiden. Zwischen beiden Systemebenen bestehen natürlich Beziehungen, insofern Kommunikation auch Bewußtsein voraussetzt und sich Bewußtsein kommunikativ äußern will. Wir nehmen an, daß antisemitische Einstellungen verbreitet und ihren Trägern bewußt sind und von ihnen in bestimmten sozialen Situationen, in denen das öffentlich-moralische Tabu über das Thema Antisemitismus nicht wirkt, auch geäußert werden. Unserer Auffassung nach gehört die relativ anonyme Interviewsituation bei einer Meinungsumfrage zu den sozialen Situationen, in denen die persönliche Einstellung zu Juden offen ausgesprochen wird. Diese These haben wir sowohl in den offenen Interviews, im Pretest und in der Hauptbefragung geprüft (s.u.).

Theoretisch ist weiterhin zwischen faktischer und funktionaler Latenz zu unterscheiden. Bewußtsein und Kommunikation arbeiten aus Kapazitätsgründen immer selektiv. Sie müssen stets eine Vielzahl von Möglichkeiten unberücksichtigt lassen, aber als Möglichkeiten präsent halten. Es gibt also immer rein faktische Latenzen in Form von Nichtberücksichtigung von Themen, Unkenntnis und Unmöglichkeit des Wissens. Man sollte also den Fall, daß Menschen zum Thema Juden, Vergangenheitsbewältigung und Antisemitismus keine explizite Meinung haben bzw. über wenig Wissen darüber verfügen, nicht unberücksichtigt lassen und ihn nicht vorschnell als Ergebnis von Berührungsangst und Verdrängung interpretieren. Der Pretest zeigt den geringen Stellenwert, den diese Themen im Leben vieler Menschen einnehmen.[1] In der methodischen Diskussion von Meinungsbefragungen wird dieses Phänomen unter dem Titel der „non-attitude" verhandelt, und es wird angenommen, daß durch den vorstrukturierten Fragebogen eine Meinung dadurch künstlich erzeugt wird, daß dem Befragten nur bestimmte Antwortmöglichkeiten gelassen werden. Auch in unserer Befragung wird möglicherweise ein konturierteres Meinungsbild über die Haltungen zu Juden erzeugt, als es in den Köpfen der Befragten existiert. Wie die Auswertung des Index STEREOTYP ergeben hat, ist ein inkohärentes Judenbild durchaus weit verbreitet (vgl. Kap. V). Um zu prüfen, ob wir es bei den „Meinungslosen" und „Unentschiedenen" mit faktischer Latenz oder mit einer Form der Verdrängung oder des Ausweichens zu tun haben, haben wir die Antwortkategorien „weiß nicht" und „unentschieden" separat ausgewertet (kritisch zur weit verbreiteten demoskopischen Praxis, die Meinungslosen nicht zu berücksichtigen, Reuband 1990).

Die Latenz hat aber auch die Funktion des Strukturschutzes im System, d.h. sie blockiert Bewußtsein oder Kommunikation, wenn diese zur Zerstörung oder Umstrukturierung des Systems führen würden. Bestimmte „gefährliche" Themen und Meinungen werden aus der Öffentlichkeit ausgeschlossen, weil diese gegen Normen oder höherwertige Systeminteressen verstoßen. Das Latente verschwindet nicht einfach und auch niemals vollständig, es werden vielmehr vom System Strukturen ausgebildet, die regeln, was in welchen Situationen gesagt bzw. verschwiegen, gesehen bzw. übersehen werden muß (Luhmann 1980, S. 68). In der Geschichte der Bundesrepublik sind verschiedene Normen und Regelungen entwickelt worden, um den Antisemitismus in die Latenz abzudrängen und dort zu halten. Die Regelungen reichen von seiner moralischen Diskreditierung, über Kommunikationsstrategien bis hin zu strafrechtlicher Verfolgung.[2] Dieser Strukturschutz durch Latenz ist zu verstehen als Reaktion auf die Verfolgung und Ermordung der europäischen Juden. Für den Aufbau eines demokratischen Deutschlands in der Nachkriegszeit war ein offener Antisemitismus untragbar und seine Bekämpfung galt den Westalliierten von Beginn an als Voraussetzung für die Aufnahme der Bundesrepublik in die westliche Staatengemeinschaft (Stern 1990).[3] Der Wunsch nach Integration und internationaler Anerkennung der Bundesrepublik zwang etliche Politiker und Publizisten aus staatspolitischen Rücksichten, ihre abweichende Meinung zur Wiedergutmachung, zur „Judenfrage" vor 1933 usw. zurückzuhalten.[4]

Neben diesen externen politischen Integrationserfordernissen verlangten interne Integrations- und Kontinuitätsprobleme, daß nationalsozialistische Überzeugungen, zu deren Kern ja auch der Antisemitismus gehörte, nicht länger zugelassen wurden. Die politische Absetzung vom Nationalsozialismus erfolgte über Entlassungen, Re-education, Entnazifizierung und Kriegsverbrecherprozesse. Um den staatlichen und gesellschaftlichen Wiederaufbau zu ermöglichen, der mit demselben „Personal" durchgeführt werden mußte, waren Diskontinuitätsfiktionen nötig, wie sie im Begriff der „Stunde Null" ihren bildhaften Ausdruck gefunden haben. Da man die auch nach dem Krieg weit verbreitete antijüdische Einstellung nicht auf einen Schlag ändern konnte, griff man zur gesellschaftlichen Tabuisierung des Antisemitismus, der nun nicht mehr öffentlich geäußert werden durfte. Strafrechtliche Bestimmungen gegen den Rassenhaß wurden z.B. in Bayern 1946 verabschiedet und entsprechende Gesetzentwürfe der SPD und der CDU 1950 im Bundestag diskutiert (vgl. Cobler 1985, S. 161). Die Programme der wiedergegründeten demokratischen Parteien sowie die Grundsatzerklärungen der Kirchen und der Gewerkschaften sprachen sich gegen jede Form von „Rassenhochmut“ und Diskriminierung aus. Die mit der Gründung der Bundesrepublik entstehenden rechtsradikalen Parteien wurden sowohl mit administrativen wie handgreiflichen Mitteln an ihrer politischen Entfaltung gehindert. Die SRP wurde schließlich 1952 vom Bundesverfassungsgericht verboten. Damit und durch die Unterstützung der Presse wurde ein Meinungsklima geschaffen, daß den Antisemiten klar machte, daß ihre Meinungen unerwünscht waren. Der Antisemitismus war dadurch nicht länger gesellschaftsfähig und konnte nur noch anspielungsweise, indirekt und abgeschwächt geäußert werden (zur SRP vgl. Büsch und Furth 1957, S. 156ff. und 226). Das Kommunikationsverbot des Antisemitismus ist eng verwoben mit einem weitgehenden Latenthalten der konkreten NS-Vergangenheit insgesamt. In Reaktion auf diesen normativen Druck hatten sich viele ehemalige Anhänger des Nationalsozialismus zum Schweigen entschlossen. Jugendsoziologische Studien der frühen 50er Jahre belegen die große Antwortscheu der Jugendlichen bei politisch heiklen Themen (Zinnecker 1985, S. 344), und Schönbach fand in seiner Studie, daß die besonders in den NS verstrickte Generation der Jahrgänge 1910 bis 1920 ihr Unbehagen am stärksten durch Verschweigen und Verneinen der Vergangenheit mindern wollten (1961, S. 61). Insofern bildet die Latenz des Antisemitismus einen Aspekt in der Gesamtproblematik der „Vergangenheitsbewältigung“ (vgl. zu diesem Komplex ausführlich Bergmann/Erb 1986, S. 227ff.).

Dieser Umgang mit der Vergangenheit hat seine Befürworter, die in dieser Strategie den einzig gangbaren Weg sehen, die ehemaligen Nationalsozialisten und die seiner Ideologie erlegenen Bevölkerungsteile in den demokratischen Staat zu integrieren[5], er hat aber auch seine Gegner, von denen diese Strategie als Verdrängung und Restauration kritisiert wird. Die Verdrängungsthese, die auf einem psychoanalytischen Denkmodell beruht[6], betont die pathologischen Folgen der Verdrängung, die die Identifikation mit dem „Führer“ eben nicht löse und die Gesellschaft nicht gesunden lasse — das Latente hat Wirkungen.[7] Bis heute stehen sich beide Meinungsgruppen im Streit gegenüber: Die einen plädieren für einen Schlußstrich und sehen im demokratischen Wiederaufbau der Bundesrepublik die gelungene Verarbeitung der Vergangenheit. Von ihnen wird mittlerweile das Insistieren auf Erinnerung und Schuld in seinen negativen Wirkungen auf die kollektive Befindlichkeit der Deutschen hervorgehoben (Stichwort „verletzte Nation“, siehe das gleichnamige Buch von Noelle-Neumann/Köcher 1987). Die anderen betonen die Defizite auf diesem Gebiet und mahnen die Notwendigkeit an, sich auch weiterhin der NS-Vergangenheit zu stellen. Diese beiden Meinungslager unterscheiden sich auch in ihrer Bewertung der Verbreitung und Virulenz des gegenwärtigen Antisemitismus (Bergmann 1988b). Für die einen ist der Antisemitismus mittlerweile soweit zurückgegangen, daß er kein politisches Problem darstellt, so daß ein weiterer Strukturschutz des gesellschaftlichen Systems durch die Norm des Anti-Antisemitismus nicht mehr nötig sei. Das Kommunikationsverbot erscheint ihnen dysfunktional und sein Weiterbestehen führen sie teilweise auf die Interessen der dadurch Privilegierten zurück.[8] Während die anderen ein großes, nur verdrängtes Potential sehen, das bei jeder Lockerung der Norm wieder zum Vorschein kommen würde.

Diese Bewertungsdifferenzen beruhen gerade auf der Kommunikationslatenz des Antisemitismus und zeigen sich immer dann, wenn antisemitische Vorfälle kommentiert werden. Die eine Gruppe sieht in ihnen „bedauerliche Ausrutscher" einzelner, von denen man jedoch nicht auf eine weite Verbreitung antisemitischer Einstellungen schließen dürfe. Die anderen sehen diese Ereignisse als Symptome dafür, daß unter der scheinbar ruhigen Oberfläche alte Ressentiments in großem Umfang fortbestehen.[9] Für sie ist nicht der sichtbare Antisemitismus, sondern der unsichtbare der bedeutendere („Eisberg"-Metapher). Entsprechend unterscheiden sich auch die politischen Reaktionsformen auf antisemitische Ereignisse. Die einen schlagen vor, sie zu ignorieren und durch Nichtbeachtung „auszutrocknen", während die anderen sie auf die Tagesordnung setzen und öffentlich anprangern wollen. Für beide Gruppen ist typisch, daß sie die Ergebnisse der sozialwissenschaftlichen Forschung über das Ausmaß des Antisemitismus kritisieren. Die einen halten die Ergebnisse für weit übertrieben, die anderen glauben, daß die Befragungstechnik den latenten Antisemitismus gerade nicht erfassen könne.

Anknüpfend an die soziologischen Konzepte der „pluralistic ignorance" und der „Schweigespirale" ist deshalb zu untersuchen, inwieweit der *projizierte* Antisemitismus mit der jeweils persönlichen Einstellung zu Juden und allgemeinen politischen Überzeugungen zusammenhängt.

Kommunikationslatenz und Antwortverhalten

Eine generelle Kritik an der Umfrageforschung zu dem heiklen Thema Antisemitismus behauptet, daß die Befragten sozial erwünschte Antworten gäben und ihre antijüdische Einstellung zu verbergen trachteten. Deshalb seien die Ergebnisse systematisch verfälscht.[10] In der Anlage unserer Erhebung haben wie diesem Problem besondere Aufmerksamkeit geschenkt, indem wir mehrere Statements vorgegeben haben (alle Frage 9), mit denen die Befragten nach ihrem Unbehagen an dem Thema und ihrer Bereitschaft, sich offen zu äußern, gefragt wurden.

„Wenn ich über Juden rede, bin ich immer sehr vorsichtig, weil man sich da nur die Finger verbrennen kann“ (20 % Zustimmung).

„Mir ist das ganze Thema Juden irgendwie unangenehm“ (23 % Zustimmung).

„Was ich über Juden denke, sage ich nicht jedem“ (15 % Zustimmung).

Die drei Fragen messen die persönliche Reaktion auf das als heikel empfundene Thema. Ungefähr ein Fünftel der Bevölkerung reagiert auf den Latenzdruck mit Vorsicht und meidet das Thema in bestimmten Situationen.[11]

Diese drei Statements haben wir zu einem Index LATENZ zusammengefaßt.

Index LATENZ

Zustimmung	n	%	kummulierte %
0	1310	62,3	62,3
1	474	22,5	84,9
2	211	10,0	94,9
3	107	5,1	100,0
Summe	2102	100,0	

(Reliabilität: alpha = .57)

Etwa zwei Drittel der Bevölkerung fühlt sich persönlich frei von Latenzdruck. Das andere Drittel spürt das Tabu und die moralische Belastung des Themas und gibt an, mit ihren Äußerungen vorsichtig zu sein. Die Statements implizieren eine negative Einstellung zu Juden, die bei offener Äußerung möglicherweise mit der Norm des Anti-Antisemitismus in Konflikt geraten könnte. Man kann deshalb vermuten, daß die Kommunikationsscheu mit einer antijüdischen Einstellung verbunden ist.

Nach Auffassung der Umfragenkritiker dürften diese Personen, die von sich behaupten, daß sie ihre Meinung über Juden nicht jedem offen sagen, sich im Interview gerade nicht als Antisemiten zu erkennen geben. Dies ist für die große Mehrheit aber nicht der Fall. Der LATENZ-Index korreliert mit r = .47 mit dem ANTISEMITISMUS-Index. Das zeigt, daß die Antisemiten sehr wohl den Latenzdruck kennen und wissen, daß ihre Ansichten in der Öffentlichkeit nicht toleriert werden. Die Tatsache, daß sie in unserer Umfrage trotz des empfundenen Latenzdrucks als Antisemiten erkennbar geworden sind, beweist, daß sie offenbar die Befragungssituation als *anonym* definiert und die vorgelegten Fragen ihrer wahren Einstellung entsprechend beantwortet haben. Trotzdem ist nicht völlig auszuschließen, daß unter den Bedingungen der öffentlichen Vorurteilsrepression sich Befragte verstellen und durchweg sozial erwünschte Antworten geben. In verschiedenen Auswertungsschritten haben wir versucht, diesen Anteil einzugrenzen. Die folgenden Tabellen, die den Zusammenhang von Latenzdruck und einem relativ weit gefaßten Antisemitismus (über WAS) zeigt, geben dazu einen Anhaltspunkt.

Kommunikationslatenz und Antisemitismus

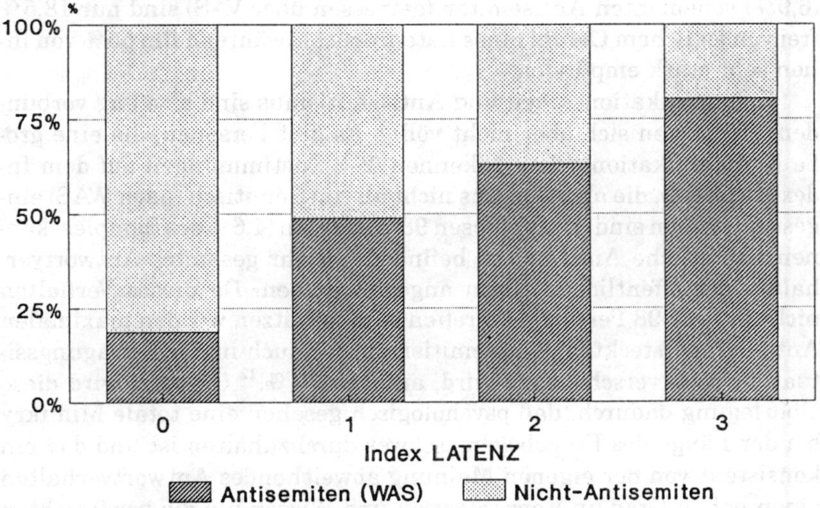

0 Zustimmung = kein Latenzdruck, 3 Zustimmungen = hoher Latenzdruck

Verteilung Antisemiten / Nicht-Antisemiten über den Index LATENZ

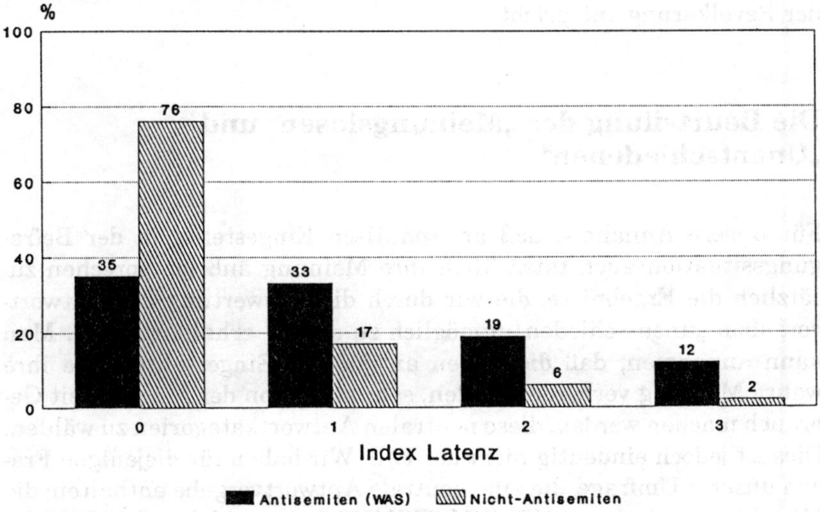

0 Zustimmung = kein Latenzdruck, 3 Zustimmungen = hoher Latenzdruck

Mit zunehmender Kommunikationsscheu nimmt der Anteil der Antisemiten stark zu. Während der Anteil an Antisemiten unter den Personen ohne Kommunikationsvorbehalte 19,5 % beträgt, sind es bei den Nicht-Antisemiten 80,5 %. Bei besonders stark ausgeprägter Latenz kehrt sich das Verhältnis um. Bei stark ausgeprägten antisemitischen Einstellungen steigt die Kommunikationsscheu weiter an. Von den 146 (6,9 %) vehementen Antisemiten (gemessen über VAS) sind nur 18,5 % frei von jeglichem Gefühl eines Latenzdrucks, während ihn 55 % von ihnen sehr stark empfinden.

Kommunikationsscheu und Antisemitismus sind also eng verbunden, sie decken sich aber nicht völlig. Es gibt Personen, die eine große Kommunikationsscheu bekennen (2-3 Zustimmungen auf dem Index LATENZ), die aber von uns nicht als antisemitisch (nach WAS) eingestuft worden sind. Unter diesen 98 Befragten (4,6 % des Samples) können sich etliche Antisemiten befinden, die ihr gesamtes Antwortverhalten der öffentlichen Norm angepaßt haben. Da dieses Verhalten nicht für alle 98 Personen zutreffen wird, schätzen wir den maximalen Anteil an verstecktem Antisemitismus, der auch in der Befragungssituation noch verschwiegen wird, auf unter 4 %.[12] Gestützt wird diese Überlegung dadurch, daß psychologisch gesehen eine totale Mimikry bei der Länge des Fragebogens schwer durchzuhalten ist und daß ein konsistent von der eigenen Meinung abweichendes Antwortverhalten einen hohen Grad an Konzentration und Wissen um die gewünschten Antworten voraussetzt.[13] Wir nehmen deshalb an, daß die von uns festgestellte Verbreitung antisemitischer Haltungen mit einer geringen Schwankungsbreite von 2-4 % der tatsächlichen Meinungsverteilung der Bevölkerung entspricht.

Die Beurteilung der „Meinungslosen“ und „Unentschiedenen“

Für unsere Annahme, daß antisemitisch Eingestellte in der Befragungssituation auch tatsächlich ihre Meinung äußern, sprechen zusätzlich die Ergebnisse, die wir durch die Auswertung der Antwortvorgaben „unentschieden/unmöglich zu sagen“ erhalten haben. Man kann annehmen, daß diejenigen antijüdisch Eingestellten, die ihre wahre Meinung verbergen wollen, sehr stark von der Möglichkeit Gebrauch machen werden, diese neutralen Antwortkategorien zu wählen. Dies ist jedoch eindeutig nicht der Fall. Wir haben für diejenigen Fragen unserer Umfrage, die eine neutrale Antwortvorgabe enthalten, die Mittelwerte mit dem ANTISEMITISMUS-Index und dem LATENZ-Index ermittelt. Der Vergleich der Mittelwerte in den verschiedenen Antwortkategorien „Zustimmung/Ablehnung/Unentschieden“ ergibt folgendes Bild: Die Mittelwerte der Kategorie „unentschieden“ liegen bei allen untersuchten Fragen stets näher an der nicht antisemitischen und an der nicht kommunikationslatenten Antwortvorgabe. Zwei Beispiele:

Mittelwerte des ANTISEMITISMUS-Index „Einige Leute meinen, daß die Juden sich für etwas Besonderes halten und auf andere herabschauen, weil im Alten Testament steht, daß Gott die Juden zu seinem auserwählten Volk erklärt hat“ (Frage 17).

	Mittelwert/AS-Index
Zustimmung	1.74
Ablehnung	–.94
Unentschieden	.31
Bev. insg.	–.03

Mittelwerte des LATENZ-Index Frage/17

	Mittelwert/LATENZ-Index
Zustimmung	.90
Ablehnung	.40
Unentschieden	.58
Bev. insg.	.58

Die Auswertung der anderen Fragen mit der Antwortvorgabe „unentschieden“ zeigt dasselbe Muster. Die Differenz zwischen den Mittelwerten der Antwortkategorien Unentschieden und Zustimmung ist bei kraß formulierten antijüdischen Statements besonders groß. Hier rükken die Unentschiedenen sehr eng an diejenigen heran, die derartige Statements ablehnen.

Dies alles spricht dafür, daß ein unentschiedenes Antwortverhalten eher aus Unsicherheit und Unkenntnis dem Thema gegenüber entspringt und seltener dem Wunsch, den eigenen Antisemitismus zu verbergen. Die Tatsache, daß die Unentschiedenen Kommunikationsscheu kaum stärker äußern als die Nicht-Antisemiten, deutet zudem darauf hin, daß ihre Wahl der neutralen Antwortkategorie überwiegend nicht ein Ausweichen vor einer negativ bewerteten Antwort darstellt. Es ist zwar nicht auszuschließen, daß sich Antisemiten in diese neutrale Antwort „flüchten“, dies kann angesichts der unterdurchschnittlichen Mittelwerte auf dem ANTISEMITISMUS-Index aber nur sehr vereinzelt vorkommen.

Je weiter man den Antisemitismus definiert (über WAS) und je größer damit die Gruppe der als antisemitisch Eingestuften wird, desto größer der Anteil von Unentschiedenen, die zu dieser Gruppe gezählt werden müssen (im Durchschnitt 16% der Unentschiedenen). Definiert man Antisemitismus enger und isoliert damit die Gruppe der vehementen Antisemiten, so nimmt der Anteil der Unentschiedenen, die mit diesen Ansichten sympathisieren, tendenziell ab (im Durchschnitt 11% der Unentschiedenen).

Je stärker eine antisemitische Einstellung ausgeprägt ist, desto mehr drängt sie nach Äußerung, nach Bestätigung der eigenen Meinung und desto stärker empfindet sie den Latenzdruck. Damit wird das antisemitische Potential weitgehend abschätzbar.

Die Wahl der Antwortvorgaben „weiß nicht/unentschieden/keine Meinung" weist auch auf *faktische* Latenz hin. Viele Menschen sind an dem Thema nicht interessiert, schenken ihm keine Aufmerksamkeit und besitzen nur geringe oder keine Kenntnisse.[14] Im Pretest haben wir danach gefragt, für wie wichtig die Interviewten das Thema halten und ob sie in der Familie oder im Bekanntenkreis darüber sprechen. Auf einer Liste mit vierzehn vorgegebenen Gesprächsthemen, wie Kernenergie, Rüstung, Terrorismus, Todesstrafe u.ä. wird das Thema „Juden" von 27% als kaum mehr interessant eingestuft und nimmt damit einen Mittelplatz ein. Die Hälfte der Befragten hat nach eigenen Angaben in den letzten drei, vier Jahren im privaten Kreis praktisch nie über die Judenverfolgung während des Dritten Reiches gesprochen, nur 4% geben an, dies häufig, 41% es ab und zu getan zu haben (Pretest 1987). Die explorativen Interviews bestätigen dieses eher geringe Interesse und die großen Wissenslücken.[15] Desinteresse und Unkenntnis reflektieren natürlich auch die Tatsache, daß das Thema als unangenehm, heikel und schwierig gemieden wird.

Die Verteilung der Kommunikationslatenz

Die Auswertung der Kommunikationslatenz nach Altersgruppen zeigt mit zunehmendem Alter eine wachsende Scheu, sich zum Thema „Juden und Antisemitismus" zu äußern (vgl. Schaubild S. 285).

Bis zu den Mitte Dreißigjährigen bewegt sich die Kommunikationsscheu auf einem Niveau, um dann mit steigendem Alter kontinuierlich zuzunehmen. Von der älteren Generation, aus der sich ja auch die Masse der Antisemiten rekrutiert, scheut sich die Hälfte, offen ihre Meinung zu äußern.[16]

Der Latenzdruck und die Parteipräferenz der Befragten zeigt für die vier Bundestagsparteien einen interpretierbaren Zusammenhang. Die Wähler der CDU/CSU zeigen überdurchschnittliche Kommunikationsscheu, die SPD-Wähler liegen im Durchschnitt und die FDP- und Grünen-Wähler sind überdurchschnittlich frei von Latenzdruck. Ein Links/

Kommunikationslatenz nach Altersgruppen

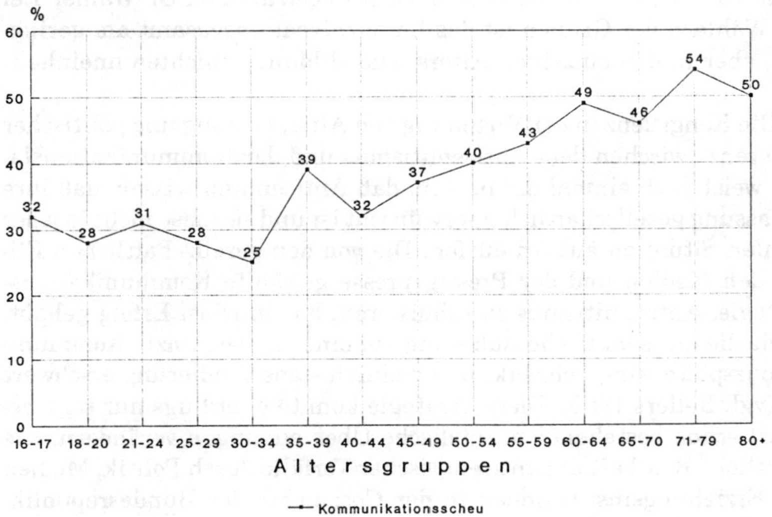

Kommunikationslatenz und Parteipräferenz

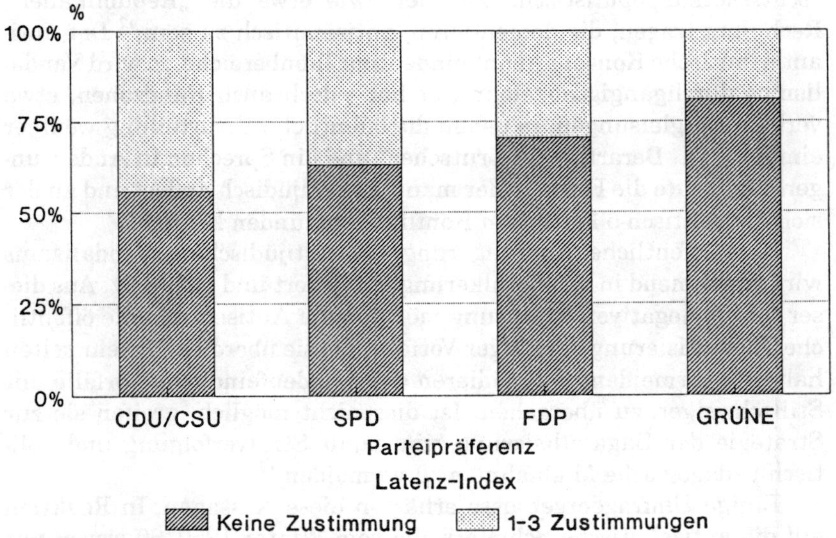

rechts-Schema ist feststellbar in der Differenz der Volksparteien CDU/CSU und SPD, es wird aber stark überlagert durch die Differenz Volkspartei/kleinere Partei mit spezifischer Wählerschaft. Hier schneidet die „rechtere" FDP geringfügig besser ab als die „linkere" SPD. Nach Kontrolle von Alter und Bildung läßt sich ein unabhängiger Einfluß der politischen Orientierung feststellen. In den entsprechenden Alters-

und Bildungsgruppen weisen die CDU/CSU-Wähler größere Latenz auf als die SPD-Wähler, die wiederum höher liegen als die FDP-Wähler. Bei den Wählern der Grünen ist das Latenzniveau insgesamt am geringsten, aber in den einzelnen Alters- und Bildungsschichten uneinheitlich.

Die Kongruenz in der Verteilung von Alter, Bildung und politischer Präferenz zwischen dem Antisemitismus und der Kommunikationslatenz weist noch einmal darauf hin, daß Antisemiten wissen, daß ihre Auffassung gesellschaftlich unerwünscht ist und sie diese nicht in jeder sozialen Situation äußern dürfen. Die von den gesellschaftlichen Eliten, den Medien und der Prestigepresse gewählte Kommunikationsstrategie, Antisemitismus zu tabuisieren, hat insofern Erfolg gehabt, als sie die antisemitische Äußerung auf eine eng begrenzte Kommunikationssphäre eingeschränkt und dadurch seine Tradierung erschwert hat (vgl. Bellers 1990). Diese Strategie konnte allerdings nur sehr begrenzt schon bestehende antijüdische Überzeugungen verändern. Die öffentliche Bearbeitung antisemitischer Vorfälle durch Politik, Medien und Erziehungsinstitutionen in der Geschichte der Bundesrepublik, verurteilte sie durchgängig und bekräftigte damit immer wieder die geltende Norm des Anti-Antisemitismus. Dieser Norm müssen auch rechtsradikal-populistische Parteien, wie etwa die „Republikaner", Rechnung tragen, die dementieren, antisemitisch zu sein.[17] Der antiantisemitische Konsens kennt eindeutige Tabubereiche, so wird Vandalismus durchgängig abgelehnt, er hat jedoch auch Randzonen, etwa verbale Entgleisungen, in denen die öffentliche Verurteilung weniger einmütig ist. Derartige „Ausrutscher" und ein Sprechen in Andeutungen sind heute die Form, in der man sich antijüdisch äußert und an der sich die politisch-öffentlichen Konflikte entzünden können.

Eine öffentliche Anprangerung von antijüdischem Vandalismus wird zunehmend in der Bevölkerung akzeptiert und gefordert. Aus dieser für sie negativen Erfahrung möchten die Antisemiten die öffentliche Thematisierung derartiger Vorfälle, die sie überdies für sehr selten halten[18], vermeiden und plädieren dafür, judenfeindliche Vorfälle mit Stillschweigen zu übergehen. Ist dies nicht möglich, greifen sie zur Strategie der Bagatellisierung, um damit Strafverfolgung und politisch-pädagogische Maßnahmen zu vermeiden.[19]

Einige Umfrageergebnisse erhärten diese Aussagen. In Reaktion auf die antisemitische Schmierwelle vom Winter 1959/60 waren nur 37% der Bevölkerung für ein Anprangern der Vorfälle und 35% für Stillschweigen (IfD Bd. III, S. 320). In unserem Pretest 1987 sind 69% der Befragten dafür, antijüdische Ereignisse wie Friedhofs- und Synagogenschändungen auf jeden Fall zu veröffentlichen, und nur 9% wollen sie mit Schweigen übergehen. Charakteristischerweise wollen von den tendenziell antijüdisch Eingestellten nur 39% derartige Vorkommnisse öffentlich machen, von den tendenziell projüdisch Eingestellten hingegen 85%. 16% der antijüdisch Eingestellten plädieren für ein Stillschweigen, weitere 44% von ihnen wollen eine Veröffentlichung von den Umständen abhängig machen. Die negative Thematisierung antisemitischer Auffassungen führt bei den Antisemiten zu einer kognitiven Dissonanz zwischen der von der Gesellschaft als moralisch richtig hingestellten Meinung und der eigenen, stigmatisierten Einstellung.[20] Solange sie ihre Meinung nicht als geltende Meinung erfahren, ziehen sie den Kommunikationsverzicht einer Thematisierung vor, die sie diskreditiert.

Die Analyse der Meinungslager

Die Antisemiten erleben den Widerstand der Öffentlichkeit gegen ihre Auffassungen und ziehen es vor zu schweigen.[21] Nach der Theorie der „Schweigespirale", die Elisabeth Noelle-Neumann in den letzten Jahren entwickelt hat (1977, 1978; zur Kritik des Konzepts vgl. Noetzel 1978), wäre nun zu erwarten, daß sie sich als eine Minderheit empfinden, die mit ihrer inopportunen Meinung isoliert ist. Um diesen Zusammenhang von öffentlicher Diskreditierung und Einschätzung der Stärke des eigenen Meinungslagers zu prüfen, haben wir in unsere Untersuchung die Frage aufgenommen:

„Glauben Sie, es gibt heute viele Leute, die gegen Juden eingestellt sind?" (Frage 3)

	n	%
Viele	420	20
Nicht so viele	778	37
Nur ganz wenige	610	29
Unmöglich zu sagen	294	14
Summe	2102	100

Die Bevölkerung sieht in ihrer Mehrheit durchaus eine gewisse Verbreitung von Judenfeindschaft, ein Fünftel hält sie sogar für eine weit verbreitete Einstellung. Es ist nun interessant zu wissen, ob es systematische Unterschiede in der Wahrnehmung der Meinungslager zwischen den antisemitisch und den nicht-antisemitisch eingestellten Personen gibt. Zwischen den beiden genannten Personengruppen gibt es signifikante Differenzen, die der These der Schweigespirale widersprechen. Es sind in diesem Fall die antisemitisch Eingestellten, die annehmen, daß ihre Meinung in der Bevölkerung von vielen geteilt würde und nur wenige Menschen nicht gegen Juden eingestellt seien. Die folgende Tabelle veranschaulicht diesen Zusammenhang.

„Glauben Sie, es gibt heute viele Leute, die gegen Juden eingestellt sind?“ / Antisemitismus

	WAS		SAS		VAS	
	nein %	ja %	nein %	ja %	nein %	ja %
Viele	15	28	17	41	18	45
Nicht so viele	37	37	37	35	37	35
Nur ganz wenige	34	20	32	9	31	9
Unmöglich zu sagen	14	15	14	15	14	12
Bev. insg.	66,8	33,2	88,4	11,6	93,1	6,9

($p < .001$)

Nur wenige Antisemiten sehen sich als die kleine Minderheit, die sie faktisch sind. Viele von ihnen glauben, daß ihre Meinung „in Wirklichkeit“ weit verbreitet sei. Mit ihrer Auffassung unterscheiden sie sich deutlich vom Bevölkerungsdurchschnitt und von den nicht als antisemitisch klassifizierten Personen. Je schärfere Kriterien man zur Zurechnung zum Kreis der antisemitisch Gesinnten heranzieht, desto häufiger wird die Größe des eigenen Meinungslagers überschätzt. Wir finden hier einen ausgeprägten Zug zur Projektion, die schon in der Theorie des Autoritarismus als zentrales Persönlichkeitsmerkmal xenophobisch und antisemitisch eingestellter Personen erkannt worden ist.[22]

Das EMNID-Institut hat im Jahre 1989 in seiner Umfrage zur „Zeitgeschichte“ ebenfalls nach der vermuteten Verbreitung des Antisemitismus in der Bundesrepublik gefragt. Die Auswertung zeigt den starken Zusammenhang von antisemitischer Einstellung und systematischer Überschätzung der Verbreitung der eigenen Überzeugung.

„Wie beurteilen Sie die allgemeine Einstellung der Bundesbürger gegenüber den Juden?“

	Bev. insg.	Einstellung zu Juden: sehr antisemitisch	ziemlich antisemitisch	etwas antisemitisch	nicht antisemitisch
	%	%	%	%	%
Die Meisten	4	23	12	3	2
Eine große Zahl	22	43	35	25	14
Eine geringe Zahl	52	21	42	51	59
Kaum jemand	21	13	12	20	24
Keine Angabe	1	–	–	1	1
Summe in %	100	100	100	100	100
n =	2272	94	205	960	1013

Quelle: EMNID 1989, Tab. 82.

Die von EMNID vorgenommene Gruppierung nach dem Grad der antisemitischen Einstellung korrespondiert sehr klar mit der Einschätzung über die Verbreitung des Antisemitismus. Nehmen zwei Drittel der sehr antisemitisch Eingestellten seine weite Verbreitung an, so sinkt die Zahl bei den ziemlich antisemitisch Eingestellten bereits auf die Hälfte, bei den etwas antisemitisch Eingestellten auf ein gutes Viertel und bei den Nicht-Antisemiten auf ein Sechstel ab.

Diese Ergebnisse legen es nahe, den Geltungsbereich der Theorie der Schweigespirale einzuschränken. Offenbar gibt es Meinungsgruppen, wie die überzeugten Antisemiten, die derart von der Wahrheit ihrer Weltanschauung überzeugt sind, daß sie selbstverständlich annehmen, viele andere müßten denken wie sie. Paradoxerweise wird von ihnen der Kommunikationsdruck und das seltene Vorkommen antisemitischer Vorfälle und Meinungsäußerungen nicht etwa als Zeichen dafür gewertet, daß sie eine Minderheitsmeinung vertreten, sondern im Gegenteil wird der Latenzdruck, den die Antisemiten ja besonders stark empfinden, als Repressionsmaßnahme gegen eine in der Bevölkerung weit verbreitete, aber politisch unerwünschte Meinung interpretiert.[23]

So vertreten sie überdurchschnittlich oft die Meinung „Viele trauen sich nicht, ihre wirkliche Meinung über Juden zu sagen".[24] Das führt sie zu einer optimistischen Zukunftserwartung hinsichtlich der Entwicklung ihres Meinungslagers. Im Pretest haben wir dazu folgende Frage gestellt:

„Was glauben Sie, wie das weitergeht – werden in zehn Jahren mehr Leute oder weniger Leute in der Bundesrepublik gegen Juden eingestellt sein?"

	Bev. insg.	tendenziell antijüdisch Eingestellte	tendenziell projüdisch Eingestellte
	%	%	%
Mehr Leute gegen Juden	4	30	8
Weniger Leute gegen Juden	42	17	42
Wird sich nichts ändern	30	32	26
Unentschieden/weiß nicht	24	21	24
Summe	100	100	100
n = 344	121	95	128

Die Bereitschaft, dem Antisemitismus eine weite Verbreitung zu unterstellen, entspringt einmal dem Wunschdenken der Antisemiten, sie entspringt jedoch bei einem anderen Bevölkerungsteil sowohl der Furcht vor Antisemitismus wie dem Bedürfnis, ein klares Feindbild zu bewahren. Immerhin nehmen 16 % der als nicht-antisemitisch eingestuften Befragten an, daß „die meisten" oder „eine sehr große Zahl" der Bundesbürger gegen die Juden eingestellt seien (EMNID 1989, Tab. 82).[25]

Das Phänomen, daß liberal-fortschrittliche Personen das Ausmaß an Vorurteilen gegenüber Minoritäten in der Gesellschaft überschätzen, wird in der angelsächsischen Forschung unter dem Begriff „pluralistic ignorance" diskutiert. Darunter werden zwei Mechanismen begriffen, die die Wahrnehmung der Meinungsverteilung in der Bevölkerung systematisch beeinflussen:

1. Der Spiegel-Effekt der Wahrnehmung — Leute, die konservative Ansichten über Minoritäten haben oder diese ablehnen, projizieren ihre eigene Meinung und Werthaltung auf alle anderen.
2. Unterschätzung des Meinungswandels — eher liberal eingestellte Personen tendieren zu der Auffassung, daß konservative und ablehnende Haltungen gegenüber Minderheiten sich bei anderen weniger stark zum Positiven verändert hätten, als dies bei ihnen der Fall ist (Fields/Schuman 1976, S. 437; Banton 1988).

Den Spiegel-Effekt der Wahrnehmung haben wir bei den Antisemiten bereits festgestellt. Wir finden in unseren Daten auch Belege für den zweiten, vom Konzept der „pluralistic ignorance" angenommenen Mechanismus. Es sind die Wähler der Grünen, einer Partei, die für die Rechte der Minderheiten eintritt, die den Umgang mit der NS-Vergangenheit als unzureichend kritisiert und der die Bekämpfung von Vorurteil und Diskriminierung ein zentrales politisches Anliegen ist, die den Abbau von Antisemitismus pessimistisch beurteilen. Die Wähler der Liberalen dagegen sind hier besonders optimistisch, die der beiden Volksparteien liegen im Bevölkerungsdurchschnitt.

„Glauben Sie, es gibt heute viele Leute, die gegen Juden eingestellt sind?"

	Bev. insg.	Wähler der CDU/CSU	SPD	FDP	GRÜNEN
	%	%	%	%	%
Viele	20	20,4	20,0	11,3	22,0
Nicht so viele	37	37,9	38,9	37,5	34,8
Nur ganz wenige	29	30,3	29,7	35,2	24,5
Unmöglich zu sagen	14	11,4	11,5	16,0	18,6
Summe	100	100	100	100	100

(chi^2 64.6 df .30, $p < .05$)

Je nach der politischen Präferenz bedeutet die Zustimmung zu den einzelnen Antwortvorgaben Unterschiedliches. Die Meinung, daß viele Leute gegen Juden eingestellt sind, ist bei den 20 % der Wähler der Volksparteien zu einem gewissen Teil Ausdruck der Projektion eigener antijüdischer Einstellungen.[26] Daß bei den Grünen-Wählern 22 % dieser Meinung sind, obwohl der Anteil der Antisemiten unter ihnen sehr gering ist, sehen wir im Zusammenhang mit ihrer gesellschaftskritischen Haltung, die sie nicht glauben läßt, daß in der westdeutschen Bevölkerung ein großer Einstellungswandel stattgefunden hat. Die deutlich niedrigere Schätzung von 11% bei den FDP-Wählern [27] erklären wir einerseits mit dem geringen Anteil von Antisemiten unter ihnen, andererseits mit ihrer affirmativen Haltung gegenüber den politischen Leistungen der Bundesrepublik.[28]

Die Wirksamkeit gesellschaftskritischer bzw. affirmativer Positionen bei den Befragten wird durch das Ausbleiben der erwarteten Alters- und Bildungseffekte unterstrichen. Es sind gerade Personen mit höheren Bildungsabschlüssen, die eine weite Verbreitung antisemitischer Einstellungen befürchten, selbst aber weit unterdurchschnittlich antisemitische Vorurteile vertreten. Die altersbedingte Zunahme des Antisemitismus spiegelt sich nicht in den Antworten zu diesem Statement über die geschätzte Verbreitung des Antisemitismus. Letztere liegt in allen Altersgruppen ungefähr gleich hoch. Man kann also annehmen, daß bei den älteren Generationen der oben genannte Spiegel-Effekt, bei den jüngeren eher eine Skepsis hinsichtlich des Meinungswandels in der Bevölkerung die Wahrnehmung strukturiert.

Es lassen sich in anderen Umfragen weitere Hinweise dafür finden, daß die Einschätzung der Verbreitung des Antisemitismus sehr stark mit der eigenen Haltung zu den Juden, der Einschätzung des Nationalsozialismus und dem eigenen politischen Standort variiert (Schönbach 1961, S. 31 und S. 40, Galtung 1960, S. 74 und S. 86 und EMNID 1986, Tab. 4).

Zunächst ist wichtig zu wissen, wie die von antisemitischen Äußerungen und Attacken direkt bedrohten Juden das Ausmaß an Antisemitismus einschätzen. Alphons Silbermann hat 1979 ein repräsentatives Sample der jüdischen Bevölkerung in der Bundesrepublik nach ihrer Einschätzung der Verbreitung des manifesten Antisemitismus gefragt (1982, S. 123ff.). Danach hält diese zu 80% die nichtjüdischen Bürger für mäßig bis stark antisemitisch. Dieses skeptische Urteil basiert sicherlich auf den tödlichen Erfahrungen der Vergangenheit, die man in einer Haltung, die Michael Banton als „playing save" oder „risk avoidance" bezeichnet (Banton 1986; 1988), auf die Gegenwart und Zukunft projiziert.[29] Historische Erfahrungen führen zu einer selektiven Wahrnehmung, in der antijüdische oder antijüdisch scheinende Vorkommnisse eine erhöhte Bedeutung erhalten. Man muß diese Erfahrungen der Juden ernst nehmen, denn gegen sie richten sich die Angriffe, sie erhalten die pöbelhaften Briefe und Anrufe usw. Der Antisemitismus, wie stark oder schwach er auch immer verbreitet sein mag, ist in jüdischer Sicht eine Bedrohung. Diese pessimistische Sichtweise kann allerdings nicht eine empirische Erhebung über die tatsächliche quantitative Verbreitung der antijüdischen Einstellung ersetzen.

Aus den Daten der Silbermann-Befragung ergab sich eine Differenz zwischen dem unterstellten großen Ausmaß an Antisemitismus und den alltäglichen persönlichen Beziehungen von Juden zu Nicht-Juden.

„Wie glauben Sie ist im ‚allgemeinen' gesehen das Verhältnis der deutschen Juden zu den deutschen Nichtjuden?"
„Und wie würden Sie ‚persönlich' Ihr Verhältnis zu den deutschen Nichtjuden bezeichnen?"

	persönlich %	allgemein %
Sehr gut	28,9	3,6
Gut	69,6	56,4
Mäßig	10,2	37,0
Eher bis sehr schlecht	1,4	2,9
Summe	100,0	100,0

Quelle: Silbermann 1982, S. 110.

Die sehr negative Einschätzung der Verbreitung des Antisemitismus in der Bundesrepublik ist eher Ausdruck des Lernens aus der Vergangenheit als Ergebnis eigener gegenwärtiger Erfahrungen. Die tendenzielle Überschätzung der Verbreitung des Antisemitismus durch die jüdische Gruppe und ihre Repräsentanten im Vergleich zu den Ergebnissen demoskopischer Erhebungen ist ein allgemeines Phänomen, das auch aus anderen westlichen Demokratien berichtet wird (Curtis 1990).[30] Wie sehr die selektive Konzentration auf den Antisemitismus dazu führt, aus verständlicher Sorge wie aus professioneller Sichtverengung sein Vorkommen zu dramatisieren, zeigt die Studie von Gary A. Tobin über die Wahrnehmung des Antisemitismus durch Funktionäre jüdischer Organisationen in den USA (1990).

Personen, die einen engen persönlichen Kontakt zu Juden haben oder sich selbst als „projüdisch" verstehen, scheinen diese Perspektive zu teilen. Ihr Antwortverhalten im Pretest unserer Studie belegt, daß die tendenziell projüdisch Eingestellten häufiger annehmen, „viele seien gegen die Juden eingestellt" als der Bevölkerungsdurchschnitt (22 % zu 14 %).[31]

Wie sehr die Einschätzung der Verbreitung des Antisemitismus und die Bewertung bestimmter Vorkommnisse, etwa der Äußerungen im öffentlichen Leben stehender Personen oder von antijüdischen Witzen, von historisch-politischen Überzeugungen abhängt, zeigen die empirischen Ergebnisse einer EMNID-Studie zum Antisemitismus von 1986. Die Meinungen zu den genannten Themen werden außer von der persönlichen Haltung gegenüber den Juden noch stärker von der Position gegenüber der NS-Vergangenheit geprägt. Der Teil der Befragten, der einen Schlußstrich unter die Vergangenheit fordert, nimmt eher an, daß es keinen oder nur geringfügigen Antisemitismus in der Bundesrepublik gibt, daß antijüdische Witze und antijüdische Politikeräußerungen „nicht der Rede wert seien". Umgekehrt tendieren diejenigen, die an die NS-Vergangenheit erinnert wissen wollen, damit so etwas nicht wieder passiert, mehrheitlich dazu, diese Vorkommnisse als „sehr schlimm“ einzuschätzen und eine weite Verbreitung des Antisemitismus anzunehmen (EMNID 1986, Tab. 3). Das Bestreben, derartige Dinge herunterzuspielen, hängt mit der engen Verbindung von Antisemitismus und Nationalsozialismus im öffentlichen Bewußtsein zusammen.[32] Jedes Auftauchen von Antisemitismus bringt zugleich die Frage der „unbewältigten Vergangenheit“ auf die Tagesordnung. Wer zu einem Schlußstrich tendiert und vermeiden will, daß sich erneut derartige Kontroversen in der inländischen Presse wie im Ausland entzünden, hat ein Interesse, die Existenz des Phänomens Antisemitismus zu „übersehen“, zu leugnen oder es in seiner Bedeutung herabzusetzen. Das andere Meinungslager sieht im Überleben des Antisemitismus umgekehrt gerade die Notwendigkeit, die Erinnerung an die NS-Vergangenheit wach zu halten. Es ist entsprechend kritisch gegenüber antijüdischen Witzen oder Äußerungen und hält Sorgen über die Verbreitung des Antisemitismus für „sehr gerechtfertigt“ (EMNID 1986, Tab. 4). Es ist gerade die Kommunikationslatenz selbst, die diese gegensätzlichen Interpretationen ermöglicht. Wo ein Tabu besteht, wächst der Anreiz, es zu brechen, wie man es aus der provokativen Benutzung von NS-Symbolen durch Jugendliche kennt. Es entspinnt sich ein Streit darüber, ob der Tabubruch die Ausnahme darstellt, die die Regel der Bedeutungslosigkeit des Antisemitismus bestätigt, oder ob er nicht ein Zeichen für das Weiterleben des latenten Antisemitismus ist.

Wir finden in der Einschätzung der Verbreitung von Antisemitismus und seiner Bewertung eine Mehrzahl von Meinungslagern, deren Sichtweisen auf ihre Betroffenheit, ihre Interessiertheit, ihre politisch-historischen Überzeugungen und ihre Haltung zu Staat und Gesellschaft der Bundesrepublik zurückgeführt werden kann. Eine große Bedeutung wird dem gegenwärtigen Antisemitismus von diametral entgegengesetzten Gruppen zugeschrieben: Die Antisemiten hoffen, daß ihre Meinung die Mehrheitsauffassung sei, und überschätzen das Potential an Gesinnungsgenossen. Eine gesellschaftskritische, eher „linke“ Position[33], die im Antisemitismus ein Zeichen für die „unbewältigte Vergangenheit“ sieht, tendiert ebenfalls zur Überschätzung des Potentials, um vor negativen Überraschungen sicher zu sein, nach dem Motto: „Wehret den Anfängen“. Das letztere Motiv liegt sicherlich auch der jüdischen Wahrnehmung zugrunde, in der der Antisemitismus immer noch als weit verbreitet erscheint. Eine eher geringe oder gar keine Bedeutung wird dem Antisemitismus vor allem von denjenigen beigemessen, die die Vergangenheit als „bewältigt“ ansehen bzw. sie gern so ansehen wollen. Dieses Meinungslager möchte die Thematisierung der nationalsozialistischen Vergangenheit vermeiden und ist daher gezwungen, etwaige antisemitische Ereignisse nach Möglichkeit nicht als solche anzuerkennen. — Dies weist auf ein allgemeineres Problem hin, nämlich wie Antisemitismus von verschiedenen Standpunkten aus definiert wird. Es besteht weder in der Wissenschaft noch in der Gesellschaft ein Konsens darüber, was man im Einzelfall als antisemitisch einstufen soll. Dieser Dissens hat sich eindrücklich in der sogenannten Faßbinder-Kontroverse offenbart, in der die Ansichten über den antisemitischen Charakter des Stückes „Der Müll, die Stadt und der Tod" und die Gefahren, die von seiner Aufführung ausgehen können, selbst im liberalen Lager weit auseinander lagen (Lichtenstein 1986; vgl. Zollinger 1986). Die Toleranzgrenze für kritische Äußerungen über Juden wird unterschiedlich weit gezogen. Für die einen ist vor dem Hintergrund des Holocaust jede Kritik an Juden oder an der Politik Israels Ausdruck einer antisemitischen Einstellung, während andere diese Kritik als Bestandteil der Meinungsfreiheit in einer pluralistischen Gesellschaft ansehen und ein gewisses Maß an Polemik akzeptieren. Diese Grenze wird umstritten bleiben, und der Streit wird immer wieder neu aufflammen, ohne daß eine abschließende Lösung gefunden werden kann. Die von uns herausgearbeitete, unhintergehbare Inkongruenz der Perspektiven und Interessen läßt die Appelle zur „Sachlichkeit, Unbefangenheit und Normalität" in den deutsch-jüdischen Beziehungen als nicht genügend durchdacht erscheinen. Die Forderung nach Normalität verkennt, daß die Kommunikationslatenz des Antisemitismus Resultat einer politischen Entscheidung zur Steuerung der Kommunikation in einer judenfeindlichen Gesellschaft war. Die Tabuisierung des Antisemitismus hat sicher zu seinem Rückgang beigetragen, ob schon heute das Problem verschwunden ist und deshalb eine Tabuisierung nicht länger nötig ist, kann man angesichts von 12 % überzeugter Antisemiten in der Bundesrepublik bezweifeln.

Anmerkungen

1 1954 bestand nicht nur ein Desinteresse, sondern auch ein ausgesprochener Widerwille, sich mit dem Thema Antisemitismus zu beschäftigen. 88 % der Befragten zeigten gar kein Interesse, 6 % ein geringes und lediglich 5 % ein ausgesprochenes Interesse. Eine Sonderbefragung unter Schülern, Studenten und Lehrern ergab etwas günstigere Werte: kein Interesse zeigten hier 70 %, geringes 21 % und ausgesprochenes Interesse 9 %. Einzig die Studenten zeichneten sich durch erhöhte Wißbegierde aus: 34 % gaben an, ein ausgesprochenes oder zumindest ein geringes Interesse für das Thema zu haben (EMNID 1954, S. 42 und S. 69).

2 Diese Tabuisierung wurde dadurch begünstigt, daß man der Disposition im Antikommunismus während des Kalten Krieges ein Ersatzobjekt anbot. Über die Funktion des Antikommunismus im Kontext der Absetzung vom Nationalsozialismus und Antisemitismus ist heute noch wenig bekannt. Vgl. die Überlegungen dazu bei Mitscherlich 1967.

3 Franz Böhm, der spätere Leiter der deutschen Delegation bei den Wiedergutmachungsverhandlungen mit Israel, hat 1950 die prekäre Situation der bundesdeutschen Politik klar herausgearbeitet: einerseits mußte man damit rechnen, daß

ein „beträchtlicher Bodensatz von Antisemitismus übrig geblieben war“ und daß zu dieser Zeit noch keine öffentliche Meinung entstanden war, vor der die „Antisemiten Angst“ hätten haben müssen, andererseits bestand unter Politikern die Überzeugung, daß man dies auf keinen Fall zugeben dürfe, „wenn man Deutschland nicht unermeßlichen Schaden im Ausland zufügen will“(Böhm 1950, S. 10 f.). Böhm wendet sich gegen diese „schlechte Diplomatie“ des Gesundbetens vor dem In- und Ausland und plädiert für eine entschlossene Bekämpfung vor allem des gemäßigten Antisemitismus, um damit Macht und Autorität in der Öffentlichkeit zu gewinnen (ebd. S. 13).

4 So erklärte z.B. der FDP-Abgeordnete Dr. Hasemann anläßlich der dritten Lesung des Wiedergutmachungsabkommens mit Israel im Bundestag, daß seine Partei nicht über den Vertrag öffentlich „feilschen“ wolle, da sonst der moralische Effekt „verpuffe“ (Verhandlungen des Deutschen Bundestages, 1. Wahlperiode, 254. Sitzung, 18. 3. 1953, S. 12 278 f.).

5 Diese Latenz des Themas Nationalsozialismus und Antisemitismus, sei sie durch Verbot, moralische Diskreditierung oder durch freiwillige Zurückhaltung erzeugt, beschreibt Hermann Lübbe als eine „gewisse Stille“, die seiner Meinung nach das sozialpsychologische und politische Medium war, um die Nachriegsbevölkerung in die Bürgerschaft der Bundesrepublik Deutschland zu verwandeln (Lübbe 1983, S. 334).

6 Kritisch zur Theorie der Verdrängung Luhmann/Fuchs (1989, S. 195 ff.), die die Paradoxie offenlegen, daß dem beobachteten System ein Erleben und eine psychische Bearbeitung unterstellt wird, die es selbst nicht erlebt und erinnert. Der Widerstand gegen die Interpretation des Beobachters „bestätigt“ dessen Meinung, daß das Erlebte verdrängt sei und geleugnet werde. Die Verdrängungsthese ist letztlich unwiderlegbar, da sie zirkulär argumentiert.

7 So sieht die Psychologin Birgit Rommelspacher das schlechte Verhältnis zu anderen ethnischen Gruppen in Deutschland als Ergebnis seiner „Verdrängungskultur“, weil man sich nicht mit der antisemitischen Vergangenheit auseinandergesetzt habe (taz 7. 5. 1990, S. 11).

8 Die negativen Folgen des anti-antisemitischen Tabus sind das Thema des umstrittenen Theaterstücks „Der Müll, die Stadt und der Tod“ von R.W. Faßbinder, der mit seiner Figur des „reichen Juden“ die durch einen „falschen Philosemitismus“ westdeutscher Kommunalpolitiker gedeckten Geschäfte eines jüdischen Grundstücksspekulanten auf die Bühne bringen wollte. Seine Kritik richtet sich dabei nicht auf den Juden, sondern auf diejenigen, die diesem aus historischer Rücksichtnahme bei seinen Geschäften behilflich sind (vgl. Interview mit R.W. Faßbinder 1976).

9 Die von Heiner Lichtenstein 1986 herausgegebene Materialsammlung zur Faßbinder-Kontroverse ist eine Fundgrube für diese Art von Wertungen.

10 Derartige Einwände werden teilweise durch „unobtrusive studies“ zum Rassenvorurteil gedeckt. Entsprechende Studien in den USA zeigen, daß Survey-Daten insgesamt Vorurteile und Diskriminierungen nicht in vollem Umfang erfassen (Crosby et al. 1980).

11 Die Korrelationen zwischen den drei Statements, in denen die persönliche Erfahrung des Latenzdrucks thematisiert wird, liegen mit .39 bzw. .42 relativ hoch.

12 Renate Köcher hat anhand der gleichen Umfrage ebenfalls die Frage geprüft, ob die festgestellte Zahl antijüdisch Gesinnter, wie sie sich in Umfragedaten herauskristallisiert, nicht eine Unterschätzung des wirklichen Potentials in der Gesellschaft ist. Nach ihrer Einschätzung zeigen nur 3 % der von ihr als vorurteilsfrei eingestuften Personen eine hohe Kommunikationsscheu, was ungefähr einem Prozent der Bevölkerung entspricht (IfD 1987, S. 66 ff.).

13 Schönbach (1961, S. 23 f.) diskutiert die psychologische Aporie der Antisemiten in

Deutschland nach dem Krieg, die in einem prekären Nebeneinander von Rechtfertigungs- und Leugnungsreaktionen besteht, die sie teils zur Suche nach sozialer Bestätigung für ihre Anschauung, teils zu einer Bagatellisierung und einem Verschweigen des Antisemitismus zwingen. In der anonymen Befragungssituation, in der keine Sanktion zu erwarten ist, kann man deshalb auf eine relativ offene Meinungsäußerung rechnen. Die beiden sich widersprechenden Strebungen lassen es als unwahrscheinlich erscheinen, daß sich *eine* vollständig im Antwortverhalten durchsetzt.

14 Vgl. das mit 11 % ausgesprochen geringe Interesse am Thema Antisemitismus in der EMNID-Umfrage von 1954, S. 42. Zum Interesse am Thema Holocaust vgl. Media Perspektiven 4, 1979, S. 230.

15 Trotz jahrzehntelanger politischer Bildung und Medienpräsenz des Themas gaben nach der Ausstrahlung der Fernsehserie „Holocaust" 51 % der Befragten an, persönlich durch den Film „Dinge über die Zeit des Nationalsozialismus erfahren zu haben, die sie bisher nicht wußten". Selbst Personen, die sich als politisch stark interessiert definierten, sprachen zu 48 % von einem Wissenszuwachs (Ernst 1979, S. 234).

16 Diese Altersgruppe zeigte bereits in der Schönbach-Studie (1961, S. 64 ff.) eine besonders ausgeprägte Tendenz zum „Verschweigen und Verdrängen", während sich die Jüngeren (Jahrgänge 1930 - 1942) in ihren Urteilen „unbefangener und unbekümmerter" äußerten. Sie neigten zur Offenheit und waren eher als die älteren Jahrgänge bereit, eigene antisemitische Gefühle zuzugeben. Schönbach interpretiert dieses Verhalten so, daß die Älteren in der Befangenheit ihrer Erinnerungen als Zeitgenossen des Nationalsozialismus ihren Antisemitismus verbergen, während die Jüngeren sich ohne die Hypothek der unmittelbaren Zeitgenossenschaft unbelasteter äußern zu können meinten. Diese Altersgruppe zeigt in unserer Studie immer noch höhere Latenz als die nachfolgenden Generationen (Jahrgang 1943 und jünger). Die Kommunikationsscheu ist bis heute ein Generationenproblem geblieben. Dies ist nicht unerheblich für den Dialog zwischen den Generationen. Die Tendenz der Jüngeren, sich heute frei und radikal zu äußern, führt bei den Älteren, die viel stärker das Kommunikationsverbot verspüren und respektieren, zu übertriebener Furcht vor dem Wiederaufleben des Antisemitismus unter Jugendlichen.

17 Vgl. dazu Lepszy 1989, S. 8. Rechtsradikale Parteien konnten in der Geschichte der Bundesrepublik Antisemitismus nur verdeckt und indirekt äußern. Sie waren häufig gezwungen, sich von antisemitischen Äußerungen und Aktionen ihrer Mitglieder zu distanzieren. So schloß die DRP die beiden Täter der Kölner Synagogenschändung, die Mitglieder der Partei waren, sofort aus und entschuldigte sich in einem Brief an die jüdische Gemeinde in Köln (vgl. Bergmann 1990, S. 259 ff.). Diese parteitaktischen Manöver, die demokratische Legitimation und Verfassungskonformität beweisen sollten, bestätigen indirekt die Gültigkeit der Norm.

18 Frage: „Man hört und liest ja gelegentlich bei uns von Ausschreitungen von Deutschen gegen jüdische Einrichtungen wie Friedhöfe, Synagogen und ähnliches. Was meinen Sie: geschieht das oft oder nur sehr selten?"

	Bev. insg.	tendenziell antijüdisch Eingestellte	tendenziell projüdisch Eingestellte
	%	%	%
Geschieht oft	9	3	17
Passiert selten	83	85	70
Weiß nicht	8	12	13

Quelle: Pretest 1987.

19 1960 waren 57 % der Antisemiten gegen besondere Maßnahmen bei antisemitischen Ausschreitungen, von den Nicht-Antisemiten waren es dagegen nur 16 % (Schönbach 1961, S. 42).

20 Schönbach hat in seiner Studie zur Schmierwelle bei den Antisemiten ein prekäres Nebeneinander von Genugtuungs- und Rechtfertigungsreaktionen sowie Leugnungs- und Bagatellisierungsreaktionen festgestellt. Einerseits sahen sie ihre private Meinung öffentlich bestätigt, andererseits erneuerte die Schmierwelle die für Antisemiten fatale Diskussion über Nationalsozialismus, Judenverfolgung und Schuldfrage (1961, S. 24). Diese widerstreitenden Strebungen bei den Antisemiten dürften bis heute fortbestehen. Folgerichtig hielt die Mehrzahl von ihnen 1986 die Sorge über eine neu erwachte Judenfeindlichkeit in der Bundesrepublik für nicht gerechtfertigt (vgl. EMNID 1986, Tab. 4).

21 Im Pretest werden von den Antisemiten die Themen „Juden" zu 40 %, Konzentrationslager zu 33 % und Nationalsozialismus zu 27 % als solche bezeichnet, über die man nichts sagen sollte, weil man sich daran nur die Finger verbrennen kann (im Bevölkerungsdurchschnitt liegt die Kommunikationsscheu mit 13-17 % bei diesen Themen wesentlich niedriger). Keines der sonst genannten politischen Themen hat bei den Antisemiten einen so hohen Latenzdruck offenbart.

22 Gefragt nach den Motiven der erwachsenen Schmierwellentäter, vermuteten die als antisemitisch Eingestuften signifikant häufiger als die anderen Befragten antisemitische Einstellungen: „Rassenhaß", „schlechte Erfahrungen mit Juden" und vor allem „Protest gegen den neuen und politischen Aufschwung der Juden" (Schönbach 1961, S. 39).

23 Im Pretest stimmen 91 % der antijüdisch Eingestellten der Aussage zu: „Viele unserer Politiker können gar nicht ihre wahre Meinung zur Politik Israels sagen, weil das sofort Ärger gibt" (im Bevölkerungsdurchschnitt sind es 65 %, bei den projüdisch Eingestellten 44 %). Die Antisemiten nehmen also an, daß sogar die Politiker einem starken Kommunikationsdruck unterliegen und daß deren „wahre Meinung" sehr israelkritisch ausfallen würde.

24 Im Hintergrund stehen hier verschwörungstheoretische Auffassungen, wonach die öffentliche Meinung in bestimmter Absicht manipuliert sei und die Meinungsträger der „Umerziehungspolitik" zum Opfer gefallen seien. Mit dieser Konstruktion kann man die „wahre, antisemitische Volksmeinung" hinter dem verfälschenden Bild der Medien „aufdecken". Dies ist noch einmal ein Hinweis, daß Antisemitismus heute vor allem ein Phänomen der politischen Rechten ist.

25 In Umfragen zur Ausländerfeindlichkeit ist diese Differenz zwischen der geäußerten eigenen Einstellung und der den Mitbürgern unterstellten besonders kraß zutage getreten: während 45 % der Befragten sich 1985 in einer IfD-Umfrage gegen die Anwesenheit der Ausländer in Deutschland ausgesprochen hatten, glaubten 72 % der Befragten, daß die meisten Deutschen gegen Ausländer eingestellt seien. Diese Diskrepanz läßt sich in zwei Richtungen interpretieren: einmal verstecken sich in dieser Projektion auf andere eigene Ressentiments, die die Befragten nicht offen zugeben wollen (so die Interpretation von Geiger 1990, S. 21 f.), zum anderen äußert sich hier eine Unterschätzung des positiven Meinungswandels gegenüber Minderheiten von seiten der liberalen Bürger, die eher zu einer pessimistischen, gesellschaftskritischen Haltung neigen (vgl. unten das Konzept der „pluralistic ignorance").

26 In der EMNID-Umfrage vom März 1989, in die erstmals auch die Wähler der „Republikaner" in einem repräsentativen Umfang einbezogen werden konnten, zeigt sich, daß auf der äußersten Rechten die eigene Einstellung sehr stark projiziert wird. 40 % von ihnen glauben, daß die meisten oder eine große Zahl der Bundesbürger auch antisemitisch sind (EMNID 1989, Tab. 82).

27 Die Auswertung der entsprechenden Schätzung nach der Parteienpräferenz in

der EMNID-Umfrage bringt für die Wähler der FDP ein abweichendes Ergebnis. 9 % von ihnen — und damit ein größerer Anteil als bei den Wählern der anderen Bundestagsparteien — schätzen, daß die meisten Bundesbürger gegen die Juden eingestellt seien. Dieses Ergebnis widerspricht unserem. Wir erklären die Differenz aus der aktuellen politischen Situation zum Umfragezeitpunkt, an dem den „Republikanern" zum erstenmal der Einzug in ein Landesparlament gelang (Berlin Januar 1989) und die Öffentlichkeit sehr besorgt reagierte. Vermutlich hat diese Veränderung in der Parteienlandschaft bei der besonders gebildeten und politisch interessierten Wählerschaft der FDP eine große negative Resonanz ausgelöst.

28 Bei der Übertragung des Konzepts der „pluralistic ignorance" muß man berücksichtigen, daß im angelsächsichen Sprachgebrauch „liberal" eher linksintellektuell meint und sich nicht mit dem politischen Liberalismus in der BRD deckt. Insofern ist das Konzept eher für die Wähler der Grünen zutreffend.

29 Michael May vom Institute of Jewish Affairs in London erklärte anläßlich einer Anhörung vor einem Ausschuß des Europäischen Parlaments über „Wiederaufleben von Faschismus und Rassismus in Europa": „Bedingt durch das Trauma der Hitlerzeit können wir (die Juden) uns selbst in freien und offensichtlich aufgeklärten Gesellschaftsformen nicht gänzlich sicher fühlen. Die Geschichte der westlichen Kultur ist vom tragischen Vermächtnis des antisemitischen Vorurteils belastet. Wenn auch versteckt von einem Zeitraum zum anderen, so fühlen wir doch, daß diese Voreingenommenheit unter der Oberfläche unserer Zivilisation lauert" (Europäisches Parlament, Sitzungsdokumente 1985/86, Dokument A 2-160/85/Anlage 4, S.L.1).

30 Die jüdische Wahrnehmung der antijüdischen Haltung ist nach Martire/Clark (1982, S. 108) konsistent stärker negativ, als die zum Ausdruck gebrachte Meinung der Nicht-Juden (zur einschränkenden Kritik der Interpretation von Martire/Clark vgl. Tobin 1988, S. 218f.). Galtung stellte 1960 fest, daß ein höherer Anteil jüdischer Schüler eine sehr hohe Zahl von antisemitischen Schmieraktionen annahm als in der nicht-jüdischen Vergleichsgruppe, wobei in letzterer die antijüdisch Eingestellten zu einem höheren Prozentsatz als die positiv Eingestellten eine hohe Zahl derartiger Vorfälle unterstellten. Auch nahmen die jüdischen Schüler häufiger an, daß sich derartige Aktionen wiederholen könnten (Galtung 1960, S. 110).

31 Diese Tendenz wird durch Galtungs Untersuchung bestätigt. Je enger der Kontakt zu Juden ist, desto häufiger wird von den Nicht-Juden über antijüdische Äußerungen berichtet (Galtung 1960, S. 69).

32 Dieses Bewertungsmuster findet sich auch in den Reaktionen auf die Schmierwelle von 1960 wieder. Diejenigen, die den Vandalismus klar ablehnten, sahen in ihm ein Warnzeichen für drohende Gefahren („soweit sind wir schon wieder" — 37 %, nur 5 % der Antisemiten waren dieser Meinung) und nur 19 % wollten in ihm „Gassenbubenstreiche" sehen (41 % der Antisemiten). Auch über die Frage der Täter gingen die Meinungen deutlich auseinander: die Gegner der Schmierereien sahen eher Nazis und Rechtsradikale am Werk (26 %) als die Antisemiten (8 %) und seltener „geltungsbedürftige Jugendliche" (16 % gegenüber 30 % der Antisemiten; Schönbach 1961, S. 31). Über den Kreis der Sympathisanten der Synagogenschänder finden sich gegensätzliche Annahmen: Daß größere Kreise mit den Tätern sympathisieren, nahmen von den Nicht-Antisemiten 30 % an, während 14 % der Antisemiten einen großen Kreis von Befürwortern annahmen (ebd. S. 40). Im Gegensatz zu der von uns festgestellten Projektionsneigung wollten die Antisemiten in diesem konkreten empörenden Fall den Kreis der Befürworter klein halten, um dem Ereignis als Tat von Einzelgängern seine Bedeutung zu nehmen.

33 Die Wähler der Grünen und der SPD bewerten judenfeindliche Äußerungen von Politikern sehr viel häufiger kritisch (80 % der Grünen- und 63 % der SPD-Wähler finden sie „sehr schlimm") als die Wähler von CDU/CSU und FDP (45 % bzw. 43 % — EMNID 1986, Tab. 4).

Forschungsausblick

Der Antisemitismus hat nach einer Phase der Beharrung bis in die späten fünfziger Jahre hinein in der Bundesrepublik stetig Anhänger verloren. Für diesen Rückgang war weniger der individuelle Einstellungswandel bei den Angehörigen der noch antisemitisch beeinflußten Generationen verantwortlich als die normativ und sachlich neuorientierte Erziehung der nachwachsenden Generation, die Liberalisierung der politischen Kultur und die Tabuisierung des Antisemitismus in der Öffentlichkeit. Wie in allen westlichen Industrienationen hat die Bildungsexpansion das demokratische Potential gestärkt und zu einem Abbau stereotypen Denkens beigetragen. Die Ergebnisse der Umfrageforschung lassen demnach für die nächsten Jahre ein weiteres Abnehmen des Antisemitismus erwarten, da mit den älteren Generationen die Hauptträger antijüdischer Einstellungen aussterben werden. Rückgang bedeutet nicht ein Verschwinden des Antisemitismus, vielmehr bleibt trotz günstiger politischer und wirtschaftlicher Bedingungen in der Bundesrepublik ein Sockel an antijüdischen Eingestellten erhalten. Aus krisentheoretischer Sicht wird deshalb eingewendet, die Nagelprobe auf demokratisch-liberale Haltungen sei in der Bundesrepublik noch nicht erfolgt. So ist es nicht auszuschließen, daß die in den 80er Jahren anwachsende Ausländerfeindlichkeit aus nationalistischen Motiven auch wieder zu einer stärkeren Ablehnung der Juden führt.

Die gesellschaftliche Strategie, den Antisemitismus in der Öffentlichkeit konsistent zu verurteilen und ihm seine Artikulationsfähigkeit zu nehmen, hat sich als erfolgreich erwiesen, indem sie dazu beigetragen hat, den Antisemitismus in die kommunikative Latenz abzudrängen, zu privatisieren und als politische Ideologie aufzulösen. Als Ideologie ist er nurmehr bruchstückhaft in Extremgruppen anzutreffen. Eine Funktion als politisches Ziel zur Mobilisierung von Wählern besitzt er heute in nennenswertem Ausmaß nicht. Weder ist ein linker Antizionismus noch ein rechter Antisemitismus zentraler ideologischer Bestandteil neuer sozialer Bewegungen. Es ist vor allem die Militanz von jugendlichen Subkulturen und die immer wieder aufflackernde Gewalt gegen jüdische Einrichtungen, die Juden bedroht und eine besorgte Öffentlichkeit alarmiert. Diese Einzelaktionen bieten im In- und Ausland häufig den Anlaß zu einer Überschätzung des antisemitischen Potentials in der Bundesrepublik.

Für die Forschung ergeben sich aus dieser Situation zwei Aufgaben:

1) Im Rahmen der Extremismusforschung ist weiterhin die Rolle des Antisemitismus, seine Vermittlung sowie die Frage der Rekrutierung des Nachwuchses zu untersuchen.
2) Die Analyse der gesellschaftsweit verbreiteten antisemitischen Einstellungen ist in den Kontext der politischen Kultur zu stellen. D.h. der Antisemitismus darf nicht, wie in der Vorurteilsforschung der 70er Jahre, isoliert betrachtet, sondern muß im Gefüge der öffentlichen Kommunikation verortet werden. Die von der Umfrageforschung ermittelte Existenz antisemitischer Einstellungen in der Bevölkerung ist selber Gegenstand öffentlicher Auseinandersetzung. Die Analyse muß deshalb die Kommunikation über diese Beobachtung einbeziehen. Dazu gehören Abwehr- und Aufklärungsstrategien einerseits, Enttabuisierungs- und Historisierungsbemühungen andererseits, ihre Zuordnung zu politischen Meinungslagern und zu den verschiedenen Diskursen in Wissenschaft, Politik, Erziehung und Öffentlichkeit.

Über die Einbettung des Antisemitismus in die politische Kultur der Bundesrepublik hinaus sollte die Forschung in einem weiteren Schritt das Schwergewicht auf ein komparatives Vorgehen legen. Aus historischen Gründen ist ein Vergleich vor allem zwischen den drei Nachfolgestaaten des „Großdeutschen Reiches“ vorrangig.

In der Bundesrepublik, in Österreich und in der DDR haben sich die Reaktionen auf den Nationalsozialismus und den Antisemitismus erheblich unterschieden. Während die Politik in der Bundesrepublik den Antisemitismus verurteilt und die langfristigen Verpflichtungen aus der Verantwortung für die nationalsozialistischen Verbrechen finanziell und moralisch akzeptierte, sträubten sich die Bevölkerung und auch zahlreiche Amtsträger dagegen. Mit der Etablierung des sozialistischen Regimes in der DDR galten Rassismus und Antisemitismus als abgeschafft, die Verantwortung für die nationalsozialistische Judenverfolgung wurde entsprechend der marxistischen Faschismustheorie auf die kapitalistisch gebliebene Bundesrepublik abgewälzt. Eine gesellschaftliche Auseinandersetzung mit dem Holocaust konnte unterbleiben. Die Nachkriegssituation Österreichs, das als erstes Opfer der deutschen Eroberungspolitik eingestuft wurde, erlaubte es dem Land, sich seiner Mitverantwortung zu entziehen. So haben wir in diesen Ländern drei politische Kulturen mit unterschiedlichen Traditionen vor uns, die Rainer Lepsius (1988, S. 250f.) als normative *Internalisierung* der Vergangenheit in der Bundesrepublik, als *Externalisierung* der Voraussetzungen, Inhalte und Konsequenzen des Nationalsozialismus im Falle Österreichs und als *Universalisierung* des Nationalsozialismus mittels des Faschismuskonzepts in der DDR bezeichnet hat. Nach dem Beitritt der DDR zur „alten" Bundesrepublik besteht nun die Möglichkeit, diese drei gesellschaftlichen Modelle des Umgangs mit der NS-Vergangenheit und dem Antisemitismus auf breiter Quellenbasis empirisch zu erforschen und miteinander zu vergleichen. Für die historisch-soziologische Vorurteilsforschung liegt hier der einmalige Fall vor, daß von historisch weitgehend identischen Ausgangsbedingungen her drei unterschiedliche staatliche und gesellschaftliche Optionen der Bearbeitung/Nichtbearbeitung des Antisemitismus in ihren Wirkungen untersucht werden können. Die Ausweitung der Antisemitismusforschung auf die ehemalige DDR ist gegenwärtig dringlich und lohnend, da man vom jetzigen Befund her die Auswirkungen der zunehmenden Integration auf die Vorurteilsstruktur in Deutschland verfolgen kann. Diese Reintegration zweier alternativer Gesellschaftssysteme stellt für die Vorurteilsforschung ein Novum und damit eine besondere Herausforderung dar.

Anhang 1: Fragebogen mit Grundauszählung

Fragebogen der Hauptbefragung IfD Allensbach – September 1987

2102 Befragte ab 16 Jahre – Halbgruppe A: 1016
Halbgruppe B: 1086

1. a) Interviewer überreicht Liste 1!
„Auf dieser Liste stehen eine Reihe ganz verschiedener Personengruppen. Könnten Sie bitte alle heraussuchen, mit denen Sie *nicht* so gern näher zu tun haben möchten?"

	% Zustimmung
Geschiedene	3,7
Leute, die sich mit Aids angesteckt haben	58,8
Türken	33,6
Personen, die wegen Diebstahls vorbestraft sind	48,7
Neger	21,3
Juden (Halbgruppe A)	13,0
Deutsche Juden (Halbgruppe B)	8,2
Überzeugte Kommunisten	50,3
Überzeugte Nationalsozialisten	66,4
Personen, die schon einige Monate in einer Klinik für Nervenkranke waren	24,1
Personen mit Arbeitslosenunterstützung, die sich nicht wirklich um einen Arbeitsplatz bemühen	30,3
Prostituierte	59,7
Israelis	10,7
Studenten	3,3
Asylanten	32,7
Kinder von Verbrechern	15,3
Leute mit vielen Kindern	3,5
Araber	29,7

b) „Und welche könnte es ruhig auch unter Ihrem engsten Freundeskreis geben? Woran würden Sie sich nicht stoßen?"

	% Zustimmung
Geschiedene	84,5
Leute, die sich mit Aids angesteckt haben	21,1
Türken	33,8
Personen, die wegen Diebstahls vorbestraft sind	19,9
Neger	40,6
Juden (Halbgruppe A)	48,4
Deutsche Juden (Halbgruppe B)	48,9
Überzeugte Kommunisten	19,5
Überzeugte Nationalsozialisten	9,8
Personen, die schon einige Monate in einer Klinik für Nervenkranke waren	34,0
Personen mit Arbeitslosenunterstützung, die sich nicht wirklich um einen Arbeitsplatz bemühen	29,2
Prostituierte	14,3
Israelis	39,3
Studenten	71,6
Asylanten	27,8
Kinder von Verbrechern	33,9
Leute mit vielen Kindern	78,4
Araber	29,8

2. „Wie denken Sie über folgendes:
Ein Jude, der in der Bundesrepublik geboren und aufgewachsen ist, ist der für Sie eher ein Deutscher oder eher ein Jude?“

	% Zustimmung
Eher ein Deutscher	64,7
Eher ein Jude	20,4
Unentschieden	14,9

3. „Glauben Sie, es gibt heute viele Leute, die gegen Juden eingestellt sind, oder nicht so viele, oder sind das nur ganz wenige?“

	% Zustimmung
Viele	20,0
Nicht so viele	36,8
Nur ganz wenige	29,0
Unmöglich zu sagen	14,3

4. „Wenn es Probleme im Zusammenleben zwischen Juden und anderen gibt: Glauben Sie, das liegt oft an der jüdischen Religion, oder hat das andere Gründe?“
Andere Antwort: ....

	% Zustimmung
An der jüdischen Religion	23,0
Andere Gründe	55,2
Unentschieden	21,3
Andere Antwort	0,8

5. Interviewer überreicht Kartenspiel und Liste 2!
„Auf diesen Karten stehen verschiedene Wörter. Bei diesen Wörtern kann man ja verschieden fühlen, ob sie einem sympathisch sind oder nicht sympathisch. Könnten Sie bitte diese Karten einmal hier auf das Blatt verteilen, je nachdem, wie Sie das fühlen. Wenn Sie sich bei einem Wort wirklich nicht entscheiden können, legen Sie die Karte bitte beiseite.“

	% Sympathisch	% Unsympathisch
Friedensbewegung	71,9	14,6
Jude	37,6	20,0
Antisemit	5,4	60,2
Palästinenser	15,9	51,7
Kommunismus	6,1	75,7
Deutschland	83,9	3,9
Asylanten	18,2	52,0
Rasse	20,1	47,4
Drittes Reich	5,3	78,6
National	45,4	27,1
Volk	63,5	11,4
Zigeuner	18,9	51,3
Talmud	13,0	22,5
Wiedergutmachung	38,4	35,7
Toleranz	86,6	4,1
Fanatiker	4,4	84,0
Pazifist	30,9	34,7
Zionist	8,9	41,0
Vergangenheitsbewältigung	27,5	41,8
Gastarbeiter	31,9	32,6
Israel	44,1	16,9
Kapitalismus	27,3	41,0
Türke	28,0	32,9

6. „Wenn jemand sagt, wir Deutschen sind den anderen Völkern überlegen, ist da Ihrer Meinung nach etwas Wahres daran, oder kann man das nicht sagen?"

	% Zustimmung
Etwas Wahres dran	29,3
Kann man nicht sagen	59,3
Unentschieden	11,5

7. Interviewer überreicht Liste 3!
„Bei welchen von diesen Personengruppen würden Sie überall sagen: ‚Das könnte auch auf mich passen' – ich meine, zu welchen dieser Gruppen würden Sie sich selbst auch zählen?"

	% Zustimmung
Religiöse, gläubige Menschen	34,6
Liberale	32,2
Benachteiligte	12,2
Leute, die gern leben, die Spaß am Leben haben	74,0
Leute, die von Staat und Politik enttäuscht sind	22,1
Leute, denen Gerechtigkeit über alles geht	50,3
Erfolgreiche, Aufsteiger	11,2
Leute, die keine Juden mögen	5,8
Tolerante Menschen	67,2
Leute, die sich anpassen können	61,5
Fortschrittliche, Progressive	22,6
Konservative	18,7
Personen, die im letzten Krieg viel zu leiden hatten	20,9
Musische Menschen, Künstler	15,3
Leute, die sich im 2. Weltkrieg ausgezeichnet haben	3,6
Leute, die für Recht und Ordnung sind	64,6
Leute, denen es während des Dritten Reiches ganz gut ging	3,7
Keiner davon	1,3

8. „Gibt es in Ihrem Bekanntenkreis Juden?"

Ja, mehrere	4,0 %
Ja, ein, zwei	7,9 %
Keine	66,6 % *
Weiß nicht	21,6 % *

* „Und wissen Sie sonst von Leuten hier am Ort oder aus dem Fernsehen, daß Sie Juden sind?"

Ja, von mehreren	18,3 %
Ja, von einem, zweien	20,0 %
Nein	49,9 %
Nichtbefr. Restgruppe	11,9 %

9. Interviewer überreicht Liste 4!
„Man hat ja Vorstellungen darüber, was andere über uns Deutsche denken. Was vermuten Sie: Was denken die Juden über uns Deutsche? Sagen Sie es mir bitte anhand dieser Liste hier."

	% Zustimmung
Viele *Juden* denken sicher...	
Die jüngeren Deutschen wollen mit ihrer Vergangenheit nichts mehr zu tun haben	63,7
Die Deutschen fühlen sich nicht schuldig	22,3
Viele Deutsche schämen sich für die Judenverfolgungen	47,5
Nach alledem, was die Deutschen uns Juden angetan haben, werden wir ihnen nie mehr unbefangen gegenübertreten können	33,7
Wir müssen die Deutschen immer an ihre Schuld erinnern	46,9
Wir müssen den Deutschen immer wieder sagen, daß es mit Wiedergutmachungszahlungen allein nicht getan ist	39,8
Trauen kann man den Deutschen nie	20,8
Viele Deutsche hassen uns Juden immer noch	41,0
Die Deutschen sind aufrichtig um eine Aussöhnung mit den Juden bemüht	32,0
Wir sollten den heutigen Deutschen nicht immer Vorwürfe machen, sie haben es nicht verdient	24,5
Die Deutschen haben nicht mehr und nicht weniger gegen uns als andere Völker auch	19,4
Wir sollten jetzt den Deutschen die Hand zur Versöhnung reichen	30,1
Anderes bitte angeben!	1,2

10. „Wenn jemand sagt: ‚Für uns Deutsche wäre es am besten, wenn alle Juden nach Israel gingen'. Würden Sie da zustimmen oder nicht zustimmen?"

Zustimmen	13,1 %
Nicht zustimmen	66,8 %
Unentschieden	20,1 %

11. „Glauben Sie, das meiste, was über Konzentrationslager und Judenverfolgung berichtet wird, ist wahr, oder ist da vieles übertrieben dargestellt worden?"

Das meiste wahr	79,2 %
Vieles übertrieben dargestellt	13,3 %
Unentschieden	7,5 %

12. „Kürzlich sagte jemand:
‚Heute, 40 Jahre nach Kriegsende, sollten wir nicht mehr so viel über die Judenverfolgung reden, sondern endlich einen Schlußstrich unter die Vergangenheit ziehen.'
Würden Sie sagen, der hat recht oder nicht recht?"

Hat recht	66,9 %
Hat nicht recht	21,5 %
Unentschieden	11,6 %

13. „Sollten Personen, die sich heute in Deutschland judenfeindlich betätigen, von den Gerichten bestraft werden oder nicht?"

Ja, bestimmt	38,5 %
Ja, in schweren Fällen	43,0 %
Nein, prinzipiell nicht	5,1 %
Nein, wäre undemokratisch	5,0 %
Unentschieden	8,5 %

14. Interviewer überreicht Liste 5!

„Hier auf der Liste steht einiges, was man über den Staat Israel hören kann. Bei welchen Punkten würden Sie sagen, das stimmt, das sehe ich auch so?"

	% Zustimmung
Sie halten sich manchmal für den Nabel der Welt	21,5
Auf diesem Volk lastet ein Fluch	20,8
Der Staat Israel verdient unsere besondere Unterstützung	22,7
Sie sind von den Amerikanern abhängig	35,2
Israel kann wirklich stolz auf sich sein	21,0
Dieses Land hat sehr viel versteckten Einfluß in der Welt	38,9
Von den Israelis können wir sehr viel Gutes lernen	7,7
Ein Staat, der über Leichen geht	18,0
Sie haben eine gute Armee und einen guten Geheimdienst	45,5
Israel betreibt eine rücksichtslose und engstirnige Politik	18,5
Sie sind wie wir. Die Deutschen des Nahen Ostens	9,9
Ein fleißiges Volk	36,9
Israel lebt von unseren Wiedergutmachungszahlungen	16,8
Dort haben religiöse Fanatiker die Fäden in der Hand	20,0
Israel hat eine vorbildliche Landwirtschaft	27,2
Sie nehmen ihren Nachbarn Land weg ohne jedes Recht	21,3
Ein Land, dessen Verhalten durch ständige Bedrohung von außen geprägt wird	48,1
Ein Land, das einfach keinen Frieden will	11,6
Sie beginnen Kriege und geben anderen die Schuld daran	14,9
Ein Staat wie jeder andere auch	20,7

15. „Wenn jemand sagt: ‚Was der Staat Israel heute mit den Palästinensern macht, ist im Prinzip auch nichts anderes als das, was die Nazis im Dritten Reich mit den Juden gemacht haben.'

Würden Sie dem zustimmen oder nicht zustimmen?"

Zustimmen	16,9%
Nicht zustimmen	50,1%
Unentschieden	33,0%

16. Interviewer überreicht Liste 6!
„Hier ist verschiedenes aufgeschrieben, was wir so bei unseren Umfragen gehört haben. Welchen dieser Forderungen würden Sie zustimmen?“

	% Zustimmung
Den Juden soll bei uns in jeder Weise geholfen werden, denn sie haben sehr viel gelitten	26,0
Juden sollen bei uns nicht Minister oder hohe Beamte werden	16,1
Die Bundesrepublik sollte die Politik von Israel mehr unterstützen	8,7
Ehemalige KZ-Aufseher sollten auch weiterhin gesucht und bestraft werden	49,4
Man sollte den Kampf der Palästinenser um ihre Heimat unterstützen	16,0
Kinder von Juden sollten auf die gleichen Schulen gehen wie andere Kinder auch	68,7
Die Bundesrepublik sollte auf keinen Fall Waffen an die Araber liefern	44,1
Wir sollten keine weiteren Wiedergutmachungszahlungen an Israel leisten	27,9
Mehr Schulen und Straßen sollten nach deutschen Juden benannt werden	7,8
Man sollte nicht zu jüdischen Ärzten gehen	2,1
Besuchsreisen nach Israel sollten öffentlich gefördert werden	26,1
Es sollte mehr Städtepartnerschaften zwischen israelischen und deutschen Städten geben	37,4
Es sollte verboten werden, daß weitere Juden nach Deutschland einwandern oder zurückkehren	6,4
Man sollte jemandem im Gespräch beistehen, der etwas gegen Juden gesagt hat	6,9
Juden und Nicht-Juden sollen vom Recht und einfach in allem genau gleich behandelt werden	70,1
Man sollte Leserbriefe schreiben, in denen die Wiedergutmachungszahlungen an Israel heftig angegriffen werden	5,1

17. „Einige Leute meinen, daß die Juden sich für etwas Besonderes halten und auf andere herabschauen, weil im Alten Testament steht, daß Gott die Juden zu seinem auserwählten Volk erklärt hat. Glauben Sie, das stimmt, Juden halten sich für etwas Besonderes, oder glauben Sie das nicht?“

Glaube ich	30,8 %
Glaube ich nicht	52,5 %
Unentschieden	16,7 %

18. „Juden haben auf der Welt zuviel Einfluß. Würden Sie sagen, das stimmt oder das stimmt nicht?“

Stimmt	33,0 %
Stimmt nicht	42,6 %
Unentschieden	24,4 %

19. Interviewer überreicht Kartenspiel!
„Können Sie die Karten bitte einmal durchsehen und mir die Punkte nennen, die auf Sie zutreffen?"

	% Zustimmung
Ich persönlich bin mir keiner Schuld gegenüber Juden bewußt	83,4
In meiner Familie war man früher sehr gegen Juden eingestellt	10,0
Meine Familie hatte vor dem Kriege jüdische Freunde und Bekannte	18,7
Wenn ich über Juden rede, bin ich immer sehr vorsichtig, weil man sich da nur die Finger verbrennen kann	20,4
Mich beschämt, daß Deutsche so viele Verbrechen an den Juden begangen haben	60,9
Ich mache keinen Unterschied zwischen Juden und anderen Menschen	74,7
Ich glaube, etwas vorsichtig muß man bei Juden immer sein	19,4
Ich kann gar nicht verstehen, daß es Leute gibt, die grundsätzlich etwas gegen Juden haben	49,3
Ich glaube, daß die Juden mitschuldig sind, wenn sie gehaßt und verfolgt werden	21,6
Um mir selbst ein Bild machen zu können, würde ich gern mal Juden näher kennenlernen	33,7
Was ich über Juden denke, sage ich nicht jedem	15,3
Ich glaube, daß viele sich nicht trauen, ihre wirkliche Meinung über Juden zu sagen	39,8
Mir ist das ganze Thema „Juden" irgendwie unangenehm	22,7

20. Interviewer überreicht Kartenspiel!
„Hier steht verschiedenes, was uns andere Leute über Juden gesagt haben. Welche Eigenschaften findet man denn *Ihrer Ansicht* nach besonders häufig bei Juden?"

	% Zustimmung
Politisch radikal	21,6
Intelligent, klug	49,4
Erfolgreich im Geschäftsleben	74,6
Künstlerisch begabt	38,5
Nachtragend, unversöhnlich	25,5
Tapfer	33,5
Überheblich	14,7
Ehrgeizig	48,7
Treu	10,8
Ehrlich	10,5
Ordentlich, sauber	20,3
Verschwörerisch	11,3
Religiös	75,0
Halten fest zusammen	69,9
Feige	3,5
Fleißig	46,0
Geizig	20,1
Pflichtbewußt	28,7
Bescheiden, anspruchslos	11,4
Häßlich	3,6
Traditionsbewußt	64,6
Rücksichtslos	15,3
Empfindlich	31,6
Schwächlich	4,1
Zerstörerisch, zersetzend	4,4
Falsch, hinterhältig	8,7
Geldgierig, raffgierig	27,8
Gerissen, schlau	42,4
Machthungrig	18,5
Unberechenbar	15,2
Unheimlich	7,4
Nichts davon	7,7

21. Interviewer überreicht Bildblatt 7 mit einer Figur!
„Hier ist einmal aufgeschrieben. was uns neulich gesagt wurde. Würden Sie sagen, da ist was Wahres dran, oder stimmt das nicht?"

Statement der Figur: „Viele Juden versuchen, aus der Vergangenheit des Dritten Reiches heute ihren Vorteil zu ziehen und die Deutschen dafür zahlen zu lassen."

Ist genau richtig	11,4 %
Ist was Wahres dran	37,1 %
Stimmt nicht	29,0 %
Unmöglich zu sagen	22,6 %

22. „Was würden Sie schätzen, wieviel Juden leben zur Zeit in der Bundesrepublik mit West-Berlin?"

Bis 10 000	3,3 %
11 000 bis 20 000	1,8 %
21 000 bis 30 000	1,6 %
31 000 bis 50 000	2,7 %
51 000 bis 90 000	1,6 %
91 000 bis 100 000	4,1 %
101 000 bis 200 000	2,1 %
201 000 bis 300 000	1,4 %
301 000 bis 500 000	4,1 %
mehr als 500 000	7,3 %
Unmöglich zu sagen	70,0 %

23. „Man hört manchmal, die Juden hätten deshalb soviel Schwierigkeiten, weil Gott sie dafür bestraft, daß sie Jesus Christus gekreuzigt haben. Würden Sie den zustimmen oder nicht zustimmen?"

Zustimmen	8,0 %
Nicht zustimmen	75,7 %
Unentschieden	16,4 %

24.a) „Dem österreichischen Bundespräsidenten Waldheim wird von jüdischen Organisaitonen vorgeworfen, daß er im Zweiten Weltkrieg an Jugendverfolgungen beteiligt gewesen sei. Haben Sie davon gehört?"

Ja	83,0 % *
Nein	17,0 %

b) „Manche sagen ja, da hat sich der jüdische Weltkongreß zuviel eingemischt, und andere sagen, es war notwendig nach Waldheims Rolle im Zweiten Weltkrieg zu fragen. Was ist Ihre Ansicht?"

Zuviel eingemischt	30,0 %
Notwendig, nach Waldheims Rolle zu fragen	47,0 %
Unentschieden	23,0 %

(nur gestellt bei * Ja-Antworten auf Frage 24a)

c) „Normalerweise werden ja Staatsoberhäupter von Zeit zu Zeit zu einem Besuch in die Bundesrepublik eingeladen. Wegen der Vorwürfe gegen Waldheim sagen nun die einen, die Bundesrepublik sollte Waldheim nicht einladen. Die anderen sind für eine Einladung, weil sie die Vorwürfe für nicht bewiesen halten. Was denken Sie, wie die ersten oder wie die zweiten?"

Wie die ersten (Waldheim nicht einladen)	23,0 %
Wie die zweiten (Waldheim einladen)	52,0 %
Unentschieden	25,0 %

(nur gestellt bei * Ja-Antworten auf Frage 24a)

Anhang 2: Faktorenanalysen Stereotype Vorstellungen über Juden

31 Variablen/ Varimax-Rotation
Eigenwerte > 1.0

Faktor	*Eigenwerte*	*Erklärte Varianz %*	*Kumul. Varianz*
1	5.89859	18,4	18,4
2	4.29342	13,4	31,9
3	1.95124	6,1	38,0
4	1.30238	4,1	42,1
5	1.21392	3,8	45,9
6	1.00495	3,1	49,0

% Variable	*Faktoren (Ladung > .40)*						
	F 1	F 2	F 3	F 4	F 5	F 6	Kommun.
15 Rücksichtslos	**.72**	.06	–.05	.11	–.02	.09	.55
15 Unberechenbar	**.71**	.01	–.03	.09	.09	.08	.52
19 Machthungrig	**.66**	.02	–.01	.24	–.01	.13	.51
4 Zerstörerisch	**.60**	–.02	.01	–.09	.29	–.12	.47
15 Überheblich	**.57**	.05	–.03	.18	.04	.35	.49
9 Falsch, hinterhältig	**.57**	–.07	–.05	.14	.33	.00	.46
7 Unheimlich	**.55**	.02	.00	.06	.21	–.18	.38
22 Politisch radikal	**.55**	.27	–.05	–.14	–.11	.21	.45
11 Verschwörerisch	**.53**	.07	.05	.03	.23	.10	.34
26 Nachtragend	**.52**	.13	–.03	.16	.06	.46	.53
28 Geldgierig	**.45**	.01	–.13	.60	.14	.12	.62
75 Religiös	.03	**.74**	.09	.03	.04	.11	.57
65 Traditionsbewußt	.06	**.68**	.17	–.03	–.07	.05	.50
70 Halten fest zusammen	.10	**.68**	.16	.10	.02	.05	.51
75 Erfolgreich im Geschäftsleben	–.04	**.61**	.06	.46	–.01	–.04	.59
49 Ehrgeizig	.22	**.42**	.30	.32	–.11	–.26	.49
11 Ehrlich	–.08	–.02	**.73**	–.02	.07	.06	.54
11 Treu	–.01	.00	**.67**	.08	.05	.07	.46
20 Ordentlich, sauber	–.04	.13	**.66**	.03	–.03	.10	.47
29 Pflichtbewußt	.01	.22	**.65**	.09	–.04	.01	.48
12 Bescheiden	–.03	.06	**.54**	–.06	.16	–.09	.33
20 Fleißig	–.02	.37	**.50**	.22	–.14	–.13	.47
34 Tapfer	.14	.36	**.45**	–.03	–.16	–.30	.46
42 Gerissen, schlau	.33	.21	.00	**.62**	.03	.06	.55
28 Geldgierig	.45	.01	–.13	**.60**	.14	.12	.62
20 Geizig	.31	–.01	.03	**.53**	.29	.08	.47
49 Intelligent, klug	–.02	.35	.30	**.51**	–.09	–.08	.49
75 Erfolgreich im Geschäftsleben	–.05	.61	.06	**.46**	–.01	–.04	.59
4 Feige	.24	–.01	.03	.02	**.69**	.09	.54
4 Schwächlich	.11	–.02	.10	.02	**.69**	.18	.54
4 Häßlich	.20	.06	–.02	.08	**.60**	–.20	.44
32 Empfindlich	.21	.23	.26	.07	.04	**.59**	.52
26 Nachtragend, unversöhnlich	.52	.13	–.03	.16	.06	**.46**	.53

Unter den nicht eingestuften Stereotypen lädt „künstlerisch begabt" mit .38 relativ hoch auf Faktor 4.

Faktorenanalyse Israelbild

32 Variablen / Varimax-Rotation
Eigenwerte > 1.0

Faktor	*Eigenwerte*	*Erklärte Varianz %*	*Kumul. Varianz*
1	4.70513	14,3	14,3
2	3.46414	10,5	24,8
3	1.65231	5,0	29,8
4	1.38993	4,2	34,0
5	1.14299	3,5	37,4
6	1.08837	3,3	40,7
7	1.07940	3,3	44,0
8	1.03462	3,1	47,1

% Variable	*Faktoren (Ladung > .40)*								
	F 1	F 2	F 3	F 4	F 5	F 6	F 7	F 8	K.
15 Beginnen Kriege	**.68**	–.06	.19	.01	–.12	.08	.05	.02	.54
19 Rücksichtslose Politik	**.65**	.14	–.00	–.12	.00	.10	.15	.05	.49
12 Land, das keinen Frieden will	**.62**	–.21	.16	.07	–.09	.08	–.06	–.09	.48
18 Staat, der über Leichen geht	**.58**	.11	.13	–.14	.01	.16	.12	–.01	.42
20 Religiöse Fanatiker haben die Fäden...	**.56**	–.02	.21	–.03	–.04	–.05	–.08	–.06	.37
21 Nehmen Nachbarn Land weg	**.42**	.22	.21	–.08	–.16	.01	.45	.05	.51
46 Gute Armee	.03	**.68**	.17	.03	.09	.04	.13	–.06	.52
35 Sind von den Amerikanern abhängig	.10	**.61**	.08	–.06	.08	.04	.22	–.03	.45
27 Vorbildliche Landwirtschaft	–.06	**.58**	–.01	.32	–.05	–.07	–.04	.10	.46
48 Ständige Bedrohung von außen	.00	**.57**	–.09	.13	.29	–.04	–.03	–.24	.49
37 Fleißiges Volk	–.08	**.53**	–.09	.34	.03	–.02	–.12	.16	.46
21 Israel kann stolz auf sich sein	–.06	**.46**	–.01	.49	–.00	–.08	–.10	.11	.48
39 Viel versteckten Einfluß	.08	**.41**	.35	–.10	.21	.13	.06	–.03	.38
28 Keine Wiedergutmachung an Israel	.11	.08	**.67**	–.15	–.12	.11	.05	.02	.53
48 Vorteil aus der Vergangenheit	–.19	–.07	**–.65**	.03	.06	–.06	.06	–.05	.48
17 Israel lebt von Wiedergutmachung	.27	–.04	**.60**	.10	–.16	–.04	–.01	–.03	.47
5 Leserbriefe gegen Wiedergutmachung	.18	–.18	**.46**	.10	–.06	.21	.24	–.10	.41
9 Politik Israels mehr unterstützen	–.04	.02	.01	**.63**	.09	.03	–.01	–.02	.41
8 Von Israel viel Gutes lernen	–.02	.12	–.02	**.60**	–.02	.07	–.04	.18	.41
23 I. verdient Unterstützung	–.09	.11	–.16	**.59**	.22	–.05	.09	–.04	.46
21 I. kann stolz auf sich sein	–.06	.46	–.01	**.49**	–.00	–.08	–.10	.11	.48
26 Besuchsreisen nach Israel fördern	.03	–.01	–.02	**.43**	.55	–.13	.04	–.01	.51

% *Variable*	*Faktoren (Ladung > .40)* F 1	F 2	F 3	F 4	F 5	F 6	F 7	F 8	K.
39 Israelis nicht im Freundeskreis	.06	–.17	.15	–.02	**–.64**	–.02	.00	–.09	.48
37 Städtepartnerschaften	–.09	.11	–.09	.38	**.56**	–.06	.10	–.10	.51
26 Besuchsreisen fördern	.03	–.01	–.02	.43	**.55**	–.13	.04	–.01	.51
11 Mit Israelis nicht zu tun haben wollen	.23	–.11	.18	.15	**–.45**	.21	.12	–.28	.46
22 Talmud unsympa thisch	.08	.03	.04	.07	–.05	**.75**	–.02	.12	.60
17 Israel unsympathisch	.34	–.12	.09	.01	–.18	**.63**	.09	–.09	.58
36 Wiedergutmachung unsympathisch	–.04	.15	.43	–.23	.08	**.50**	–.07	–.04	.52
16 Kampf der Palästinenser unterstützen	.19	.11	.06	.02	.16	.04	**.70**	.10	.58
21 Auf diesem Volk lastet ein Fluch	.40	.01	.13	.02	.17	.08	**–.46**	.16	.44
21 Nehmen Nachbarn Land weg	.42	.22	.21	–.08	–.16	.01	**.45**	.05	.51
21 Ein Staat wie jeder andere auch	–.21	–.15	.09	.15	.20	–.02	.11	**.64**	.57
10 Die Deutschen des Nahen Ostens	.06	.27	–.03	.24	.00	.09	–.13	**.48**	.40

Unter den nicht eingestuften Aussagen zu Israel laden relativ hoch:
„Was der Staat Israel mit den Palästinensern macht, ist im Prinzip auch nichts anderes als das, was die Nazis im Dritten Reich mit den Juden gemacht haben", mit –.37 auf Faktor 8.
„Sie halten sich manchmal für den Nabel der Welt", mit .31 auf Faktor 1 und mit .39 auf Faktor 3.

Faktorenanalyse: Antipathie und soziale Distanz

26 Variablen / Varimax-Rotation
Eigenwerte > 1.0

Faktor	*Eigenwerte*	*Erklärte Varianz %*	*Kumul. Varianz*
1	6.35845	24,5	24,5
2	1.94109	7,5	31,9
3	1.71553	6,6	38,5
4	1.25753	4,8	43,4
5	1.13937	4,4	47,7
6	1.02135	3.9	51,7

% Variablen	*Faktoren (Ladung > .40)*						
	F 1	F 2	F 3	F 4	F 5	F 6	Kommun.
21 Neger	**.68**	.13	.35	.08	.05	.08	.62
30 Araber	**.65**	.27	.24	.05	.11	.12	.57
11 Israelis	**.64**	.06	.04	.35	.14	.15	.58
11 Juden / dt. Juden	**.60**	.09	.06	.46	.17	.14	.63
34 Türken	**.59**	.33	.39	.03	.00	.00	.61
33 Asylanten	**.54**	.29	.34	.02	–.00	.10	.50
3 Studenten	**.46**	.07	–.23	–.04	.01	.50	.52
33 Türke unsymp.	.24	**.72**	.09	.13	–.06	–.02	.61
52 Asylanten unsymp.	.19	**.69**	.19	–.01	–.03	.03	.56
33 Gastarbeiter unsympathisch	.17	**.69**	.10	.16	–.07	.01	.54
51 Zigeuner unsymp.	.12	**.65**	.17	.06	.03	.02	.46
52 Palästinenser unsympathisch	.01	**.63**	–.05	–.01	.20	.12	.45
20 Jude unsympath.	.20	**.52**	–.06	.48	.00	.07	.55
49 Wegen Diebstahls Vorbestrafte	.11	.06	**.67**	.07	.11	.13	.51
60 Prostituierte	.06	.08	**.66**	.00	.13	.10	.47
59 Aids-Kranke	.25	.17	**.61**	.02	–.01	–.06	.54
6 Leute, die keine Juden mögen	.23	.14	.01	**.71**	.06	.00	.59
6 Juden sollen nicht einwandern	.17	.07	.10	**.68**	–.10	–.07	.52
13 Juden nach Israel, nicht besser	.20	–.03	–.04	**–.65**	.04	–.17	.50
20 Jude unsympathisch	.19	.52	–.06	**.48**	.00	.07	.55
11 Juden / dt.Juden	.60	.09	.06	**.46**	.17	.14	.63
66 Überzeugte Nazis	–.01	–.10	.01	–.09	**.84**	.02	.73
50 Überzeugte Kommunisten	.16	.20	.29	.06	**.66**	.02	.59
4 Geschiedene	.15	–.02	.11	.09	–.05	**.63**	.44
30 Arbeitslose	–.07	.14	.31	.04	.15	**.63**	.54
3 Studenten	.46	.07	–.23	–.04	.01	**.50**	.52

Unter den nicht eingestuften Gruppen laden relativ hoch:
„Nervenkranke“ auf Faktor 1 mit .39 und auf Faktor 3 mit .38.
„Kinder von Verbrechern“ auf Faktor 1 mit .34 und auf Faktor 3 mit .37.
„In Deutschland geborene und aufgewachsene Juden sind eher Juden als Deutsche“ auf Faktor 1 mit .39 und auf Faktor 3 mit .39.

Konfirmatorische Faktoranalyse: Fremdenfeindlichkeit und Antisemitismus (vgl. Kap. IX).

Für den latenten Faktor „Fremdenfeindlichkeit" wurden die Parameter für die Variablen „Türken, Neger, Asylanten, Araber, Juden", und „Leute, die keine Juden mögen" (Frage 1a und Frage 7/8) geschätzt. Für den latenten Faktor „Antisemitismus" wurden die Parameter für die Variablen „Juden", „Leute, die keine Juden mögen", „Boykott jüdischer Ärzte" und „Verbot der Einwanderung von Juden" (Frage 16/13) geschätzt.

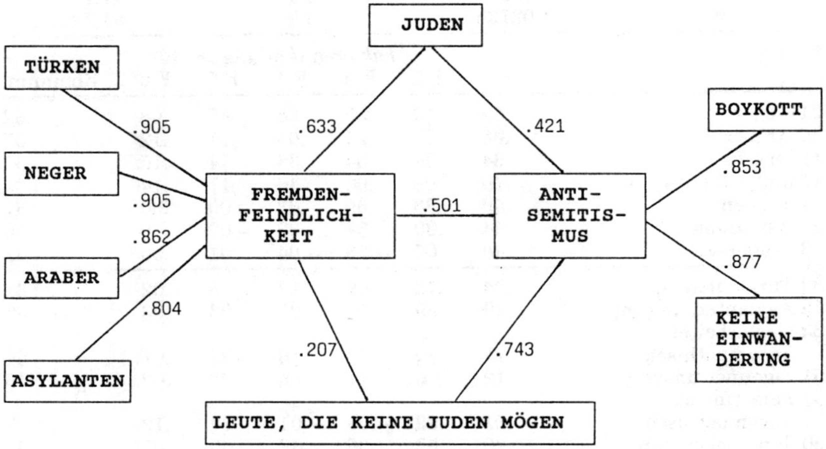

Der Determinationskoeffizient für das Modell beträgt 0.991. Die Varianzaufklärung der Variablen liegt zwischen .65 und .85.

Anhang 3: Index AS-STEREOTYP

Liste der 17 Indikatoren

Frage 17: „Einige Leute meinen, daß die Juden sich für etwas Besonderes halten und auf andere herabschauen, weil im Alten Testament steht, daß Gott die Juden zu seinem auserwählten Volk erklärt hat."
(Antwort: Glaube ich)

Frage 18: „Juden haben auf der Welt zuviel Einfluß."
(Antwort: Stimmt)

aus
Frage 19: „Ich glaube, daß die Juden mitschuldig sind, wenn sie gehaßt und verfolgt werden."

aus
Frage 20: „Welche Eigenschaften findet man *Ihrer Ansicht* nach besonders häufig bei Juden?"
Die Eigenschaften: Nachtragend, unversöhnlich
Überheblich
Verschwörerisch
Häßlich
Rücksichtslos
Zerstörerisch, zersetzend
Falsch, hinterhältig
Geldgierig, raffgierig
Gerissen, schlau
Machthungrig
Unberechenbar
Unheimlich

Frage 21: „Viele Juden versuchen, aus der Vergangenheit des Dritten Reiches heute ihren Vorteil zu ziehen und die Deutschen dafür zahlen zu lassen."
(Antworten: Ist genau richtig / Ist was Wahres dran)

Frage 23: „Man hört manchmal, die Juden hätten deshalb soviel Schwierigkeiten, weil Gott sie dafür bestraft, daß sie Jesus Christus gekreuzigt haben."
(Zustimmung)

Literatur

1. Quellen und Auswertung empirischer Forschung

Theodor W. Adorno/Else Frenkel-Brunswik/Daniel J. Levinson/R. Nevitt Sanford, The Authoritarian Personality, New York 1950.

Yizhak Ahren/Christoph Melchers/Werner Seifert/Werner Wagner, Das Lehrstück „Holocaust". Wirkungen und Nachwirkungen eines Medienereignisses, Opladen 1982.

Klaus R. Allerbeck, Demokratisierung und sozialer Wandel in der Bundesrepublik Deutschland. Sekundäranalyse von Umfragedaten 1953-1974, Opladen 1976.

Antisemitismus in Österreich. Ergebnisse einer Untersuchung der Demoskopischen Institute Österreichs, Leitung: H. Kienzl/E. Gehmacher, Wien 1987 (MS).

Hans Benninghaus, Ergebnisse und Perspektiven der Einstellungs-Verhaltensforschung, Meisenheim a.G. 1976.

Doris Bensimon/Jeannine Verdes-Leroux, Les Français et le probleme Juif. Analyse secondaire d'un sondage de l'I.F.O.P., in: Archives de sociologie des religions 29, 1970, S. 53-91.

Bruno Bettelheim/Morris Janowitz, Dynamics of Prejudice, New York 1950.

Leonard Berkowitz, Anti-Semitism and the Displacement of Aggression, in: Journal of Abnormal and Social Psychology 59, 1959, S. 181-187.

Connie de Boer, The Polls: Attitudes Toward the Arab-Israeli Conflict, in: Public Opinion Quarterly 47, 1983, S. 121-131.

G.R. Boynton/Gerhard Loewenberg, The Decay of Support for Monarchy and the Hitler Regime in the Federal Republic of Germany, in: British Journal of Political Science 4, 1974, S. 453-488.

DIVO-Pressedienst, Zu den Spannungen im Mittleren Osten, Juli II — 1958.

—, Bekanntheit und Beurteilung des Eichmann-Prozesses/ Frage der Mitarbeit von Angehörigen der jüdischen Bevölkerungsgruppe und des Emigrantenkreises in der Bundesregierung, Juli II — 1961.

—, Bekanntheitsgrad des Auschwitz-Prozesses und die Einstellung der Bundesbürger zu seiner Durchführung ‚zwanzig Jahre danach', Juli I/Juli II — 1964.

—, Einstellungen zu den Bürgerrechtsgesetzen und zu den Rassenunruhen in Amerika, März I — 1965.

EMNID-Institut, Zum Problem des Antisemitismus im Bundesgebiet. Eine Spezial-Erhebung im Auftrage der Bundeszentrale für Heimatdienst, Bonn, Bielefeld 1954.

—, EMNID-Informationen 45/1956 — Völkermeinungen zum Nahost-Konflikt.

—, EMNID-Informationen 15/1957 — Sympathien und Antipathien gegenüber anderen Ländern.

—, EMNID-Informationen 41/1959 — Gruppeneinflüsse in der Öffentlichkeit der Bundesrepublik.

—, EMNID-Informationen 9/1960 — Antisemitische Äußerungen im Urteil der westdeutschen Bevölkerung.

—, EMNID-Informationen 17/1961 — Meinungen über Gruppeneinflüsse in der Bundesrepublik.

–, EMNID-Informationen 24/1961 – Weltmeinungen zum Eichmann-Prozeß.
–, EMNID-Informationen 30/1961 – Wirkungen des Eichmann-Prozesses auf die Einstellungen gegenüber Deutschland.
–, EMNID-Informationen 32/1961 – Wie die Deutschen sich sehen.
–, EMNID-Informationen 7/1962 – Gruppeneinflüsse in der Bundesrepublik.
–, EMNID-Informationen 37/1963 – Zu den Gruppeneinflüssen in der Bundesrepublik.
–, EMNID-Informationen 7/1965 – Religiöse Gruppeneinflüsse in der Bundesrepublik von 1959 bis 1964.
–, EMNID-Informationen 35/1965 – Internationales Meinungsbild: USA. Vorurteile in der Politik.
–, EMNID-Informationen 3/1967 – Was NPD-Anhänger von einem „Mann wie Hitler" halten. Der Einfluß der Interessenverbände.
–, EMNID-Informationen 7/1967 – Einstellung zum Nahost-Konflikt.
–, EMNID-Informationen 8/1967 – Einstellung zum Nahost-Konflikt in der Weltmeinung.
–, EMNID-Informationen 6/1968 und 11-12/1968 – Heirat.
–, EMNID-Informationen 2/1969 – Völkerstereotypen im Wandel eines Jahrzehnts.
–, EMNID-Informationen 11-12/1970 – Gruppeneinflüsse.
–, EMNID-Informationen 11-12/1971 – Gruppeneinflüsse.
–, EMNID-Informationen 11-12/1973 – Wenig Sympathien für die Araber während des Nahost-Konflikts.
–, EMNID-Informationen 1-2/1974 – Eine Untersuchung über Nahost-Sympathien und unsere jüdischen Mitbürger.
–, EMNID-Informationen 7/1975 – Gruppeneinflüsse in der Bundesrepublik Deutschland.
–, EMNID-Informationen 12/1975 – Einstellungen zu Problemen der Außen- und Deutschlandpolitik.
–, EMNID-Informationen 1/1977 – Gehört Israel zu Europa?
–, EMNID-Informationen 1/1978 – Friedensbemühungen Präsident Sadats.
–, EMNID-Informationen 6/1978 – Israels Politik wird ausgleichend gesehen.
–, EMNID-Informationen 11-12/1978 – Verjährungsfrist für NS-Verbrechen.
–, EMNID-Informationen 1/1979 – Gruppeneinflüsse in der Bundesrepublik Deutschland.
–, EMNID-Informationen 2/1979 – Verjährungsfrist für NS-Verbrechen – Umdenken durch „Holocaust"?
–, EMNID-Informationen 11/1981 – Zur Akzeptanz pogromistischer Judenwitze.
–, EMNID-Informationen 12/1981 – Untersuchungsergebnisse aus dem Ausland: Israel – US-Politik im Nahen Osten.
–, EMNID-Informationen 5-6/1982 – Zum aktuellen Image von Reagan, Thatcher und Begin.
–, EMNID-Informationen 3-4/1984 – Zum Image von Reagan, Kohl, Honecker und Shamir.
–, EMNID-Informationen 11-12/1984 – Gruppeneinflüsse.
–, EMNID-Informationen 8-9/1986 – Verschiedene Länder und ihre Produkte (Boykott-Frage).
–, Antisemitismus. Repräsentativbefragung im Auftrag des WDR, 1986.
–, Zeitgeschichte, Bielefeld 1989.
R. Erlebach/T. Kissenkötter/R. Krieger/D. Wacker, Nationalsozialismus. Kenntnisse und Meinungen von Abiturienten 1961 und 1979, in: Politische Psychologie, hrsg. v. Hans Dieter Klingemann/Max Kaase, Sonderheft der Politischen Vierteljahresschrift 12, Opladen 1981, S. 337-343.
Tilman Ernst, „Holocaust" und politische Bildung, in: Media Perspektiven, 1979, S.

230-240.
—, Holocaust" in der Bundesrepublik, in: Rundfunk und Fernsehen 28, 1980, S. 509-533.
Michaela von Freyhold, Autoritarismus und politische Apathie. Analyse einer Skala zur Ermittlung autoritätsgebundener Verhaltensweisen, Frankfurt a.M. 1971 (Frankfurter Beiträge zur Soziologie Bd. 22).
Johan Galtung, Anti-Semitism in the Making. A Study of American High School Students, Oslo 1960.
Wolfgang Gast, „Holocaust" und die Presse, in: Rundfunk und Fernsehen 30, 1982, S. 355-362.
Ernst Gehmacher, Vorurteil und Politik. Ein sozialwissenschaftliches Modell, in: SWS-Rundschau 27, 1987, S. 69-74.
Klaus F. Geiger, Einstellungen zur multikulturellen Gesellschaft — Ergebnisse von Repräsentativbefragungen in der Bundesrepublik, MS Kassel 1990.
Charles Y. Glock/Rodney Stark, Christian Beliefs and Anti-Semitism, New York 1966.
Christian Haerpfer, Antisemitische Einstellungen in der österreichischen Gesellschaft in der Periode 1973-1989, in: NS-Ideologie und Antisemitismus in Österreich, Schriftenreihe der Liga der Freunde des Judentums, Nr.1, Wien 1989, S. 35-45.
Thomas A. Herz, Soziale Bedingungen für Rechtsextremismus in der Bundesrepublik Deutschland und in den Vereinigten Staaten, Meisenheim a.G. 1975.
M. Hoskin, Die öffentliche Meinung in der Bundesrepublik Deutschland und die ausländischen Arbeitnehmer, in: M. Rosch (Hrsg.), Ausländische Arbeitnehmer und Immigranten. Sozialwissenschaftliche Beiträge zur Diskussion eines aktuellen Problems, Weinheim, Basel 1985, S. 2-30.
Institut für Demoskopie Allensbach, Ist Deutschland antisemitisch? Ein diagnostischer Beitrag zur Innenpolitik Herbst 1949, Allensbach 1949.
—, Jahrbuch der öffentlichen Meinung 1947-1955, hrsg. v. E. Noelle und E.P. Neumann, Allensbach 1956.
—, Jahrbuch der öffentlichen Meinung, Bd.II, Allensbach 1957.
—, Jahrbuch der öffentlichen Meinung, Bd. III, 1958-1964, Allensbach 1965.
—, Jahrbuch der öffentlichen Meinung, Bd. IV, 1965-1967, Allensbach 1968.
—, Jahrbuch der öffentlichen Meinung, Bd. V, 1968-1973, Allensbach 1974.
—, Allensbacher Jahrbuch für Demoskopie, Bd. VI, 1974-1976, Allensbach 1977.
—, Allensbacher Jahrbuch für Demoskopie, Bd. VIII, 1978-1983, Allensbach 1984.
—, Zwischen Toleranz und Besorgtheit. Einstellungen der deutschen Bevölkerung zu aktuellen Problemen der Ausländerpolitik, Allensbach 1985.
—, Deutsche und Juden vier Jahrzehnte danach. Eine Repräsentativbefragung im Auftrag des „Stern", von Renate Köcher, Allensbach 1986.
—, Ausmaß und Formen des heutigen Antisemitismus in der Bundesrepublik Deutschland, von Renate Köcher, Allensbach 1987.
ISIS-Meinungsprofile, Antisemitismus in Österreich und Westdeutschland 1987 (red. Bernd Marin), in: Journal für Sozialforschung 28, 1988, S. 77-104.
Walter Jaide/Hans-Joachim Veen, Bilanz der Jugendforschung. Ergebnisse empirischer Analysen in der Bundesrepublik Deutschland von 1975-1987, Paderborn, München 1989.
Dieter Just/Peter Caspar Mülhens, Ausländerzunahme: objektives Problem oder Einstellungsfrage? Aktuelle Einstellungen der Deutschen gegenüber ausländischen Mitbürgern, in: Aus Politik und Zeitgeschichte B 25, 1982, 26.Juni 1982, S. 35-38.
Emanuel de Kadt, What People Thought of the Middle East War, in: Patterns of Prejudice 1, 1967, S. 10-13.

Daniel Katz / Kenneth W. Braly, Racial Stereotypes of 100 College Students, in: Journal of Abnormal and Social Psychology 30, 1933, S. 280-290.
—/—, Racial Prejudice and Racial Stereotypes, in: Journal of Social Psychology 30, 1935, S. 175-193.
Richard Költringer / Ernst Gehmacher, Antisemitismus und die „Waldheimdiskussion“ während des österreichischen Bundespräsidentschaftswahlkampfes 1986, in: Kölner Zeitschrift für Soziologie und Sozialpsychologie 41, 1989, S. 555-562.
Cornelia Krauth / Rolf Porst, Sozioökonomische Determinanten von Einstellungen zu Gastarbeitern, in: K.U.Mayer / P.Schmidt (Hrsg.), Allgemeine Bevölkerungsumfrage der Sozialwissenschaften. Beiträge zu methodischen Problemen des ALLBUS 1980, Frankfurt, New York 1980, S. 233-266.
Gerd Lukawetz, Antisemitismus — Versuch einer Klärung. Theorieorientierte Analyse der großen Antisemitismusumfrage 1986, in: SWS-Rundschau 27, 1987, S. 75-81.
Gregory Martire / Ruth Clark, Anti-Semitism in the United States. A Study of Prejudice in the 1980s, New York 1982.
Gerald Marwell / Michael T. Aiken / N.J. Demerath III, The Persistence of Political Attitudes among 1960s Civil Rights Activists, in: Public Opinion Quarterly 51, 1987, S. 359-375.
Anna J. Merritt / Richard L. Merritt (Hrsg.), Public Opinion in Occupied Germany. The OMGUS Surveys, 1945-1948, Urbana 1970.
—/—, Public Opinion in Semi-Sovereign Germany HICOG Survey, 1949-1955. Urbana 1980.
Richard L. Merritt, Digesting the Past: Views of National Socialism in Semi-Sovereign Germany, in: Societas 7, 1977, S. 93-119.
Russell Middleton, Do Christian Beliefs Cause Anti-Semitism?, in: American Sociological Review 38, 1973, S. 33-52.
Elisabeth Noelle-Neumann / Erp Ring, Das Extremismus-Potential unter jungen Leuten in der Bundesrepublik Deutschland 1984, Bonn 1985.
—/Renate Köcher, Die verletzte Nation, Stuttgart 1987.
Badi Panahi, Rassismus, Antisemitismus, Nationalismus... in der Bundesrepublik Deutschland heute. Eine empirische Untersuchung, Frankfurt a.M. 1980.
Yochanan Peres, Antisemitismus in Österreich. Bemerkungen und Eindrücke, in: SWS-Rundschau 27, 1987, S. 83-86.
Friedrich Pollock, Das Gruppenexperiment, Frankfurt a.M. 1955 (Frankfurter Beiträge zur Soziologie Bd. 2).
Radio Free Europe / Radio Liberty, Stereotypes Projected to Jews, Blacks, and Gypsies by East Europeans and Austrians, Typoskript 1980.
Alvin Richman, The Polls — A Report. American Attitudes toward Israeli-Palestinian Relations in the Wake of the Uprising, in: Public Opinion Quarterly 53, 1989, S. 415-430.
James H. Robb, Working Class Anti-Semite. A Psychological Study in a London Borough, London 1954.
Duane Robinson / Sylvia Rohde, Two Experiments with an Anti-Semitism Poll, in: Journal of Abnormal and Social Psychology 41, 1946, S. 136-144.
Wade Clark Roof, Religious Orthodoxy and Minority Prejudice: Causal Relationship or Reflection of Localistic World View?, in: American Journal of Sociology 80, 1974, S. 643-664.
Geraldine Rosenfield, The Polls: Attitudes Toward American Jews, in: Public Opinion Quarterly 46, 1982, S. 431-443.
Dieter Roth, Sind die Republikaner die fünfte Partei? Sozial- und Meinungsstruktur der Wähler der Republikaner, in: Aus Politik und Zeitgeschichte B 41-42/89, 6. Okt. 1989, S. 10-20.

Rainer A. Roth, 40 Jahre nach dem Holocaust. Umfrage über antisemitische Einstellungen bei deutschen Schülern, in: Tribüne, Heft 100, 1986, S. 59-72.

Herbert A. Sallen, Zum Antisemitismus in der Bundesrepublik Deutschland. Konzepte, Methoden und Ergebnisse der empirischen Antisemitismusforschung, Frankfurt a.M. 1977.

Sample-Institut, Sollten NS-Verbrechen verjähren? Repräsentativerhebung, Hamburg 1978.

—, Verjährung von NS-Verbrechen: nach ‚Holocaust' ist jeder zweite dagegen, Repräsentativumfrage, Hamburg 1979.

—, Umfrage zum Thema NS-Verbrechen: Kurzlebiger ‚Holocaust-Effekt', Repräsentativerhebung, Hamburg 1980.

Regina Schmidt/Egon Becker, Reaktionen auf politische Vorgänge. Drei Meinungsstudien aus der Bundesrepublik, Frankfurt a.M. 1967.

Peter Schönbach, Reaktionen auf die antisemitische Welle im Winter 1959/1960, Frankfurt a.M. 1961.

Gertrude Selznick/Stephen Steinberg, The Tenacity of Prejudice. Anti-Semitism in Contemporary America, New York 1969.

Alphons Silbermann, Sind wir Antisemiten? Ausmaß und Wirkung eines sozialen Vorurteils in der Bundesrepublik Deutschland, Köln 1982.

—/Herbert A. Sallen, Latenter Antisemitismus in der Bundesrepublik Deutschland, in: Kölner Zeitschrift für Soziologie und Sozialpsychologie 28, 1976, S. 706-723.

Sinus-Institut, 5 Millionen Deutsche: „Wir sollten wieder einen Führer haben". Die Sinus-Studie über rechtsextremistische Einstellungen bei den Deutschen, Reinbek 1981.

Kripal Singh Sodhi/Rudolf Bergius, Nationale Vorurteile, Berlin 1953.

—/—/Klaus Holzkamp, Geschlechtsspezifische Unterschiede nationaler Stereotypen, in: Jahrbuch für Psychologie und Psychotherapie 4, 1956, S. 263-296.

SWS-Meinungsprofile: Antisemitismus in Österreich, in: SWS-Rundschau 27, 1987, S. 90-96.

SWS, Was blieb von der NS-Ideologie in Österreich? in: NS-Ideologie und Antisemitismus in Österreich, Schriftenreihe der Liga der Freunde des Judentums, Nr. 1, Wien 1989, S. 9-34.

Gary A. Tobin, Jewish Perceptions of Antisemitism and Antisemitic Perceptions about Jews, in: Studies in Contemporary Jewry, An Annual, Vol. IV, hrsg. von J. Frankel, New York, Oxford 1988, S. 210-231.

Harry C. Triandis/Leigh M. Triandis, Race, Social Class, Religion, and Nationality as Determinants of Social Distance, in: Journal of Abnormal and Social Psychology 61, 1960, S. 110-118.

Ronald T. Tsukashima, The Social and Psychological Correlates of Black-Antisemitism, San Francisco/Cal. 1978.

Melvin Tumin, Intergroup Attitudes of Youth and Adults in England, France, and Germany, unveröffentlichtes Typoskript, Princeton University 1962.

Frederick D. Weil, The Extent and Structure of Anti-Semitism in Western Populations since the Holocaust, in: Helen Fein (Hrsg.), The Persisting Question. Sociological Perspectives and Social Contexts of Modern Antisemitism (Current Research on Antisemitism, Vol. 1), Berlin, New York 1987, S. 164-189.

—, The Imperfectly Mastered Past: Anti-Semitism in West Germany since the Holocaust, in: New German Critique 29, 1980, S. 135-153.

—, Umfragen zum Antisemitismus. Ein Vergleich zwischen vier Nationen, in: W. Bergmann/R. Erb (Hrsg.), Antisemitismus in der politischen Kultur nach 1945, Opladen 1990, S. 131-178.

Hilde Weiss, Antisemitismus: Inhalte und Ausmaß antijüdischer Einstellungen in der Wiener Bevölkerung, Teil I-III, in: Journal für angewandte Sozialforschung 17/3,

1977, S. 13-26; 17/4, 1977, S. 12-22 und 18/1, 1978, S. 9-16.
—, Antisemitische Vorurteile in Österrreich, Wien 1984.
Donald Weatherley, Maternal Response to Childhood Aggression and Subsequent Anti-Semitism, in: Journal of Abnormal and Social Psychology 66,2, 1963, S. 183-185.
Wickert-Institut, Adolf im Kopf, in: Wiener, Mai 1988, S. 3-6.
Michael Wolffsohn, German Opinion on Israel, 1949-1986, in: Jerusalem Journal of International Relations 10, 1988, S. 79-105.
—, Deutsch-israelische Beziehungen im Spiegel der öffentlichen Meinung, in: Aus Politik und Zeitgeschichte B 46-47/1984, S. 19-30.
Jürgen Zinnecker, Politik, Parteien, Nationalsozialismus, in: A. Fischer (Hrsg.), Jugendliche und Erwachsene '85. Generationen im Vergleich, Bd. 3, Opladen 1985, S. 321-408.
Peter Zollinger, Der Normalbürger spricht. Eine Schnellumfrage zum Theaterstreit, in: Pflasterstrand — Flugschrift 1, 1986, S. 52-65.

2. Zeithistorische und sozialwissenschaftliche Literatur

Jean Amery, Der ehrbare Antisemit. Eine Rede, in: Merkur 30, 1976, S. 532-546.
Günther Anders, Kollektivschuld?, in: ders., Besuch im Hades, München 1985[2].
Kendall L. Baker/Russel J. Dalton/Kai Hildebrandt, Germany Transformed. Political Culture and the New Politics, Cambridge 1981.
Michael Banton, Pluralistic Ignorance as a Factor in Racial Attitude, in: New Community 13, 1986, S. 18-26.
—, Optimism and Pessimism about Racial Relations, in: Patterns of Prejudice 22, 1988.
Yehuda Bauer, Abwehr aus zionistischer und israelischer Sicht, in: Lerntag über den Antisemitismus und dessen Abwehr. Lerntage des Zentrums für Antisemitismusforschung 1, Berlin 1984, S. 52-60.
Ruth Beckermann, Illusion und Kompromisse. Zur Identität des Wiener Juden nach 1945, in: G. Botz et al. (Hrsg.), Eine zerstörte Kultur. Jüdisches Leben und Antisemitismus in Wien seit dem 19. Jahrhundert, Buchloe 1990, S. 357-364.
Jürgen Bellers, Moralkommunikation und Kommunikationsmoral. Über Kommunikationslatenzen, Antisemitismus und politisches System, in: W. Bergmann/R. Erb (Hrsg.), Antisemitismus in der politischen Kultur nach 1945, Opladen 1990, S. 278-291.
Dirk Berg-Schlosser/Jakob Schissler (Hrsg.), Politische Kultur in Deutschland. Bilanz und Perspektiven, in: Politische Vierteljahresschrift, Sonderheft 18, Opladen 1987.
Werner Bergmann (Hrsg.), Error Without Trial. Psychological Research on Antisemitism (Current Research on Antisemitism, Vol. 2), Berlin, New York 1988a.
—, Public Beliefs about Anti-Jewish Attitudes in West Germany: A Case of „Pluralistic Ignorance", in: Patterns of Prejudice 22, 1988b, S. 15-21.
—, Politische Psychologie des Antisemitismus. Kritischer Literaturbericht, in: Politische Psychologie heute, Sonderheft Leviathan 1988c, S. 217-234.
— /Rainer Erb, Kommunikationslatenz, Moral und öffentliche Meinung. Theoretische Überlegungen zum Antisemitismus in der Bundesrepublik Deutschland, in: Kölner Zeitschrift für Soziologie und Sozialpsychologie 38, 1986, S. 223-246.
— /Rainer Erb (Hrsg.), Antisemitismus in der politischen Kultur nach 1945, Opladen 1990.
Franz Böhm, Der Antisemitismus und die Deutschen, in: Die Gegenwart 5, Nr. 18, Sept. 1950, S. 110-113.

Emory S. Bogardus, Measuring Social Distances, in: Journal of Applied Sociology 9, 1925, S. 299-308.
—, A Social Distance Scale, in: Sociology and Social Research 17, 1933, S. 265-271.
John C. Brigham, Racial Stereotypes: Measurement Variables and the Stereotype-Attitude Relationship, in: Journal of Applied Social Psychology 2, 1972, S. 63-76.
Henryk M. Broder, Antizionismus — Antisemitismus von links?, in: Aus Politik und Zeitgeschichte, B 24/76, 12. Juni 1976, S. 31-45.
—, Der ewige Antisemit. Über Sinn und Funktion eines beständigen Gefühls, Frankfurt a.M. 1986.
Micha Brumlik, Die Angst vor dem Vater. Judenfeindliche Tendenzen im Umkreis neuer sozialer Bewegungen, in: A.Silbermann/J.H. Schoeps (Hrsg.), Antisemitismus nach dem Holocaust, Köln 1986, S. 133-163.
Hans Buchheim, Politische Kriterien der Schuld an der NS-Herrschaft und deren Verbrechen, in: Politik, Philosophie, Praxis, Festschrift für Wilhelm Hennis zum 65. Geburtstag, hrsg. von Hans Maier u.a., Stuttgart 1988, S. 513-525.
John Bunzl/Bernd Marin, Antisemitismus in Österreich. Sozialhistorische und soziologische Studien, Innsbruck 1983.
Detlev Claussen, Grenzen der Aufklärung. Zur gesellschaftlichen Funktion des modernen Antisemitismus, Frankfurt a.M. 1987.
Sebastian Cobler, Das Gesetz gegen die „Auschwitz-Lüge". Anmerkungen zu einem rechtspolitischen Ablaßhandel, in: Kritische Justiz 18, 1985, S. 159-170.
David P. Conradt, Changing German Political Culture, in: Gabriel Almond/Sidney Verba (Hrsg.), The Civic Culture Revisited, Boston 1980, S. 212-272.
Faye Crosby/Stephanie Bromley/Leonard Saxe, Recent Unobtrusive Studies of Black and White Discrimination and Prejudice. A Literature Review, in: Psychological Bulletin 87, 1980, S. 546-563.
Michael Curtis, Antisemitismus in den Vereinigten Staaten, in: H.A. Strauss/W. Bergmann/C. Hoffmann (Hrsg.), Der Antisemitismus der Gegenwart, Frankfurt a.M. 1990, S. 226-259.
Lucy S. Dawidowicz, Can Anti-Semitism Be Measured? in: Commentary 50, 1970, S. 39.
Jekutiel Deligdisch, Die Einstellung der Bundesrepublik Deutschland zum Staate Israel. Eine Zusammenfassung der Entwicklung seit 1949, Bonn-Bad Godesberg 1974.
Teun A. van Dijk, Prejudice in Discourse, Amsterdam, Philadelphia 1984.
—, Communicating Racism. Ethnic Prejudice in Thought and Talk. Newbury Park 1987.
Dan Diner, Negative Symbiose — Deutsche und Juden nach Auschwitz, in: Micha Brumlik u.a. (Hrsg.), Jüdisches Leben in Deutschland seit 1945, S. 243-257.
Peter Dudek, Kleine Geschichte der antifaschistischen Jugendarbeit in der Schule, in: P. Dudek/H.-G. Jaschke, Jugend rechtsaußen. Analysen, Essays, Kritik, Bensheim 1982, S. 109-131.
— /Hans-Gerd Jaschke, Entstehung und Entwicklung des Rechtsextremismus in der Bundesrepublik, 2 Bde., Opladen 1984.
Rainer Erb, Die Rückerstattung: ein Kristallisationspunkt für Antisemitismus, in: W. Bergmann/R. Erb (Hrsg.), Antisemitismus in der politischen Kultur nach 1945, Opladen 1990, S. 238-252.
— /Werner Bergmann, Die Nachtseite der Judenemanzipation. Der Widerstand gegen die Integration der Juden in Deutschland 1780-1860, Berlin 1989.
Wolfgang Erler/Ursula Schlude, Zertrümmerte Stühle und abgesägter Baum. Zur Sprache der Dinge im Rückblick auf die NS-Zeit. Zwei Fallbeispiele aus einem fränkischen Dorf, in: Lutz Niethammer/Alexander von Plato (Hrsg.), „Wir krie-

gen jetzt andere Zeiten". Auf der Suche nach der Erfahrung des Volkes in nachfaschistischen Ländern. Lebensgeschichte und Sozialkultur im Ruhrgebiet 1930 bis 1960, Band 3, Berlin/Bonn 1985, S. 152-171.

Bernd Estel, Soziale Vorurteile und soziale Urteile. Kritik und wissenssoziologische Grundlegung der Vorurteilsforschung, Opladen 1983.

Europäisches Parlament, Bericht im Namen des Untersuchungsausschusses „Wiederaufleben des Faschismus und Rassismus in Europa". Berichterstatter: Dimitrios Evrigenis, Sitzungsdokumente 23. Jan. 1985, Serie A.

Rainer Werner Faßbinder, Philosemiten sind Antisemiten, Interview in: Die Zeit, 9. April 1976, in: Heiner Lichtenstein (Hrsg.), Die Faßbinder-Kontroverse oder Das Ende der Schonzeit, Königstein 1986, S. 43-45.

Peter Fiedler, Das Judentum im katholischen Religionsunterricht. Analysen, Bewertungen, Perspektiven (Lernprozeß Juden-Christen, Bd.1), Düsseldorf 1980.

James M. Fields/Howard Schuman, Public Beliefs About the Beliefs of the Public, in: Public Opinion Quarterly 40, 1976, S. 427-448.

Helmut Fogt, Politische Generationen. Empirische Bedeutung und theoretisches Modell, Opladen 1982.

Hans-Peter Frey, Die Brauchbarkeit von Einstellungen als Prädikator für Verhalten, in: Soziale Welt 23, 1972, S. 257-268

Erich Fried, Ist Antizionismus Antisemitismus? Eine Widerrede, in: Merkur 30, 1976, S. 547-552.

K. Peter Fritzsche, Hat der Antisemitismus eine Chance? Thesen zur Gefahr und zu den Grenzen der politischen Eskalation des Antisemitismus in der Bundesrepublik, in: Gegenwartskunde 3, 1987, S. 311-320.

Erich Fromm, Arbeiter und Angestellte am Vorabend des Dritten Reiches, Stuttgart 1980.

Peter Furth, Ideologie und Propaganda der SRP, in: Rechtsradikalismus im Nachkriegsdeutschland. Studien über die „Sozialistische Reichspartei" (SRP), Berlin, Frankfurt a.M. 1957.

Ralph Giordano, Die zweite Schuld oder Von der Last Deutscher zu sein, Hamburg 1987.

Maximilian Gottschlich/Karl Obermair, Antisemitismus in Österreich und die Rolle der Medien. Drei Studien zum Thema, Typoskript, Institut für Publizistik- und Kommunikationswissenschaft der Universität Wien, Wien 1988.

Willy Guggenheim, Antisemitismus und die Einstellung zu Israel seit dem Zweiten Weltkrieg in der Schweiz, in: Judenfeindschaft, hrsg.v. Erhard R. Wiehn, Konstanz 1989, S. 163-186.

Iris Hamel, Völkischer Verband und nationale Gewerkschaft. Der Deutschnationale Handlungsgehilfen-Verband 1893-1933, Frankfurt a.M. 1967.

Niels Hansen, Verbindungen in die Zukunft. 25 Jahre diplomatische Beziehungen zwischen Deutschland und Israel, in: Aus Politik und Zeitgeschichte B 15/90, 6. April 1990, S. 8-18.

John Harding/Harold Prohansky/Bernard Kutner/Isidor Chein, Prejudice and Ethnic Relations, in: Handbook of Social Psychology, Vol. V, hrsg. von G. Lindzey/E. Aronson, Reading, Mass. 1969[2].

Geoffrey H. Hartman (Hrsg.), Bitburg in Moral and Political Perspective, Bloomington 1986.

Gunnar Heinsohn, Was ist Antisemitismus? Der Ursprung von Monotheismus und Judenhaß — Warum Antizionismus?, Frankfurt a.M. 1988.

Wilhelm Heitmeyer, Rechtsextremistische Orientierungen bei Jugendlichen, Weinheim/München 1988.

Ludolf Herbst/Constantin Goschler (Hrsg.), Wiedergutmachung in der Bundesrepublik Deutschland, München 1989.

Karl Heßdörfer, Die finanzielle Dimension, in: L. Herbst/C. Goschler (Hrsg.), Wiedergutmachung in der Bundesrepublik Deutschland, München 1989, S. 55-59.

Theodor Heuss, Mut zur Liebe, in: ders., Schriften und Reden 1906-1963, zusammengestellt und hrsg. von Hans Lamm, Düsseldorf, Wien 1964, 121-127.

Alfred Hiller, Amerikanische Medien- und Schulpolitik in Österreich (1945-1950), Phil. Diss. Wien 1974.

Wolfgang Hochheimer, Vorurteilsminderung in der Erziehung und die Prophylaxe des Antisemitismus, in: Psyche 16, 1962, S. 285-294.

Lutz Hoffmann/Herbert Even, „Die Belastungsgrenze ist überschritten". Entwurf einer Theorie der Ausländerfeindlichkeit, Bielefeld 1983, Zentrum für Wissenschaft und Praxis, Materialien Heft 18.

Everhard Holtmann, Politik und Nichtpolitik. Lokale Erscheinungsformen politischer Kultur im frühen Nachkriegsdeutschland, Opladen 1989.

Nicoline Hortzitz, ‚Früh-Antisemitismus' in Deutschland (1789-1871/72), Tübingen 1988.

Sibylle Hübner-Funk, Jugend als Symbol des politischen Neubeginns. Strategien zur Bannung der rassistischen Vergangenheit, in: W. Bergmann/R. Erb (Hrsg.), Antisemitismus in der politischen Kultur nach 1945, Opladen 1990, S. 218-235.

Utz Jeggle (Hrsg.), Nationalsozialismus im Landkreis Tübingen. Eine Heimatkunde, Tübingen 1988.

Eckhard Jesse, Antisemitismus in der Bundesrepublik? in: Jahrbuch Extremismus und Demokratie 1, 1989, S. 285-288.

Werner Jochmann, Gesellschaftskrise und Judenfeindschaft in Deutschland 1870-1945, Hamburg 1988.

Norbert Kampe, Studenten und „Judenfrage" im Deutschen Kaiserreich. Die Entstehung einer akademischen Trägerschicht des Antisemitismus, Göttingen 1988.

Ruth Kastning-Olmesdahl, Die Juden und der Tod Jesu. Antijüdische Motive in evangelischen Religionsbüchern für die Grundschule, Neunkirchen 1981.

Jacob Katz, A State within a State. The History of an Anti-Semitic Slogan, in: ders., Zur Assimilation und Emanzipation der Juden, Darmstadt 1982, S. 124-153.

Martin W. Kloke, Israel und die deutsche Linke. Zur Geschichte eines schwierigen Verhältnisses (Schriftenreihe des Deutsch-Israelischen Arbeitskreises für Frieden im Nahen Osten, Bd. 20) Frankfurt a.M. 1990.

Hans-Joachim Knütter, Die Linksparteien, in: Werner E. Mosse/ Arnold Paucker (Hrsg.), Entscheidungsjahr 1932. Zur Judenfrage in der Endphase der Weimarer Republik, Tübingen 1965, S. 323-345.

Godwin Lämmermann, Christliche Motivierung des modernen Antisemitismus?, in: Zeitschrift für evangelische Ethik 28, 1984, S. 58-84.

Norbert Lepszy, Die Republikaner. Ideologie — Programm — Organisation, in: Aus Politik und Zeitgeschichte, B 41-42/89, 6. Okt. 1989, S. 3-9.

Michel Leiris, Rasse und Zivilisation, in: ders., Die eigene und die fremde Kultur, Frankfurt a.M. 1977, S. 72-118.

M. Rainer Lepsius, Das Erbe des Nationalsozialismus und die politische Kultur der Nachfolgestaaten des „Großdeutschen Reiches", in: Kultur und Gesellschaft. Verhandlungen des 24. Deutschen Soziologentages, hrsg. von M. Haller et al., Frankfurt a.M./New York 1988, S. 247-264.

Ilya Levkov (Hrsg.), Bitburg and Beyond. Encounters in American, German and Jewish History, New York 1987.

I.A. Lewis, American Jews and Israel, in: Public Opinion, Juli/Aug. 1988, S. 53-55.

Heiner Lichtenstein (Hrsg.), Die Faßbinder-Kontroverse oder Das Ende der Schonzeit, Königstein 1986.

Janice Lindsay-Hartz, Contrasting Experiences of Shame and Guilt, in: American Behavioral Scientist 27, 1984, S. 689-704.

Hermann Lübbe, Der Nationalsozialismus im politischen Bewußtsein der Gegenwart, in: Deutschlands Weg in die Diktatur. Internationale Konferenz zur nationalsozialistischen Machtübernahme, hrsg. von Martin Broszat u.a., Berlin 1983, S. 329-349.

Niklas Luhmann, Soziologie der Moral, in: ders. / Stephan H. Pfürtner (Hrsg.), Theorietechnik und Moral, Frankfurt a.M. 1978, S. 8-116.

—, Gesellschaftsstruktur und Semantik. Studien zur Wissenssoziologie der modernen Gesellschaft, Bd. 1, Frankfurt a.M. 1980.

—, Soziale Systeme. Grundriß einer allgemeinen Theorie, Frankfurt a.M. 1984.

— / Peter Fuchs, Reden und Schweigen, Frankfurt a.M. 1989.

Bernd Marin, Ein historisch neuartiger „Antisemitismus ohne Antisemiten", in: Geschichte und Gesellschaft 5, 1979, S. 545-569.

Paul W. Massing, Rehearsal for Destruction, New York 1949 (dt.: Vorgeschichte des politischen Antisemitismus, Frankfurt a.M. 1959, neu aufgelegt 1986).

Leon H. Mayhew, Law and Equal Opportunity. A Study of the Massachusetts Commission against Discrimination, Cambridge / Mass. 1968.

Alexander und Margarete Mitscherlich, Die Unfähigkeit zu trauern. Kollektives Verhalten in der deutschen Gesellschaft, München 1967.

Lutz Niethammer / Alexander von Plato (Hrsg.) „Wir kriegen jetzt andere Zeiten". Auf der Suche nach der Erfahrung des Volkes in nachfaschistischen Ländern, Berlin, Bonn 1985.

Elisabeth Noelle-Neumann, Öffentlichkeit als Bedrohung. Beiträge zur empirischen Kommunikationsforschung, hrsg. von J. Wilke, Freiburg, München 1977.

—, Unruhe im Meinungsklima. Methodologische Anwendungen der Theorie der Schweigespirale, in: Publizistik 23, 1978, S. 19-31.

—, Die Schweigespirale. Öffentliche Meinung — Unsere soziale Haut, München, Zürich 1980.

Dieter Noetzel, Über einige Bedingungen des Erwerbs politisch-ideologischer Deutungsmuster. Kritische Anmerkungen zur Theorie der Schweigespirale, in: Dieter Oberndörfer (Hrsg.), Wählerverhalten in der Bundesrepublik Deutschland. Studien zu ausgewählten Problemen der Wahlforschung aus Anlaß der Bundestagswahl 1976, Berlin 1978, S. 215-263.

Arnold Paucker, Der jüdische Abwehrkampf gegen Antisemitismus und Nationalsozialismus in den letzten Jahren der Weimarer Republik, Hamburg 1969.

Anton Pelinka / Erika Weinzierl (Hrsg.), Das große Tabu. Österreichs Umgang mit seiner Vergangenheit, Wien 1987.

Rolf Porst, Praxis der Umfrageforschung. Erhebung und Auswertung sozialwissenschaftlicher Umfragedaten, Stuttgart 1985.

Moishe Postone, Antisemitismus und Nationalsozialismus, in: Alternative 140/41, 1981, S. 241-258.

Dieter Prokop, Medien-Wirkungen, Frankfurt a.M. 1981.

Harry Pross, Antisemitismus in der Bundesrepublik, in: Deutsche Rundschau 82, 1956, S. 1069-1076.

Hans Jürgen Puhle, Agrarische Interessenpolitik und preußischer Konservatismus im Wilhelminischen Reich, 1893-1914, Bonn 1975.

Rolf Rendtorff / Hans Hermann Henrix, Die Kirchen und das Judentum. Dokumente von 1945 bis 1985, München 1988.

Karl-Heinz Reuband, Meinungslosigkeit in Interview — Erscheinungsformen und Folgen unterschiedlicher Befragungstrategien, in: Zeitschrift für Soziologie 19, 1990, S. 428-443.

Georg Ruhrmann, Rezipient und Nachricht. Struktur und Prozeß der Nachrichtenrekonstruktion, Opladen 1989.

Erwin K. Scheuch / Hans D. Klingemann, Theorie des Rechtsradikalismus in westli-

chen Industriegesellschaften, in: Hamburger Jahrbuch für Wirtschafts- und Gesellschaftspolitik 12, 1967, S. 11-29.
Rolf Schörken, Jugend 1945. Politisches Denken und Lebensgeschichte, Opladen 1990.
Georg Schwinghammer, „Gesagt, was sehr viele denken...", in: Tribüne 97, 1986, S. 14-20.
Katharina Seifert/Ruth Wodak, Antisemitismen im Alltag: Gespräche bei der Mahnwache, in: „Wir sind alle unschuldige Täter". Antisemitismus im öffentlichen Diskurs Österreichs seit 1986. Zwischenbericht des Projekts „Sprache und Vorurteil", Wien 1988, S. 108-135.
Shlomo Shafir, Die SPD und die Wiedergutmachung gegenüber Israel, in: L. Herbst/C. Goschler (Hrsg.), Wiedergutmachung in der Bundesrepublik Deutschland, München 1989, S. 191-204.
Muzafer Sherif et al., Intergroup Conflict and Cooperation. The Robbers Cave Experiment, Norman/Oklahoma 1961.
Frank Stern, Entstehung, Bedeutung und Funktion des Philosemitismus in Westdeutschland nach 1945, in: W. Bergmann/R. Erb (Hrsg.), Antisemitismus in der politischen Kultur nach 1945, Opladen 1990, S. 180-196.
Christoph Stölzl, Kafkas böses Böhmen, München 1975.
Richard Stöss, Die extreme Rechte in der Bundesrepublik, Opladen 1989.
Herbert A. Strauss, Einleitung — Vom modernen zum neuen Antisemitismus, in: H.A. Strauss/W. Bergmann/C. Hoffmann (Hrsg.), Der Antisemitismus der Gegenwart, Frankfurt a.M., New York 1990, S. 7-25.
—, Der Holocaust als Epochenscheide der Antisemitismusgeschichte: historische Diskontinuitäten, in: W. Bergmann/R. Erb (Hrsg.), Antisemitismus in der politischen Kultur nach 1945, Opladen 1990, S. 38-56.
Dieter Vetter, Hebräische Bibel — antisemitischer Mißbrauch, in: Günter Brakelmann/Martin Rosowski (Hrsg.), Antisemitismus. Von religiöser Judenfeindschaft zur Rassenideologie, Göttingen 1989, S. 9-26.
Rolf Vogel (Hrsg.), Deutschlands Weg nach Israel. Eine Dokumentation, Stuttgart 1967.
—, (Hrsg.), Der deutsch-israelische Dialog. Dokumentation eines erregenden Kapitels deutscher Außenpolitik, 8 Bände, München, New York 1987.
Shulamit Volkov, The Rise of Popular Antimodernism in Germany. The Urban Master Artisans 1837-1896, Princeton 1978.
—, Antisemitismus und Anti-Zionismus: Unterschiede und Parallelen, in: dies., Jüdisches Leben und Antisemitismus im 19. und 20. Jahrhundert, München 1990, S. 76-87.
Ulrich Wagner, Soziale Schichtzugehörigkeit, formales Bildungsniveau und ethnische Vorurteile: Unterschiede in kognitiven Fähigkeiten und der sozialen Identität als Ursachen für Differenzen im Urteil über Türken, Berlin 1982.
Dietrich Wetzel (Hrsg.), Die Verlängerung der Geschichte. Deutsche, Juden und der Palästinakonflikt, Frankfurt a.M. 1983.
Juliane Wetzel, Jüdisches Leben in München 1945-1951. Durchgangsstation oder Wiederaufbau? (Miscellanea Bavarica Monacensia, Bd. 135) München 1987.
Robert S. Wistrich (Hrsg.), Anti-Zionism and Antisemitism in the Contemporary World, London 1990.
Michael Wolffsohn, Ewige Schuld? 40 Jahre deutsch-jüdisch-israelische Beziehungen, München 1988.